으로 기억하고
로 정리하는

으로 기억하고

로 정리하는

이종학의 우편&금융상식 뼈대노트

머리말

"우편&금융상식"의 신개념 학습, 《뼈대노트》를 만나보세요!

2022년 계리직 공무원 공개경쟁 채용시험부터는 『우편&금융상식(이하 〈우금〉)』 과목이 '우편상식'과 '금융상식'으로 나뉘고 문항 수도 두 배 이상 늘어난 각 20문항씩 출제되면서 시험의 판도가 달라지는 큰 변화가 있었습니다. 이제 계리직 선발시험의 당락을 결정짓는 가장 중요한 과목이 '컴퓨터 일반' 과목에서 〈우금〉으로 바뀌었다고 해도 과언이 아닙니다. 그렇다면 과연 우리는 〈우금〉 과목에 대해 무엇을 놓치고 있었을까요?

먼저, 〈우금〉 과목은 '상식'을 기반으로 얕고 넓은 수준에서 시험문제가 출제된다는 점에 주목해야 합니다. '우편' 영역은 우편 사업 시스템에 대해 알아야 할 내용을 다루고 있어 '상식'이라는 표현이 걸맞습니다. 하지만 '금융' 영역은 '금융학'이라는 별도의 학문 분야가 존재할 정도로 어마어마한 내용이 포함될 수 있음에도, '금융상식'이라는 과목명을 통해 우리가 공부해야 할 부분을 '상식' 수준으로 국한해 놓았다는 사실을 알 수 있습니다.

한편, '우편상식'과 '금융상식'은 사실상 전혀 다른 분야입니다. 두 영역이 다루는 내용이 분리되어야 하는 것처럼 '우편상식'과 '금융상식'을 공부하는 방법에도 상당한 차이가 있습니다. '우편상식'은 내용 그대로를 열심히 암기하는 것이 필요하지만, '금융상식'은 먼저 충분한 이해를 바탕으로 먼저 1회독을 통해 전체적인 "구조와 틀"을 잡고 회독을 반복하면서 살을 붙여나가는 방식으로 공부해야 합니다.

익히 알 듯, 공무원시험 합격을 위해서는 "이해 → 정리 → 암기 → 적용"의 학습 과정을 따라야 합니다. 이번에 펴내는 《이종학의 우편&금융상식 뼈대노트》(이하 뼈대노트)는 학습 단계 중 "이해와 정리" 과정에서 활용도가 높게끔 기획·구성되었습니다. 《뼈대노트》는 '금융상식'의 예금편·보험편, 그리고 '우편상식'의 순서로 구성되어 《뼈대노트》만으로도 회독의 효과가 충분히 발휘될 수 있도록 여러 학습 요소들을 수록하였습니다. 따라서 《뼈대노트》의 "뼈대"를 중심으로 주변의 다양한 학습 내용까지 모두 꼼꼼하게 공부하시기 바랍니다. 그러면서 저자 '직강' 강좌를 곁들인다면 제시간에 진도를 완성하면서 내용까지 정확하게 마무리하는 데 큰 도움이 될 것입니다.

본 《뼈대노트》는 공부를 시작하는 시점부터 마지막 총정리를 하는 단계까지 수험생활 전반에 걸쳐 곁에 두고 수시로 꺼내 볼 수 있는 수험서가 될 것으로 기대합니다. 그래서 제안 드립니다. "계리직 공무원을 꿈꾸는 수험생이라면 꼭 《뼈대노트》에 도움을 구하십시오!!"

계리직 공무원이 되기 위해 밤낮으로 최선의 노력을 다하고 계신 수험생 여러분! 여러분의 꿈과 노력을 열렬히 응원합니다.

저자, 이종학

구성과 특장점

《뼈대노트》는 두뇌보다 눈이 먼저 기억하도록 디자인되었습니다!

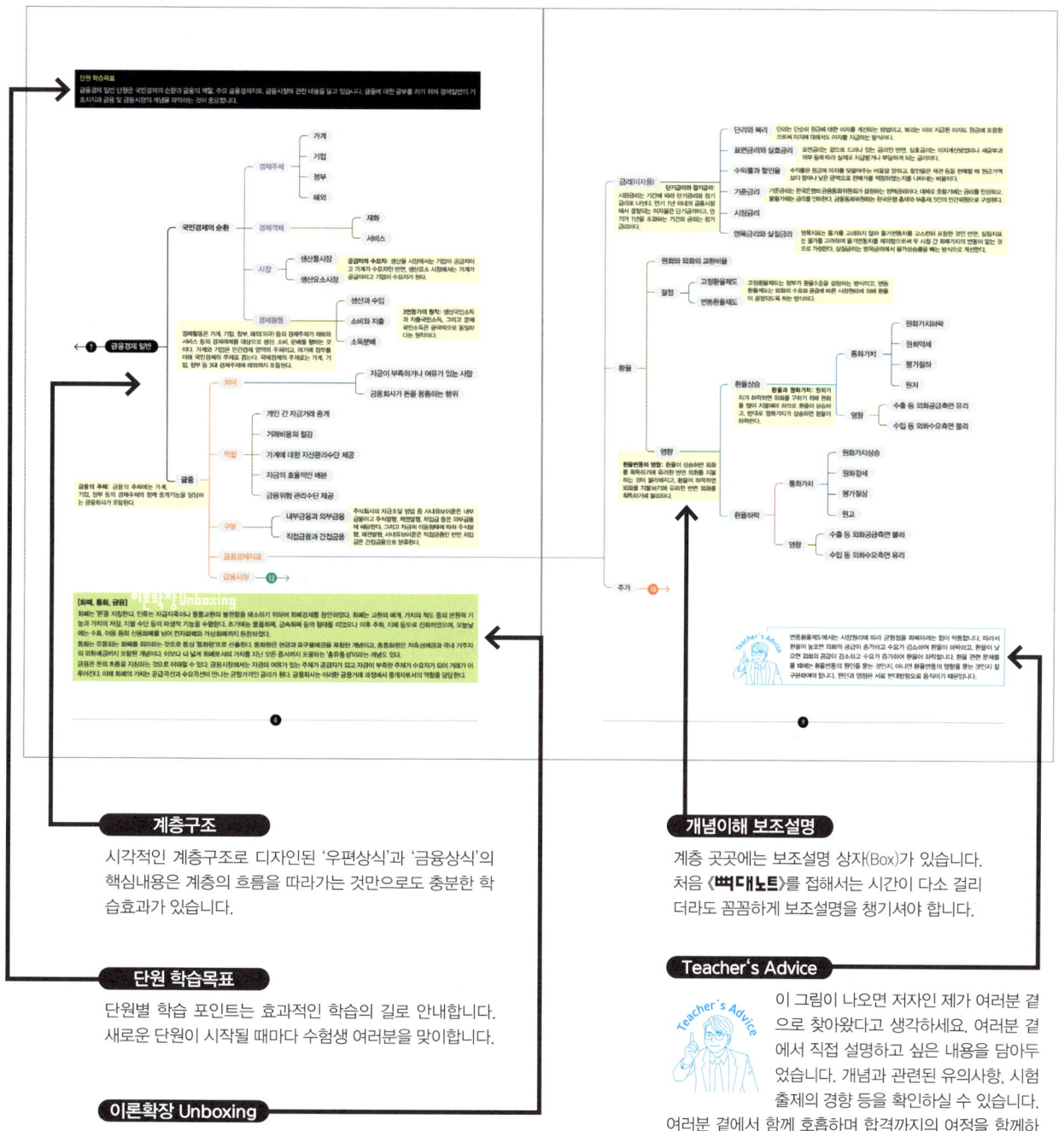

계층구조
시각적인 계층구조로 디자인된 '우편상식'과 '금융상식'의 핵심내용은 계층의 흐름을 따라가는 것만으로도 충분한 학습효과가 있습니다.

단원 학습목표
단원별 학습 포인트는 효과적인 학습의 길로 안내합니다. 새로운 단원이 시작될 때마다 수험생 여러분을 맞이합니다.

이론확장 Unboxing
보조설명으로는 부족했던 내용을 이론확장 상자(Box) 안에 담았습니다. 여러분이 직접 "Unboxing"해 자신의 것으로 만들어보세요. 이제 '우편상식'과 '금융상식'에 대한 지식이 한층 더 깊어집니다.

개념이해 보조설명
계층 곳곳에는 보조설명 상자(Box)가 있습니다. 처음 《뼈대노트》를 접해서는 시간이 다소 걸리더라도 꼼꼼하게 보조설명을 챙기셔야 합니다.

Teacher's Advice
이 그림이 나오면 저자인 제가 여러분 곁으로 찾아왔다고 생각하세요. 여러분 곁에서 직접 설명하고 싶은 내용을 담아두었습니다. 개념과 관련된 유의사항, 시험 출제의 경향 등을 확인하실 수 있습니다. 여러분 곁에서 함께 호흡하며 합격까지의 여정을 함께하고자 하는 저자의 진심은 "덤"으로 따라갑니다.

차례

금융상식(예금편) → 7

- 금융경제 일반 — 8
- 금융회사와 금융상품 — 14
- 저축과 금융투자에 대한 이해 — 20
- 예금업무 일반사항 — 26
- 전자금융 — 30
- 우체국금융 일반현황 — 32
- 우체국금융상품 — 34
- 우체국금융서비스 — 38
- 내부통제 및 리스크관리 — 42
- 기타사항 — 46

금융상식(보험편) → 51

- 보험일반 이론 — 52
- 생명보험 이론 — 56
- 보험윤리와 소비자보호 — 62
- 생명보험과 제3보험 — 66
- 보험계약법(인보험편) — 68
- 우체국보험 일반현황 — 72
- 우체국보험 상품 — 74
- 우체국보험 모집 및 언더라이팅 — 88
- 우체국보험 계약유지 및 보험금지급 — 92
- 리스크관리 및 자금운용 등 — 96

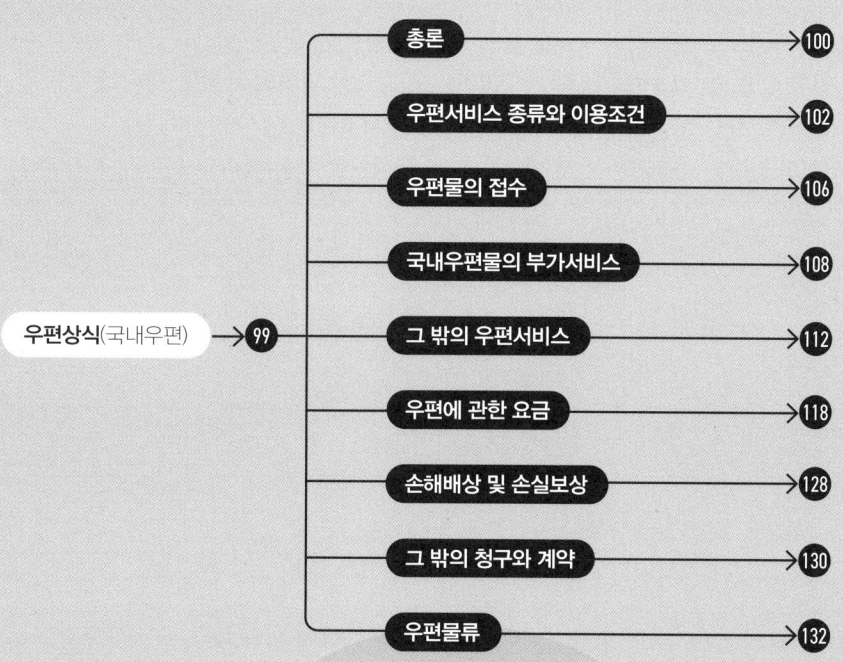

우편상식(국내우편) → 99

- 총론 → 100
- 우편서비스 종류와 이용조건 → 102
- 우편물의 접수 → 106
- 국내우편물의 부가서비스 → 108
- 그 밖의 우편서비스 → 112
- 우편에 관한 요금 → 118
- 손해배상 및 손실보상 → 128
- 그 밖의 청구와 계약 → 130
- 우편물류 → 132

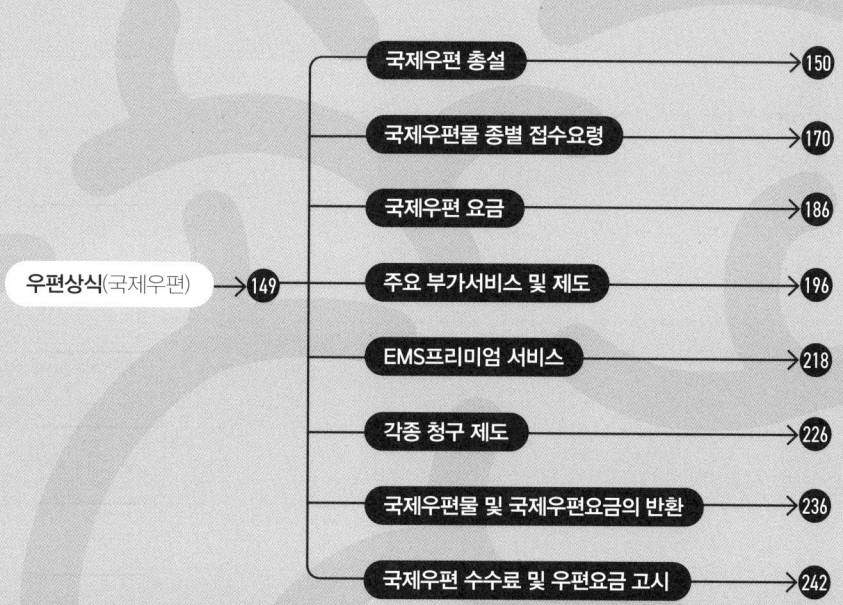

우편상식(국제우편) → 149

- 국제우편 총설 → 150
- 국제우편물 종별 접수요령 → 170
- 국제우편 요금 → 186
- 주요 부가서비스 및 제도 → 196
- EMS프리미엄 서비스 → 218
- 각종 청구 제도 → 226
- 국제우편물 및 국제우편요금의 반환 → 236
- 국제우편 수수료 및 우편요금 고시 → 242

《뼈대노트》의 효과적인 공부법

《뼈대노트》는 '뼈대'를 통해 구조와 틀을 잡아냄과 동시에 뼈대와 연관된 세세한 내용까지 노란색 '포스트잇'으로 표기하였습니다. 이에 다음 순서대로 공부하면서 회독을 늘려가는 것이 효과적입니다.

① 최초 회독: 뼈대를 중심으로 전반적인 구조와 틀을 잡아낸다.
② 2회독: '포스트잇'으로 설명한 내용을 꼼꼼하게 읽어보고 중요한 부분에 체크를 해둔다.
③ 3+α 회독: 뼈대와 중요 체크 사항을 연계해 반복·숙달하면서 머릿속에 저장한다.
④ 마무리 회독: 시험이 임박한 시점에는 전체적인 맥락을 중심으로 최종 복습을 하면서 저장된 지식을 확인한다.

《뼈대노트》의 활용법

본문 뼈대의 ● 안 숫자는 뼈대의 세부적인 내용이 펼쳐지는 쪽수를 가리킵니다.
숫자 표시의 쪽수를 따라가며 순서대로 공부하시기 바랍니다.

금융상식(예금편)	
금융경제 일반	8
금융회사와 금융상품	14
저축과 금융투자에 대한 이해	20
예금업무 일반사항	26
전자금융	30
우체국금융 일반현황	32
우체국금융상품	34
우체국금융서비스	38
내부통제 및 리스크관리	42
기타사항	46

단원 학습목표

금융경제 일반 단원은 국민경제의 순환과 금융의 역할, 주요 금융경제지표, 금융시장에 관한 내용을 담고 있습니다. 금융에 대한 공부를 하기 위해 경제일반의 기초지식과 금융 및 금융시장의 개념을 파악하는 것이 중요합니다.

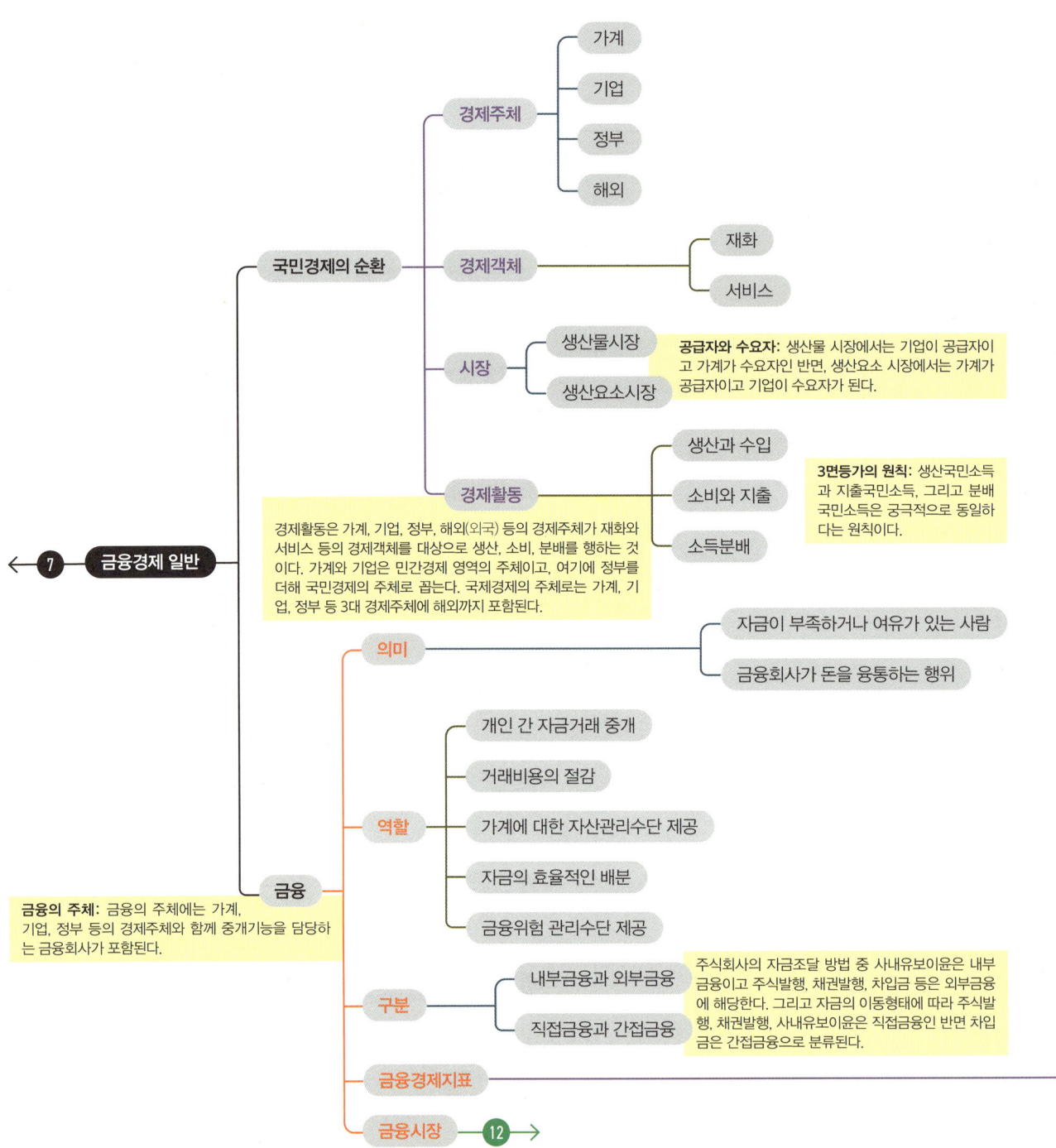

[화폐, 통화, 금융] 이론확장 Unboxing

화폐는 '돈'을 지칭한다. 인류는 자급자족이나 물물교환의 불편함을 해소하기 위하여 화폐경제를 창안하였다. 화폐는 교환의 매개, 가치의 척도 등의 본원적 기능과 가치의 저장, 지불 수단 등의 파생적 기능을 수행한다. 초기에는 물품화폐, 금속화폐 등의 형태를 띠었으나 이후 주화, 지폐 등으로 진화하였으며, 오늘날에는 수표, 어음 등의 신용화폐를 넘어 전자화폐와 가상화폐까지 등장하였다.

통화는 유통되는 화폐를 의미하는 것으로 통상 '통화량'으로 산출된다. 통화량은 현금과 요구불예금을 포함한 개념이고, 총통화량은 저축성예금과 국내 거주자의 외화예금까지 포함된 개념이다. 이보다 더 넓게 화폐로서의 가치를 지닌 모든 증서까지 포괄하는 '총유동성'이라는 개념도 있다.

금융은 돈의 흐름을 지칭하는 것으로 이해할 수 있다. 금융시장에서는 자금의 여유가 있는 주체가 공급자가 되고 자금이 부족한 주체가 수요자가 되어 거래가 이루어진다. 이때 화폐의 가치는 공급곡선과 수요곡선이 만나는 균형가격인 금리가 된다. 금융회사는 이러한 금융거래 과정에서 중개자로서의 역할을 담당한다.

금리(이자율)

- **단리와 복리**: 단리는 단순히 원금에 대한 이자를 계산하는 방법이고, 복리는 이미 지급된 이자도 원금에 포함함으로써 이자에 대해서도 이자를 지급하는 방식이다.
- **표면금리와 실효금리**: 표면금리는 겉으로 드러나 있는 금리인 반면, 실효금리는 이자계산방법이나 세금부여부 등에 따라 실제로 지급받거나 부담하게 되는 금리이다.
- **수익률과 할인율**: 수익률은 원금에 이자를 덧붙여주는 비율을 말하고, 할인율은 채권 등을 판매할 때 원금가액보다 얼마나 낮은 금액으로 판매가를 책정하였는지를 나타내는 비율이다.
- **기준금리**: 기준금리는 한국은행의 금융통화위원회가 결정하는 정책금리이다. 대체로 호황기에는 금리를 인상하고, 불황기에는 금리를 인하한다. 금융통화위원회는 한국은행 총재와 부총재, 5인의 민간위원으로 구성된다.
- **시장금리**
- **명목금리와 실질금리**: 명목지표는 물가를 고려하지 않아 물가변동치를 고스란히 포함한 것인 반면, 실질지표는 물가를 고려하여 물가변동치를 제외함으로써 두 시점 간 화폐가치의 변동이 없는 것으로 가정한다. 실질금리는 명목금리에서 물가상승률을 빼는 방식으로 계산한다.

단기금리와 장기금리: 시장금리는 기간에 따라 단기금리와 장기금리로 나뉜다. 만기 1년 이내의 금융시장에서 결정되는 이자율은 단기금리이고, 만기가 1년을 초과하는 기간의 금리는 장기금리이다.

환율

- 원화와 외화의 교환비율
- **결정**
  - 고정환율제도
  - 변동환율제도

  고정환율제도는 정부가 환율수준을 설정하는 방식이고, 변동환율제도는 외화의 수요와 공급에 따른 시장원리에 의해 환율이 결정되도록 하는 방식이다.

- **영향**
  - **환율상승**
    - 통화가치: 원화가치하락 / 원화약세 / 평가절하 / 원저
    - 영향: 수출 등 외화공급측면 유리 / 수입 등 외화수요측면 불리
  - **환율하락**
    - 통화가치: 원화가치상승 / 원화강세 / 평가절상 / 원고
    - 영향: 수출 등 외화공급측면 불리 / 수입 등 외화수요측면 유리

환율과 원화가치: 원화가치가 하락하면 외화를 구하기 위해 원화를 많이 지불해야 하므로 환율이 상승하고, 반대로 원화가치가 상승하면 환율이 하락한다.

환율변동의 영향: 환율이 상승하면 외화를 획득하기에 유리한 반면 외화를 지불하는 것이 불리해지고, 환율이 하락하면 외화를 지불하기에 유리한 반면 외화를 획득하기에 불리하다.

주가

Teacher`s Advice

변동환율제도에서는 시장원리에 따라 균형점을 회복하려는 힘이 작동합니다. 따라서 환율이 높으면 외화의 공급이 증가하고 수요가 감소하여 환율이 하락하고, 환율이 낮으면 외화의 공급이 감소하고 수요가 증가하여 환율이 하락합니다. 환율 관련 문제를 풀 때에는 환율변동의 원인을 묻는 것인지, 아니면 환율변동의 영향을 묻는 것인지 잘 구분하여야 합니다. 원인과 영향은 서로 반대방향으로 움직이기 때문입니다.

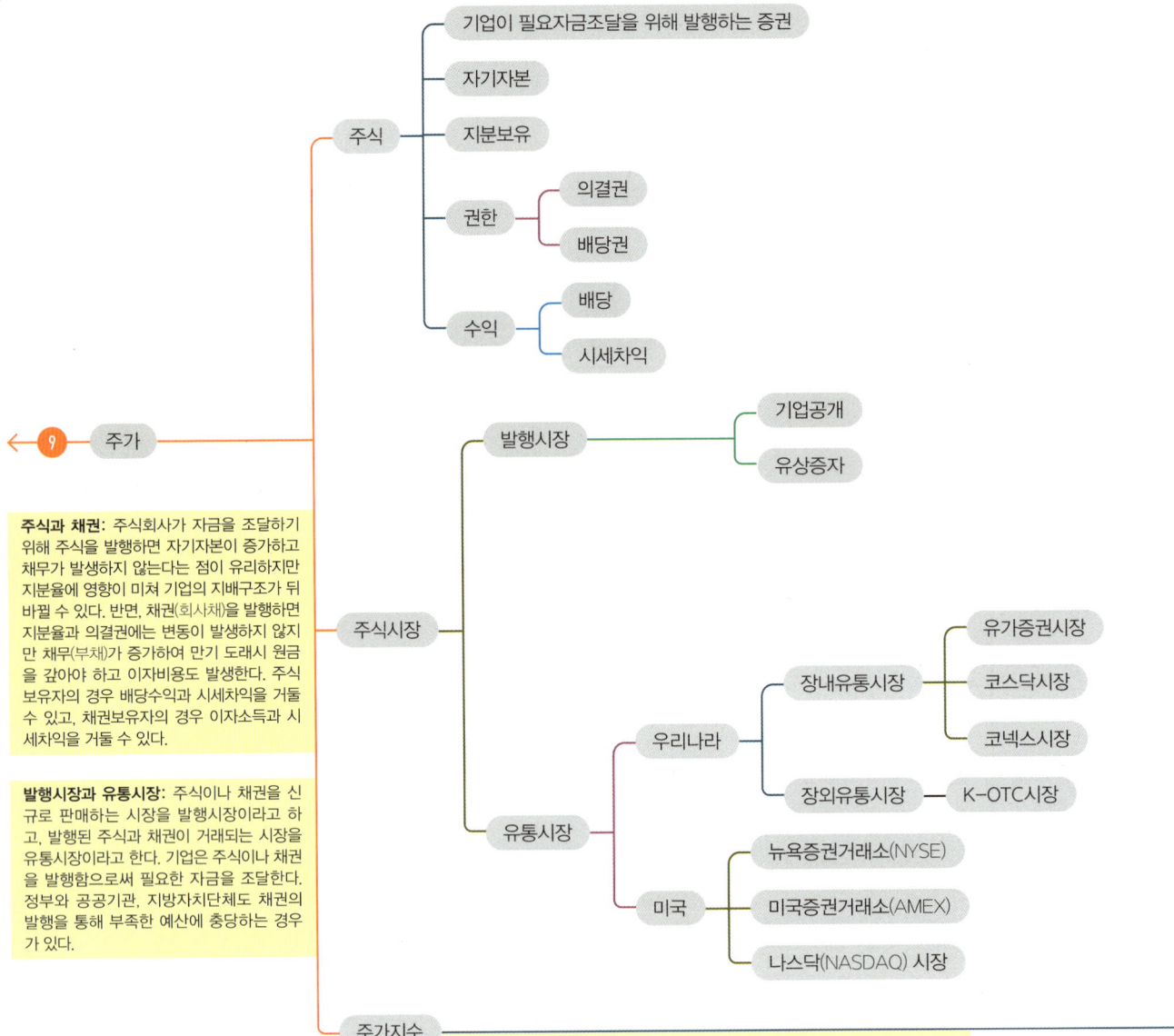

주식과 채권: 주식회사가 자금을 조달하기 위해 주식을 발행하면 자기자본이 증가하고 채무가 발생하지 않는다는 점이 유리하지만 지분율에 영향이 미쳐 기업의 지배구조가 뒤바뀔 수 있다. 반면, 채권(회사채)을 발행하면 지분율과 의결권에는 변동이 발생하지 않지만 채무(부채)가 증가하여 만기 도래시 원금을 갚아야 하고 이자비용도 발생한다. 주식보유자의 경우 배당수익과 시세차익을 거둘 수 있고, 채권보유자의 경우 이자소득과 시세차익을 거둘 수 있다.

발행시장과 유통시장: 주식이나 채권을 신규로 판매하는 시장을 발행시장이라고 하고, 발행된 주식과 채권이 거래되는 시장을 유통시장이라고 한다. 기업은 주식이나 채권을 발행함으로써 필요한 자금을 조달한다. 정부와 공공기관, 지방자치단체도 채권의 발행을 통해 부족한 예산에 충당하는 경우가 있다.

주가지수의 산출: 주가지수 = 비교시점 시가총액 / 기준시점 시가총액 × 100

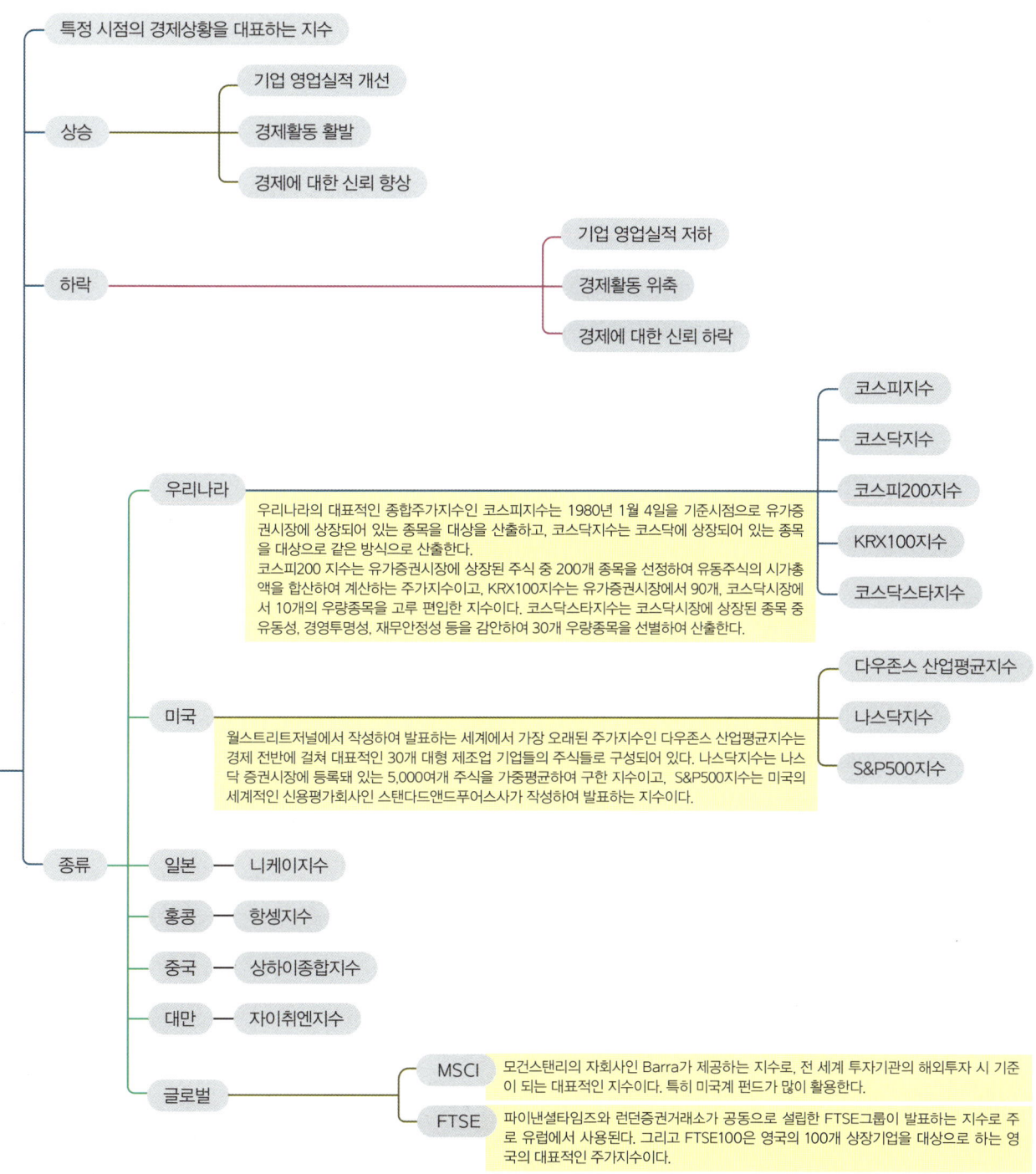

[미국의 주식시장]
① **뉴욕증권거래소(NYSE)**: 거래량과 거래금액을 기준으로 세계에서 가장 큰 주식시장으로, 미국 기업은 물론 다수의 외국 기업들도 상장되어 거래된다.
② **미국증권거래소(AMEX)**: 뉴욕증권거래소에 상장되지 않은 주식을 거래하는 미국에서 두 번째로 규모가 큰 주식시장이다.
③ **나스닥(NASDAQ)시장**: 1971년부터 주로 정보통신과 산업기술 관련 기업을 대상으로 하는 산업기술주 위주의 거래가 이루어지는 시장이다.

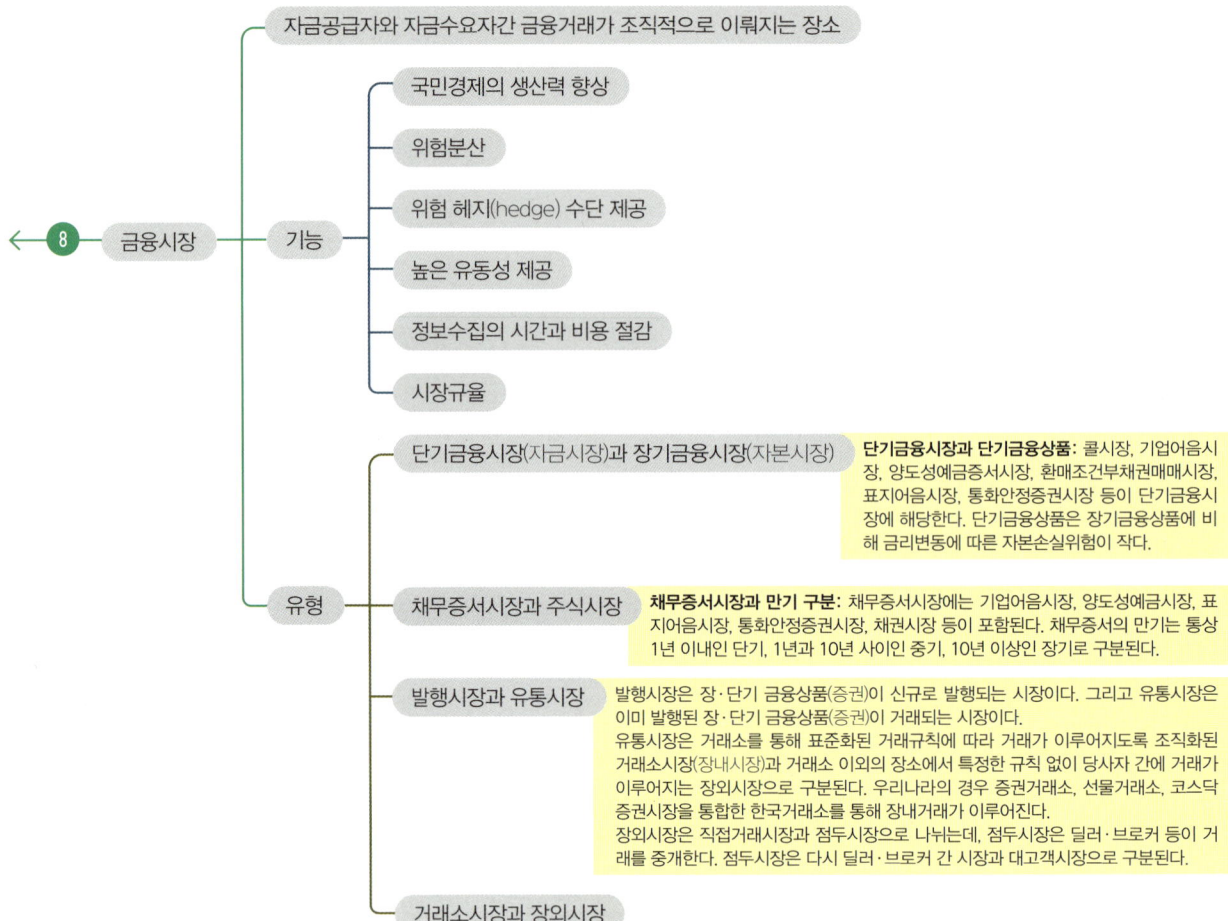

경제학에서는 생산요소 중 한 가지 이상이 고정되어 있는 기간을 단기, 모든 생산요소가 유동적인 기간을 장기로 취급합니다. 하지만 금융이론에서는 통상적으로 만기 1년 이내의 기간을 단기, 만기 1년 이상의 기간을 장기로 구분합니다.

이론확장 Unboxing

[금융주체와 금융수단]
금융시장에서 통상적으로 개인은 자금공급자가 되고 기업은 자금수요자가 된다. 이들은 예금증서, 어음, 채권 등의 금융상품(금융자산)을 매개수단으로 이용하여 금융거래를 한다.

[금융시장의 구분]
금융시장은 자금조달경로를 기준으로 내부자금과 외부자금으로 나뉜다. 내부자금에는 기업이익의 내부유보, 감가상각충당금 등이 있으며 자금조달에 소요되는 비용이 낮고 상환이 불필요하다는 장점을 지닌다. 다만, 신축성이 낮고 자금조달 규모에 한계가 뒤따른다는 단점이 있다. 반면 금융회사로부터의 차입금이나 주식 및 채권의 발행을 통해 조달하는 외부자금은 신축성이 높고 자금조달의 규모가 크지만 부채의 증가를 초래한다는 단점을 갖는다.

자금의 이동형태에 따라서는 금융시장을 직접금융시장과 간접금융시장으로 나눌 수 있다. 금융중개기관을 통하지 않고 최종 차입자가 금융자산을 발행하는 직접금융은 자금을 장기로 조달할 수 있다. 다만, 주식을 발행할 경우 기업의 지배구조에 영향을 미치고, 회사채를 발행할 경우 신용도에 따라 고금리의 이자를 부담해야 한다. 반면 금융중개기관이 대출자와 차입자 간 자금융통을 매개하는 간접금융은 자금공급자가 금융회사에 자금을 맡기면 금융회사가 자금공급자에 예금증서를 교부하고 자금을 수요자에게 제공한다. 자금의 수요자는 금융회사로부터 차용증서를 교부받고 원리금 상환의 부담을 지게 된다.

[금융시장에서의 단기와 장기]
금융시장에서는 거래기간이 1년 이내인 경우를 단기, 1년을 초과하는 경우를 장기로 구분한다. 주로 금융회사 또는 거래금액이 크고 신용도가 높은 경제주체들이 거래하는 단기상품에는 콜(Call) 상품, 환매조건부채권(RP), 기업어음(CP), 무기명 양도성예금증서(CD) 등이 있다. 그리고 장기금융상품에는 국공채, 회사채, 금융채 등이 포함된다.

[시장금리의 결정 요인]
시장금리 중 장기금리가 단기금리보다 높게 형성되는 것이 일반적이다. 장기금리의 경우 차주가 장기간에 걸쳐 안정적으로 자금을 확보할 수 있게끔 하지만 차입자의 부도 위험은 오히려 더 커지기 때문이다. 한편, 차주의 신용도가 좋을수록 위험이 낮아지므로 신용이 좋은 사람은 낮은 이자로 돈을 빌릴 수 있지만, 신용이 좋지 못한 사람은 돈을 빌릴 때 높은 이자를 지불해야 하거나 돈을 빌리기가 어려울 수도 있다.

[신용정보]
금융회사가 직접 거래상대방의 신용상태를 파악하기 위해서는 많은 시간과 비용이 소요된다. 따라서 금융회사는 주로 신용평가회사들을 통해 신용정보를 확보한다. 대표적인 신용평가회사로는 Moody's, S&P, Fitch IBCA 등 세계 3대 신용평가사와 우리나라의 NICE신용평가, 한국기업평가, KCB(코리아크레딧뷰로) 등을 꼽을 수 있다.

단원 학습목표

금융을 중개하는 금융회사와 금융거래의 대상이 되는 금융상품에 대하여 공부하는 단원입니다. 금융회사와 금융상품의 종류가 워낙 다양하고 복잡하다보니 정리에 애를 먹을 수가 있습니다. 따라서 구조와 틀을 제대로 세우고 뼈대를 잡아내는 일이 매우 중요합니다. 우선 유형분류를 위한 뼈대에 주목해 보시기 바랍니다.

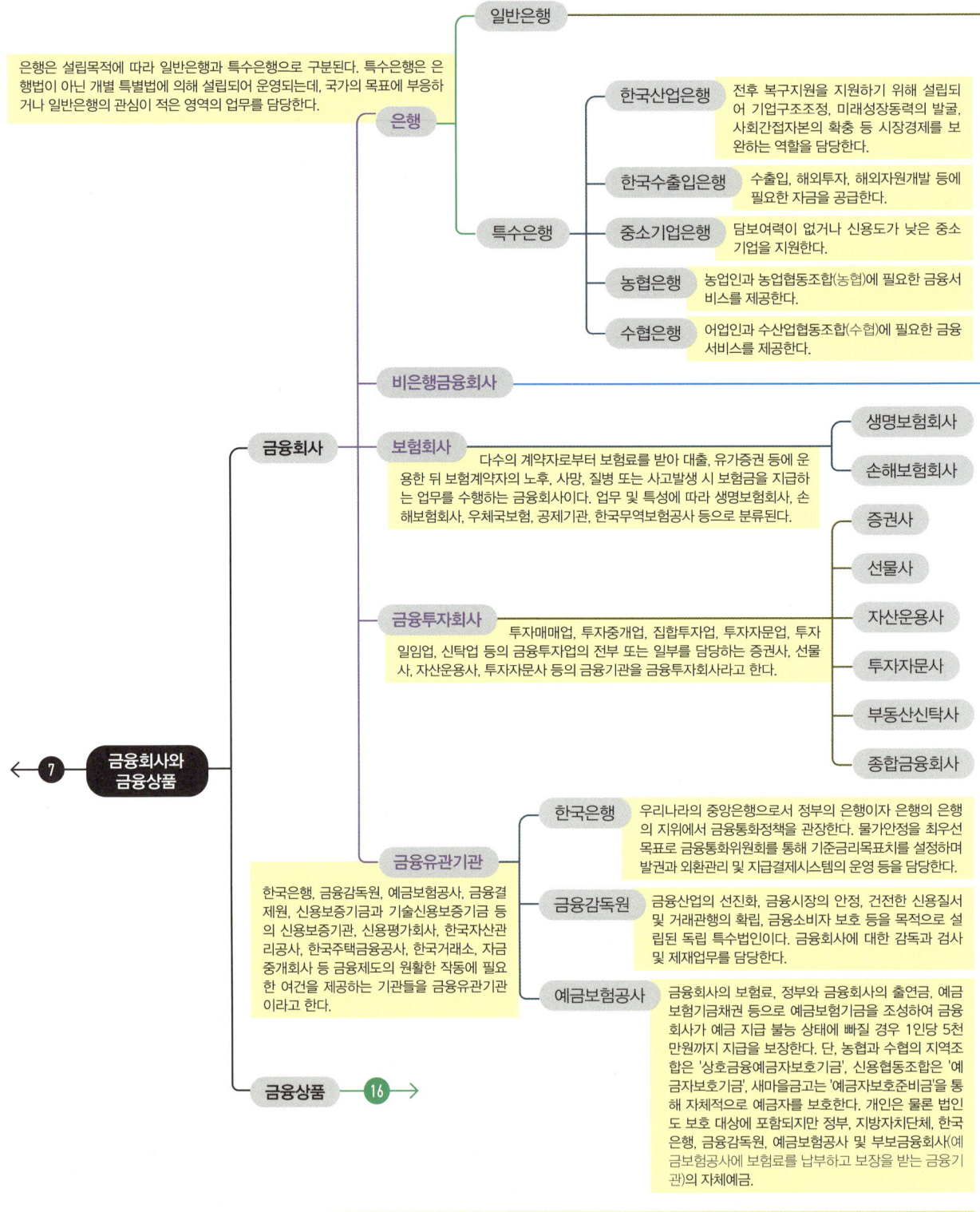

[금융감독] 이론확장 Unboxing
① **시스템 감독**: 금융시스템의 안정성을 확보하여 경제 전반에 걸친 금융혼란에 대비
② **건전성 감독**: 재무제표 건전성, 자본적정성, 각종 건전성 지표를 통해 개별 금융회사의 건전성을 감독
③ **영업행위 감독**: 금융소비자의 보호를 위해 공시, 정직, 성실, 공정한 영업 관행 유지 등을 감독

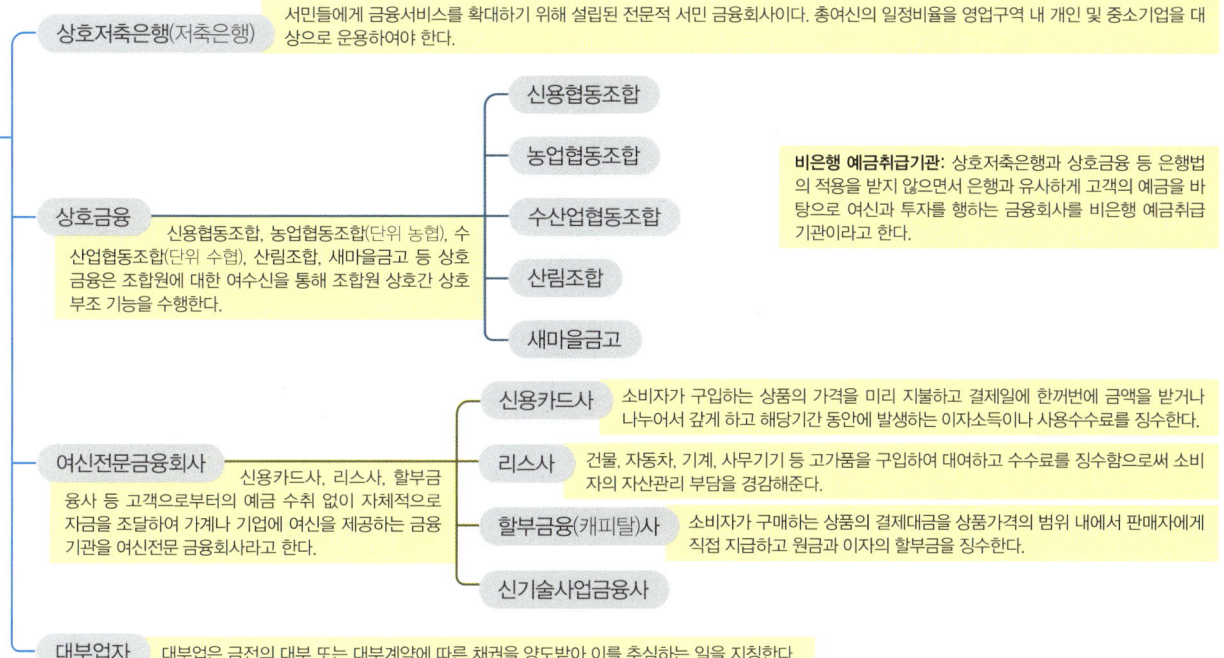

- 시중은행: 은행은 영업지역을 기준으로 시중은행과 지방은행으로 나뉜다. 시중은행은 전국을 영업대상으로 하지만, 지방은행은 특정지역을 기반으로 한다.
- 지방은행
- 인터넷전문은행: 오프라인 채널 없이 온라인으로만 영업하는 은행으로 카카오뱅크, 케이뱅크, 토스뱅크 등이 있다.
- 외국은행 국내지점

- 상호저축은행(저축은행): 서민들에게 금융서비스를 확대하기 위해 설립된 전문적 서민 금융회사이다. 총여신의 일정비율을 영업구역 내 개인 및 중소기업을 대상으로 운용하여야 한다.
- 상호금융: 신용협동조합, 농업협동조합(단위 농협), 수산업협동조합(단위 수협), 산림조합, 새마을금고 등 상호금융은 조합원에 대한 여수신을 통해 조합원 상호간 상호부조 기능을 수행한다.
  - 신용협동조합
  - 농업협동조합
  - 수산업협동조합
  - 산림조합
  - 새마을금고

비은행 예금취급기관: 상호저축은행과 상호금융 등 은행법의 적용을 받지 않으면서 은행과 유사하게 고객의 예금을 바탕으로 여신과 투자를 행하는 금융회사를 비은행 예금취급기관이라고 한다.

- 여신전문금융회사: 신용카드사, 리스사, 할부금융사 등 고객으로부터의 예금 수취 없이 자체적으로 자금을 조달하여 가계나 기업에 여신을 제공하는 금융기관을 여신전문 금융회사라고 한다.
  - 신용카드사: 소비자가 구입하는 상품의 가격을 미리 지불하고 결제일에 한꺼번에 금액을 받거나 나누어서 갚게 하고 해당기간 동안에 발생하는 이자소득이나 사용수수료를 징수한다.
  - 리스사: 건물, 자동차, 기계, 사무기기 등 고가품을 구입하여 대여하고 수수료를 징수함으로써 소비자의 자산관리 부담을 경감해준다.
  - 할부금융(캐피탈)사: 소비자가 구매하는 상품의 결제대금을 상품가격의 범위 내에서 판매자에게 직접 지급하고 원금과 이자의 할부금을 징수한다.
  - 신기술사업금융사
- 대부업자: 대부업은 금전의 대부 또는 대부계약에 따른 채권을 양도받아 이를 추심하는 일을 지칭한다.

[보험회사의 구분] 이론확장 Unboxing

1. 생명보험회사와 손해보험회사
생명보험회사는 사람의 생존 또는 사망 시 보험금을 지급하고, 손해보험회사는 자동차사고, 화재, 해상사고 등 각종 사고에 대비한 보험을 취급한다. 생명보험과 손해보험은 완전히 분리된 보험으로 서로 겸업하지 못한다. 다만 질병보험, 상해보험, 간병보험은 생명보험사나 손해보험사 모두 자유롭게 취급할 수 있다.

2. 보증보험회사
보증보험회사는 보험계약자가 피보험자에게 약속을 이행하지 못하거나 피해를 끼쳤을 때 대신 보험금을 지급하는 업무를 담당한다. 일반적인 보증보험을 담당하는 SGI서울보증, 기술평가시스템에 근거하여 기술혁신형기업을 보증하는 기술보증기금, 주택분양 보증과 임대보증금 보증 및 조합주택시공 보증, 전세보증금반환 보증, 모기지 보증 등을 담당하는 주택도시보증공사 등이 있다.

3. 재보험사(다른 보험사의 원수계약을 대상으로 보험에 가입시키는 보험사)
재보험은 하나의 보험회사가 감당하기 어려운 대형사고가 발생한 경우 위험을 분산하기 위해 보험회사가 피보험자로부터 계약한 보험내용의 일부나 전부를 다른 보험회사에 다시 보험을 드는 보험제도이다. 국내에는 전업재보험사(코리안리 및 외국사 국내지점)와 일부 원수보험사(보험대리점 등을 통해 보험상품을 판매하는 보험사)가 재보험업을 담당한다.

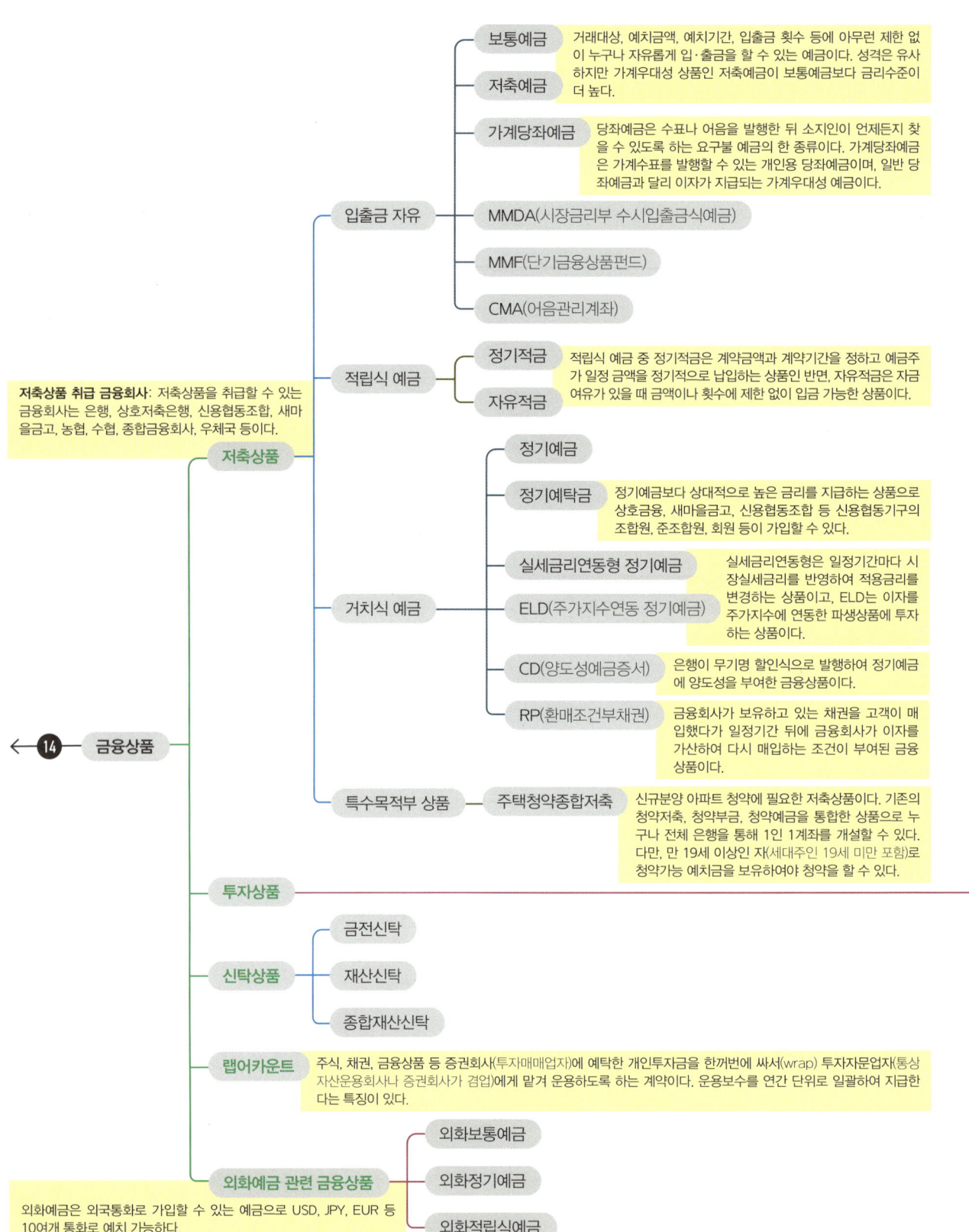

[MMDA, MMF, CMA의 비교]

금융기관이 단기 융통이 가능한 목돈을 예치하기 위해 취급하는 금융상품들이다. 은행이 취급하는 MMDA는 확정금리가 지급되고 이체 및 결제서비스가 제공된다. 은행 또는 증권사가 취급하고 자산운용회사가 운용하는 MMF는 실적배당상품으로 이체나 결제가 불가능하다. 하지만 종금사 또는 증권사가 취급하는 CMA는 MMF와 같은 실적배당상품임에도 MMDA처럼 이체와 결제가 가능하다. MMDA는 예금자보호 대상이지만 MMF는 예금자보호가 되지 않는다. CMA의 경우에는 종금사의 CMA는 예금자보호가 되고, 증권사의 CMA는 예금자보호가 되지 않는다. 종금사는 은행, 보험사 등과 함께 예금자보호 대상 금융기관에 해당되는 반면, 증권사는 원칙적으로 예금자보호 대상 금융기관에 해당하지 않기 때문이다.

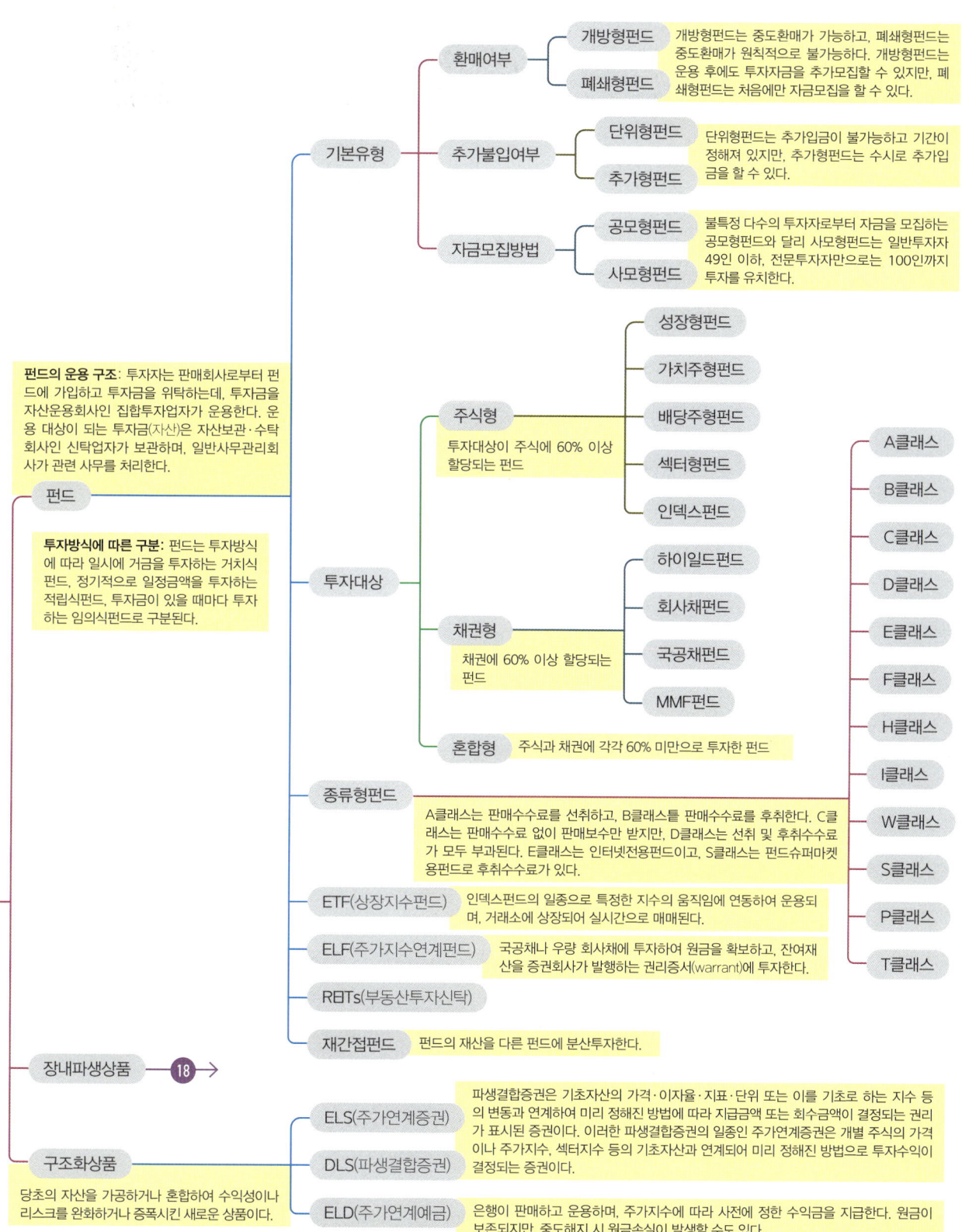

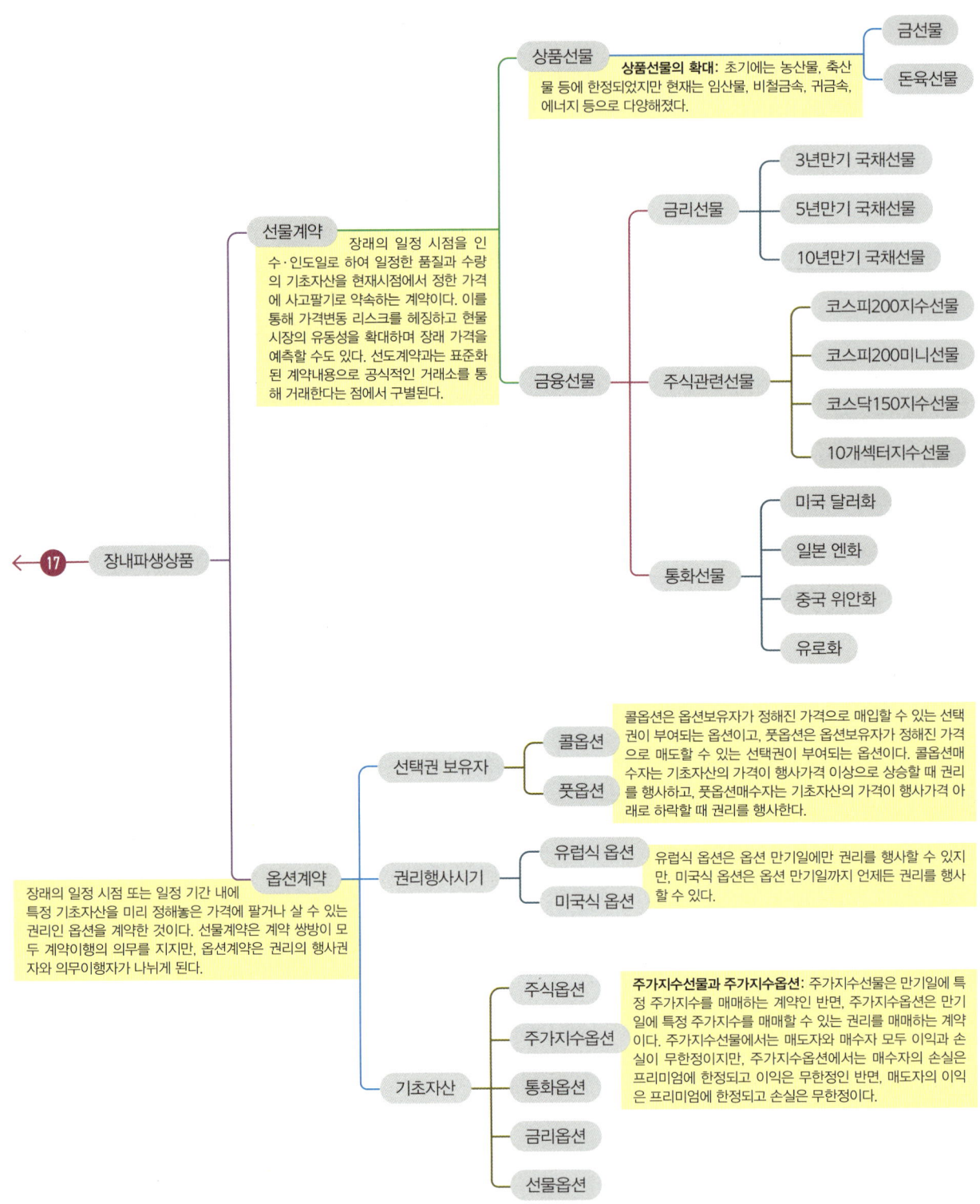

[파생상품] 이론확장 Unboxing

주식, 채권, 외환, 금, 은 등 기초자산의 가치 변동에 따라 가격이 결정되는 금융상품이다. 파생상품에는 가격 외의 거래조건을 표준화하여 거래소에서 거래되는 장내파생상품과 거래소 밖에서 비표준화된 상태로 거래되는 장외파생상품이 있다. 장내파생상품에는 선물, 옵션이 있고 장외파생상품에는 선도, 스왑이 있다.

[파생상품]
① **기초자산**: 옵션거래의 대상이 되는 자산
② **옵션보유자**(옵션매입자): 옵션계약에서 선택권을 갖는 권리행사권자
③ **옵션발행자**(옵션매도자): 옵션보유자의 권리행사 시 계약사항을 실현해야 하는 의무이행자
④ **행사가격**: 기초자산에 대해 사전에 정한 가격으로 콜옵션의 경우는 매수가격, 풋옵션의 경우는 매도가격
⑤ **만기일**: 옵션보유자가 선택권을 행사할 수 있도록 정해진 특정 시점 또는 정해진 기간
⑥ **옵션프리미엄**(옵션가격): 옵션매입자가 선택권을 갖는 대가로 옵션매도자에게 지급하는 금액

단원 학습목표

자산을 관리할 때에는 안정성이 높은 저축을 할 수도 있지만, 수익성을 높이기 위해 투자에 나서기도 합니다. 대표적인 투자상품에는 주식과 채권이 있습니다. 본 단원은 저축, 주식투자, 채권투자에 관한 내용을 담고 있습니다. 따라서 이들 간의 비교를 통해 각각의 특성을 면밀하게 알아 두어야 합니다.

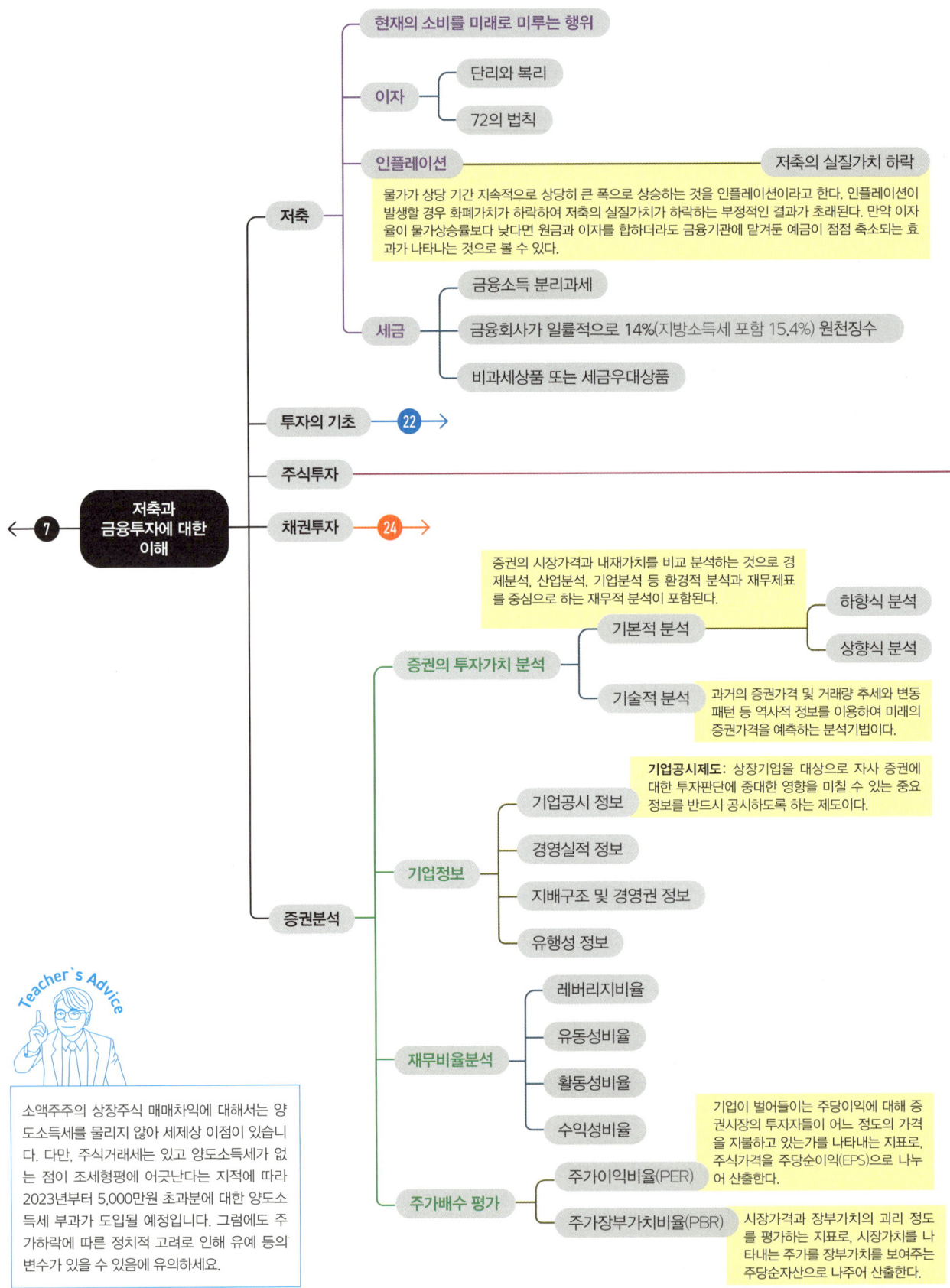

Teacher's Advice

소액주주의 상장주식 매매차익에 대해서는 양도소득세를 물리지 않아 세제상 이점이 있습니다. 다만, 주식거래세는 있고 양도소득세가 없는 점이 조세형평에 어긋난다는 지적에 따라 2023년부터 5,000만원 초과분에 대한 양도소득세 부과가 도입될 예정입니다. 그럼에도 주가하락에 따른 정치적 고려로 인해 유예 등의 변수가 있을 수 있음에 유의하세요.

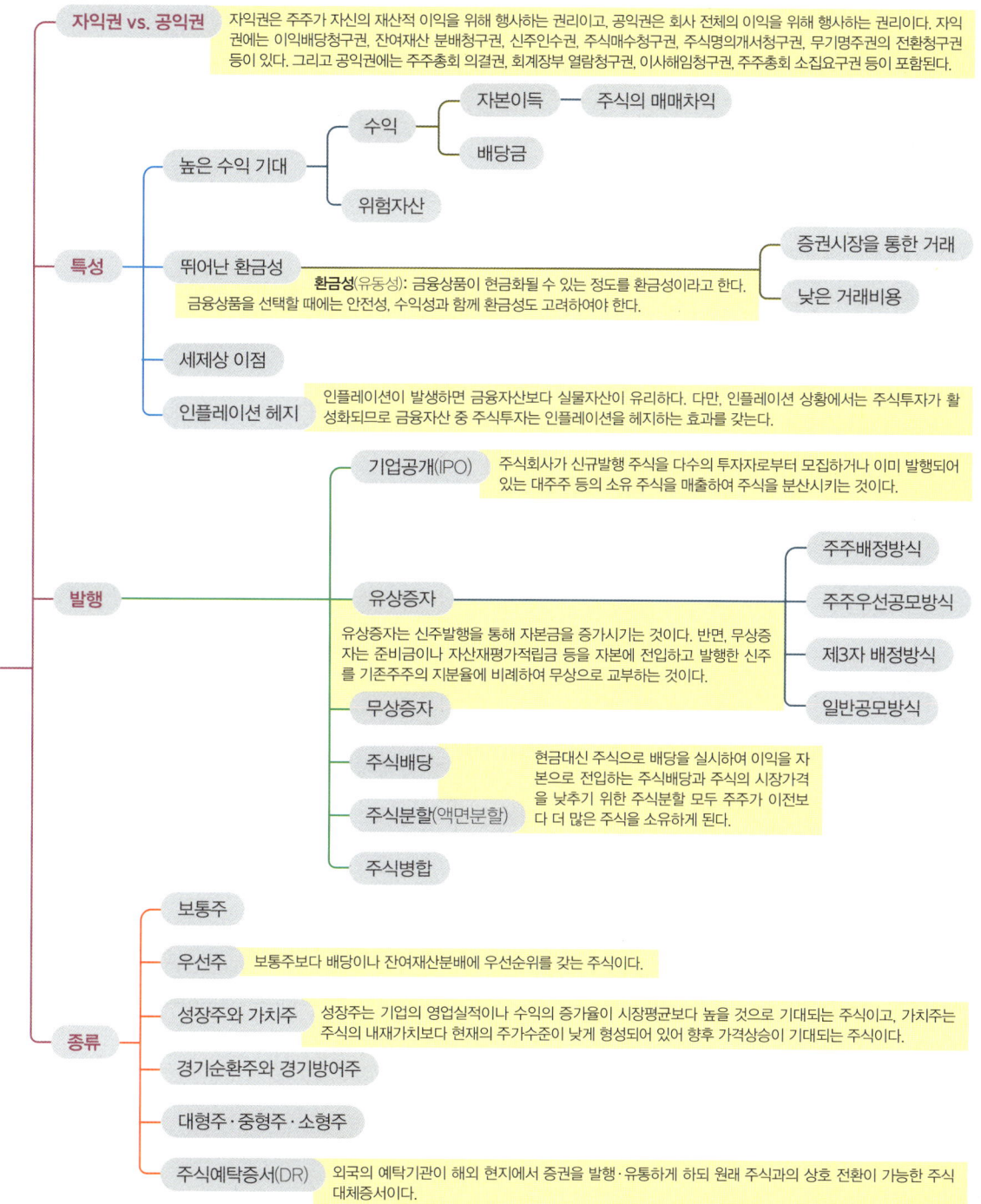

[기업의 종류와 주식회사]
기업은 국가나 지방자치단체가 지분을 보유하고 운영에 개입하는 공기업과 민간이 주도하는 사기업으로 분류된다. 그리고 사기업은 지분의 소유관계에 따라 개인기업과 회사기업으로 나뉜다. 지분을 1인이 보유하는 개인기업과 달리 회사기업은 지분을 여럿이 분점하는데, 특히 주식회사는 불특정다수가 주주가 되어 지분을 보유할 수 있도록 허용된다. 주주는 주식투자를 통해 지분을 보유하며, 지분율에 따라 의결권과 배당권을 갖는다. 주식회사는 주요한 결정을 주주총회를 통해 내리며, 대표이사와 이사회를 주축으로 경영한다. 주식회사는 주식발행, 채권발행, 차입금, 사내유보이윤 등으로 투자자금을 확보한다. 주식회사는 대규모 자금을 조달하여 기술개발 및 경제성장에 기여할 수 있고 책임을 분산할 수 있으며 전문경영인(CEO)제도를 도입할 수 있지만, 새로운 투자보다 단기적으로 주주의 이익에 충실하려는 경향이 나타나는 등 책임경영에 소홀해질 수 있다는 단점도 있다.

[주식의 거래방법]
한국거래소의 정규시장매매은 09:00~15:30까지이며, 가격우선원칙과 시간우선원칙을 적용하여 개별경쟁으로 매매거래가 체결된다. 08:30~08:40분에는 장 전 종가매매가 이뤄지고 15:30~16:00에는 장 후 종가매매가 이뤄진다. 시초가는 08:30~09:00까지, 종가는 15:20~15:30까지 주문을 받아 제시된 가격을 모아 단일가격으로 결정되는 동시호가를 통해 결정된다. 16:00~18:00에는 시간외 단일가매매가 이뤄지는데, 장 전후 종가매매와 시간외 단일가매매 등 시간외거래는 기관투자자 사이의 대량매매에 주로 활용된다. 주문방법에는 원하는 매수나 매도가격을 지정하여 주문하는 지정가주문과 주문시점에 가장 유리한 가격에 우선적으로 거래될 수 있도록 주문하는 시장가주문이 있다.

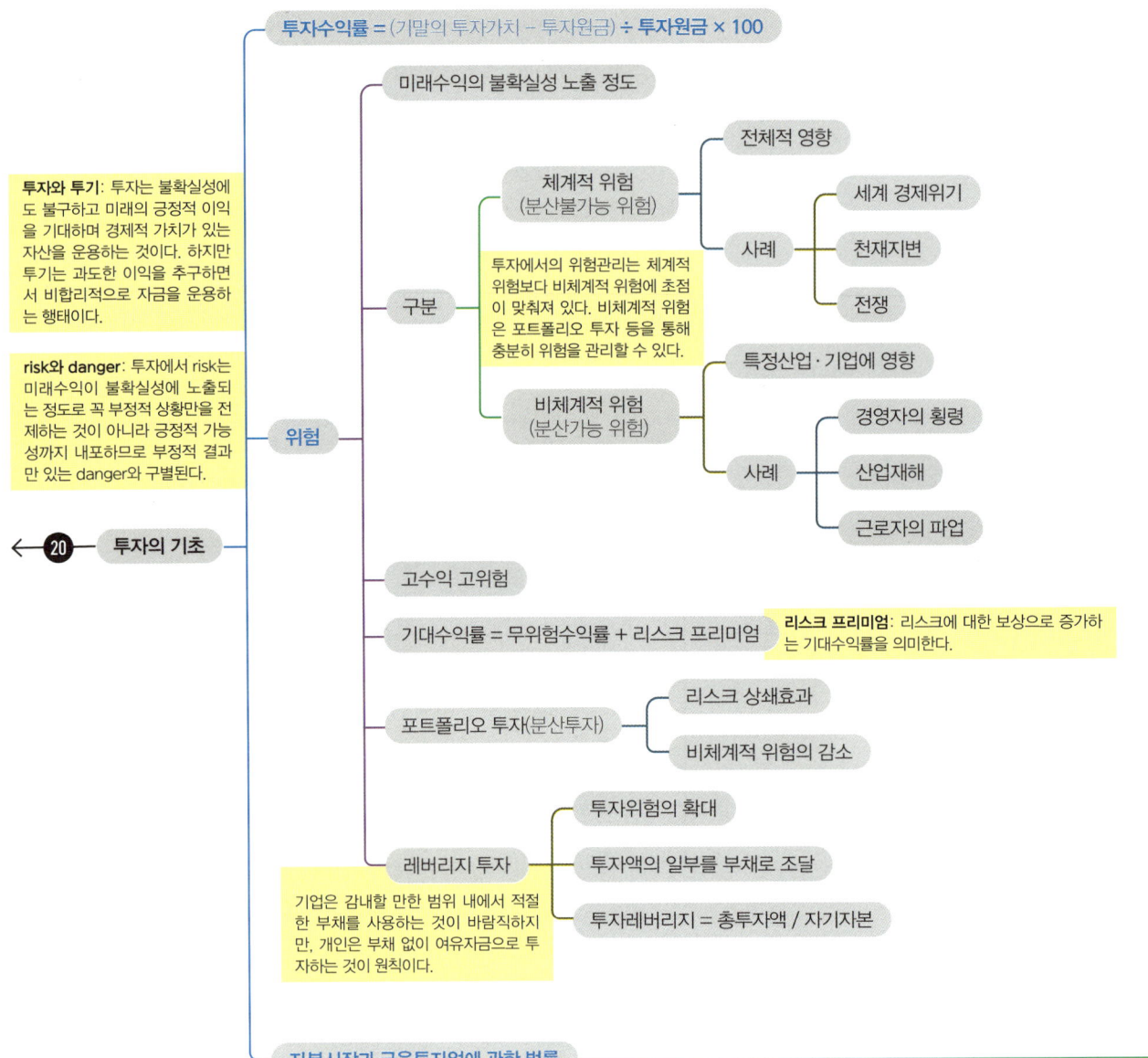

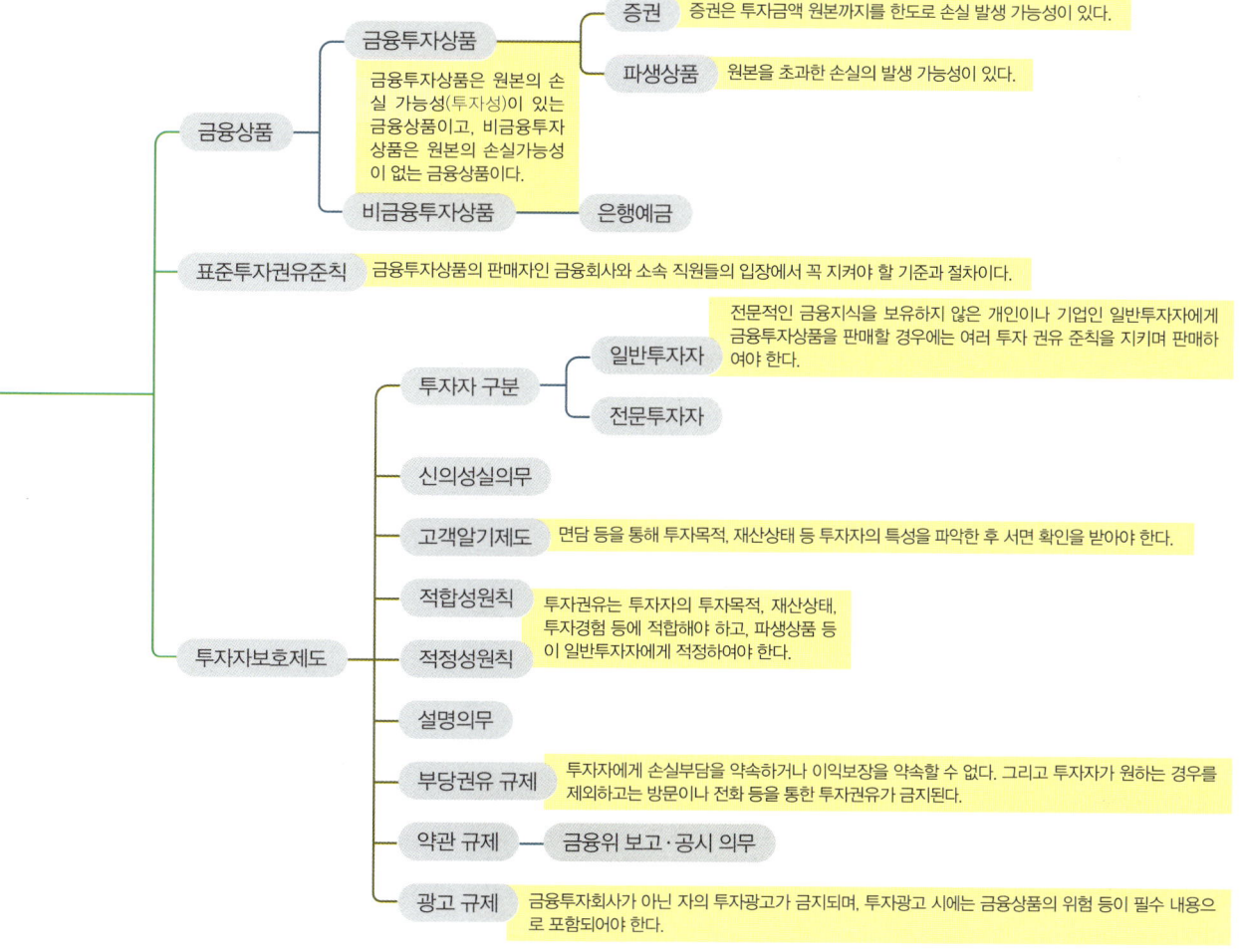

20 채권투자

- **채권**
  - 일종의 차용증서인 유가증권
  - 불특정 다수자로부터 비교적 장기에 걸쳐 자금조달
  - 채권의 특성
    - 확정이자부증권
    - 기한부증권
    - 장기증권
  - 발행주체
    - 정부
    - 지방자치단체
    - 공공기관
    - 특수법인 또는 주식회사
  - 분류
  - 특수한 형태

- **기본용어**
  - 액면
  - 매매단가
  - 표면이자율 — **경상수익률**: 이자금액을 채권의 현재 시장가격으로 나눈 비율이다. 따라서 표면이자율과는 구별하여야 한다.
  - 만기와 잔존기간 — 만기(원금상환기간)는 채권 발행일로부터 원금상환일까지의 기간이고, 잔존기간은 이미 발행된 채권에 대하여 현재 시점으로부터 원금상환일까지 남은 기간이다.
  - 수익률

- **채권투자의 특성**
  - 수익성
    - 이자소득
    - 자본소득
  - 안전성 — 낮은 채무불이행 위험
  - 유동성(환금성) — 유통시장을 통해 쉽게 현금화 가능

이론확장 Unboxing

[소액채권 거래제도]
대부분의 국민은 정부나 지방자치단체 등이 공공사업의 재원 마련을 위해 매입을 강제하는 첨가소화채권을 통해 채권을 보유한다. 정부는 이러한 의무매입국공채의 환금성을 높이고 채권시장에 대한 신뢰도를 끌어올리기 위해 소액국공채거래제도를 운영하고 있다. 제1종 국민주택채권, 서울도시철도채권 및 서울특별시 지역개발채권, 지방공기업법에 의하여 특별시, 광역시 및 도가 발행한 지역개발공채증권, 주요 광역시 발행 도시철도채권 등이 이 제도의 적용을 받는다.

[채권가격과 채권수익률]
채권수익률은 채권시장에서 형성되는 금리를 가리킨다. 채권수익률은 채권가격과 반비례한다. 채권가격이 오르면 채권수익률이 낮아지고, 채권가격이 하락하면 채권수익률이 높아진다.

Teacher's Advice

예금과 채권은 이자소득을 거둘 수 있지만 주식은 이자소득이 없습니다. 반면, 채권과 주식은 매매차익을 통한 자본소득을 거둘 수 있지만 예금은 그렇지 않습니다. 매매차익을 거둘 수 없는 예금은 수익성이 가장 낮습니다. 예금은 원금의 보장 정도인 안전성(안정성)이 높지만 수익성이 낮고, 주식은 안전성이 낮지만 수익성은 높습니다. 채권의 경우는 예금과 주식의 중간 정도로 기억해 두면 좋습니다.

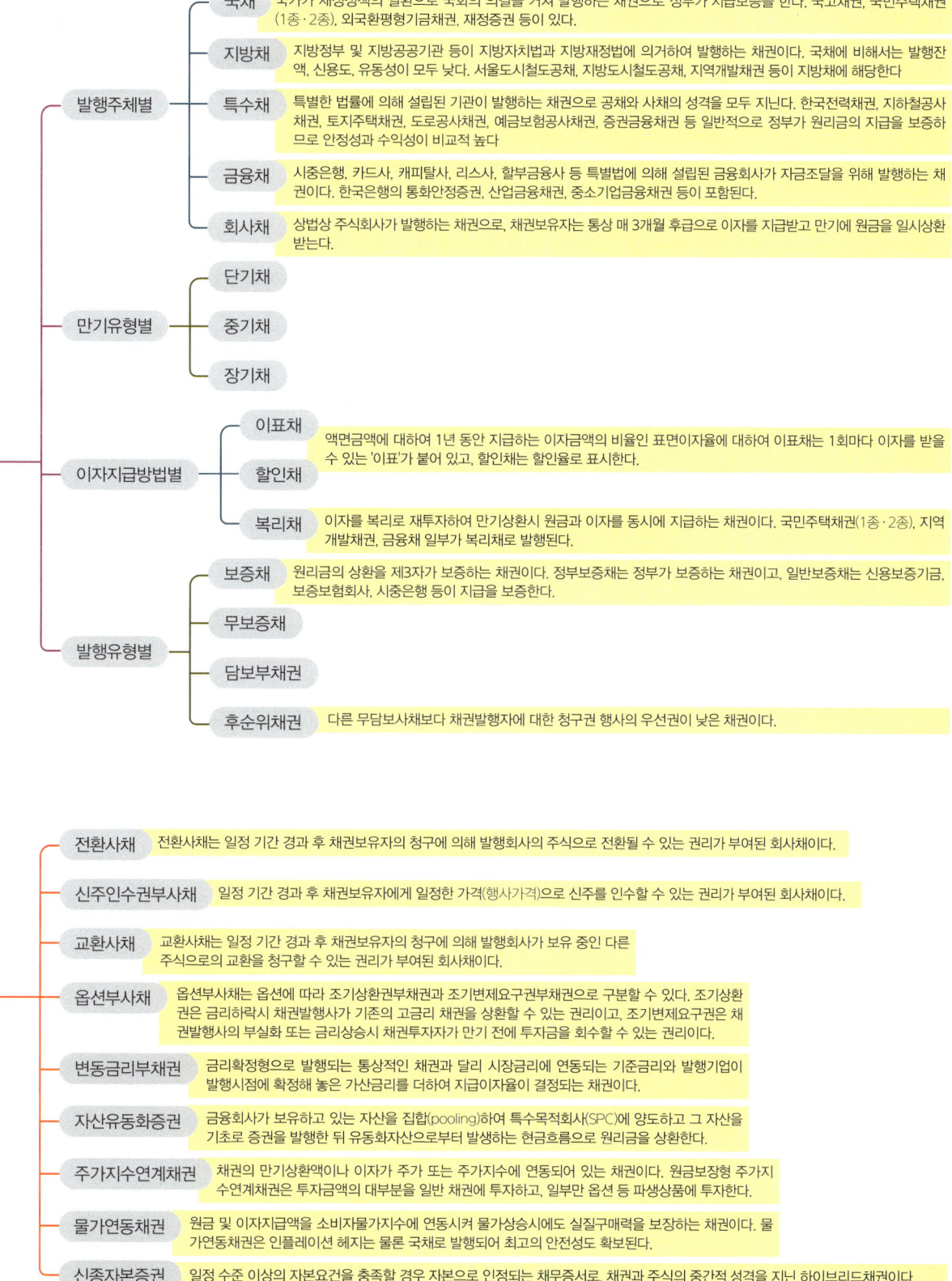

단원 학습목표

금융과 관련한 일반적인 상식을 다룬 앞 단원들과 달리 본 단원은 본격적으로 '예금편'에 부합하는 내용이 소개됩니다. 다만, 예금계약과 관련한 법적 관계들을 다루고 있는만큼 많은 시간을 할애하여 여러번 반복하면서 학습하시기 바랍니다. 공부를 해 두면 실무에도 도움이 될 수 있는 내용들로 채워진 단원입니다.

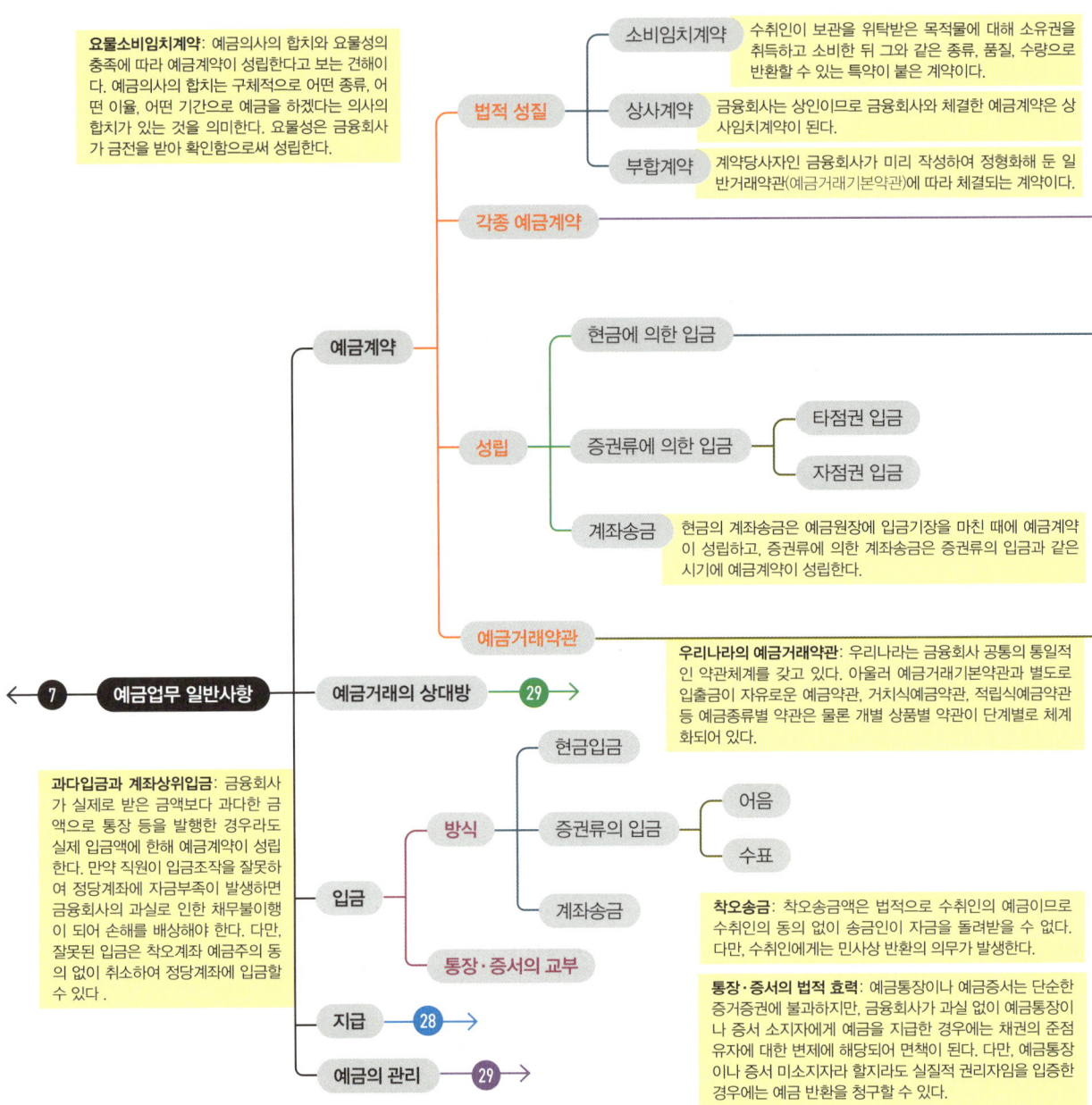

[증권류에 의한 입금]

1. 타점권의 입금
① **추심위임설**: 타점권의 입금과 동시에 해당 타점권이 미결제 통보와 부도실물이 반환되지 않는 것을 정지조건으로 하여 예금계약이 성립한다고 본다. 예금거래기본약관은 추심위임설의 입장을 취하고 있다.
② **양도설**: 타점권의 입금과 동시에 예금계약이 성립하되, 타점권이 부도반환되는 경우에는 소급하여 예금계약이 해제되는 것으로 본다.

2. 자점권의 입금
당해 점포가 지급인으로 된 증권은 발행인이 당좌예금의 잔고를 확인하여 당좌예금계좌에서 액면금 상당을 인출한 후 예입자의 계좌에 입금처리함으로써 예금계약이 성립한다. 예금거래기본약관은 개설점에서 지급하여야 하는 증권은 그날 안에 결제를 확인했을 경우에 예금이 입금된다고 규정하고 있다.

3. 자기앞수표
타점발행의 자기앞수표로 입금할 경우에는 발행 금융회사가 사고신고 된 사실이 없고 결제될 것이 틀림없음을 확인하여 예금원장에 입금기장을 마치면 예금계약이 성립한다. 그리고 자점 발행의 자기앞수표인 경우에는 입금 즉시 예금계약이 성립한다.

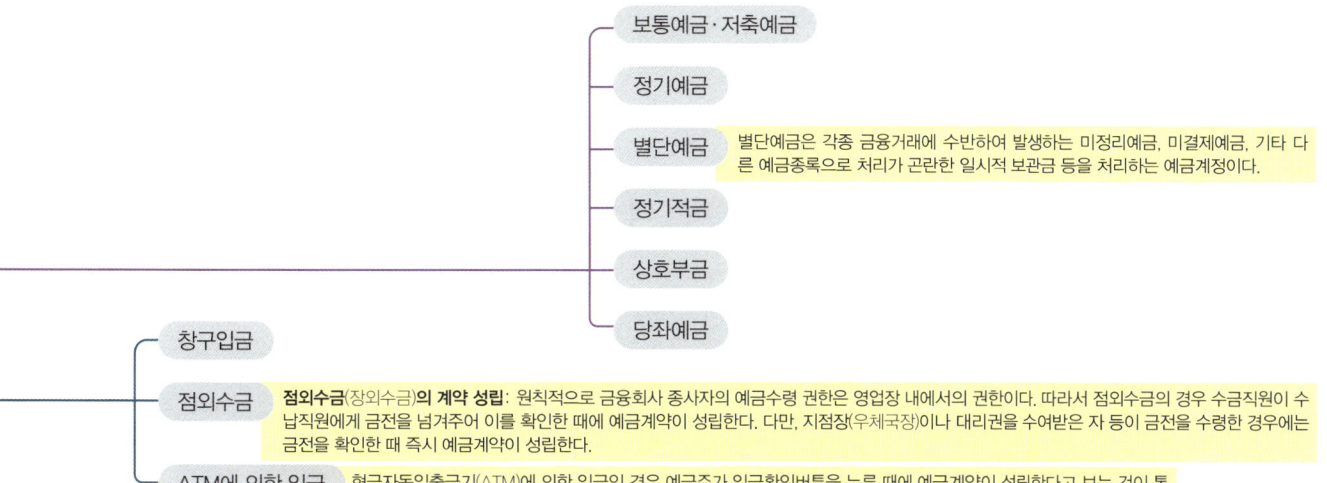

- 창구입금
- 점외수금 **점외수금**(장외수금)**의 계약 성립**: 원칙적으로 금융회사 종사자의 예금수령 권한은 영업장 내에서의 권한이다. 따라서 점외수금의 경우 수금직원이 수납직원에게 금전을 넘겨주어 이를 확인한 때에 예금계약이 성립한다. 다만, 지점장(우체국장)이나 대리권을 수여받은 자 등이 금전을 수령한 경우에는 금전을 확인한 때 즉시 예금계약이 성립한다.
- ATM에 의한 입금 현금자동입출금기(ATM)에 의한 입금인 경우 예금주가 입금확인버튼을 누른 때에 예금계약이 성립한다고 보는 것이 통설이다.

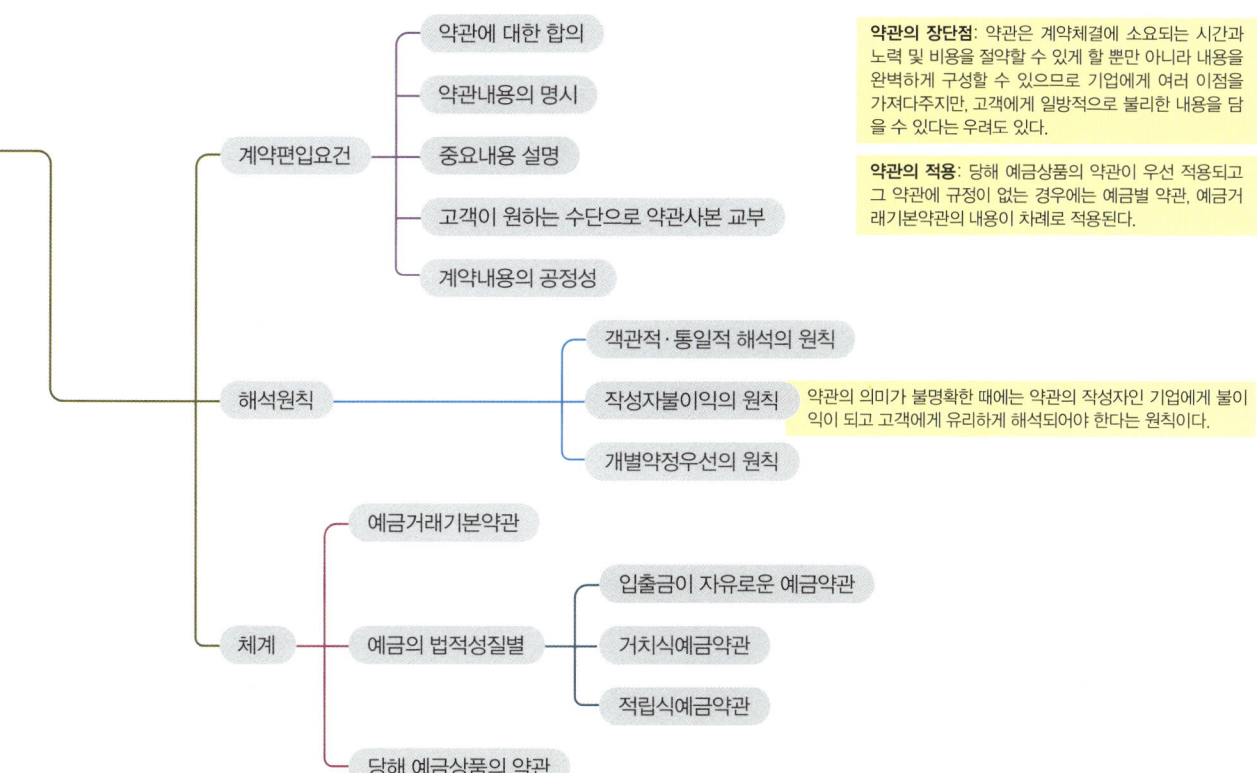

약관의 장단점: 약관은 계약체결에 소요되는 시간과 노력 및 비용을 절약할 수 있게 할 뿐만 아니라 내용을 완벽하게 구성할 수 있으므로 기업에게 여러 이점을 가져다주지만, 고객에게 일방적으로 불리한 내용을 담을 수 있다는 우려도 있다.

약관의 적용: 당해 예금상품의 약관이 우선 적용되고 그 약관에 규정이 없는 경우에는 예금별 약관, 예금거래기본약관의 내용이 차례로 적용된다.

약관의 의미가 불명확한 때에는 약관의 작성자인 기업에게 불이익이 되고 고객에게 유리하게 해석되어야 한다는 원칙이다.

[각종 예금계약의 법적 구조]
- 보통예금과 저축예금은 언제든 입출금이 자유롭고 질권 설정이 금지되지만 금융회사의 승낙에 의해 양도가 가능하다. 그리고 입출금시 그 잔액에 대하여 새로운 예금채권이 성립한다고 본다.
- 예치기간이 약정된 정기예금은 금융회사에 기한의 이익을 부여하므로 예금주는 만기일 전에 예금 반환을 청구할 수 없는 것이 원칙이다.
- 별단예금은 각각의 대전별로 그 법적 성격이 다르다는 점에 유의하여야 한다.
- 정기적금은 월부금을 납입하기로 약속한 계약이지만 채무가 서로 대가적 의미를 갖지 않는 편무계약이므로 가입자에 월부금을 납입할 의무가 부여되지는 않는다. 한편, 상호부금은 쌍무계약으로 부금납입의 의무가 부과되어 있다는 견해도 있지만, 이 또한 편무계약으로 보아야 한다는 견해도 유력하다.
- 당좌예금은 어음, 수표의 지급 사무처리의 위임을 목적으로 하는 위임계약과 금전소비임치계약이 혼합된 계약이다.

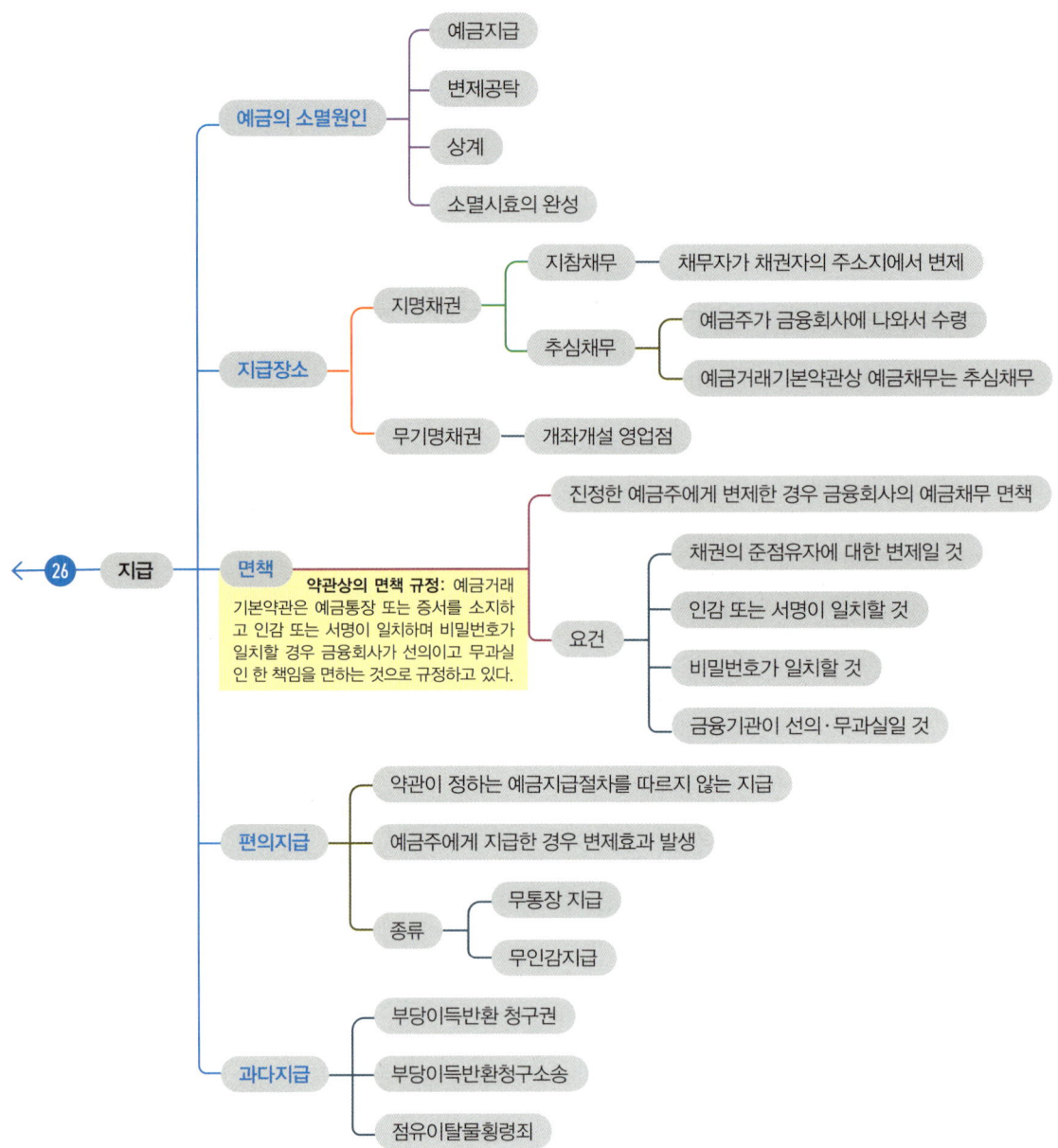

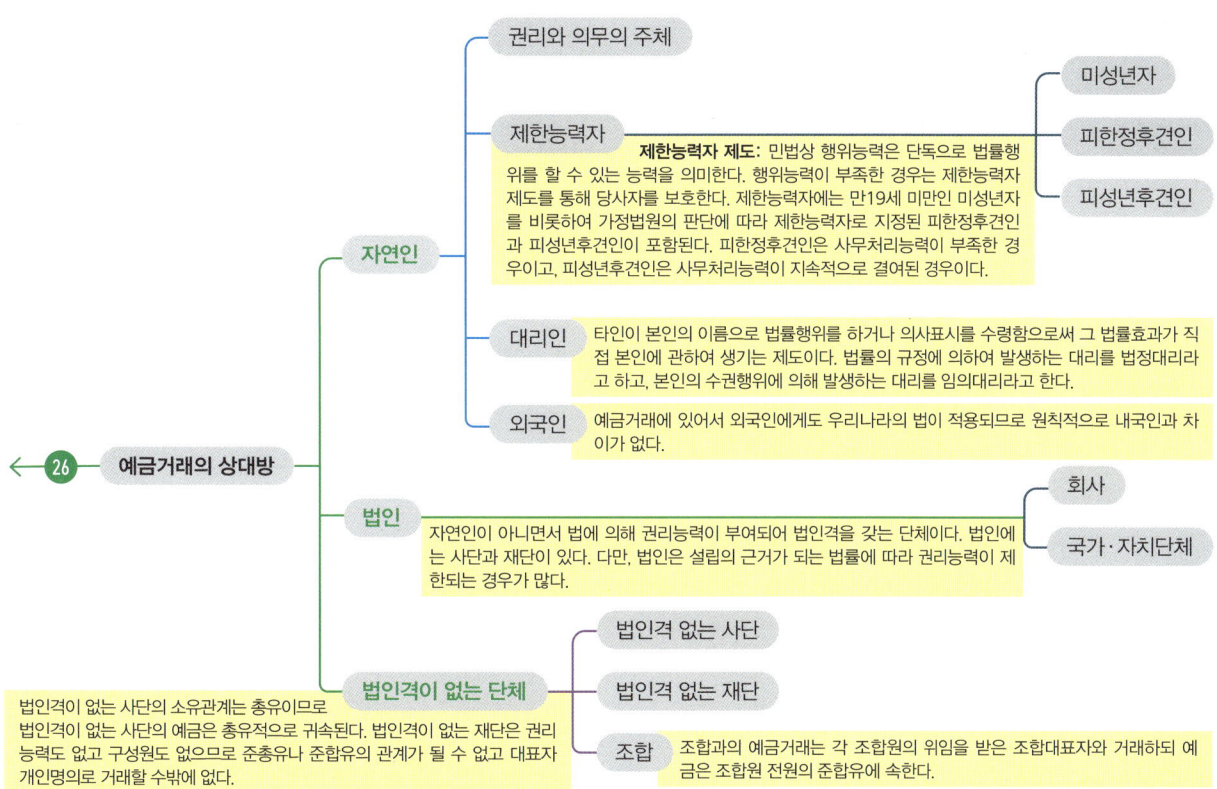

[공동소유]
공동소유는 하나의 물건을 2인 이상의 다수인이 공동으로 소유하는 것이다. 민법상 공동소유에는 공유, 총유, 합유가 있다. 공유는 인적 결합관계가 없는 수인이 지분에 의해 물건을 소유하는 것이고, 총유는 법인이 아닌 사단의 소유형태이며, 합유는 조합의 소유형태이다. 총유물은 각 사원이 사용, 수익할 수 있지만 관리 및 처분은 사원총회의 결의에 의한다. 한편, 합유물을 처분 또는 변경함에는 합유자 전원의 동의가 있어야 한다.

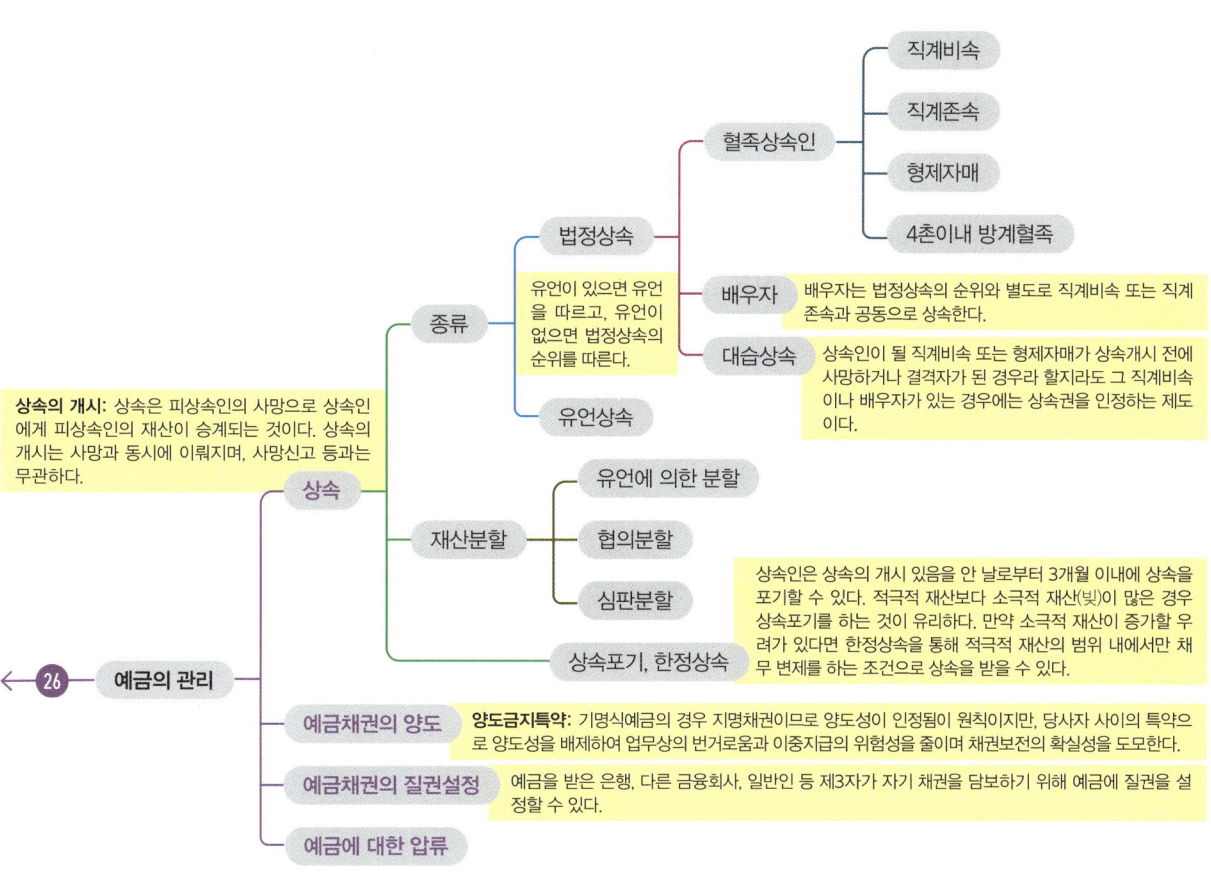

단원 학습목표
정보사회의 도래로 금융거래의 방식도 근본적인 변화를 맞고 있습니다. 따라서 전자금융에 대한 이해 및 다양한 채널들에 대한 각각의 활용도를 파악하는 것이 중요합니다. 아울러 카드의 분류에 대해서도 주목하여 공부하되, 특히 우체국 금융에서도 취급하는 체크카드를 중심으로 공부하시는 것이 좋습니다. 본 단원을 충실히 학습해 놓으면 우체국 금융에서의 전자금융에 대해서도 공부를 하기에 수월해질 것입니다.

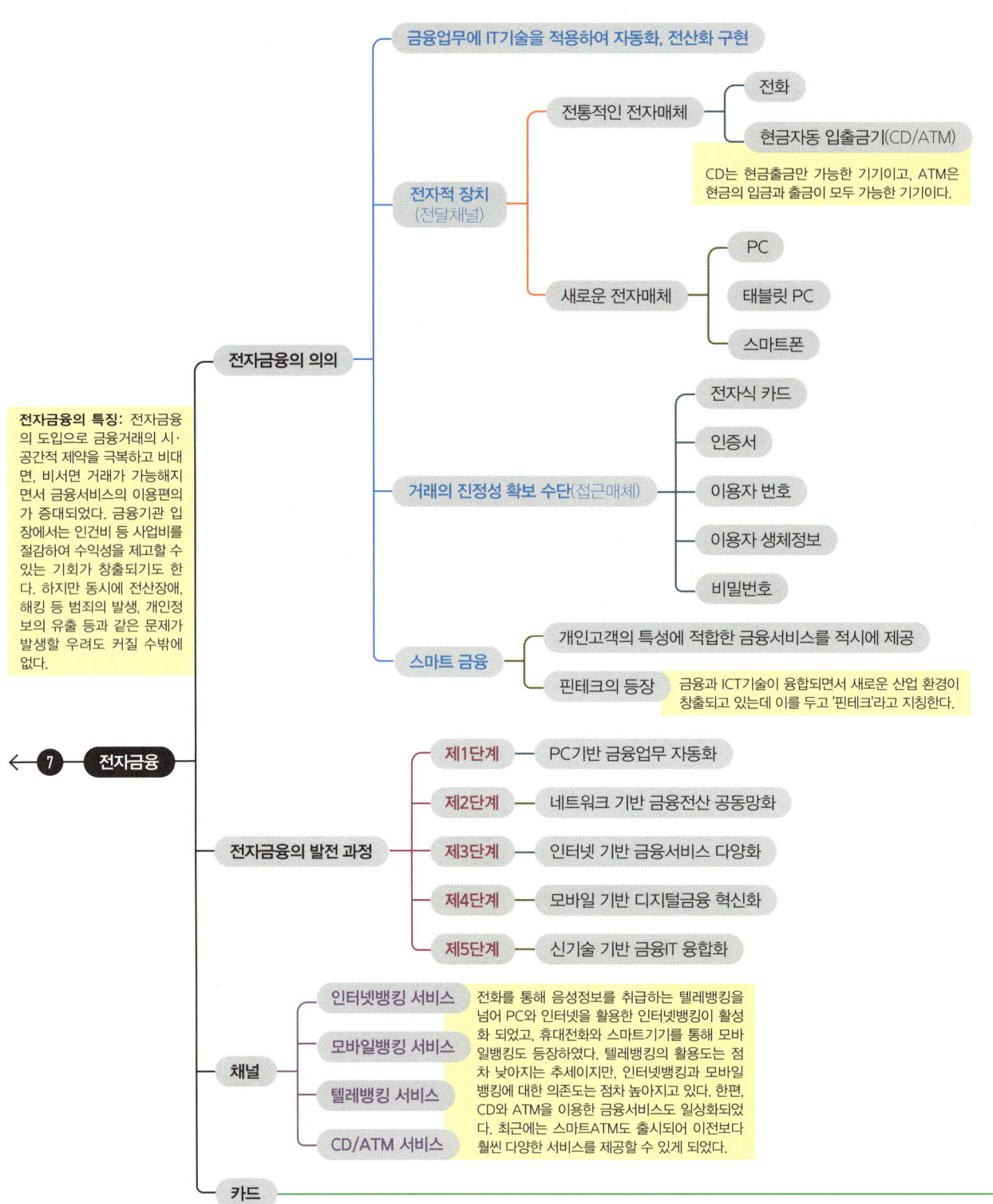

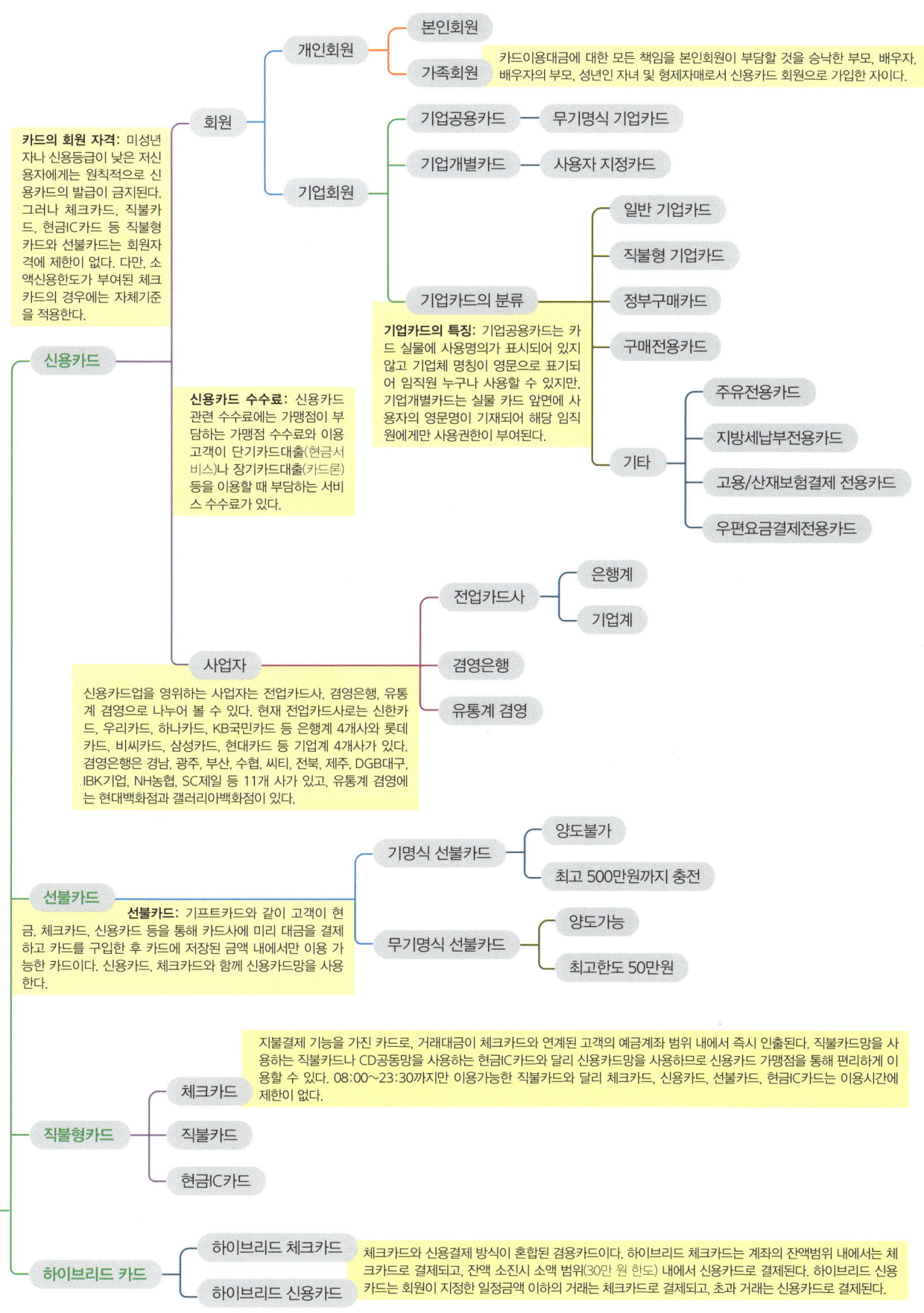

단원 학습목표

앞의 단원들과 달리 아주 간단한 내용으로 구성된 단원입니다. 본격적으로 우체국금융에 대한 내용을 다루기에 앞서 우체국금융의 연혁과 업무범위, 역할 등을 소개합니다. 뼈대 위주로 비교적 간략하게 학습하고 넘어가도 좋습니다.

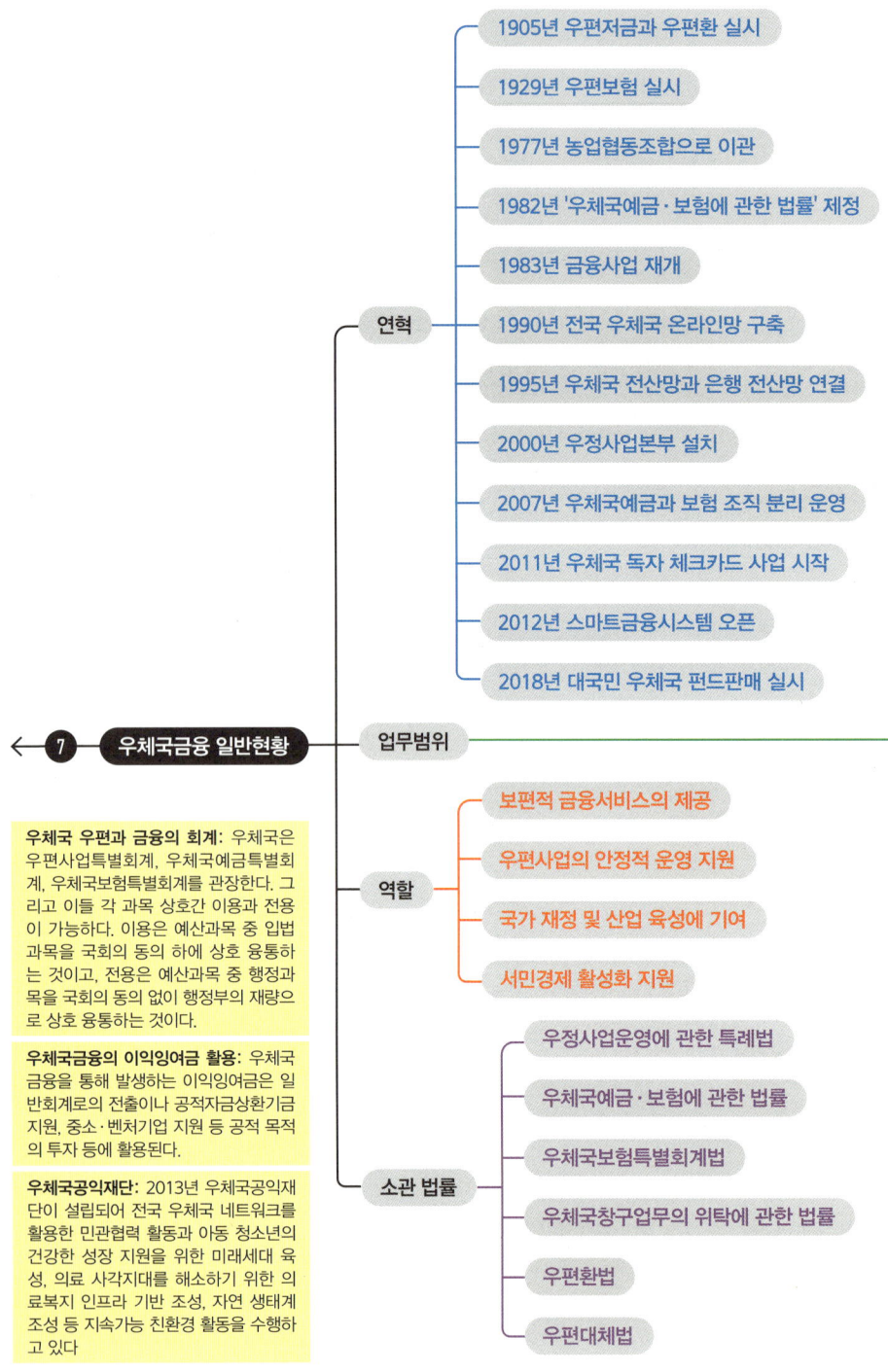

7 우체국금융 일반현황

우체국 우편과 금융의 회계: 우체국은 우편사업특별회계, 우체국예금특별회계, 우체국보험특별회계를 관장한다. 그리고 이들 각 과목 상호간 이용과 전용이 가능하다. 이용은 예산과목 중 입법과목을 국회의 동의 하에 상호 융통하는 것이고, 전용은 예산과목 중 행정과목을 국회의 동의 없이 행정부의 재량으로 상호 융통하는 것이다.

우체국금융의 이익잉여금 활용: 우체국금융을 통해 발생하는 이익잉여금은 일반회계로의 전출이나 공적자금상환기금 지원, 중소·벤처기업 지원 등 공적 목적의 투자 등에 활용된다.

우체국공익재단: 2013년 우체국공익재단이 설립되어 전국 우체국 네트워크를 활용한 민관협력 활동과 아동 청소년의 건강한 성장 지원을 위한 미래세대 육성, 의료 사각지대를 해소하기 위한 의료복지 인프라 기반 조성, 자연 생태계 조성 등 지속가능 친환경 활동을 수행하고 있다

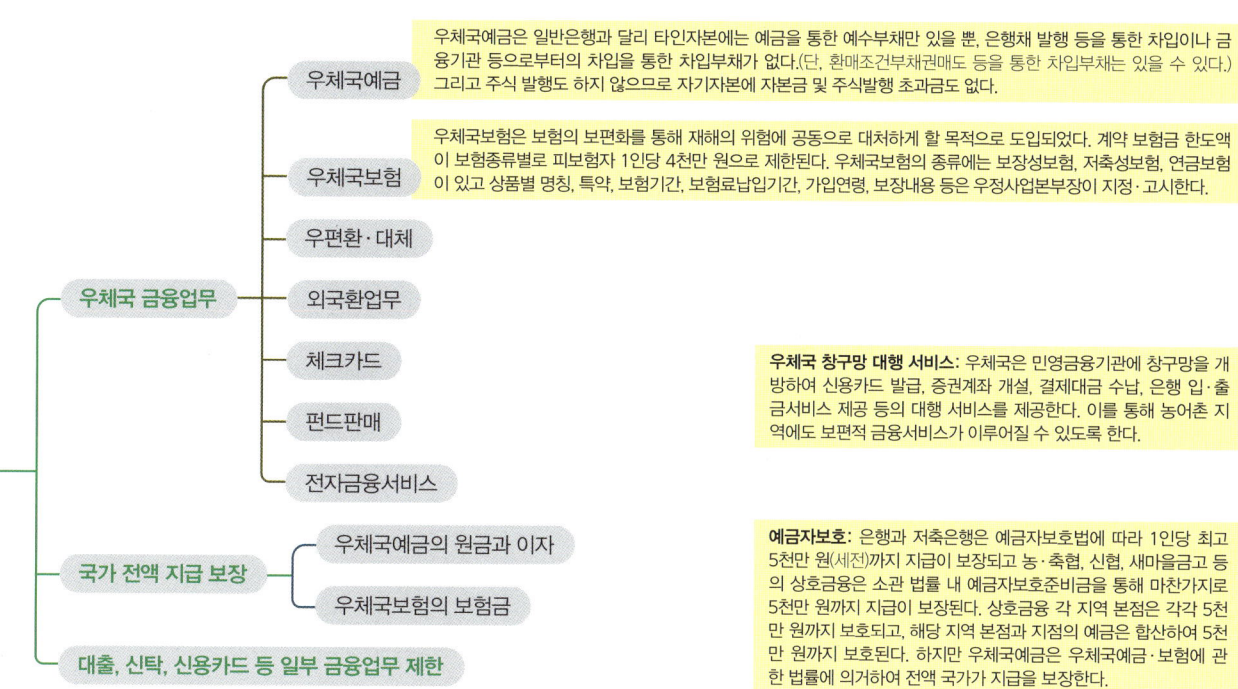

[법령 체계] 이론확장 Unboxing

법은 최상위법인 헌법으로부터 법률, 명령, 조례, 규칙의 체계를 이룬다. 이중 법률과 명령은 '법령'이라고 지칭되기도 한다. 법률은 국회에서 의결을 통해 제·개정되고, 명령은 행정부가 법률의 범위 안에서 정한다. 명령에는 대통령령, 총리령, 부령 등이 있는데 대통령령은 법률에 따른 시행령이 되고, 부령은 더 세세한 내용을 담는 시행규칙이 된다. '상위법 우선의 원칙'에 따라 하위법이 결코 상위법의 테두리를 벗어날 수 없다는 점을 기억해 두어야 한다.

단원 학습목표

우체국금융에서 취급하는 상품은 크게 예금상품, 카드상품, 펀드상품, 보험상품 등으로 구분할 수 있습니다. 이중 보험상품은 '보험편'에서 다루게 되므로 본 단원에서는 예금상품, 카드상품, 펀드상품에 대하여 소개합니다. 시중은행과 마찬가지로 예금상품에는 요구불예금(수시입출식통장), 거치식예금, 적립식예금이 포함됩니다. 우체국은 신용카드를 직접 취급하지는 않기 때문에 우체국 카드상품은 체크카드를 의미하는 것입니다. 그리고 펀드상품은 우체국이 다른 금융기관이 출시하여 운용하는 펀드의 판매창구 기능을 하는 것입니다.

세세한 상품의 종류를 기억해 두는 것이 유리합니다만, 기초실력을 쌓는 과정에서는 굳이 구체적인 상품을 다 외울 필요가 없습니다. 시험일정이 발표되고 우정사업본부의 발표교안을 통해 따끈따끈한 상품정보가 제공되면 그때부터 세세한 내용을 암기하기 시작하는 것이 효과적입니다.

Teacher's Advice

저축상품 중 입출금이 자유로운 요구불예금과 적립식 예금, 거치식 예금을 상품명으로 구분할 수 있습니다. 요구불예금에는 '예금'이라는 표현이 사용되지만 적립식 예금에는 '적금'이라는 표현이 등장하고, 거치식 예금에는 '정기예금'이라는 표현이 사용됩니다.

우체국금융상품 (7)

- **예금상품**
  - **요구불예금**
  - **거치식(목돈굴리기)예금**
    - 정기예금
    - 2040⁺ᵅ 정기예금
    - 챔피언정기예금
    - 시니어 싱글벙글 정기예금
    - 우체국 퇴직연금정기예금
    - 우체국 ISA정기예금 — 개인종합자산관리계좌(ISA)의 판매자격을 갖춘 신탁업자 및 금융투자업자 등을 대상으로 ISA 편입 자산의 운용을 위한 전용 정기예금이다.
    - 우체국 파트너든든정기예금
    - 이웃사랑정기예금(공익형)
    - 우체국 소상공인정기예금(공익형)
    - 우체국 편리한 e정기예금
    - e-Postbank정기예금
  - **적립식(목돈마련)예금** (36)
  - **기타**
    - 국고예금 — 정부의 관서운영경비를 지급하는 관서운영경비 출납공무원이 교부받은 자금을 예치·사용하기 위해 개설하는 일종의 보통예금이다.
- **카드상품**(체크카드) (37)
- **펀드상품**
  - 단기금융펀드(MMF)
  - 증권펀드(채권형)
  - 증권펀드(혼합채권형)

우체국은 펀드상품의 판매창구 역할도 하고 있으나, 우체국에서 판매하는 펀드상품은 대부분 안정형 위주로 구성되어 있다. 그럼에도 펀드는 우체국예금·보험 상품과 달리 운용실적에 따라 손익이 결정되는 실적배당상품이며 원금 손실의 우려가 있다.

- 보통예금
- 저축예금
- 듬뿍우대저축예금(MMDA)
- 기업든든MMDA통장
- 우체국 취업이룸통장(공익형)
- 우체국 청년미래든든통장(공익형)
- 우체국 생활든든통장
- 우체국 다드림통장 — 우체국 다드림통장은 다양한 우대서비스를 제공하는 우체국 대표 요구불예금이다. 가입대상에 따라 주니어, 직장인, 사업자, 실버, 베이직 등의 패키지가 있다.
- 우체국 건설하나로통장(공익형)
- 우체국 정부보관금통장
- 우체국 하도급지킴이통장
- 우체국 선거비관리통장
- 우체국 국민연금안심통장(공익형)
- 우체국 공무원연금평생안심통장(공익형)
- 우체국 호국보훈지킴이통장(공익형)
- 우체국 희망지킴이통장(공익형)
- 우체국 행복지킴이통장(공익형)
- e-Postbank예금

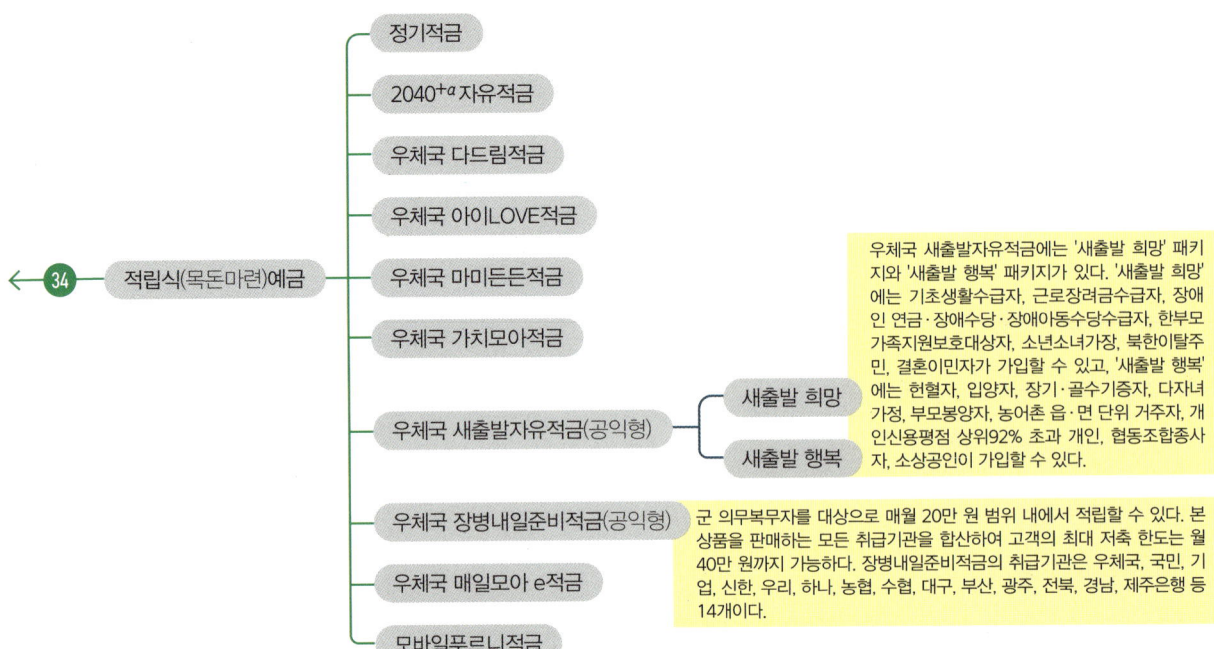

- 34 적립식(목돈마련)예금
  - 정기적금
  - 2040⁺ᵅ 자유적금
  - 우체국 다드림적금
  - 우체국 아이LOVE적금
  - 우체국 마미든든적금
  - 우체국 가치모아적금
  - 우체국 새출발자유적금(공익형)
    - 새출발 희망
    - 새출발 행복
  - 우체국 장병내일준비적금(공익형)
  - 우체국 매일모아 e적금
  - 모바일푸르니적금

우체국 새출발자유적금에는 '새출발 희망' 패키지와 '새출발 행복' 패키지가 있다. '새출발 희망'에는 기초생활수급자, 근로장려금수급자, 장애인 연금·장애수당·장애아동수당수급자, 한부모가족지원보호대상자, 소년소녀가장, 북한이탈주민, 결혼이민자가 가입할 수 있고, '새출발 행복'에는 헌혈자, 입양자, 장기·골수기증자, 다자녀가정, 부모봉양자, 농어촌 읍·면 단위 거주자, 개인신용평점 상위92% 초과 개인, 협동조합종사자, 소상공인이 가입할 수 있다.

군 의무복무자를 대상으로 매월 20만 원 범위 내에서 적립할 수 있다. 본 상품을 판매하는 모든 취급기관을 합산하여 고객의 최대 저축 한도는 월 40만 원까지 가능하다. 장병내일준비적금의 취급기관은 우체국, 국민, 기업, 신한, 우리, 하나, 농협, 수협, 대구, 부산, 광주, 전북, 경남, 제주은행 등 14개이다.

Teacher`s Advice

우체국금융상품은 종류가 많아 기억을 해 두기가 어려운 측면이 있습니다. 최대한 상품명을 통해 상품의 목적이 어디에 있는가를 추론해 둔다면 암기에 도움이 될 것입니다. 가령 '아이LOVE'는 아이를 사랑하는 것이므로 어린이 또는 청소년이 가입대상인 상품이고, '마미든든'은 엄마(마미)가 든든한 것이므로 워킹맘 또는 다문화·한부모 가정 등을 위한 상품입니다.

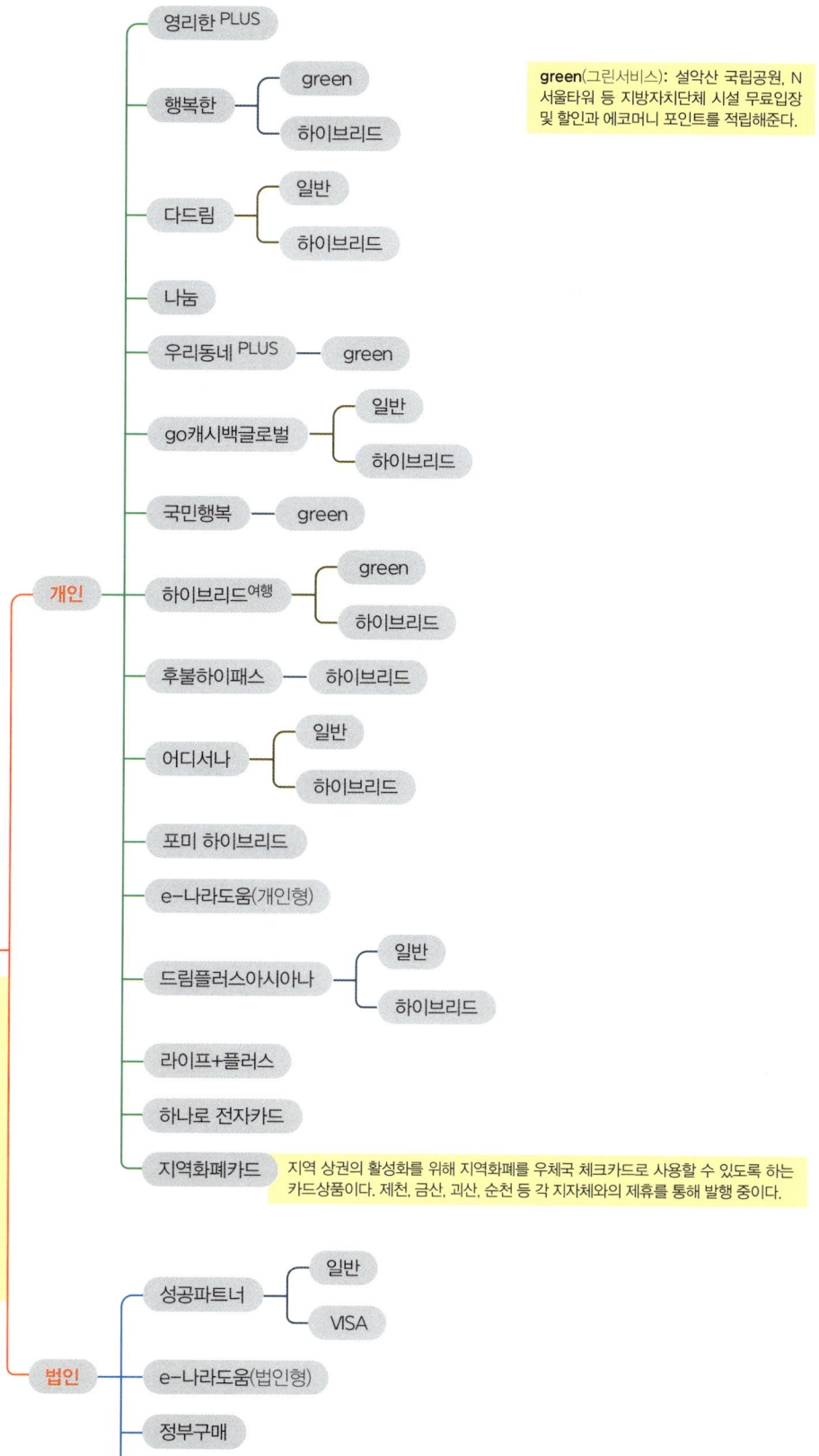

34 카드상품(체크카드)

우체국 체크카드 발급대상: 개인카드의 경우 우체국 수시입출식 통장을 보유한 만 12세 이상의 개인을 대상으로 체크카드의 발급이 가능하다. 하이브리드 체크카드는 만 18세 이상에게만 발급이 가능한데, 아직 미성년자인 만 18세는 후불교통기능만 사용할 수 있고 소액신용은 허용되지 않는다. 후불하이패스는 하이브리드카드 소지자를 대상으로 발급되며, 복지카드는 우정사업본부 직원으로서 복지포인트 부여 대상자에게 발급된다. 가족카드도 발급 가능하다. 법인카드의 경우 일반법인, 개인사업자, 고유번호 또는 납세번호가 있는 단체 등 법인이 발급 대상이다.

green(그린서비스): 설악산 국립공원, N서울타워 등 지방자치단체 시설 무료입장 및 할인과 에코머니 포인트를 적립해준다.

지역 상권의 활성화를 위해 지역화폐를 우체국 체크카드로 사용할 수 있도록 하는 카드상품이다. 제천, 금산, 괴산, 순천 등 각 지자체와의 제휴를 통해 발행 중이다.

단원 학습목표

우체국의 전자금융 및 어플리케이션, 우편환과 우편대체, 외국환서비스, 각종 제휴서비스를 파악하는 단원입니다. 특히 각종 어플리케이션을 통해 실행할 수 있는 서비스의 내용을 비교하여 기억해 두어야 합니다. 우편환과 우편대체는 우체국 고유의 서비스이므로 개념을 잘 파악해 두어야 하며, 외국환업무 중 해외송금 서비스의 종류를 정확하게 비교해 두어야 합니다.

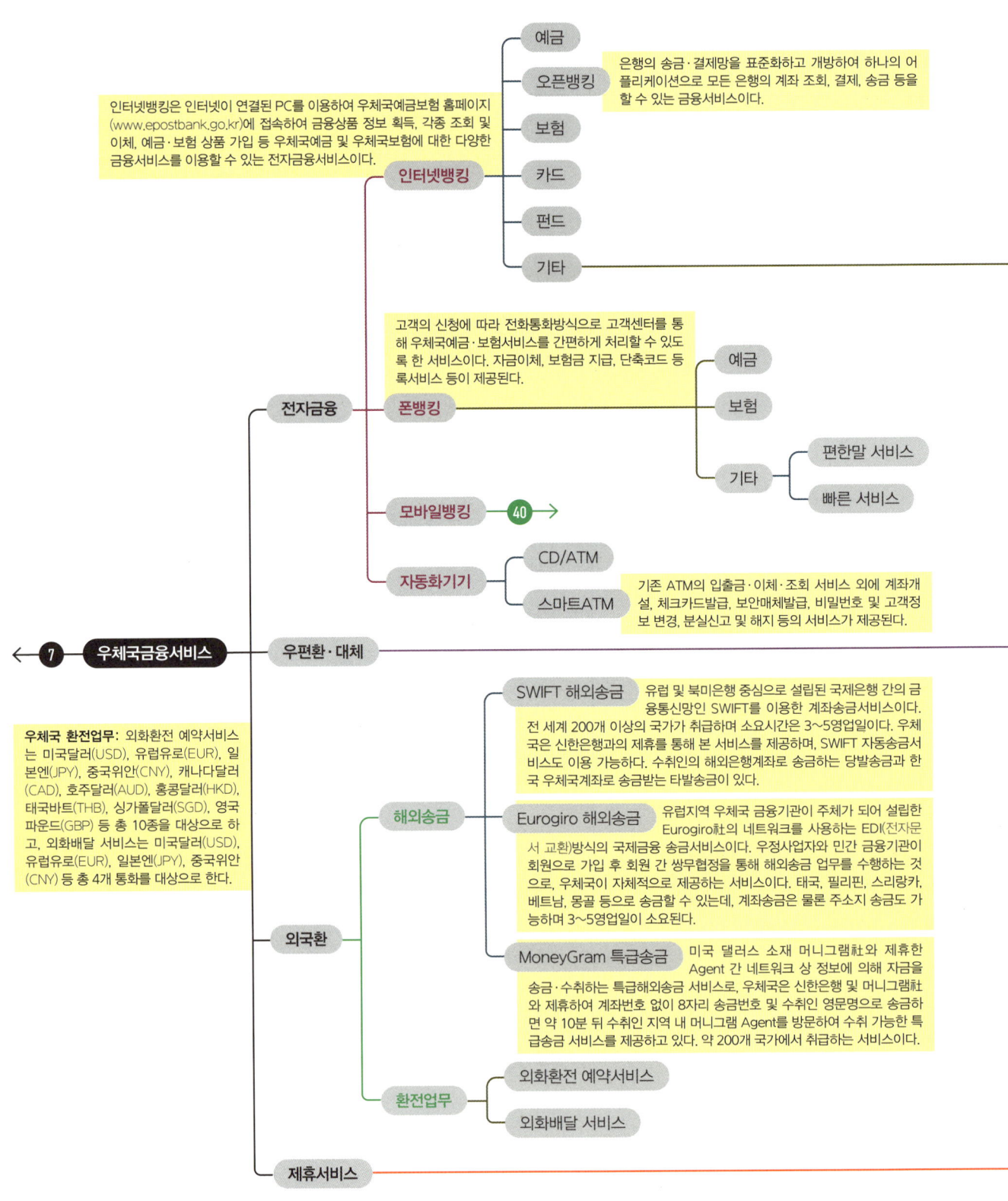

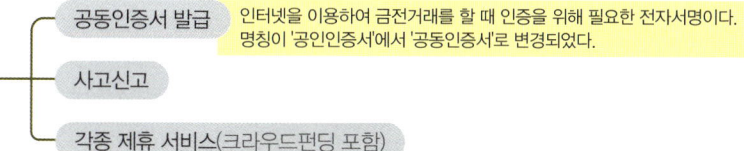

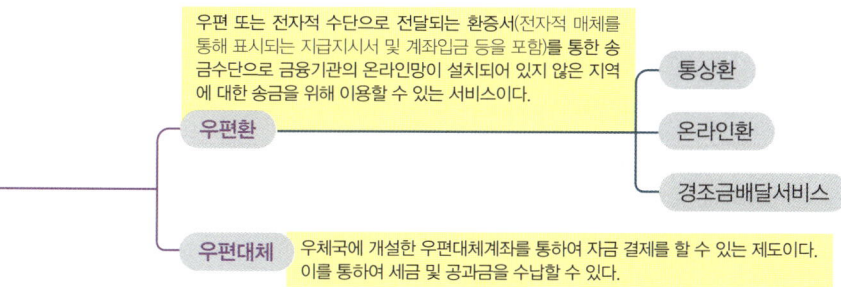

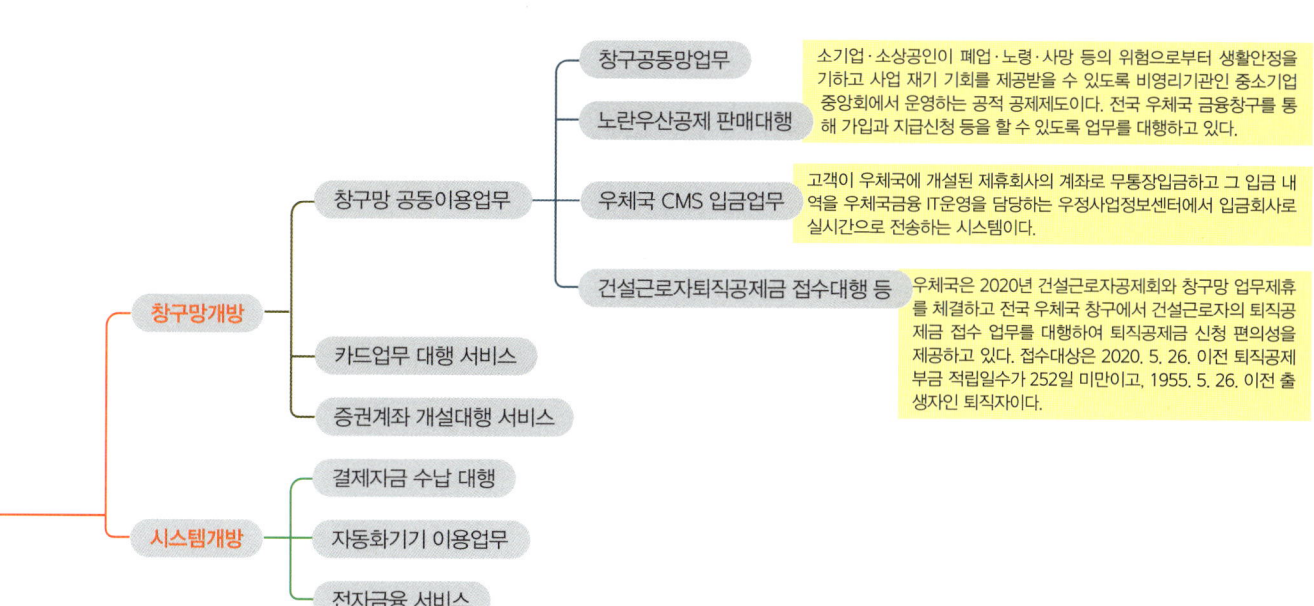

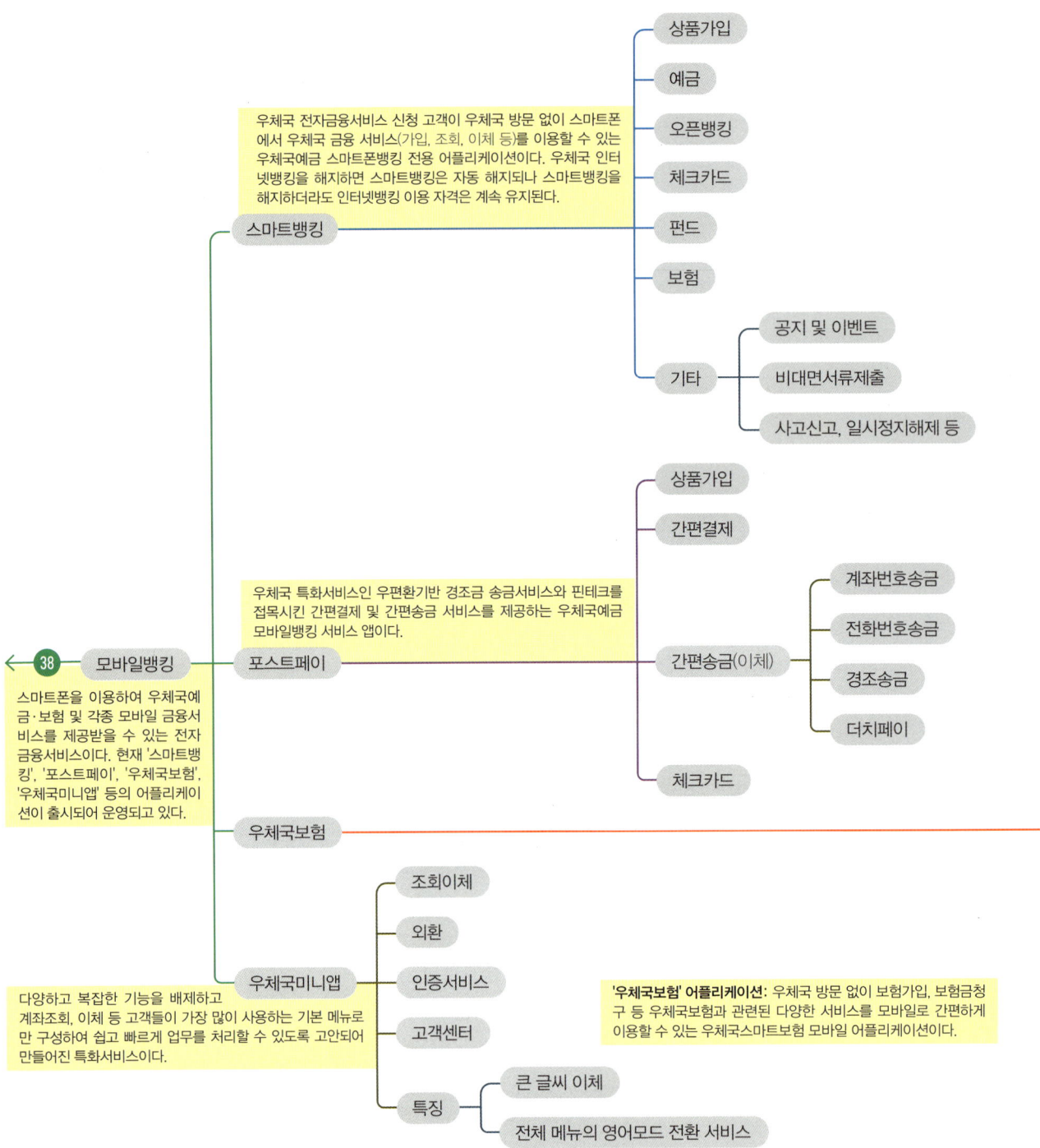

- 계약사항 조회·변경
- 보험료 계산
- 모바일보험 가입
- 보험금 청구
- 대출·상환
- 사용자 편의기능
- 부가서비스
- 인증관리

단원 학습목표

금융기관의 윤리적 책임을 제고하기 위한 내부통제, 금융실명제, 개인정보보호, 금융소비자보호 등의 내용을 담고 있는 단원입니다. 정부는 기본적으로 금융거래에서 약자에 해당하는 금융소비자를 보호하고 상대적으로 강자의 위치에 서게 되는 금융기관을 통제하는 방향으로 정책을 실현합니다. 관련 내용을 정확히 파악해 두어야 하며, 특히 최근에 도입된 금융소비자보호에 관한 법률(금소법)의 규정 내용을 면밀히 들여다 볼 필요가 있습니다.

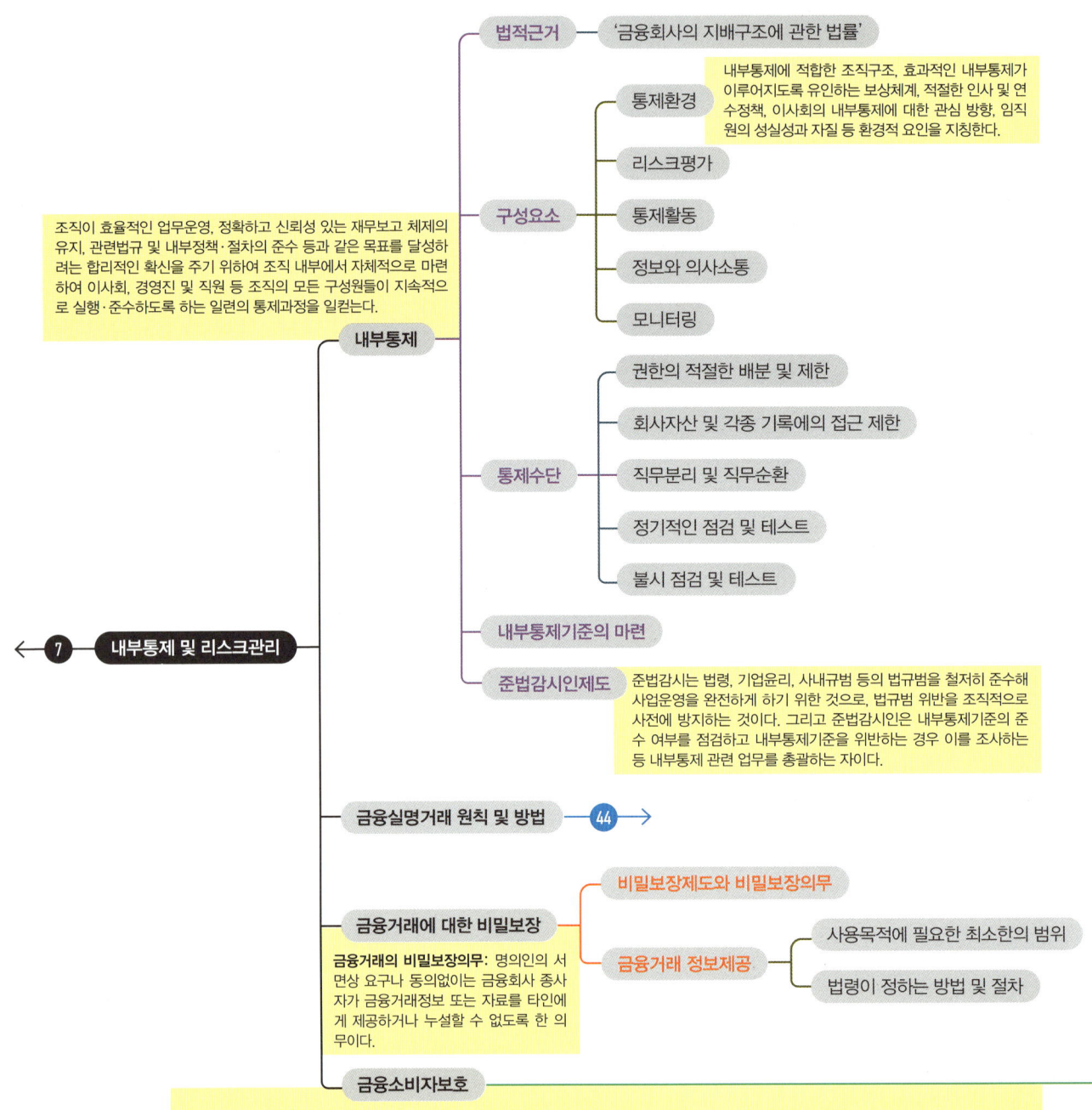

7 내부통제 및 리스크관리

- **내부통제**: 조직이 효율적인 업무운영, 정확하고 신뢰성 있는 재무보고 체제의 유지, 관련법규 및 내부정책·절차의 준수 등과 같은 목표를 달성하려는 합리적인 확신을 주기 위하여 조직 내부에서 자체적으로 마련하여 이사회, 경영진 및 직원 등 조직의 모든 구성원들이 지속적으로 실행·준수하도록 하는 일련의 통제과정을 일컫는다.
  - **법적근거**: '금융회사의 지배구조에 관한 법률'
  - **구성요소**
    - 통제환경: 내부통제에 적합한 조직구조, 효과적인 내부통제가 이루어지도록 유인하는 보상체계, 적절한 인사 및 연수정책, 이사회의 내부통제에 대한 관심 방향, 임직원의 성실성과 자질 등 환경적 요인을 지칭한다.
    - 리스크평가
    - 통제활동
    - 정보와 의사소통
    - 모니터링
  - **통제수단**
    - 권한의 적절한 배분 및 제한
    - 회사자산 및 각종 기록에의 접근 제한
    - 직무분리 및 직무순환
    - 정기적인 점검 및 테스트
    - 불시 점검 및 테스트
  - **내부통제기준의 마련**
  - **준법감시인제도**: 준법감시는 법령, 기업윤리, 사내규범 등의 법규범을 철저히 준수해 사업운영을 완전하게 하기 위한 것으로, 법규범 위반을 조직적으로 사전에 방지하는 것이다. 그리고 준법감시인은 내부통제기준의 준수 여부를 점검하고 내부통제기준을 위반하는 경우 이를 조사하는 등 내부통제 관련 업무를 총괄하는 자이다.

- **금융실명거래 원칙 및 방법** 44 →

- **금융거래에 대한 비밀보장**
  - 비밀보장제도와 비밀보장의무
  - 금융거래 정보제공
    - 사용목적에 필요한 최소한의 범위
    - 법령이 정하는 방법 및 절차

  금융거래의 비밀보장의무: 명의인의 서면상 요구나 동의없이는 금융회사 종사자가 금융거래정보 또는 자료를 타인에게 제공하거나 누설할 수 없도록 한 의무이다.

- **금융소비자보호**

금융실명법상 정보제공이 가능한 경우:
① 명의인의 서면상의 요구나 동의를 받은 경우
② 법원의 제출명령 또는 법관이 발부한 영장에 의한 경우
③ 조세에 관한 법률의 규정에 의하여 소관관서장의 요구(상속·증여재산의 확인, 체납자의 재산조회 등)에 의한 거래정보 등을 제공하는 경우
④ 동일 금융회사의 내부 또는 금융회사 상호간에 업무상 필요한 정보 등을 제공하는 경우 등

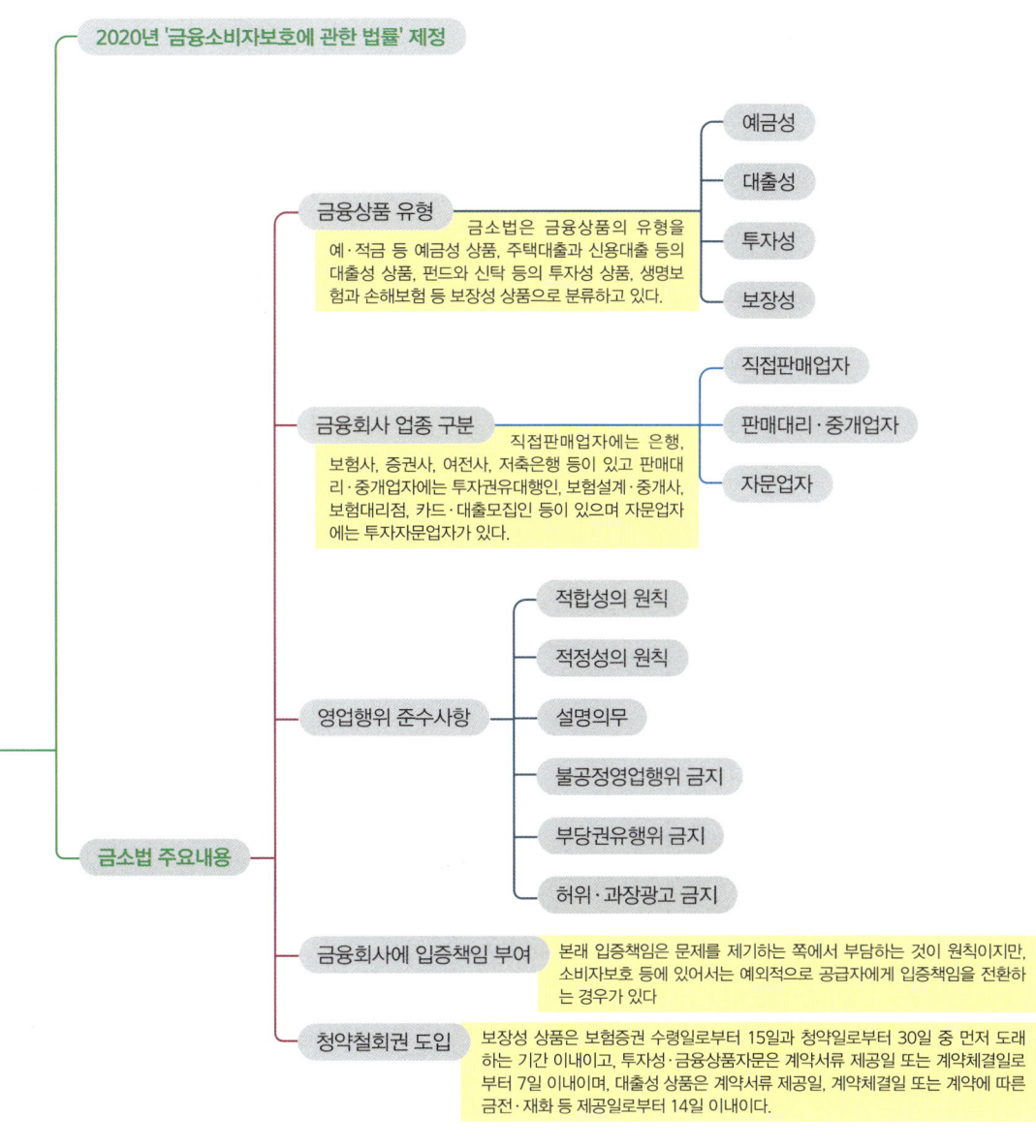

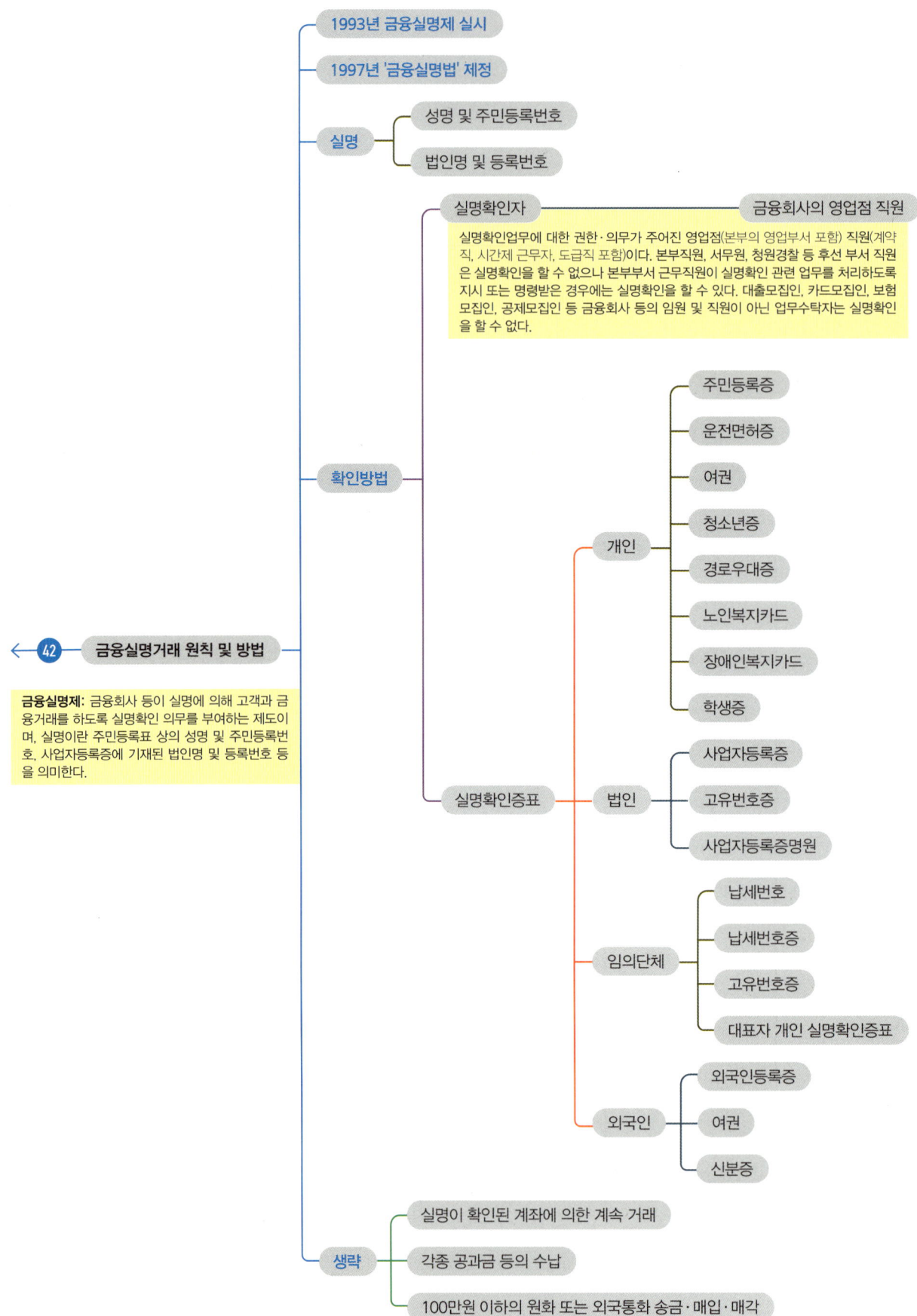

단원 학습목표

본 단원은 예금편의 마지막 단원으로 예금자보호제도와 금융소득 종합과세제도, 자금세탁방지제도, 금융정보 자동교환 협정 등의 내용을 담고 있습니다. 예금자보호제도는 앞의 단원들에서도 언급된 바가 있어서 공부하는데 수월하겠지만, 과세제도는 난이도가 아주 높습니다. 특히 계산문항이 출제될 경우 당혹스러울 수 있으니 점차 계산능력까지 키워야 합니다. 아울러 투명성 확보를 위한 노력과 관련한 자금세탁방지와 정보교환제도에 대해서도 끝까지 꼼꼼하게 학습해 두시기 바랍니다.

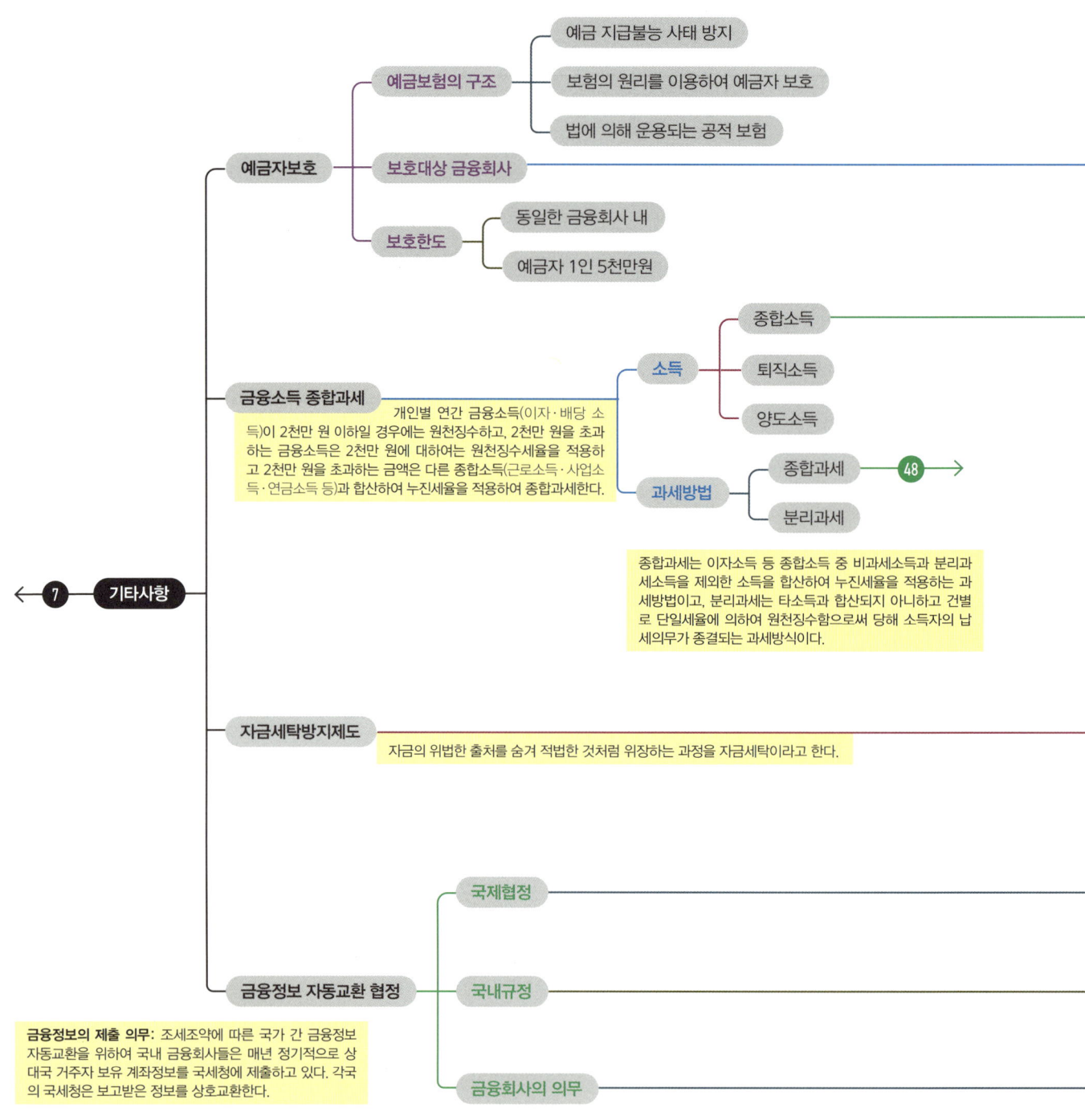

[누진세 제도]

누진세는 과세대상금액의 액수가 커지는 구간으로 갈수록 더 높은 세율을 적용하는 과세방식이다. 이 경우 소득이나 재산이 많은 담세자가 훨씬 많은 세금부담을 지게 되어 조세정의에 부합한다. 따라서 금융소득에 대해서도 2천만 원을 초과하는 부분에 대해서는 다른 소득과 합산하여 종합과세함으로써 더 높은 누진 적용을 받도록 하고 있다.

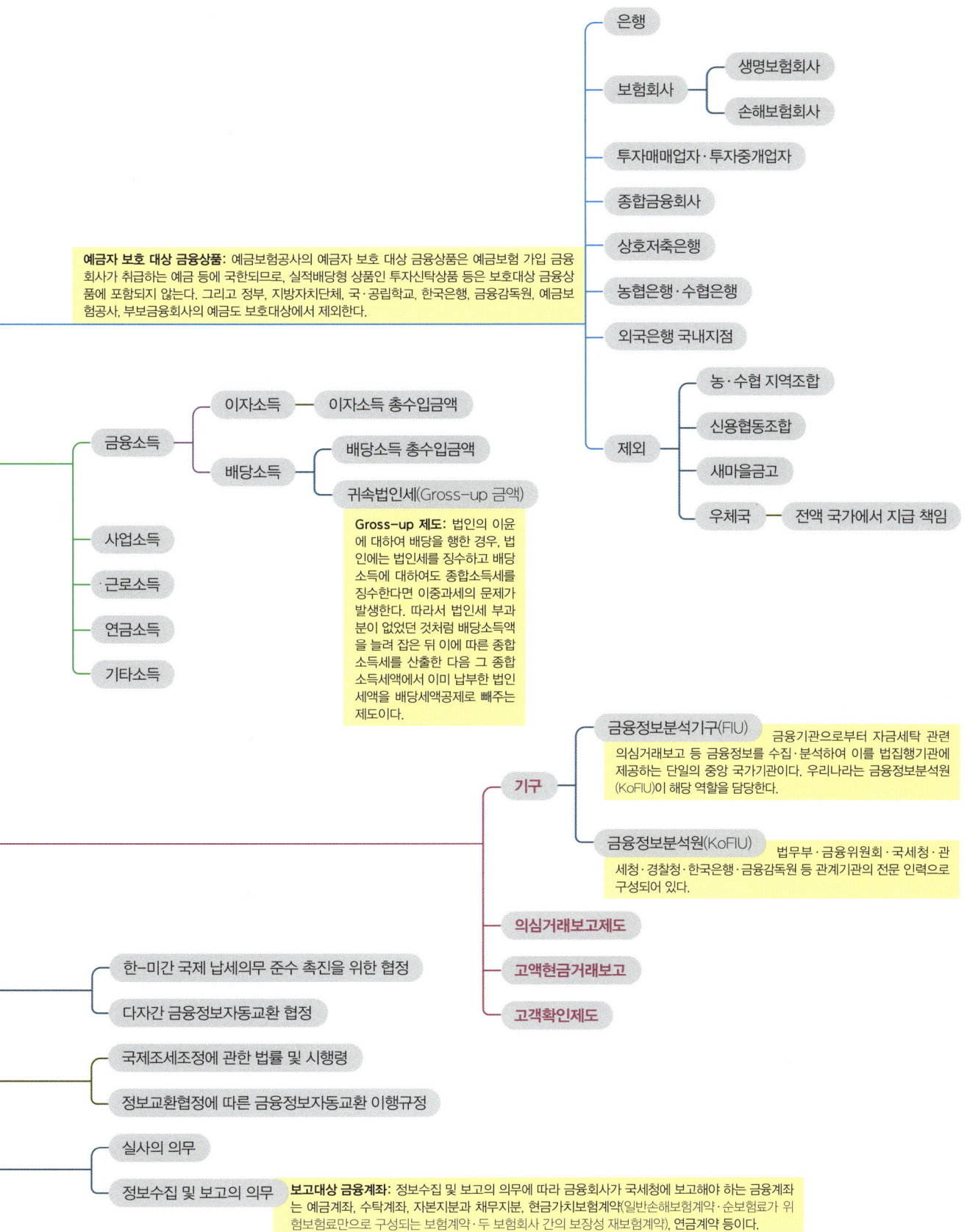

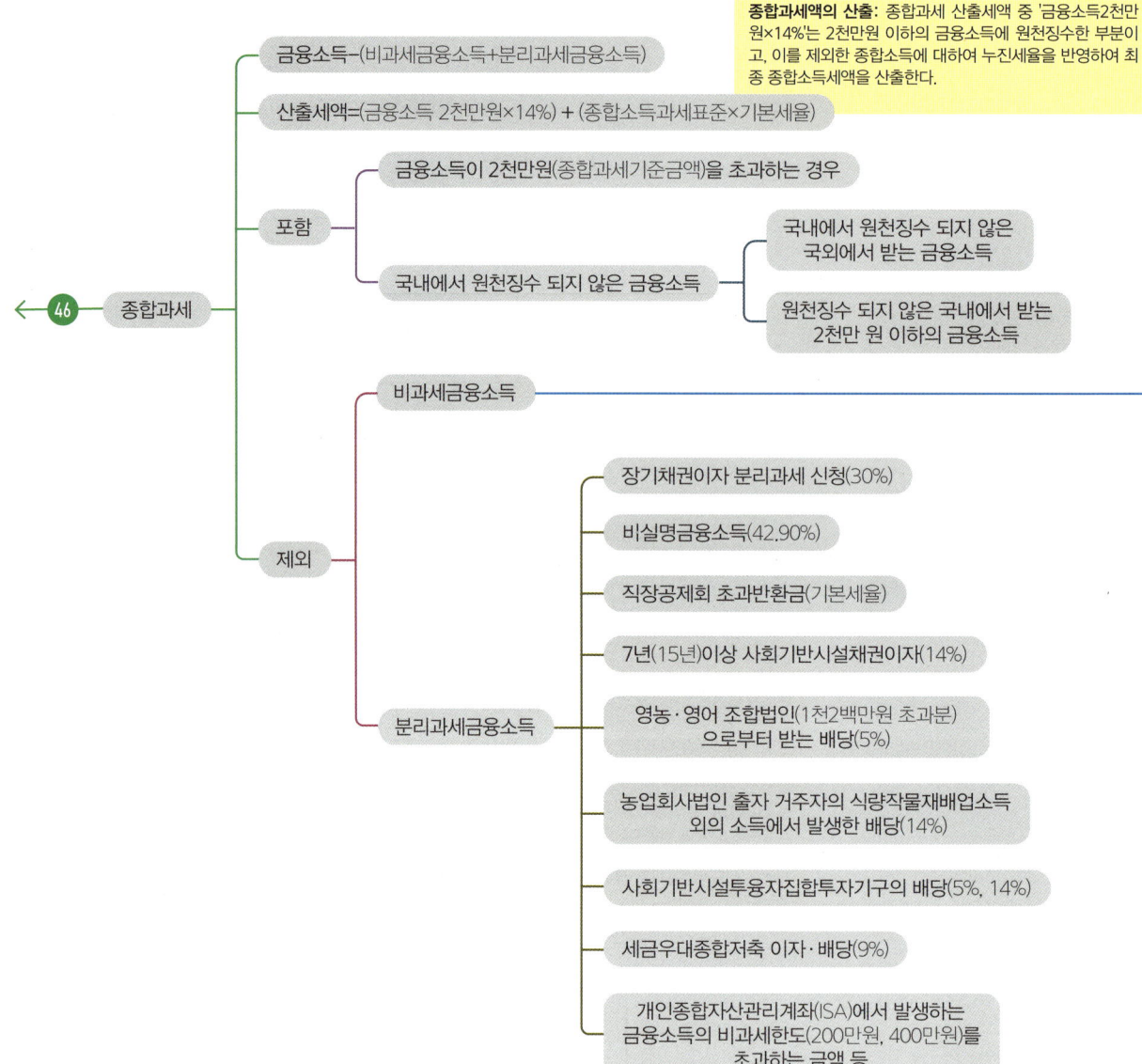

- 공익신탁의 이익
- 장기저축성보험의 보험차익
- 장기주택마련저축 이자·배당
- 개인연금저축 이자·배당
- 비과세종합저축 이자·배당(5천만원 이하)
- 농·어민 조합 예탁금 이자
- 농어가 목돈마련저축 이자
- 녹색 예금·채권 이자
- 재형저축에 대한 이자·배당
- 경과규정에 따른 국민주택채권 이자
- 우리사주조합원이 지급받는 배당
- 조합 등 예탁금의 이자 및 출자금에 대한 배당
- 영농·영어조합법인 배당
- 재외동포 전용 투자신탁(1억원 이하) 등으로부터 받는 배당
- 녹색투자신탁 등 배당
- 저축지원을 위한 조특법에 따른 저축에서 발생하는 배당
- 개인종합자산관리계좌(ISA)에서 발생하는 금융소득의 합계액 중 200만원 또는 400만원까지

《뼈대노트》의 효과적인 공부법

《뼈대노트》는 '뼈대'를 통해 구조와 틀을 잡아냄과 동시에 뼈대와 연관된 세세한 내용까지 노란색 '포스트잇'으로 표기하였습니다. 이에 다음 순서대로 공부하면서 회독을 늘려가는 것이 효과적입니다.

① **최초 회독**: 뼈대를 중심으로 전반적인 구조와 틀을 잡아낸다.
② **2회독**: '포스트잇'으로 설명한 내용을 꼼꼼하게 읽어보고 중요한 부분에 체크를 해둔다.
③ **3+α 회독**: 뼈대와 중요 체크 사항을 연계해 반복·숙달하면서 머릿속에 저장한다.
④ **마무리 회독**: 시험이 임박한 시점에는 전체적인 맥락을 중심으로 최종 복습을 하면서 저장된 지식을 확인한다.

《뼈대노트》의 활용법

본문 뼈대의 ● 안 숫자는 뼈대의 세부적인 내용이 펼쳐지는 쪽수를 가리킵니다.
숫자 표시의 쪽수를 따라가며 순서대로 공부하시기 바랍니다.

단원 학습목표

보험편 첫 단원입니다. 당연히 보험이 무엇이고 보험의 역사는 어떻게 되며 보험의 종류는 어떻게 분류할 수 있는가에 대한 내용을 다루고 있습니다. 아울러 보험이 필요한 '위험'이라는 것이 무엇인지도 알아야 하는 단원입니다. 보험편을 공부하기 위한 기본기를 다진다는 마음으로 공부해보시기 바랍니다.

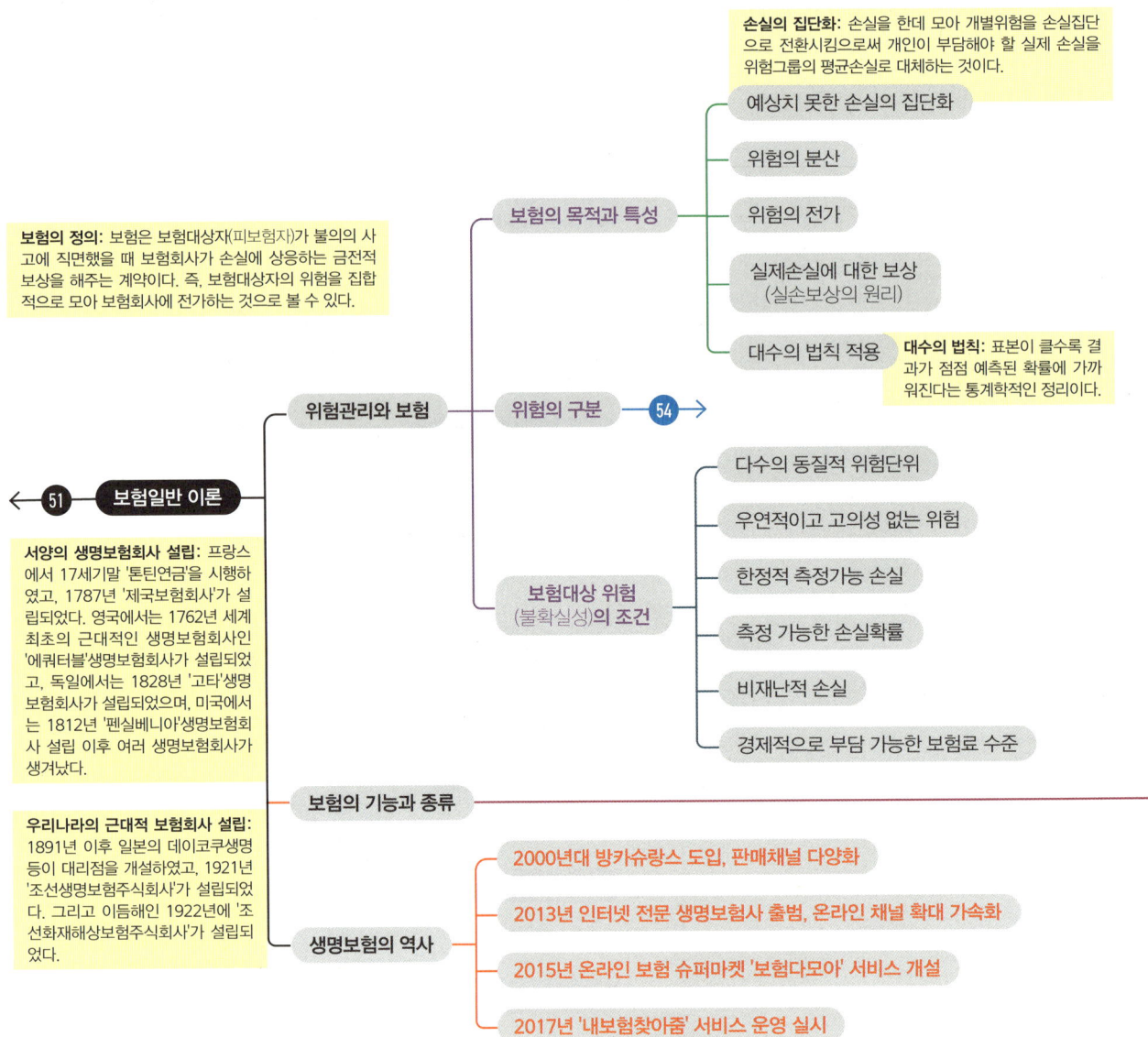

[보험의 종류]

① **배상책임보험**
계약자가 타인의 신체나 재물에 손해를 끼쳐 법률상 책임을 지게 될 때 그 손해를 배상하는 보험이다. 타인의 신체에 대한 손해배상을 대인배상, 타인의 재물에 대한 손해배상을 대물배상이라고 한다.

② **재물보험**
계약자 소유의 건물, 건축물, 전자기기, 기계, 건설공사 등이 화재 등에 의해 직접손해, 폭발 및 파열손해 등이 발생했을 때 그 손해를 배상하는 보험이다.

③ **상해보험**
계약자가 우발적 사고로 신체에 상해를 입은 경우 보험금액 및 기타의 급여를 지급하는 보험이다. 정액보험은 보험사고 발생으로 인한 상해의 정도에 따라 일정한 보험금을 지급한다.

④ **생명보험**
계약자의 사망 또는 일정 연령까지 생존한 경우 약정한 보험금을 지급하는 보험으로 노후의 생활비, 사망 후 유가족의 생활보호를 위한 자금 등을 마련하기 위해 이용된다. 보험금 지급사유에 따라 보험기간 중 계약자가 장해 또는 사망 시 보험금을 지급하는 사망보험, 계약자가 보험기간 종료일까지 생존하는 경우에만 지급하는 생존보험, 생존보험의 저축기능과 사망보험의 보장기능을 절충한 생사혼합보험으로 세분화할 수 있다.

[사회보장제도]

사회보장제도는 국가가 국민의 최저생활을 보장하기 위해 실시하는 사회보험, 공공부조, 사회서비스를 총칭하는 개념이다.

① **사회보험제도**

국민건강보험, 장기요양보험, 국민연금(특수직역연금 포함), 고용보험, 산업재해보상보험 등 국가가 운영하는 보험으로 자격요건에 해당하는 전국민을 대상으로 강제가입하도록 한다. 정부, 기업, 개인(가입자)이 공동으로 재원을 부담토록 하여 근로의욕을 고취할 수 있지만 다른 사회보장제도에 비해 소득재분배 효과가 반감된다는 단점이 있다.

② **공공부조제도**

국민기초생활보장제도, 기초연금제도 등 스스로 생활유지능력이 없거나 생활이 어려운 이들을 선별하여 최소한의 생활을 보장하기 위한 제도이다. 중앙정부와 지방자치단체가 전액 재원을 부담한다. 소득재분배 효과가 우수하지만, 근로의욕을 저해한다는 비판을 받기도 한다.

③ **사회서비스**

노인복지, 장애인복지, 아동복지, 건강복지, 돌봄서비스 등 저수익성으로 인해 민간의 참여가 부진한 서비스를 정부가 직접 제공하는 제도이다.

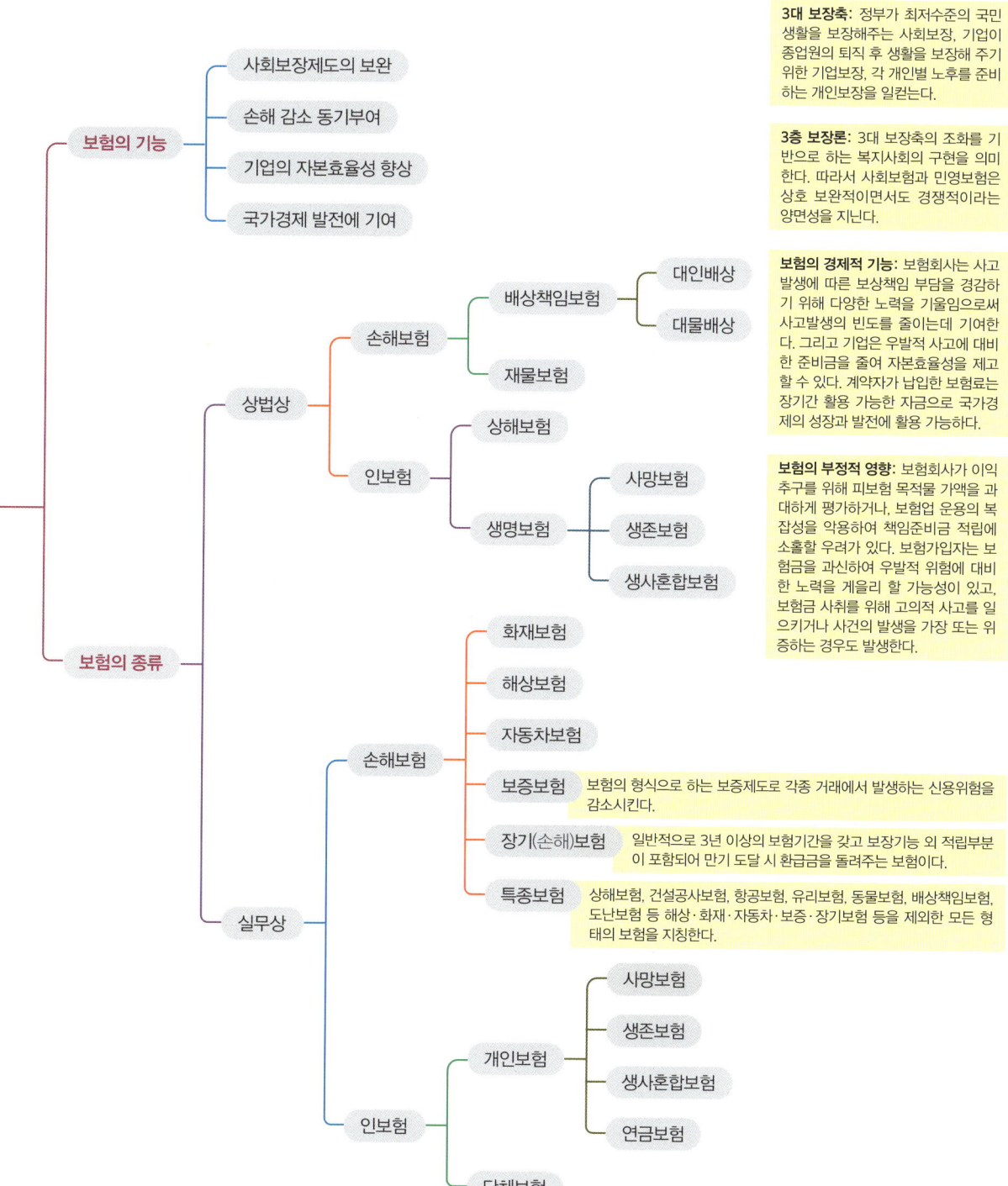

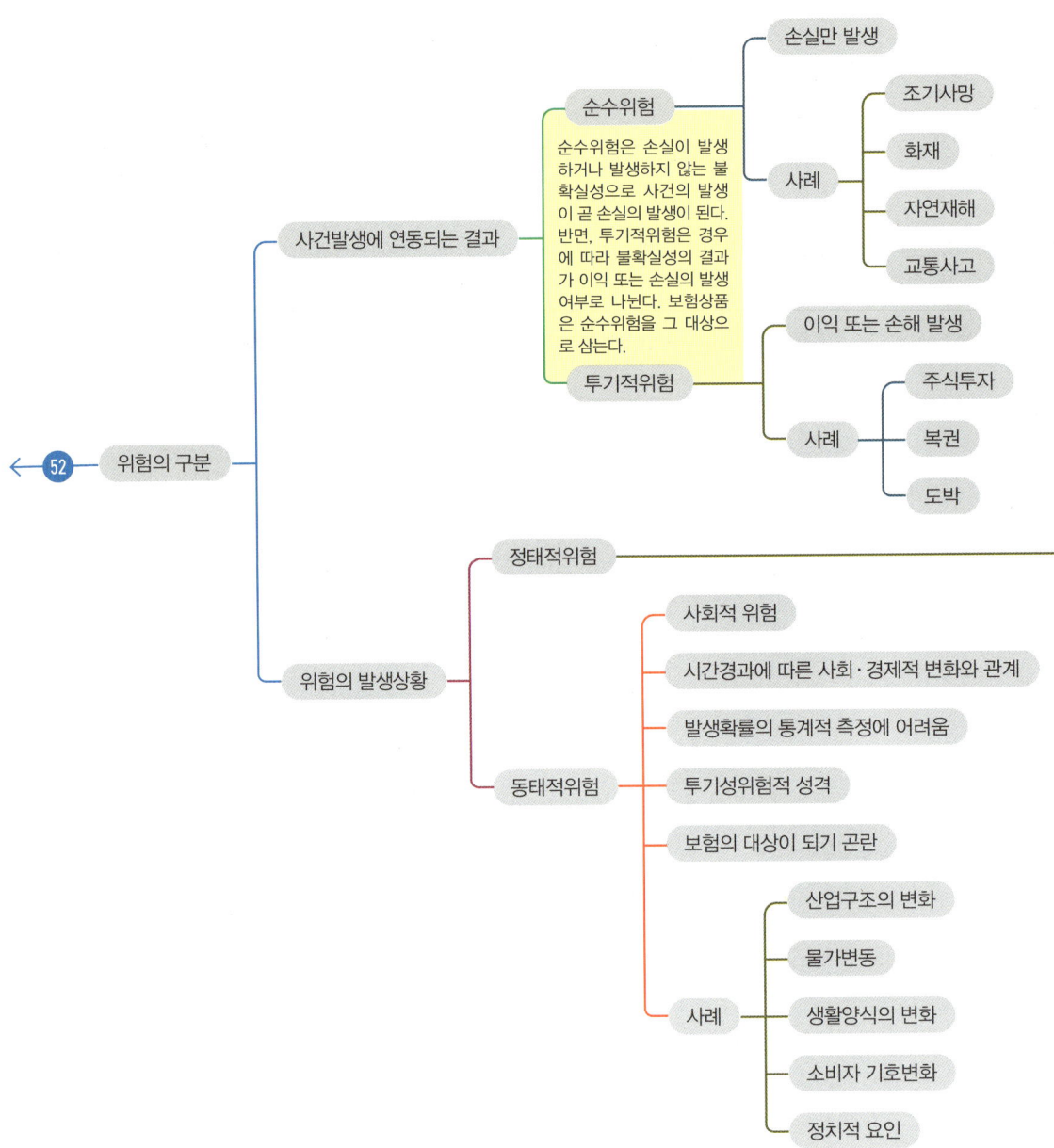

- 개인적 위험
- 시간에 따른 사회·경제적 변화와 무관
- 순수위험적 성격
- 대부분 보험의 대상
- 사례
  - 자연재해
  - 인적원인에 의한 화재·상해
  - 고의적인 사기·방화

Teacher`s Advice 모든 위험이 보험의 대상이 되는 것은 아닙니다. 보험의 대상이 되는 위험은 순수 위험, 정태적 위험입니다. 투기적 위험과 동태적 위험에 대해서는 보험의 대상으로 삼기가 곤란하다는 점을 분명히 기억해 두시기 바랍니다.

단원 학습목표

생명보험의 계약, 기본원리, 보험료 계산 방법, 영업보험료의 구성, 언더라이팅과 클레임 업무, 생명보험 세제 등 생명보험과 관련한 내용을 종합적으로 다루는 단원입니다. 생소한 보험관련 이론이 총망라되어 내용이 복잡한 편이지만 꼼꼼하게 공부해 두어야 합니다.

생명보험 이론 (51)

- **생명보험 계약**
  - 관계자
  - 요소
- **생명보험의 기본원리**
- **보험료계산의 기초** (58)
- **영업보험료의 구성** (58)
- **언더라이팅**(계약심사) (60)
- **클레임 업무** (61)
- **생명보험 세제** (61)

보험의 정의: 보험은 보험대상자(피보험자)가 불의의 사고에 직면했을 때 보험회사가 손실에 상응하는 금전적 보상을 해주는 계약이다. 즉, 보험대상자의 위험을 집합적으로 모아 보험회사에 전가하는 것으로 볼 수 있다.

Teacher's Advice

우체국보험은 생명보험상품을 취급하고 손해보험상품을 취급하지 않습니다. 따라서 '보험편'에서는 손해보험에 관한 내용은 최소화되어 있고, 생명보험에 관한 내용이 주를 이루고 있습니다. 앞부분에 나오는 생명보험 이론을 잘 정리해 두면 뒤에 소개될 우체국보험상품에 관한 내용도 자연스레 해결되는 측면이 있습니다. 따라서 본 단원은 좀 더 파이팅 넘치게 공부해 나가시기 바랍니다.

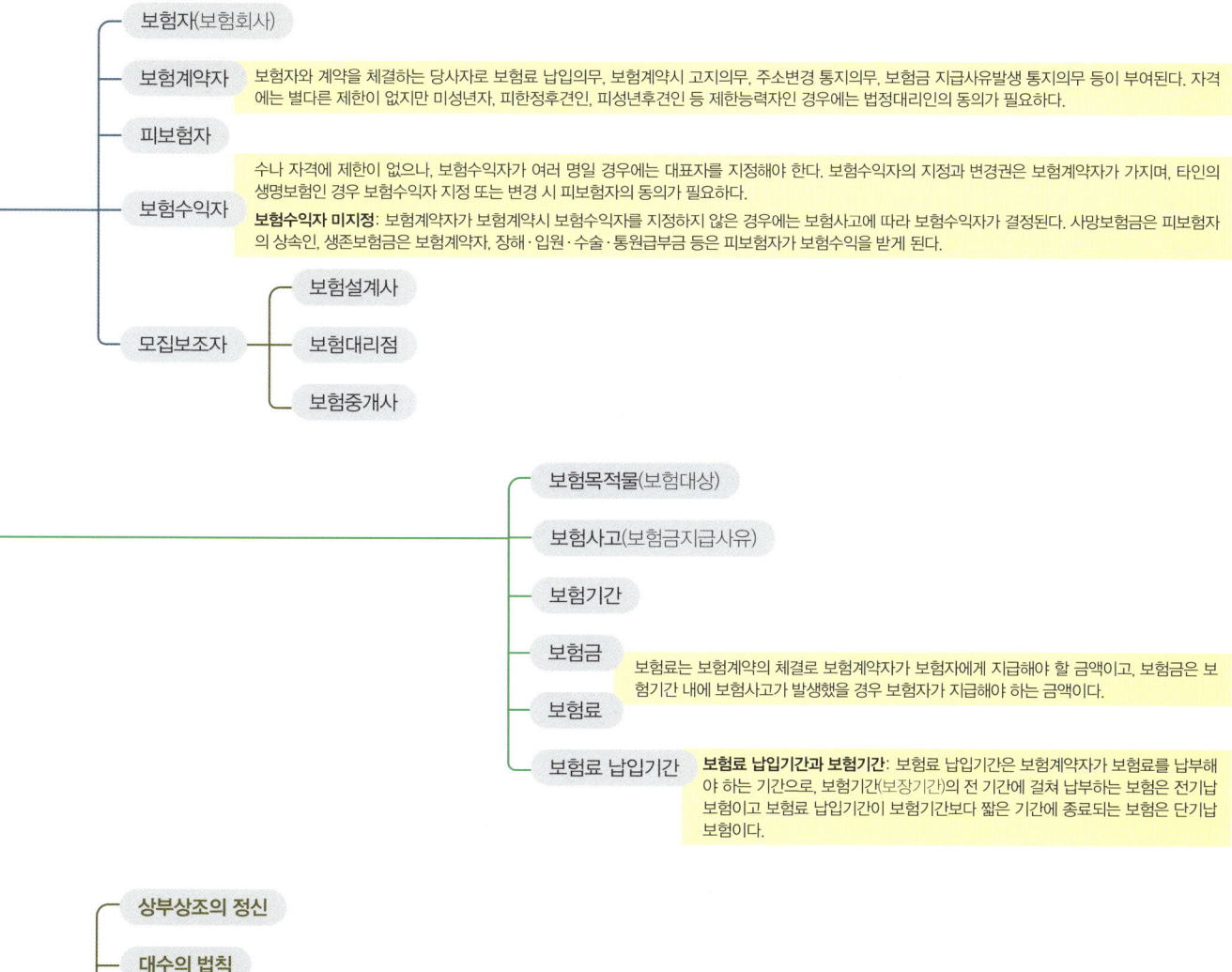

[보험계약자, 피보험자, 보험수익자의 관계]

보험계약자는 보험회사와 보험계약을 체결하는 보험계약당사자이고, 피보험자는 보험사고 발생 시 손해를 입는 사람이며, 보험수익자는 피보험자에게 보험사고가 발생했을 때 보험자에게 보험금지급을 청구하고 수령할 수 있는 권리가 주어진 사람이다. 보험계약자와 피보험자, 보험수익자가 동일인인 경우가 많지만, 각각 다른 사람으로 지정될 수도 있다.

① '자기의 생명보험'과 '타인의 생명보험'

생명보험에서 보험계약자와 피보험자가 동일한 경우를 '자기의 생명보험'이라고 하고, 보험계약자와 피보험자가 다른 사람인 경우를 '타인의 생명보험'이라고 한다. 타인의 생명보험인 경우 반드시 피보험자로부터 전자서명, 공인전자서명 등의 방법으로 서면동의를 받아야 한다.

② '자기를 위한 보험'과 '타인을 위한 보험'

보험계약자와 보험수익자가 동일한 경우는 '자기를 위한 보험'이고, 보험계약자와 보험수익자가 다른 경우는 '타인을 위한 보험'이다.

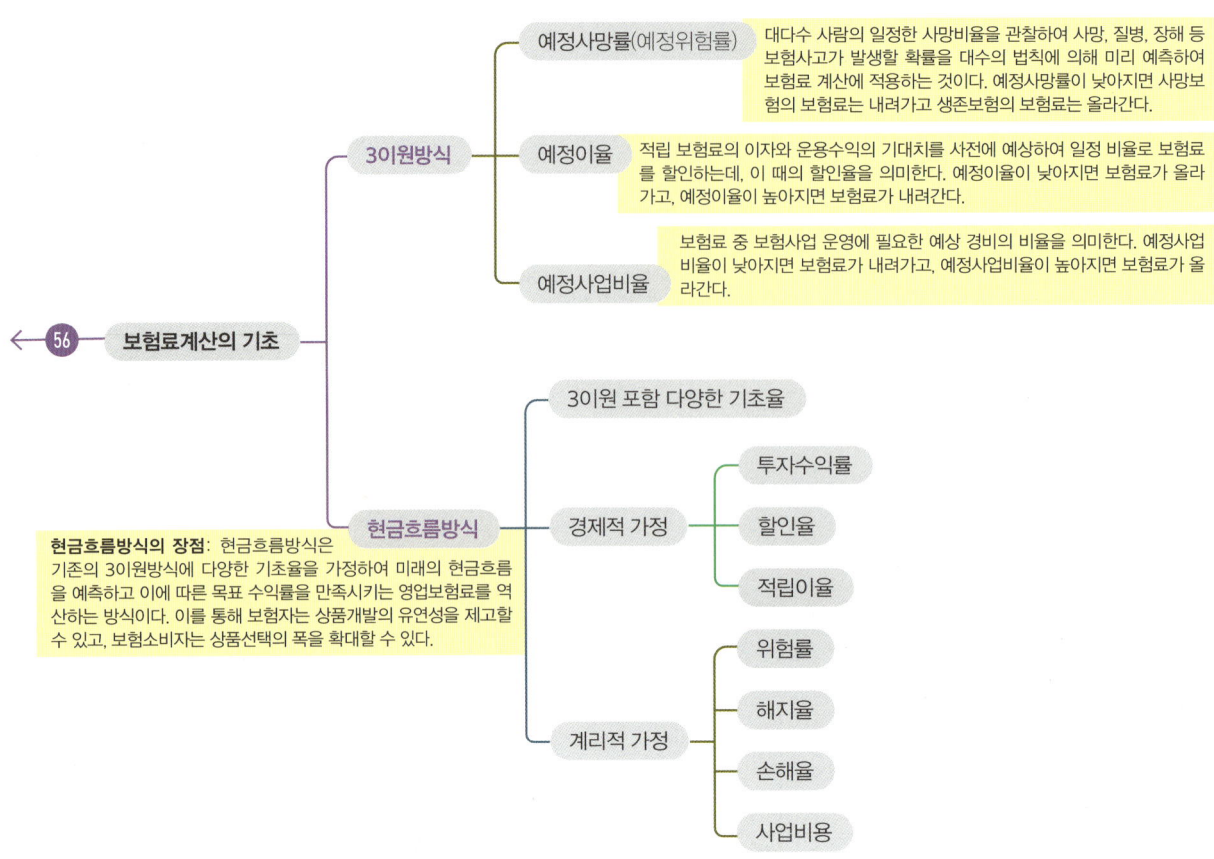
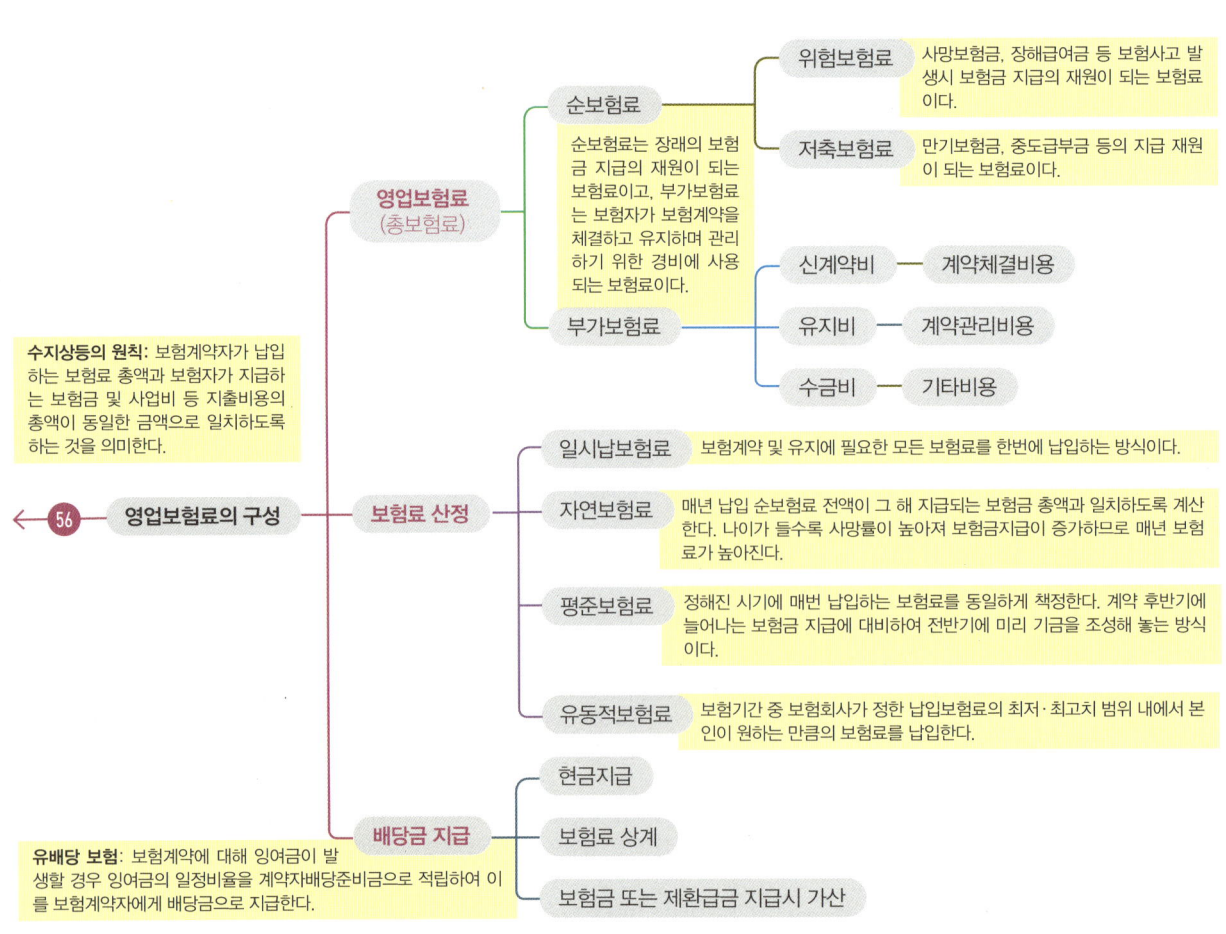

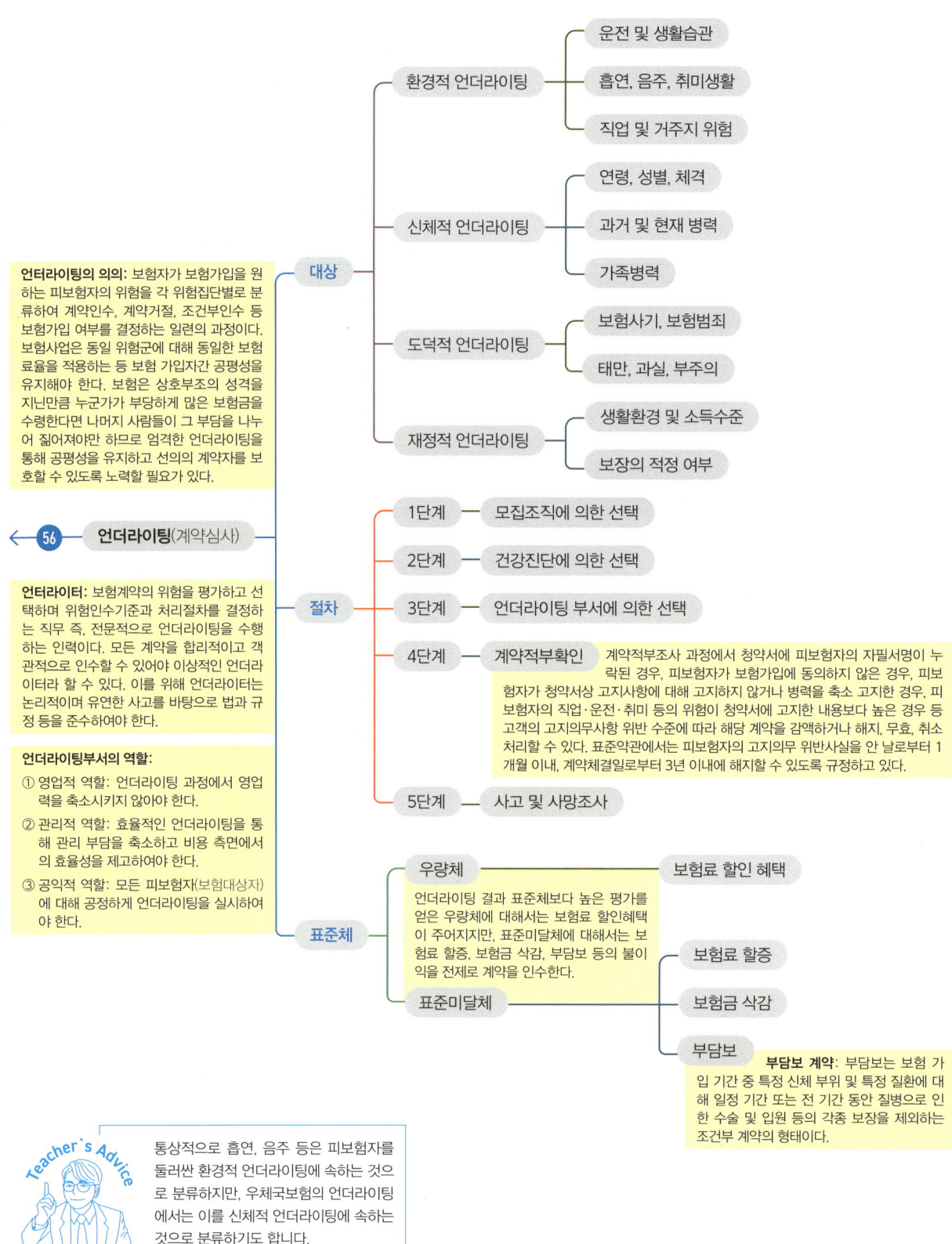

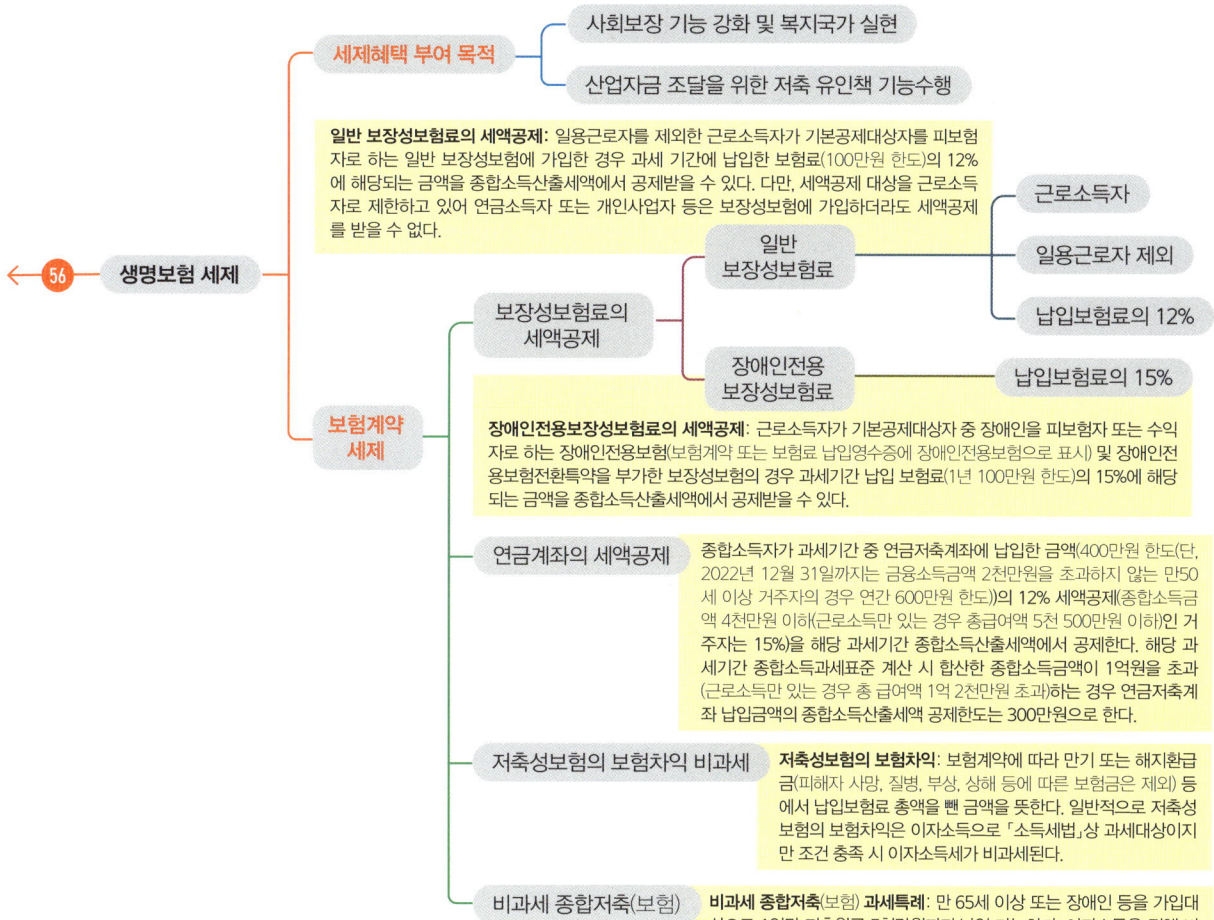

[연금계좌]

① 연금저축계좌
금융회사와 체결한 계약에 따라 '연금저축'이라는 명칭으로 설정하는 계좌이며 연금저축보험, 연금저축신탁, 연금저축펀드가 이에 해당한다.

② 퇴직연금계좌
퇴직연금을 지급받기 위해 가입하는 계좌로 확정급여형(DB형), 확정기여형(DC형) 및 개인형 퇴직연금(IRP) 등이 있다. 이 중 확정급여형(DB형) 퇴직연금은 세액공제 대상에서 제외된다.

단원 학습목표

보험영업에 있어서의 윤리문제를 중점적으로 다루는 단원입니다. 보험소비자를 보호하기 위해 보험모집에 있어서 여러 준수사항이 제시되어 있습니다. 이와 더불어 보험범죄를 방지하기 위한 노력도 함께 경주해야 하는데, 이와 관련한 내용들을 세세하게 파악해야 하겠습니다.

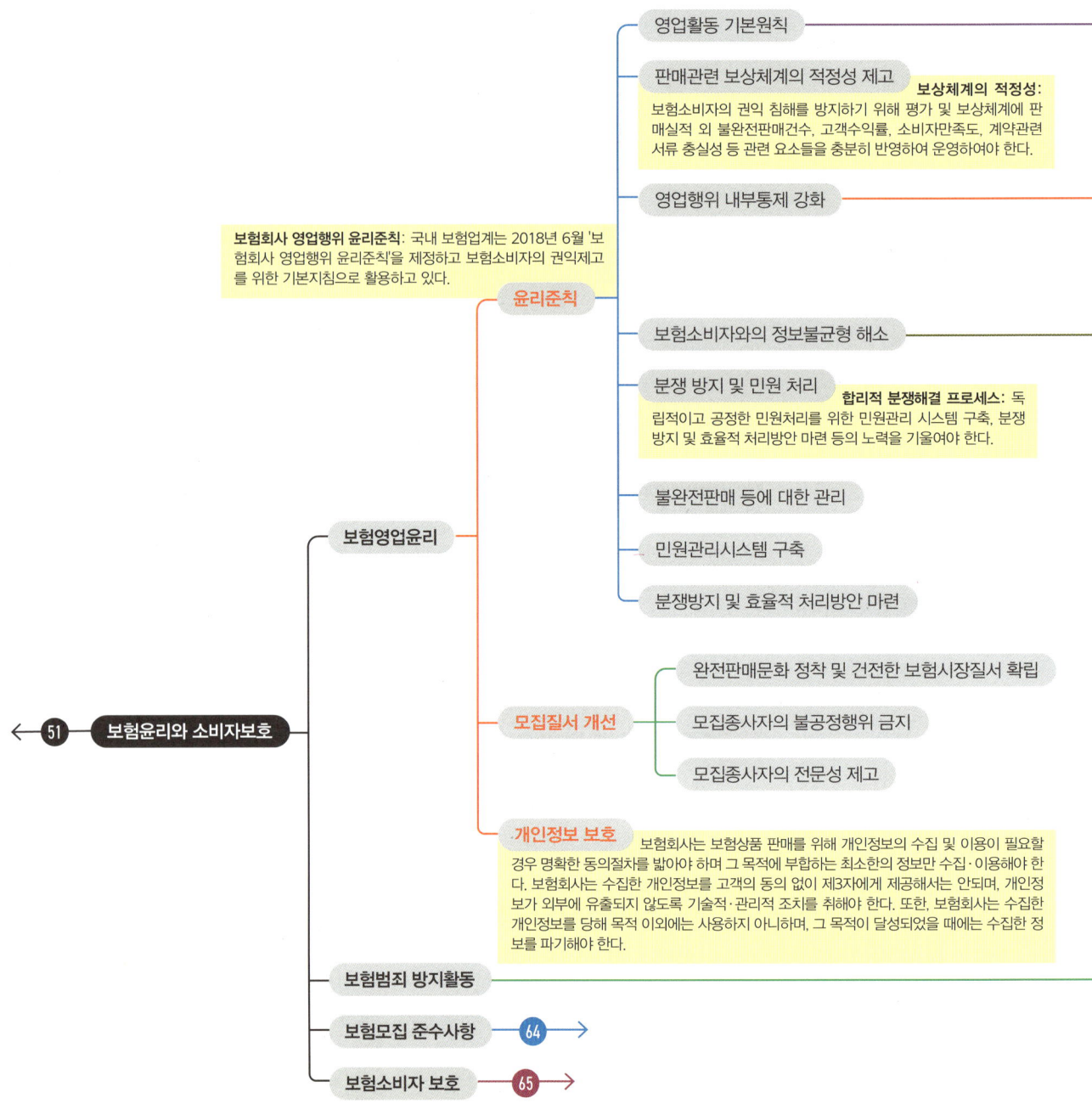

[역선택과 도덕적 해이]

(1) 역선택

보험계약자 스스로 위험도가 매우 높은 상황임을 알면서도 보험금 등의 수령을 목적으로 위험 사실을 의도적으로 은폐하여 보험에 가입하는 행위를 보험계약에 있어서의 역선택이라고 한다. 즉, 보험계약에 있어 역선택이란 특정군의 특성에 기초하여 계산된 위험보다 높은 위험을 가진 집단이 동일 위험군으로 분류되어 보험계약을 체결함으로써 그 동일 위험군의 사고발생률을 증가시키는 현상이다. 해당 병력으로 인한 보험금 수령 사실이 없을 경우 보험회사로서는 보험계약 당시 이러한 병력에 대한 여부를 확인하기가 매우 어렵다.

(2) 도덕적 해이

경우에 따라서 보험범죄로 규정하기는 어려우나, 보험사고의 발생가능성을 높이거나 손해를 증대시킬 수 있는 보험계약자 또는 피보험자의 고의 또는 불성실에 의한 행동이다.

① 내적 도덕적 해이: 보험계약자 또는 피보험자가 직접적으로 보험제도를 악용·남용하는 행위에 의해 야기되는 도덕적 해이이다.

② 외적 도덕적 해이: 피보험자와 관계있는 의사, 병원, 변호사 등이 간접적으로 보험을 악용·남용하는 행위에 의해 위험을 야기하는 도덕적 해이이다.

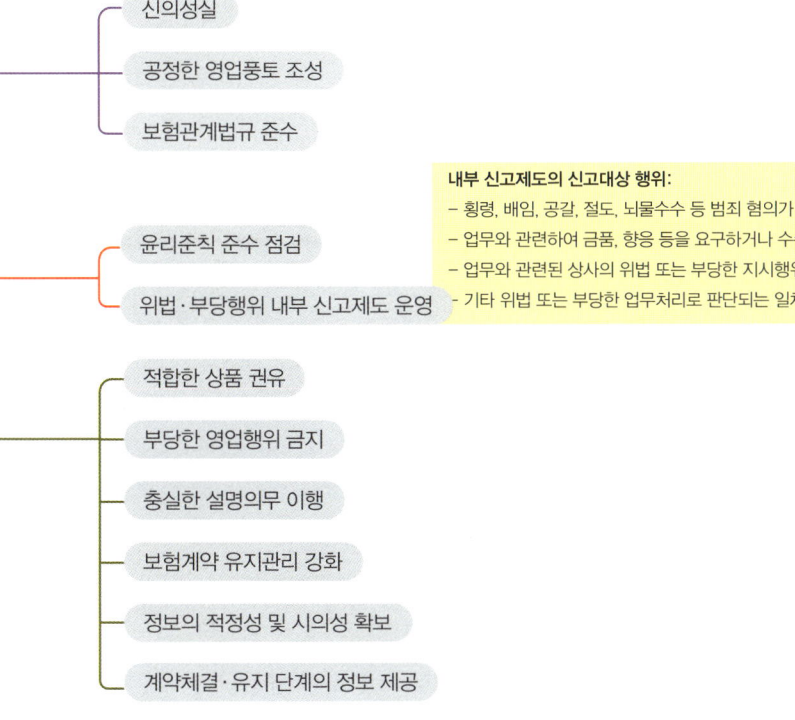

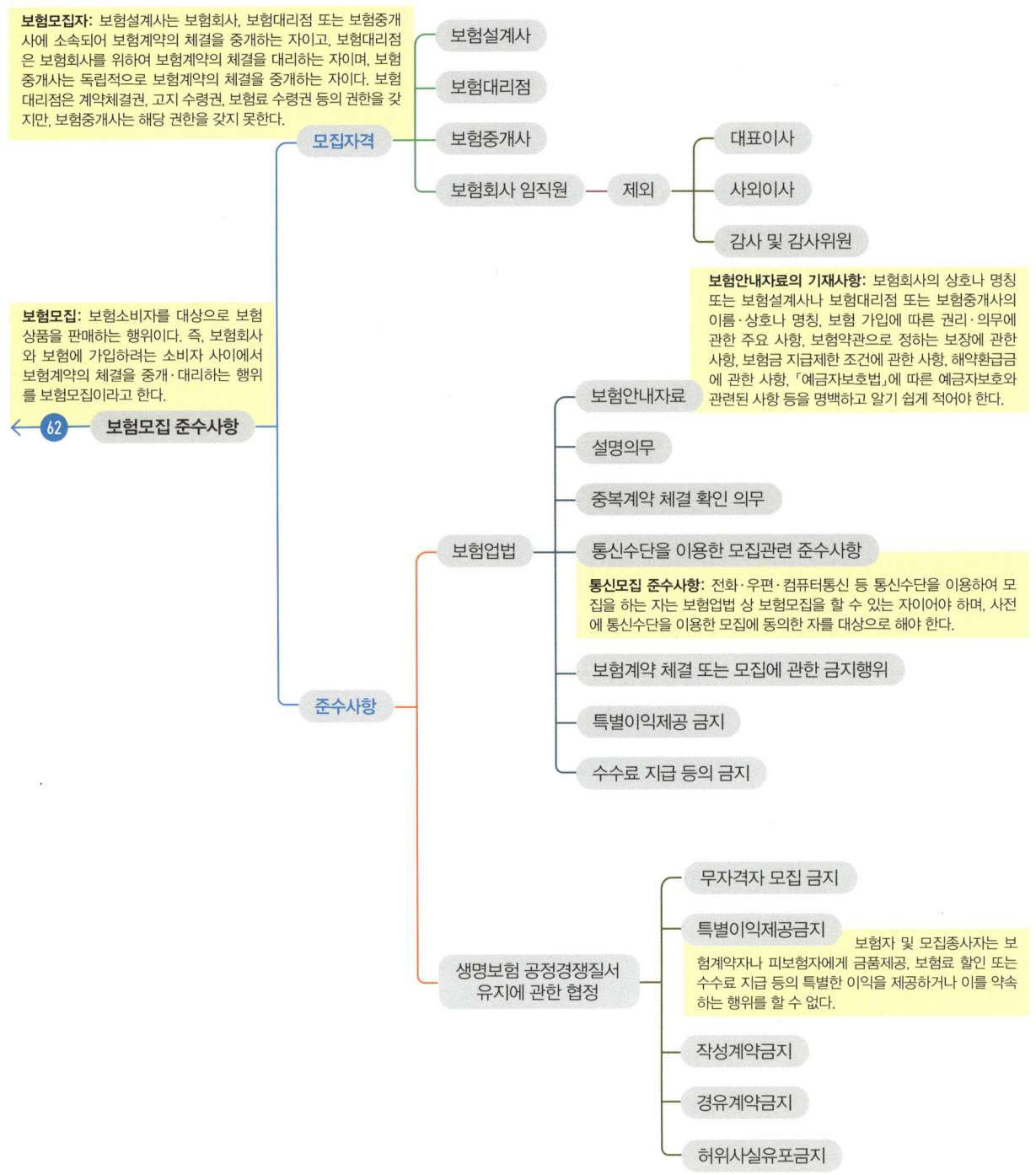

[보험계약 체결 또는 모집에 관한 금지행위(보험업법 제97조)]
① 보험계약자 또는 피보험자로 하여금 이미 성립된 보험계약을 부당하게 소멸시킴으로써 새로운 보험계약(기존보험계약과 보장 내용 등이 비슷한 경우)을 청약하게 하거나 새로운 보험계약을 청약하게 함으로써 기존보험계약을 부당하게 소멸시키거나 그 밖에 부당하게 보험계약을 청약하게 하거나 이러한 것을 권유하는 행위
② 실제 명의인이 아닌 자의 보험계약을 모집하거나 실제 명의인의 동의가 없는 보험계약을 모집하는 행위
③ 보험계약자 또는 피보험자의 자필서명이 필요한 경우에 보험계약자 또는 피보험자로부터 자필서명을 받지 아니하고 서명을 대신하거나 다른 사람으로 하여금 서명하게 하는 행위
④ 다른 모집 종사자의 명의를 이용하여 보험계약을 모집하는 행위
⑤ 보험계약자 또는 피보험자와의 금전대차의 관계를 이용하여 보험계약자 또는 피보험자로 하여금 보험계약을 청약하게 하거나 이러한 것을 요구하는 행위
⑥ 정당한 이유 없이 장애인차별금지 및 권리구제 등에 관한 법률에 따른 장애인의 보험가입을 거부하는 행위
⑦ 보험계약의 청약철회 또는 계약해지를 방해하는 행위

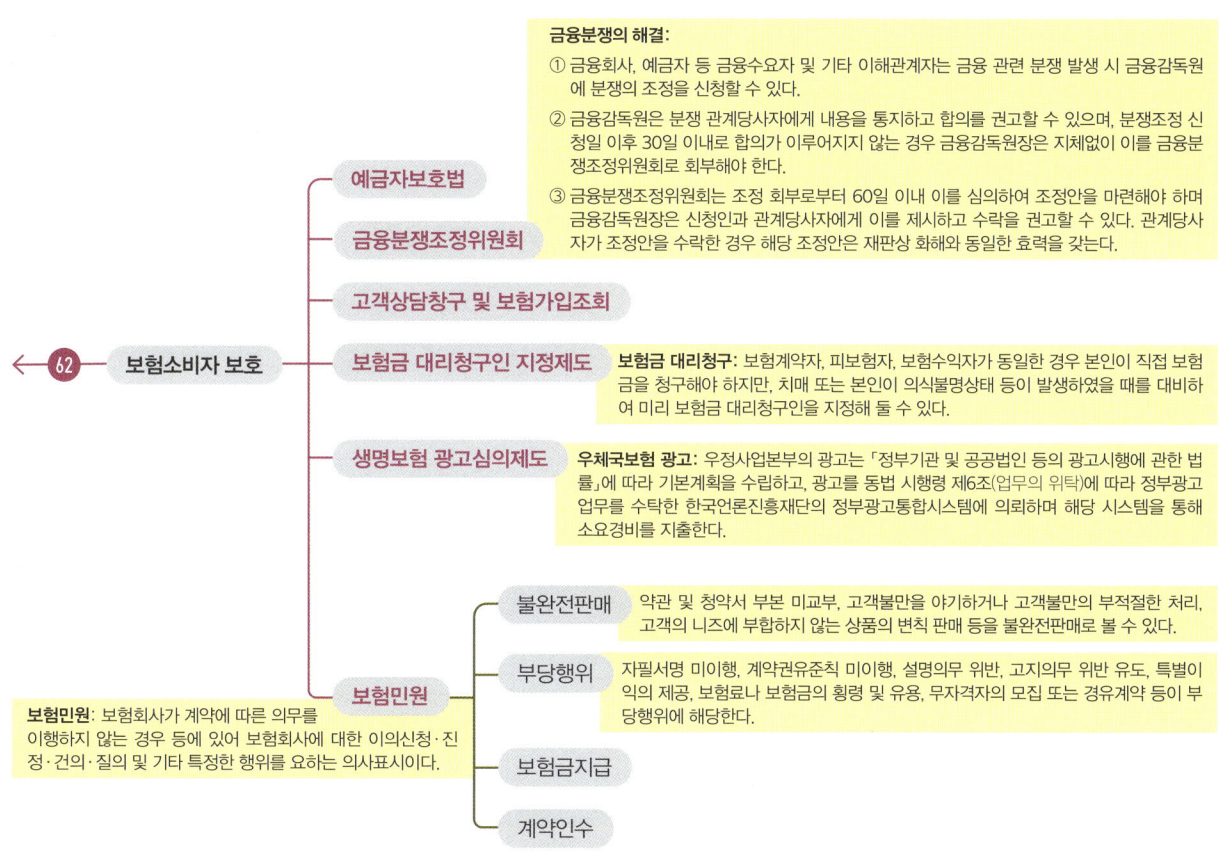

「금융소비자 보호에 관한 법률」상 보험모집 준수사항

(1) 설명의무
금융상품판매업자등은 일반금융소비자에게 계약 체결을 권유(금융상품자문업자가 자문에 응하는 것을 포함)하는 경우 및 일반금융소비자가 설명을 요청하는 경우에는 금융상품에 관한 중요한 사항(일반금융소비자가 특정 사항에 대한 설명만을 원하는 경우 해당 사항으로 한정)을 일반금융소비자가 이해할 수 있도록 설명하여야 한다.

(2) 부당권유행위 금지
금융상품판매업자등은 계약 체결을 권유(금융상품자문업자가 자문에 응하는 것을 포함)하는 경우에 다음 각 호의 어느 하나에 해당하는 행위를 해서는 아니 된다.
① 불확실한 사항에 대하여 단정적 판단을 제공하거나 확실하다고 오인하게 할 소지가 있는 내용을 알리는 행위
② 금융상품의 내용을 사실과 다르게 알리는 행위
③ 금융상품의 가치에 중대한 영향을 미치는 사항을 미리 알고 있으면서 금융소비자에게 알리지 아니하는 행위
④ 금융상품 내용의 일부에 대하여 비교대상 및 기준을 밝히지 아니하거나 객관적인 근거 없이 다른 금융상품과 비교하여 해당 금융상품이 우수하거나 유리하다고 알리는 행위 등

「예금자보호법」에 의한 보험계약 보장
① 지급사유: 보험금 지급정지, 보험회사의 인가취소·해산·파산·제3자 계약이전 시 계약이전에서 제외된 경우
② 보호대상: 예금자(개인 및 법인 포함)
③ 보장금액: 1인당 최고 5,000만원(원금 및 소정의 이자 합산) ⇒ 동일한 금융기관내에서 보호받을 수 있는 총 합산 금액임
④ 산출기준:
- 해지환급금(사고보험금, 만기보험금)과 기타 제지급금의 합산금액
- 대출 채무가 있는 경우 이를 먼저 상환하고 남은 금액

⑤ 보험상품별 보호여부
- 보호상품: 개인이 가입한 보험계약, 퇴직보험, 변액보험계약 특약 및 최저보증금, 예금자보호대상 금융상품으로 운용되는 확정기여형 퇴직연금제도 및 개인형 퇴직연금제도의 적립금, 원본이 보전되는 금전신탁 등
- 비보호상품: 보험계약자 및 보험료납부자가 법인인 보험계약, 보증보험계약, 재보험계약, 변액보험계약 주계약, 확정급여형 퇴직연금제도의 적립금 등

단원 학습목표

생명보험에 대한 학습이 계속 이어집니다. 본 단원에서는 생명보험 상품의 특성과 종류, 그리고 제3보험에 대한 내용이 소개됩니다.

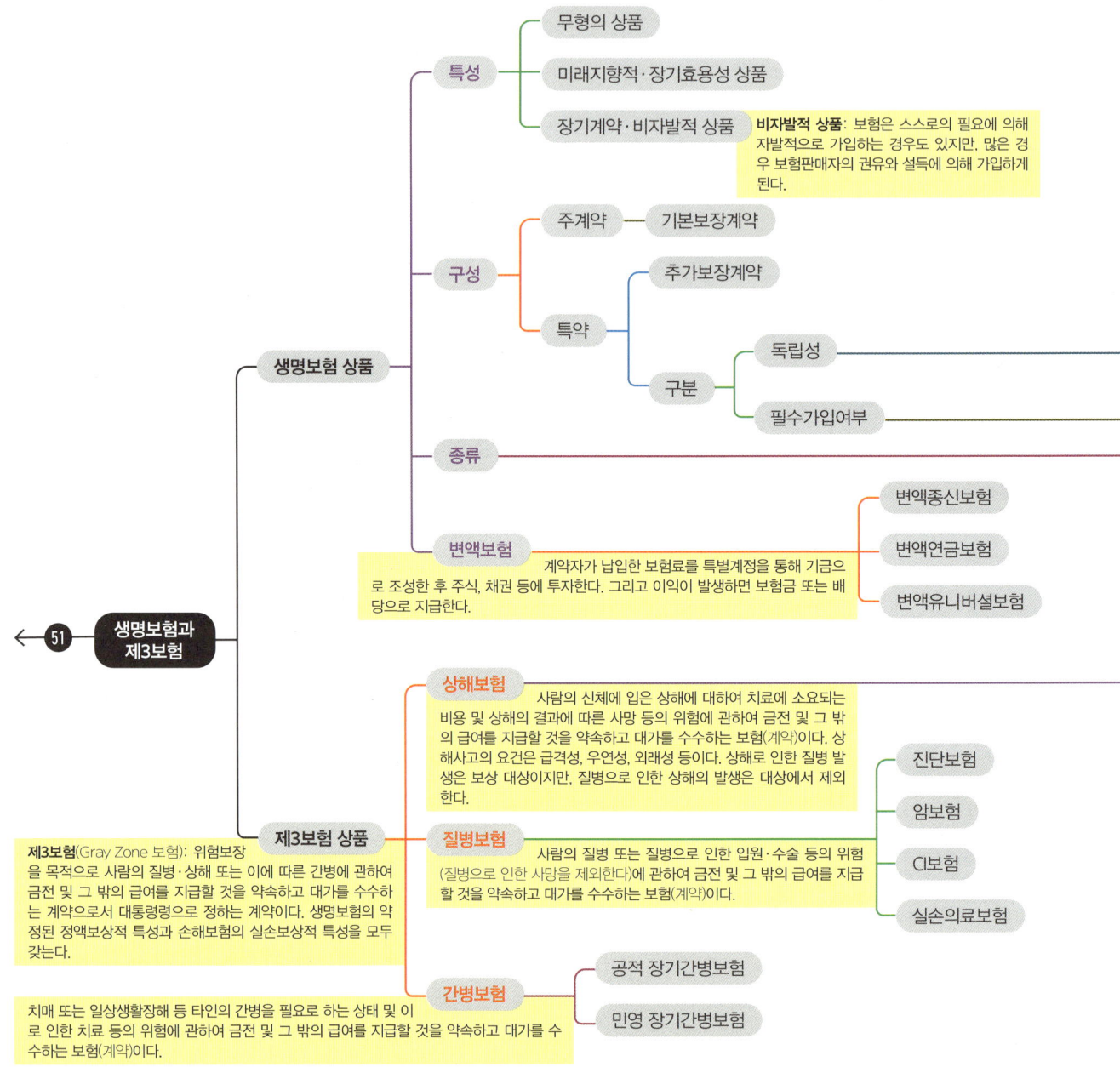

[생명보험의 개요]

① 보험의 의의

예측하기 힘든 우연발생적인 사고로 인해 발생하는 경제적 손실을 보전하고 우리 주변을 둘러싸고 있는 여러 가지 위험으로부터 안정적인 생활을 영위할 필요에 따라 만들어진 제도이다.

② 생명보험의 개요

생명보험은 주로 사람의 생사(生死)에 관련된 불의의 사고에 대한 경제적 손실을 보전하며 많은 사람이 모여 합리적으로 계산된 소액의 분담금(보험료)을 모아서 공동준비재산을 조성하고 불의의 사고가 발생했을 경우에 약정된 금액(보험금)을 지급한다.

[제3보험의 겸영]

보험업법에서는 장기 안정적 위험을 담보로 하는 생명보험업과 단기 거대위험 등을 담보로 하는 손해보험업의 겸영을 금지하고 있지만, 제3보험업에 대해서는 겸영을 허용하고 있다. 이에 따라 생명보험회사나 손해보험회사는 질병보험 주계약에 각종 특약을 부가하여 보장을 확대한 보험상품을 판매하고 있다. 다만, 손해보험회사에서 판매하는 질병사망 특약의 보험기간은 80세 만기, 보험금액 한도는 개인당 2억원 이내로 부가할 수 있으며, 만기시 지급하는 환급금이 납입보험료 합계액 범위 내여야 하는 요건을 충족하여야 한다.

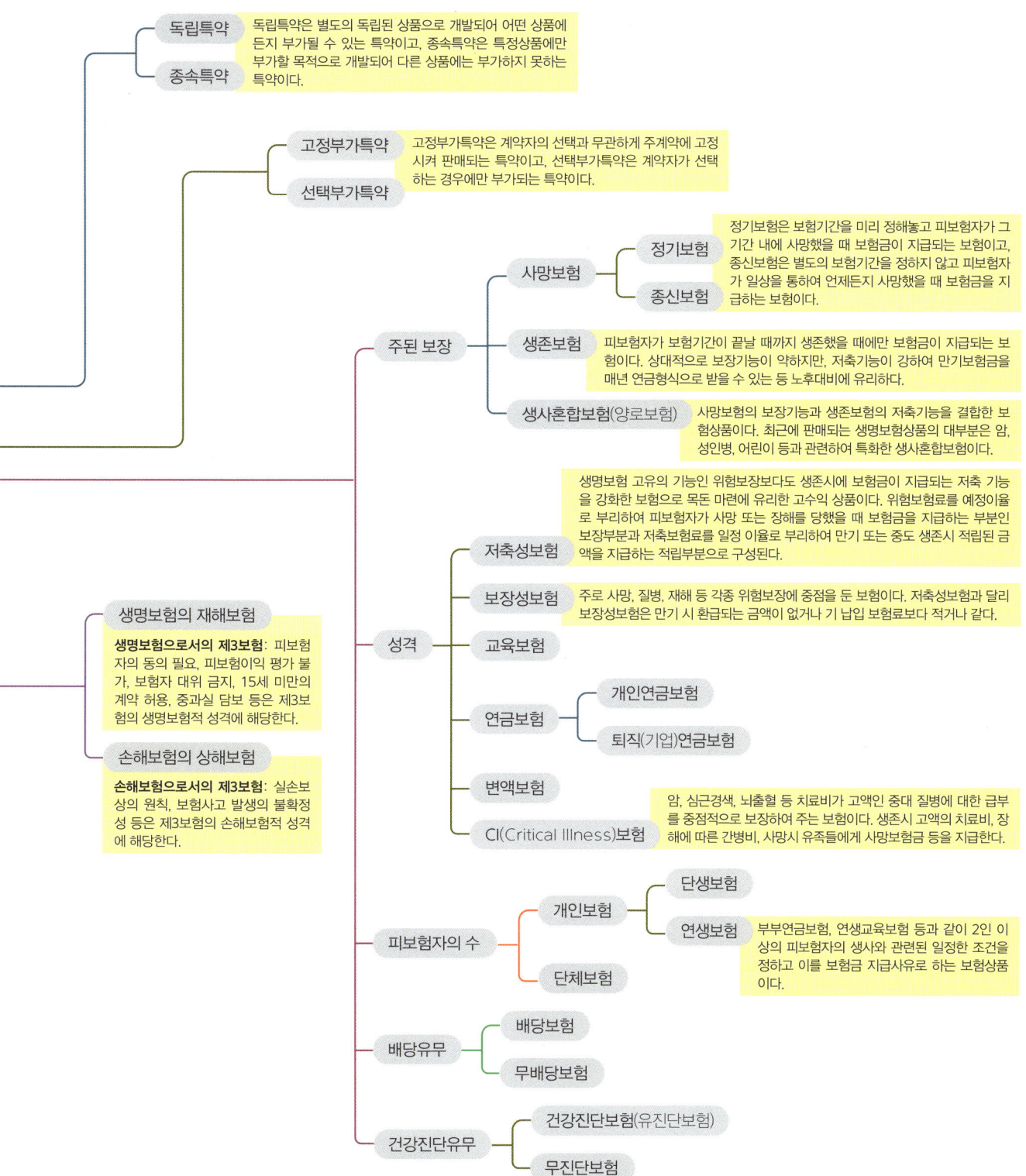

[변액유니버셜보험]

유니버셜 보험은 보험료의 의무 납입기간이 경과된 시점부터 보험료의 납입금액과 납입시기를 조절할 수 있는 상품이다. 종신보험이나 연금보험에 중도인출, 납입유예 등의 기능이 부가된 상품이라고 볼 수 있다. 변액유니버셜보험은 변액보험에 유니버셜보험의 장점을 합한 것으로 보험상품의 보장성 기능에 투자 기능 및 수시입출금 기능을 합한 상품이다. 다른 보험상품과 달리 예금상품처럼 입출금이 자유로워 적립금 인출과 보험료 납입이 편리하다.

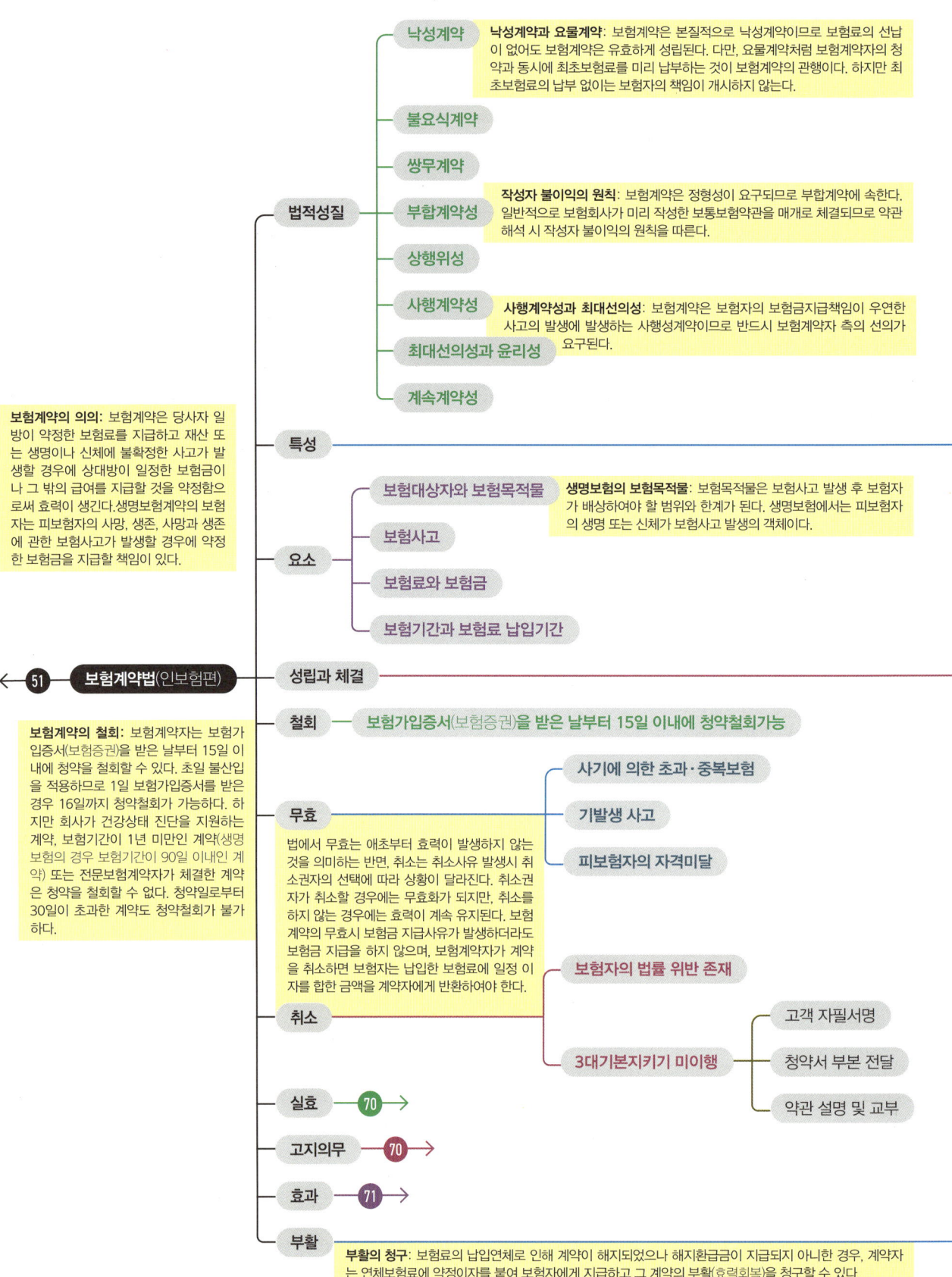

Teacher's Advice 민법상 계약은 청약과 이에 대한 승낙을 통해 체결됩니다. 청약은 원칙적으로 철회할 수 없지만, 소비자 보호를 위해 청약철회권을 부여하기도 합니다. 계약의 방식은 반드시 문서형식이어야 하는 것은 아니므로 구두계약도 계약으로서의 효력을 지닙니다. 다만, 구두계약인 경우 분쟁 발생시 근거를 제시하기가 곤란할 수 있습니다. 그리고 계약을 체결할 때 계약금을 지불하는 경우도 있지만 필수사항은 아닙니다. 계약이 체결되면 계약당사자 쌍방은 각각 채권과 채무를 지니게 됩니다. 채권은 상대방으로 하여금 급부를 행하도록 요구할 권리이고, 채무는 상대방에게 약속된 급부를 행하여야 하는 의무입니다.

- 사익조정성(영리성)
- 단체성
- 기술성 — 보험자는 대수의 법칙과 수지상등의 원칙에 따라 보험사업을 영위하는 등 기술적인 성격을 지닌다.
- 사회성과 공공성
- 상대적 강행법성 — 사적자치의 원칙상 보험계약법은 임의법에 해당하지만, 보험계약자를 보호하기 위하여 상대적 강행법규를 많이 정해두고 있다.

- 보험계약자의 청약과 보험자의 승낙으로 계약성립
- 보험자는 청약일로부터 30일 이내에 계약의 승낙 또는 거절
- 보험자가 30일 이내에 승낙 또는 거절의 통지를 하지 않으면 승낙으로 간주
- 보험자 승낙시 보험자의 책임은 최초보험료 지급 시점으로 소급개시
- 보험자는 계약이 성립한 때 보험증서 교부 — 보험자는 보험계약이 성립한 때에는 지체없이 보험증권을 작성하여 보험계약자에게 교부하여야 한다. 그러나 보험계약자가 보험료의 전부 또는 최초의 보험료를 지급하지 아니한 때에는 그러하지 아니하다. 기존의 보험계약을 연장하거나 변경한 경우에는 보험자는 그 보험증권에 그 사실을 기재함으로써 보험증권의 교부에 갈음할 수 있다.
- 승낙의제 — 청약시 보험료의 상당액을 납부한 경우 30일내 승낙통지 발송
  - '의제(간주)'의 법적 효력: 법률용어로서 의제(간주)는 확정적인 효력을 가지므로 반증이 있더라도 효력이 유지된다. 반대로 추정은 반증이 있는 경우 그 효력이 상실된다.
- 승낙전 사고담보 — 보험계약의 성립과 승낙전 사고담보: 보험자가 보험계약자로부터 보험계약의 청약과 함께 보험료 상당액의 전부 또는 일부를 받은 경우에 그 청약을 승낙하기 전에 보험계약에서 정한 보험사고가 생긴 때에는 그 청약을 거절할 사유가 없는 한 보험자는 보험계약상의 책임을 진다. 그러나 인보험계약의 피보험자가 신체검사를 받아야 하는 경우에 그 검사를 받지 아니한 때에는 그러하지 아니하다.

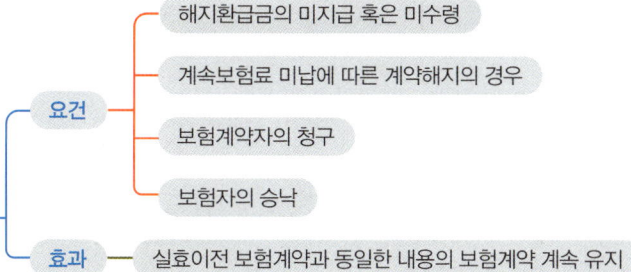

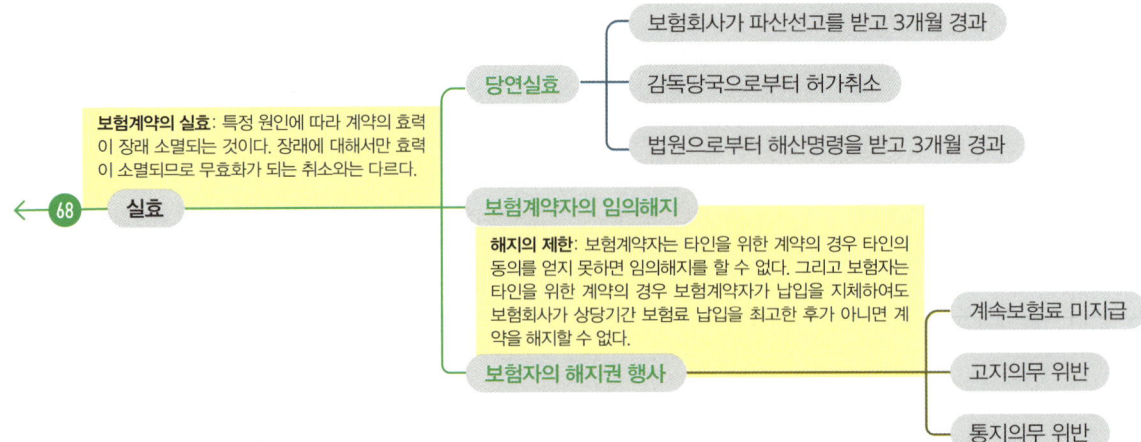

고지의무위반에 대해 해지할 수 없는 경우:
① 보험자가 계약 당시에 고지의무 위반사실을 알았거나 과실로 알지 못한 경우
② 보험자가 고지의무 위반사실을 안 날로부터 1개월 이상 지났거나 보장개시일부터 보험금 지급사유가 발생하지 않고 2년 이상 지났을 때
③ 계약을 체결한 날부터 3년이 지났을 때
④ 보험을 모집한 자(이하 "모집자 등"이라 함)가 계약자 또는 피보험자에게 고지할 기회를 주지 않았거나 계약자 또는 피보험자가 사실대로 고지하는 것을 방해한 경우, 계약자 또는 피보험자에게 사실대로 고지하지 않게 하였거나 부실한 고지를 권유했을 때(다만, 모집자 등의 행위가 없었다 하더라도 계약자 또는 피보험자가 사실대로 고지하지 않거나 부실한 고지를 했다고 인정되는 경우에는 계약을 해지하거나 보장을 제한할 수 있음)

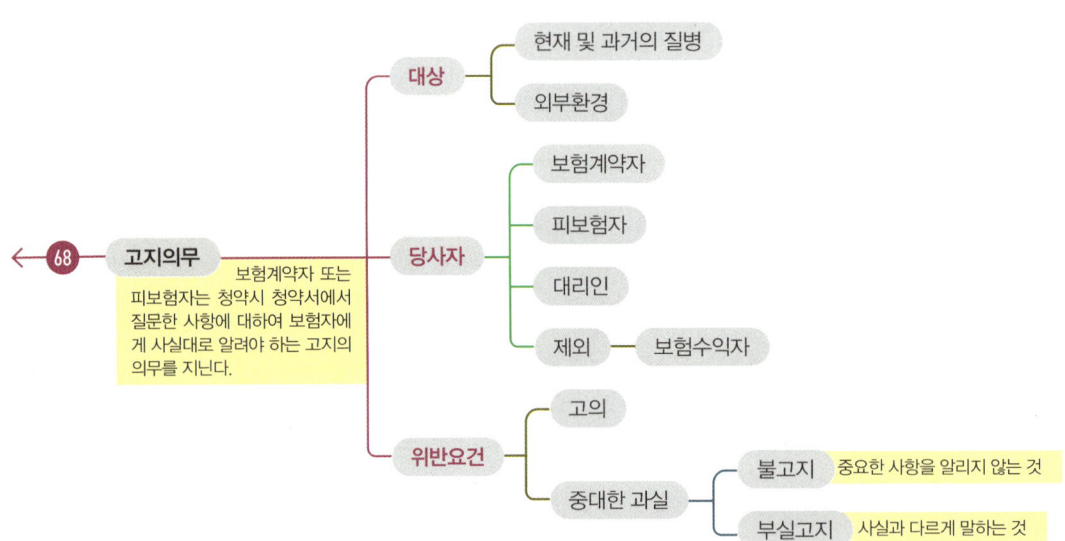

위험변경증가의 통지와 계약해지: 보험기간 중에 보험계약자 또는 피보험자가 사고발생의 위험이 현저하게 변경 또는 증가된 사실을 안 때에는 지체없이 보험자에게 통지하여야 한다. 이를 게을리한 때에는 보험자는 그 사실을 안 날로부터 1월내에 한하여 계약을 해지할 수 있다. 보험자가 위험변경증가의 통지를 받은 때에는 1월내에 보험료의 증액을 청구하거나 계약을 해지할 수 있다.

고지의무위반으로 인한 계약해지: 보험계약당시에 보험계약자 또는 피보험자가 고의 또는 중대한 과실로 인하여 중요한 사항을 고지하지 아니하거나 부실의 고지를 한 때에는 보험자는 그 사실을 안 날로부터 1월내에, 계약을 체결한 날로부터 3년내에 한하여 계약을 해지할 수 있다. 그러나 보험자가 계약당시에 그 사실을 알았거나 중대한 과실로 인하여 알지 못한 때에는 그러하지 아니하다.

고의나 중과실로 인한 위험증가와 계약해지: 보험기간중에 보험계약자, 피보험자 또는 보험수익자의 고의 또는 중대한 과실로 인하여 사고발생의 위험이 현저하게 변경 또는 증가된 때에는 보험자는 그 사실을 안 날부터 1월내에 보험료의 증액을 청구하거나 계약을 해지할 수 있다.

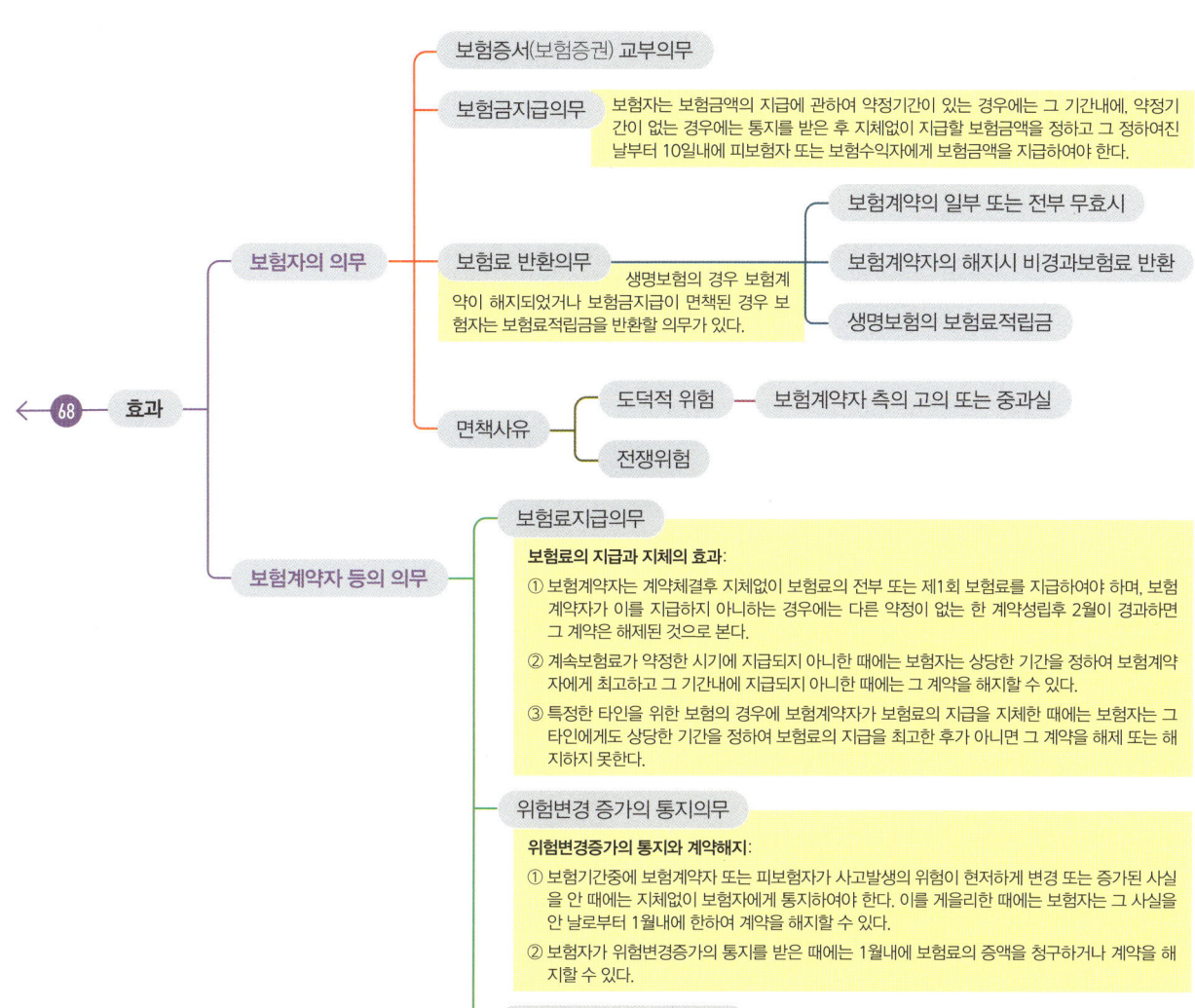

단원 학습목표
보험편에서 가장 간략한 단원입니다. 우체국보험에 관한 내용에 들어가기에 앞서 연혁과 업무범위 및 역할, 그리고 소관법률에 대해서 학습합니다.

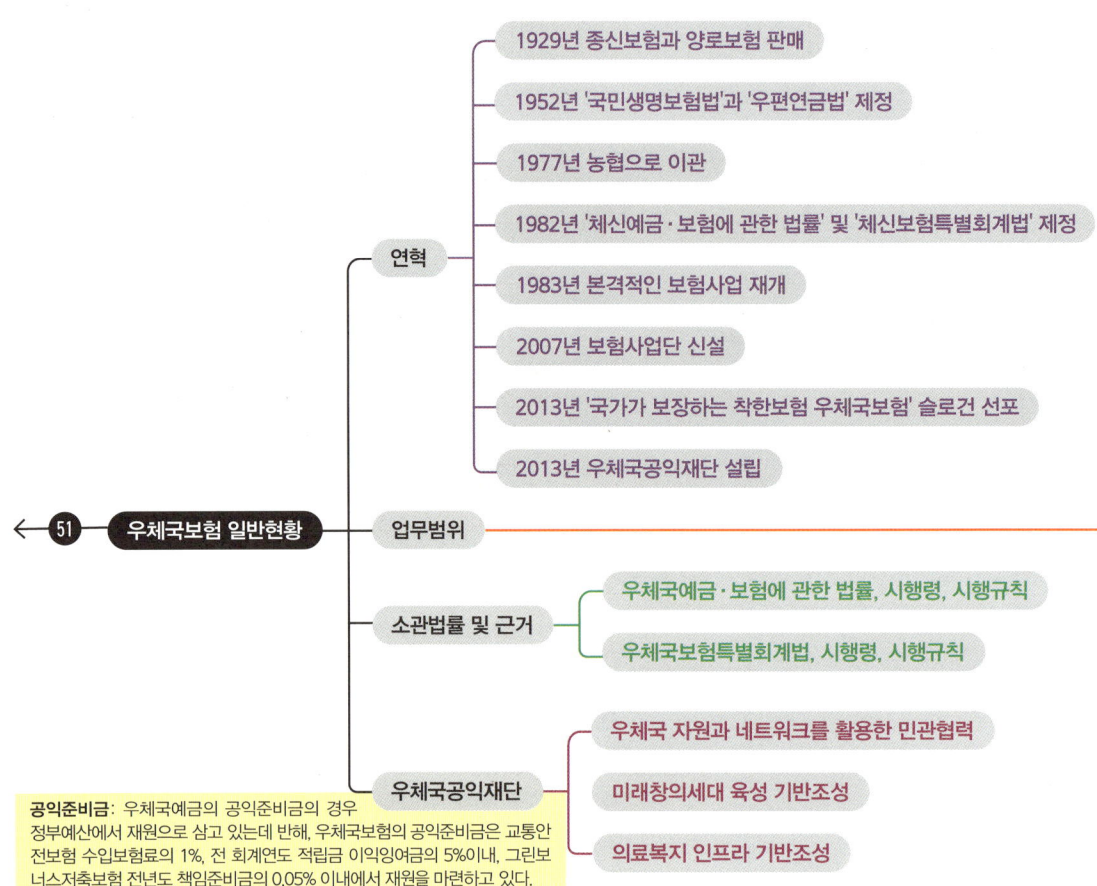

공익준비금: 우체국예금의 공익준비금의 경우 정부예산에서 재원으로 삼고 있는데 반해, 우체국보험의 공익준비금은 교통안전보험 수입보험료의 1%, 전 회계연도 적립금 이익잉여금의 5%이내, 그린보너스저축보험 전년도 책임준비금의 0.05% 이내에서 재원을 마련하고 있다.

우체국보험의 사회공헌: 우체국보험은 1995년 소년소녀가장 장학금 지원사업을 시작으로 아동, 노인, 장애인 등 공공복지의 사각지대에 있는 사회 소외계층에 대한 다양한 지원을 통해 국가기관으로서 사회적 책임과 사회안전망기능을 강화하였다. 1995년 휴면보험금으로 소년소녀가장에게 장학금을 지원하는 공익사업을 시작하였다. 2000년 들어서 교통안전보험 재원을 활용하여 본격적인 공익사업을 추진하였으며, 2013년 9월에는 우체국공익재단을 설립하여 현재까지 다양한 공적역할을 수행하고 있다.

우체국보험과 사회보험: 우체국보험은 고객이 자유롭게 가입할 수 있지만, 사회보험(공영보험)은 의무가입원칙에 따라 가입이 강제된다. 또한, 우체국보험은 수익자 부담원칙에 따라 납입료 대비 수혜가 비례하지만, 사회보험은 소득재분배 및 사회 정책적 기능에 초점을 맞추기 때문에 상대적으로 납입료 대비 수혜의 비례성이 약하다.

우체국보험과 민영보험: 국가가 운영하는 우체국보험은 주주의 이익과 무관하므로 민영보험에 비해 상대적으로 보험료가 저렴하며 지급보장이 강력하다. 우체국보험은 국가가 전액을 보장하지만, 민영보험은 예금보험공사의 보증을 바탕으로 동일 금융기관 내에서 1인당 최고 5천만원까지 지급이 보장된다. 가입한도액에 있어서는 액수에 제한이 없는 민영보험과 달리 우체국보험은 사망 4,000만원, 연금 연 900만원의 가입 한도가 정해져 있다. 그리고 우체국보험은 변액보험, 퇴직연금, 손해보험을 취급하지 못하며 금융위원회는 물론 과학기술정보통신부, 감사원, 국회 등으로부터 감독을 받는다.

Teacher`s Advice

우체국이 예금과 보험 등 금융업무를 관장하는 이유는 금융소외지역을 없애고 보편적인 금융서비스를 제공하기 위함입니다. 이윤을 추구하는 사금융기업의 경우 인구가 밀집된 도시 지역에 집중적으로 영업점을 두게 마련이고, 이로 인해 농어촌 지역의 주민들은 금융서비스를 온전하게 이용하기가 어렵기 때문입니다. 우체국은 우편업무를 위해 전국 방방곡곡 구석구석 설치되어 있기 때문에 이를 활용하여 금융업무를 관장하면 금융소외지역을 없앨 수 있습니다.

다만, 지금은 전자금융이 보편화되어 우체국 금융의 애초 설립 취지는 많이 희석되었다고 보아야 할 것입니다만, 그래도 공적 금융서비스를 지속함으로써 국민경제의 발전과 공공복리의 증진 및 우편사업의 재원마련 등에 있어서 크게 기여하고 있습니다.

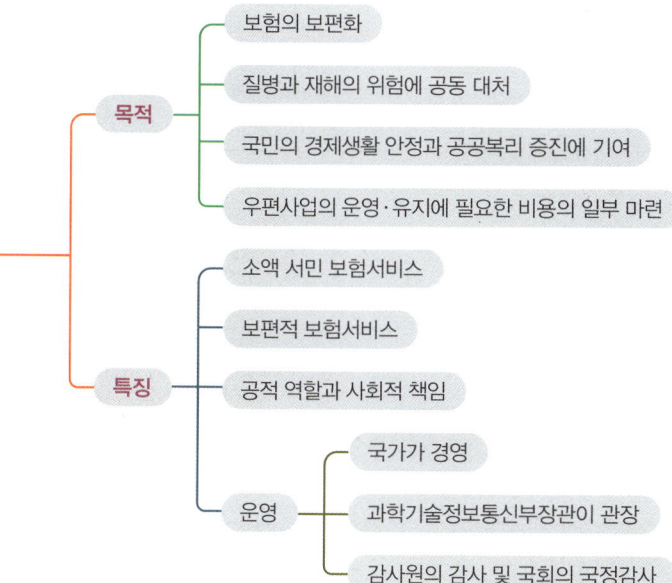

우체국보험의 업무범위: 우체국보험은 4천만원 이하의 소액보험(생명·신체·상해·연금 등) 상품개발과 판매 및 운영 사업을 하면서 기타 보험사업에 부대되는 환급금대출과 증권의 매매 및 대여, 부동산의 취득·처분과 임대서비스 등을 업무범위로 하고 있다.

법률·시행령·시행규칙: 법은 적용서열에 따라 상위법과 하위법으로 구분할 수 있다. 상위법부터 보자면 헌법, 법률, 명령, 조례, 규칙의 서열을 갖는다. 이중 법률은 국회에서 국회의원의 의결을 통해 제·개정되는 법이고, 명령은 행정부가 제·개정하는 법이다. 명령은 다시 대통령이 발포하는 대통령령, 국무총리가 발포하는 총리령, 각 부 장관이 발포하는 부령으로 나뉜다. 이중 대통령령은 법률의 시행령이 되고, 부령은 법률의 시행규칙이 된다. 한편, 법률과 명령을 합하여 법령이라고 부르기도 한다.

우체국예금·보험에 관한 법률: 체신관서(遞信官署)로 하여금 간편하고 신용 있는 예금·보험 사업을 운영하게 함으로써 금융의 대중화를 통하여 국민의 저축의욕을 북돋우고, 보험의 보편화를 통하여 재해의 위험에 공동으로 대처하게 함으로써 국민경제생활의 안정과 공공복리의 증진에 이바지함을 목적으로 제정된 법률이다.

우체국 우편과 금융의 특별회계: 정부의 회계는 일반회계와 특별회계로 구분된다. 특별회계는 일반회계와 구분하여 별도로 계상할 필요가 있을 때 설치하는 것이다. 우체국의 사업과 관련해서는 우편사업특별회계, 우체국예금특별회계, 우체국보험특별회계가 설치되어 있다. 이중 우편사업특별회계와 우체국예산특별회계는 「정부기업예산법」에 근거하여 설치되었고, 우체국보험특별회계는 「우체국보험특별회계법」에 근거하여 설치되었다.

우체국보험의 조직과 예산: 우체국은 정부조직의 일부로 설치되어 있다. 따라서 담당인력과 조직에 대해 행정안전부나 인사혁신처 등 관련부처와 협의를 거쳐야만 하며 정부조직법, 국가공무원법의 통제를 받는다. 그리고 우체국보험사업의 운영에 필요한 경비는 기획재정부와 협의하여 정부예산으로 편성한뒤 국회의 심의와 의결의 절차를 거쳐야 한다. 예산집행의 내역 및 결산의 결과는 국회 및 감사원에 보고하여야 하며 감사원 감사와 국회 국정감사의 대상이 된다.

[우체국보험적립금의 조성과 운용]

우체국보험적립금은 순보험료(보험료 중 부가보험료를 제외한 보험료), 적립금 운용수익금, 회계의 세입·세출 결산에 따른 잉여금으로 조성하며 보험금·환급금 등 보험급여는 적립금에서 지출한다. 적립금은 과학기술정보통신부장관이 안정성·유동성·수익성 및 공익성이 확보되도록 운용·관리하여야 한다. 적립금의 운용 방법에는

① 금융기관에의 예탁
② 「자본시장과 금융투자업에 관한 법률」에 따른 증권의 매매 및 대여
③ 국가, 지방자치단체와 과학기술정보통신부령으로 정하는 공공기관에 대한 대출
④ 보험계약자에 대한 대출
⑤ 대통령령으로 정하는 업무용 부동산의 취득·처분 및 임대
⑥ 「자본시장과 금융투자업에 관한 법률」 제5조에 따른 파생상품의 거래
⑦ 「벤처기업육성에 관한 특별조치법」 제2조제1항에 따른 벤처기업에의 투자
⑧ 재정자금에의 예탁
⑨ 「자본시장과 금융투자업에 관한 법률」 제355조에 따른 자금중개회사를 통한 금융기관에의 대여
⑩ 그 밖에 대통령령으로 정하는 적립금 증식 등이 포함된다.

단원 학습목표

금융상식을 구성하는 전체 단원 중에서 가장 분량도 많고 가장 복잡하고 가장 공부하기 까다로운 단원입니다. 출제 빈도 또한 가장 높습니다. 우체국보험 상품을 소개하고 있는 단원으로 보장성 보험 39종, 저축성 보험 5종, 연금보험 6종에 대한 세부적인 내용이 수록되어 있습니다. 보험 종별 주요 특징, 주계약, 특약, 가입나이, 보험기간, 납입기간, 납입주기, 보험가입금액 등이 총망라되어 있습니다. 말미에는 우체국보험 관련 세제까지 나옵니다. 예금에서도 보았다시피 세제부분은 난도가 높을 수밖에 없습니다. 그 어떤 단원보다도 가장 집중력을 발휘하여 공부하여야 하는 단원입니다.

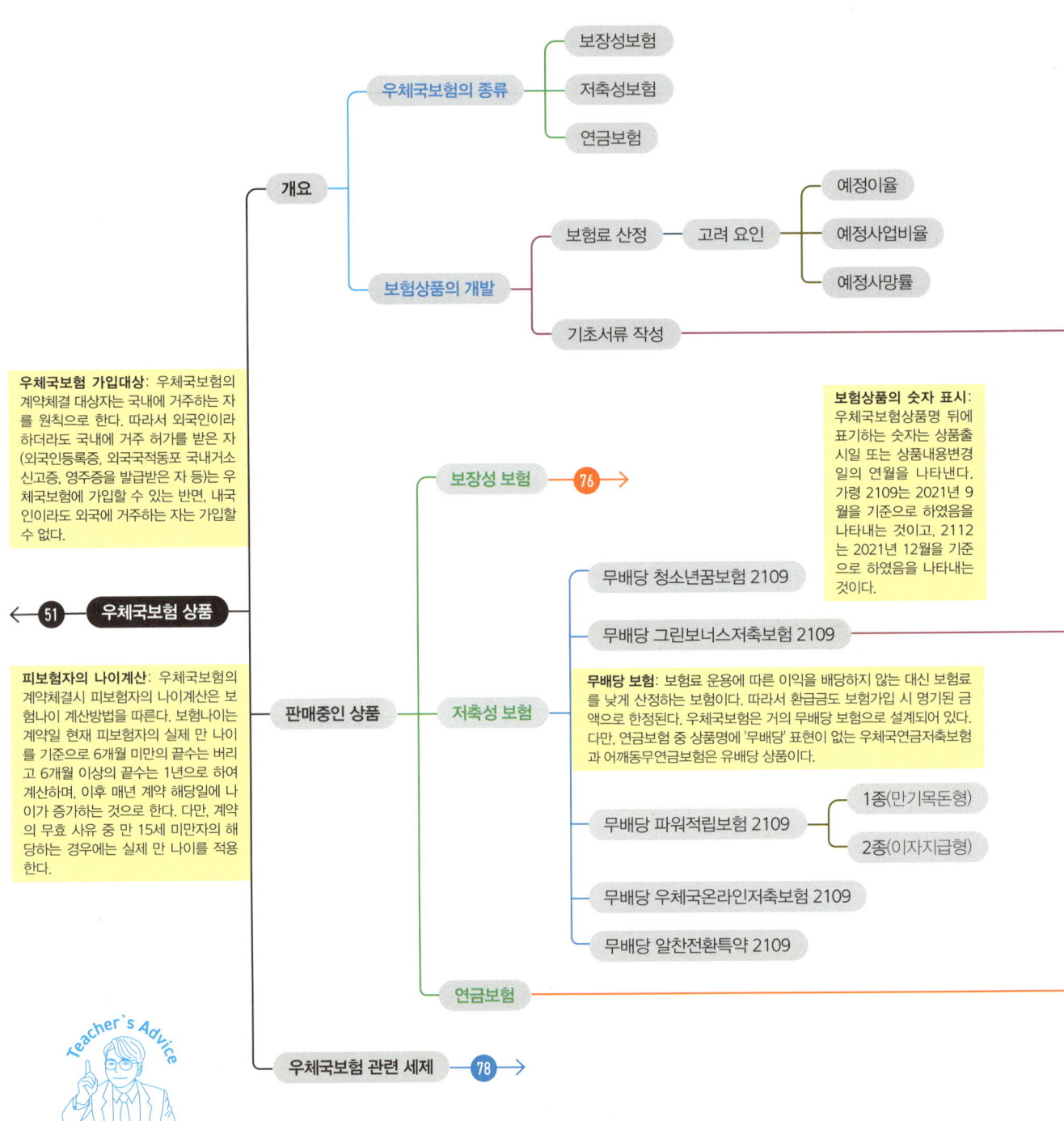

예금상품에서도 그러했듯, 보험상품도 명칭을 통해 구분하는 것이 가능합니다. 연금보험상품의 이름에는 '연금'이라는 표현이 공통적으로 발견됩니다. 특히 '연금저축'이라는 표현이 담겨 있는 상품이 세가지나 됩니다. 모두 연금저축상품으로서 유사한 특성을 지니고 있습니다.

저축성보험의 경우는 '청소년꿈을 파워있게 그리기 위해 알차게 온라인저축을 한다'식으로 기억해 보면 어떨까요? 각 상품명 중 일부분을 떼어내어 조합해 보았는데요, 마음에 들지 않으면 다른 방식으로 말을 만들어 보셔도 좋을 것 같습니다.

그러면 남은 상품은 이제 모조리 보장성보험 상품에 속하게 됩니다. 보장성보험 중에도 온라인(다이렉트) 상품이 적잖이 소개되고 있는데요, 이들과 명칭이 유사한 이름의 상품들을 찾아볼 수 있습니다. 이는 기존 상품을 온라인용 다이렉트 상품으로 판매방식 다양화를 꾀한 결과입니다. 그러므로 유사한 이름의 보험상품끼리는 그 내용도 유사점이 많다는 점을 꼭 기억해 두시기 바랍니다.

개별 상품의 명칭을 통해서도 대략적인 상품의 특징을 찾아낼 수 있습니다. 참고로 '어깨동무'라는 표현이 포함된 것은 장애인 관련 상품입니다.

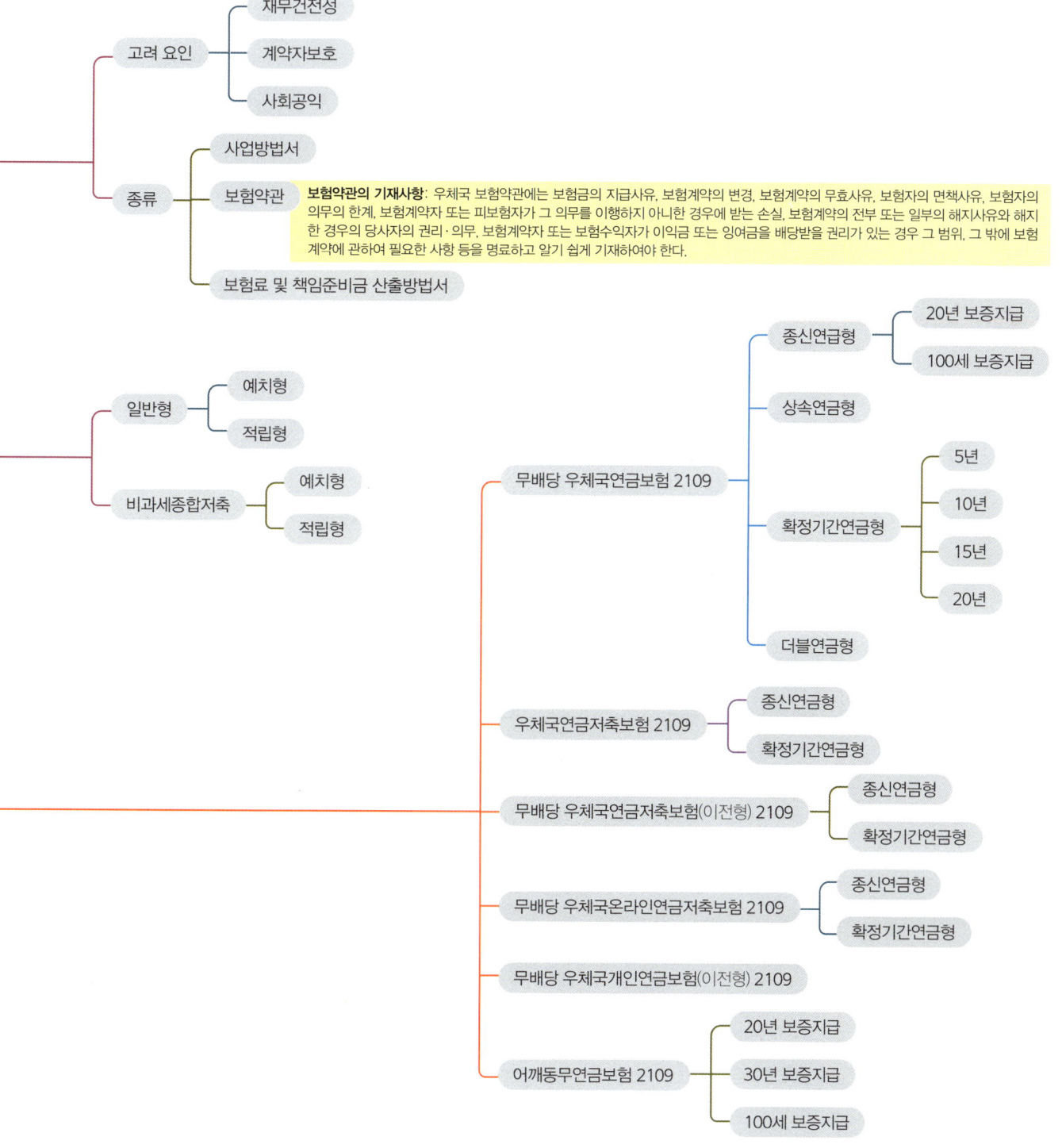

보험약관의 기재사항: 우체국 보험약관에는 보험금의 지급사유, 보험계약의 변경, 보험계약의 무효사유, 보험자의 면책사유, 보험자의 의무의 한계, 보험계약자 또는 피보험자가 그 의무를 이행하지 아니한 경우에 받는 손실, 보험계약의 전부 또는 일부의 해지사유와 해지한 경우의 당사자의 권리·의무, 보험계약자 또는 보험수익자가 이익금 또는 잉여금을 배당받을 권리가 있는 경우 그 범위, 그 밖에 보험계약에 관하여 필요한 사항 등을 명료하고 알기 쉽게 기재하여야 한다.

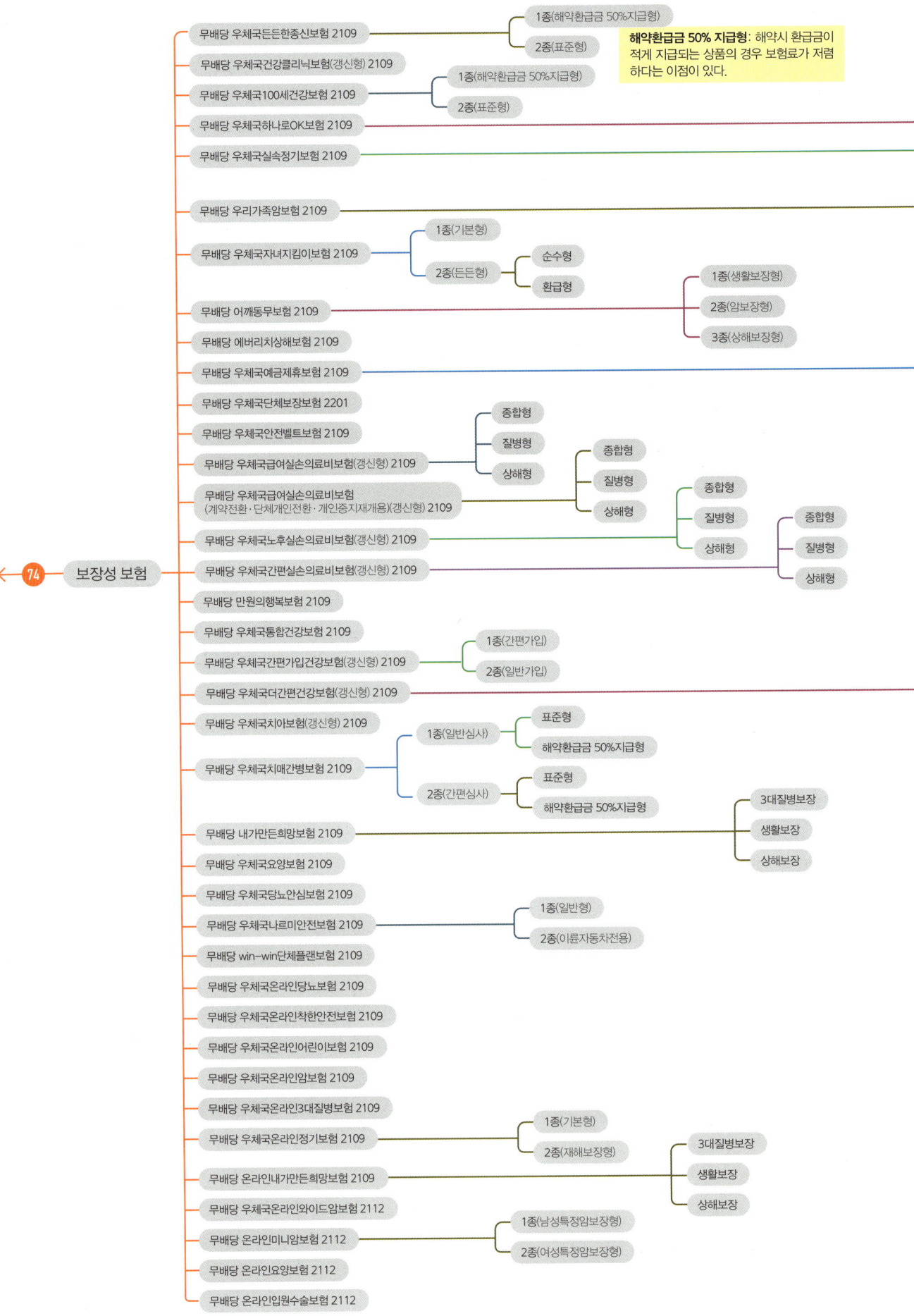

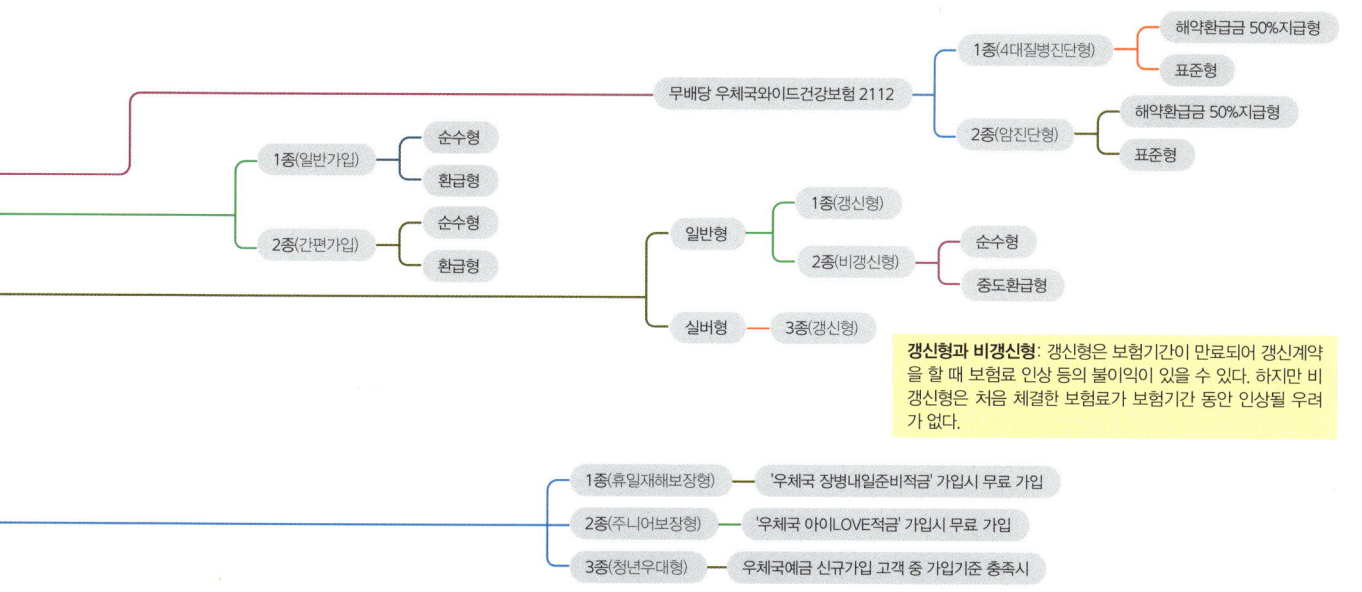

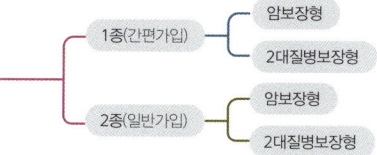

갱신형과 비갱신형: 갱신형은 보험기간이 만료되어 갱신계약을 할 때 보험료 인상 등의 불이익이 있을 수 있다. 하지만 비갱신형은 처음 체결한 보험료가 보험기간 동안 인상될 우려가 없다.

Teacher`s Advice

우체국보험 상품의 내용은 시험에서 3~4문제 이상 출제될 것으로 예측되는만큼, 신경을 많이 쏟아주셔야 합니다. 하지만 우체국보험 상품의 세세한 내용을 한꺼번에 기억한다는 것은 사실 불가능에 가깝습니다. 상품의 종류도 너무 많을 뿐만 아니라 개별 상품마다 그 안에 담겨 있는 내용도 굉장히 구체적이기 때문입니다. 따라서 이 파트를 공부할 때에는 요령이 필요합니다.

우선 뼈대를 잡는 작업에 충실해야 합니다. 워낙 많은 상품이 소개되는만큼 뼈대에 더욱 신경쓸 필요가 있습니다. 뼈대를 잡고 여기에 살을 붙이는 작업도 단계별로 진행되어야 합니다. 우선 각 상품별로 주계약과 특약의 종류를 나누고 상품의 주요 특징을 기억해 두어야 합니다. 가입나이, 보험기간, 납입기간, 납입주기, 보험가입금액 등 보다 세세한 내용들은 차후에 암기하는 것으로 미뤄두는 것이 지혜로운 선택입니다.

시험장으로 향할 때에는 각 상품별 특징을 모조리 세세하게 기억해 두어야 하겠습니다만, 내 시야에 먼저 포착되는 상품에서 출발하여 점차 다양한 상품을 기억해 나가는 방식으로 확산시켜 가시기 바랍니다. 현실적으로 모든 상품을 구석구석 다 기억하기에는 어려움이 따르므로 조금 더 자주 언급되어 눈에 밟히는 상품부터 중심에 두고 공부할 필요가 있습니다.

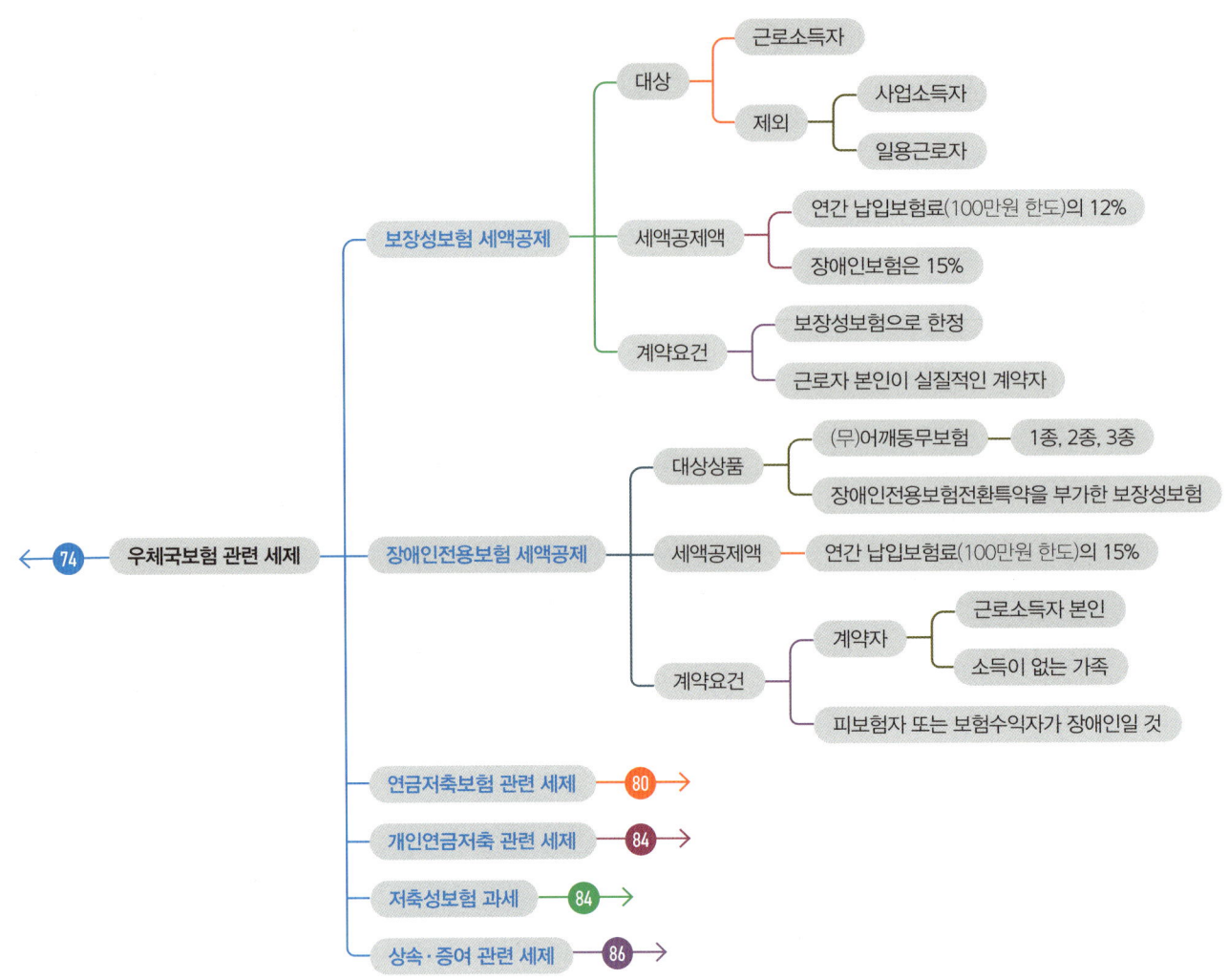

[세액공제 대상 상품('21.12.01.)]

(1) 판매중지 상품
  ① 보험료 전액
      다보장·체신건강·암치료·우체국암치료·평생보장암·종합건강·어린이·(무)꿈나무(보장형)·교통안전·재해안심·의료비보장·우체국종신·직장인생활보장·우체국건강·하이커버건강·평생OK·하이로정기·우체국치아·우체국암보험·(무)100세종합보장·(무)우체국장제·(무)꿈나무·(무)우체국큰병큰보장·(무)우체국 여성암·(무)우체국생애맞춤보험 및 부가특약
  ② 보험료 일부
      장학·(구)연금·알뜰적립·상록·파워적립·(무)장기주택마련저축·(무)꿈나무(저축형)

(2) 판매중인 상품 ⇒ 보험료 전액 세액공제
      (무)에버리치상해·(무)우체국안전벨트·(무)우체국건강클리닉·(무)만원의행복·(무)우체국급여실손의료비·(무)우체국노후실손의료비·(무)우체국간편실손의료비·(무)우체국치아·(무)어깨동무·(무)우체국하나로OK·(무)우체국요양·(무)우리가족암·(무)우체국간편가입건강·(무)우체국더간편건강·(무)우체국온라인암·(무)우체국든든한종신·(무)우체국실속정기·(무)우체국당뇨안심·(무)우체국온라인당뇨·(무)우체국온라인어린이·(무)우체국온라인착한안전·(무)우체국온라인3대질병·(무)우체국온라인정기·(무)우체국자녀지킴이·(무)우체국100세건강·(무)내가만든희망·(무)우체국온라인내가만든희망·(무)win-win단체플랜·(무)우체국치매간병·(무)우체국통합건강·(무)우체국나르미안전·(무)우체국와이드건강·(무)우체국온라인와이드암·(무)우체국온라인미니암·(무)우체국온라인요양·(무)우체국온라 인입원수술 및 각 보장성 특약

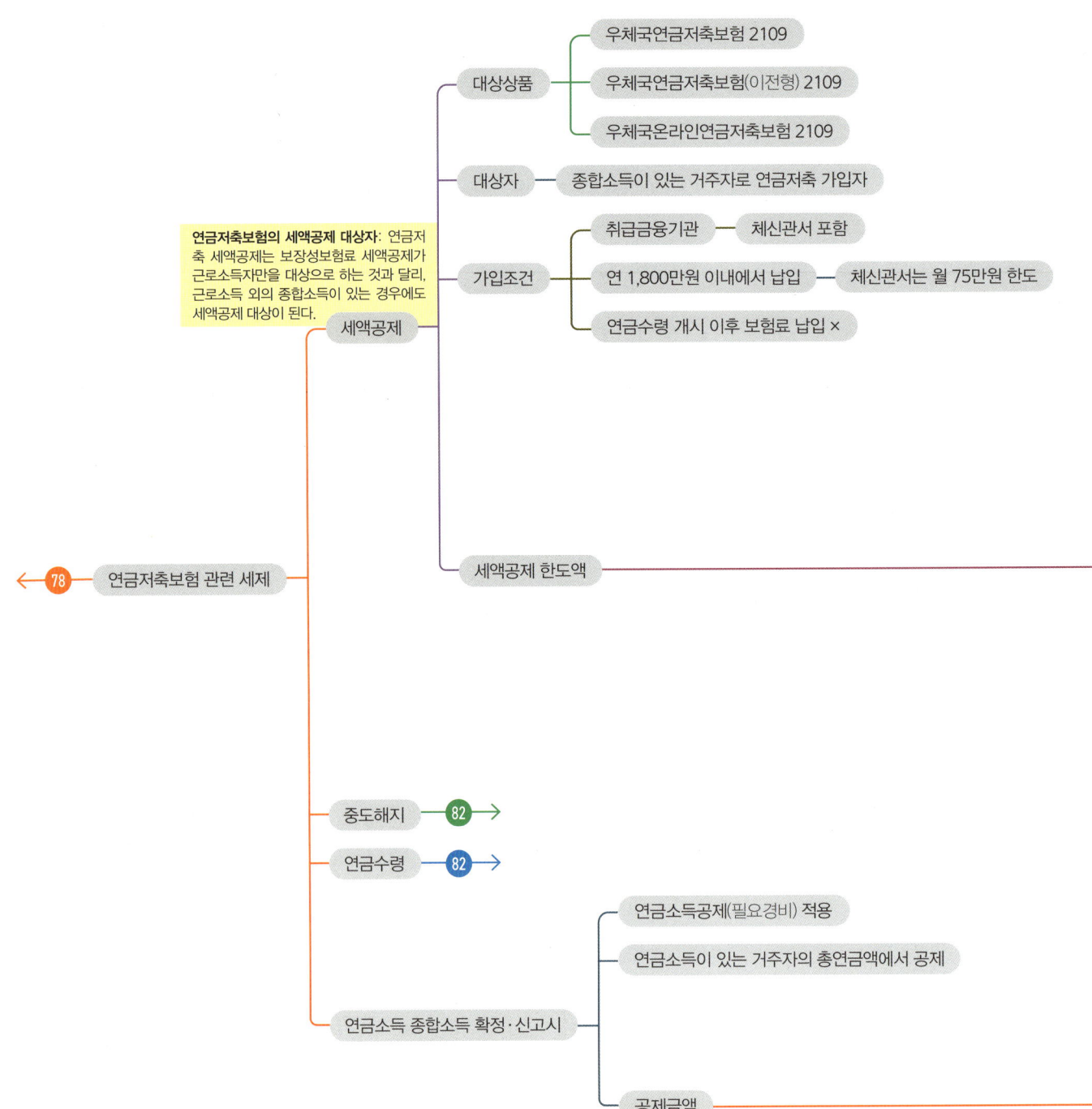

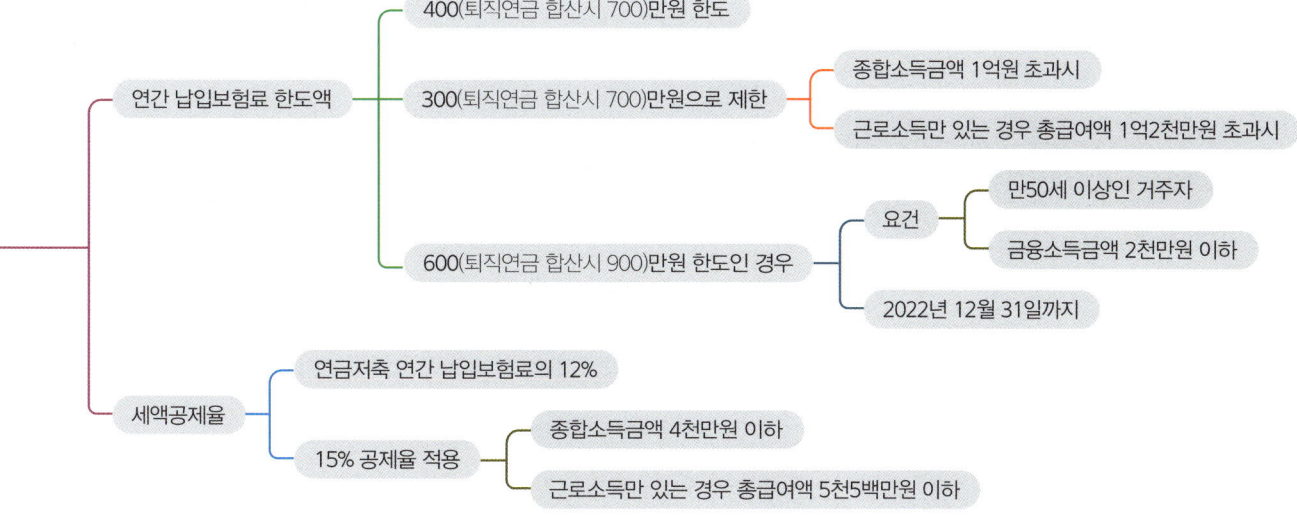

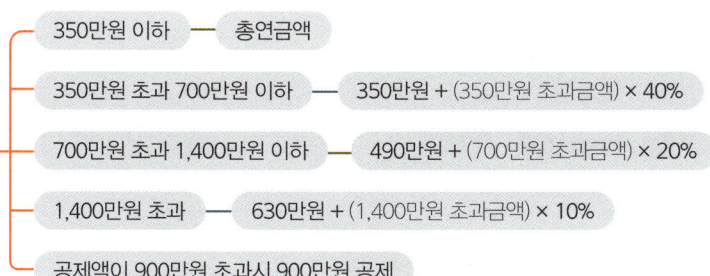

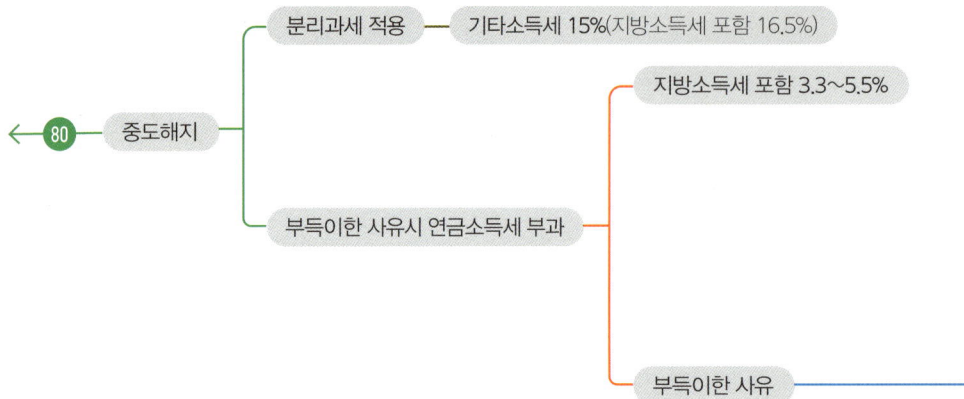
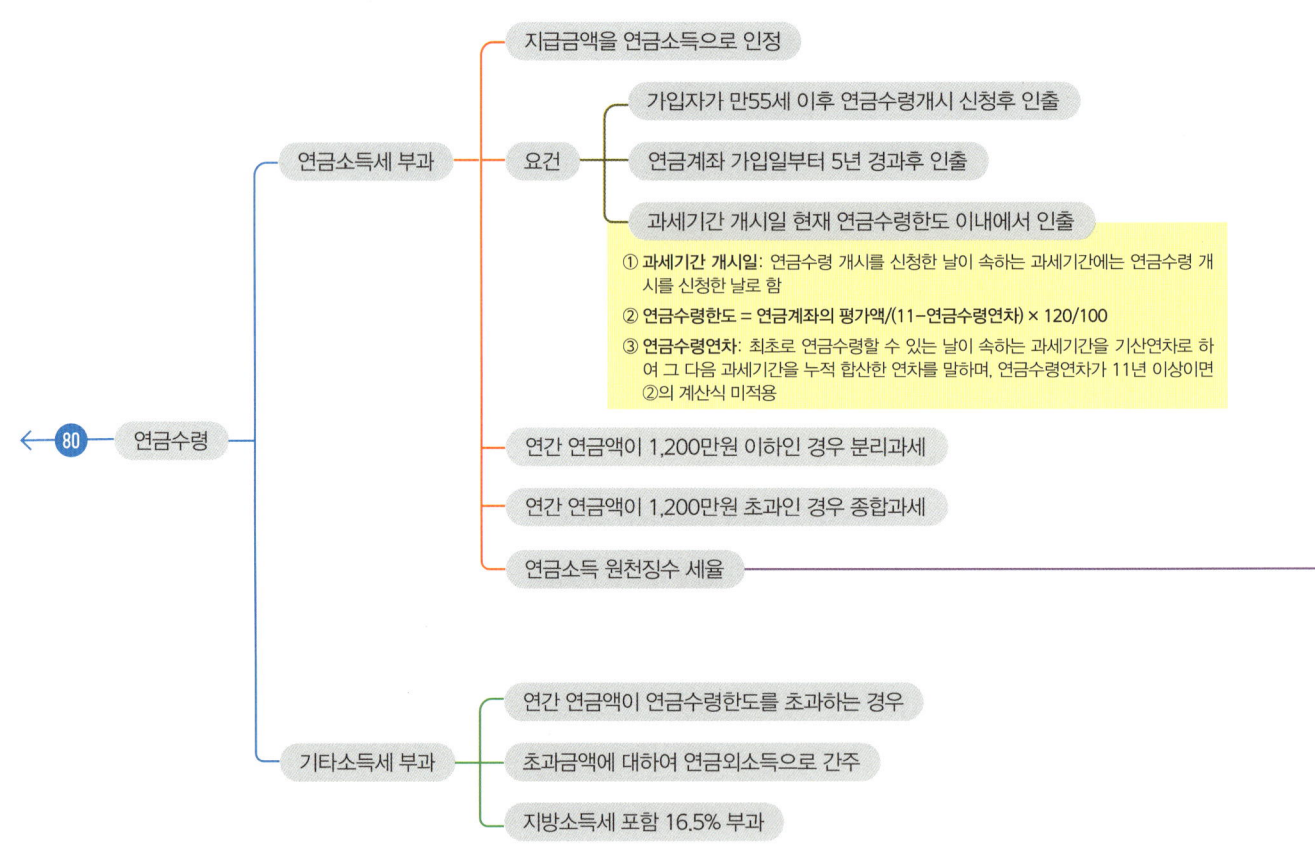

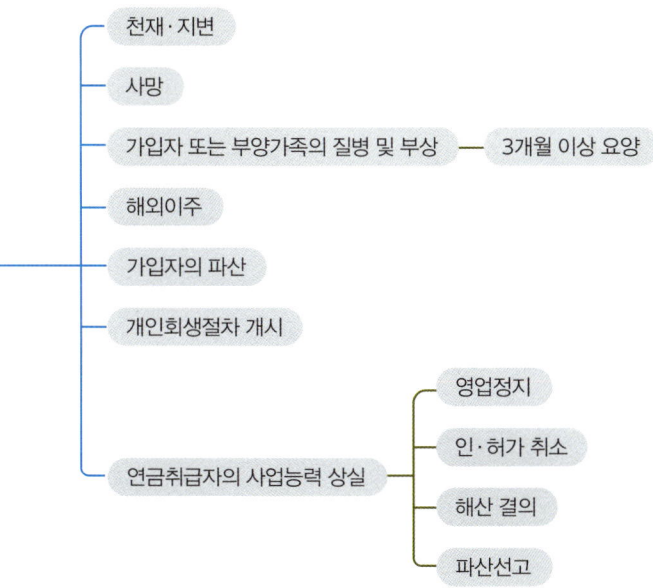

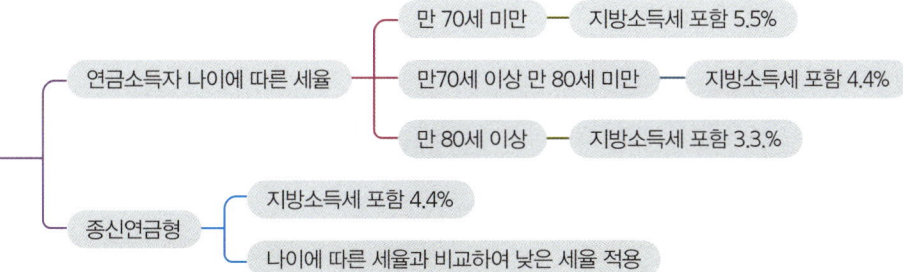

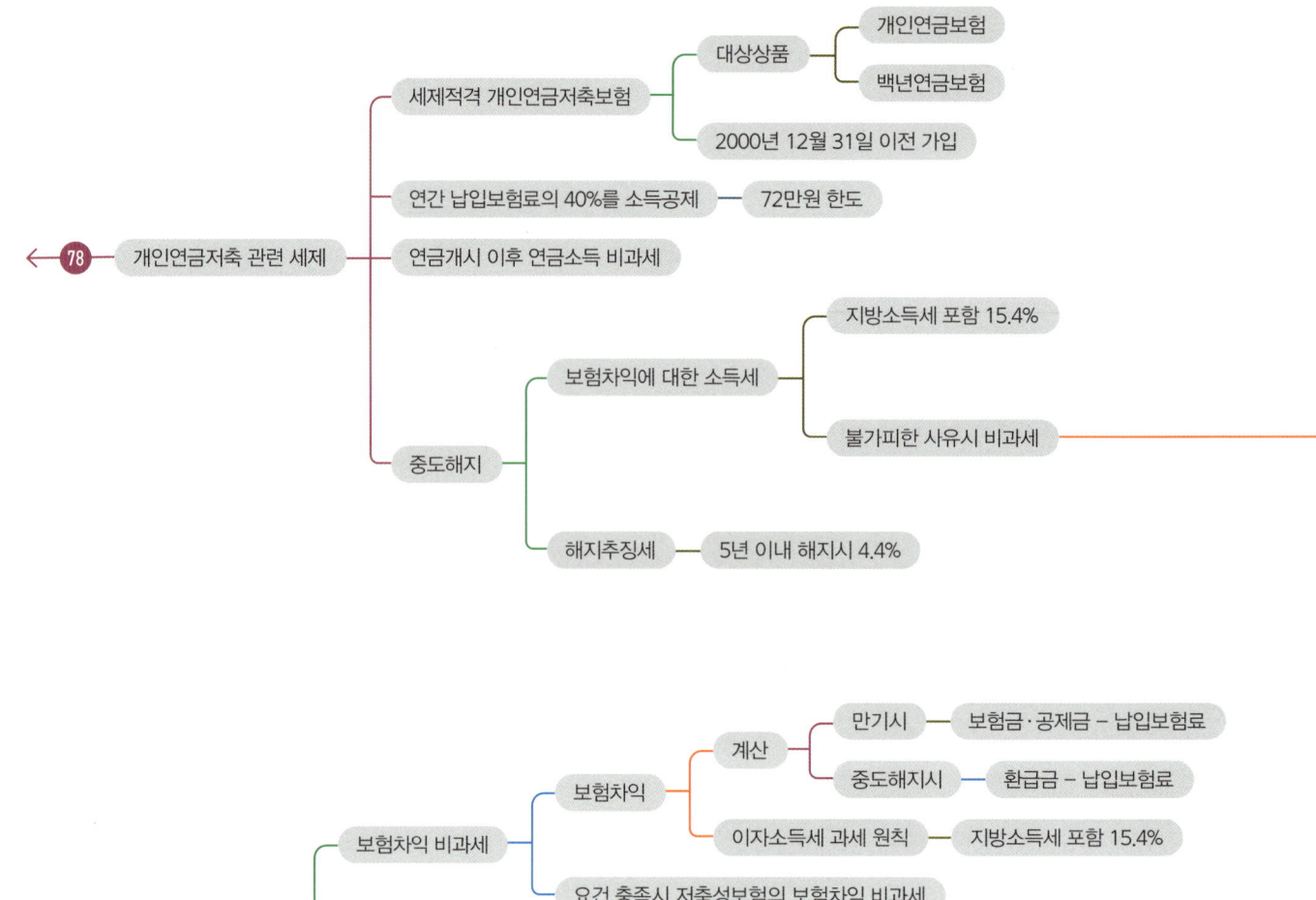

[저축성보험의 보험차익 비과세 요건]
(1) 월적립식 또는 종신형연금으로 분류되지 않는 저축성보험
　　최초로 보험료를 납입한 날부터 만기일 또는 중도해지일까지의 기간이 10년 이상으로서 계약자 1명당 납입할 보험료 합계액이 2017년 3월 31일까지 체결하는 보험계약의 경우 2억원, 2017년 4월 1일부터 체결하는 보험계약의 경우 1억원 이하인 저축성보험(다만, 최초납입일부터 만기일 또는 중도해지일까지의 기간은 10년 이상이지만 최초납입일부터 10년이 경과하기 전에 납입한 보험료를 확정된 기간동안 연금형태로 분할하여 지급받는 경우를 제외)
(2) 월적립식 저축성보험
　　최초로 보험료를 납입한 날부터 만기일 또는 중도해지일까지의 기간이 10년 이상으로서, 아래 요건을 모두 충족하는 계약
　　① 최초납입일로부터 납입기간이 5년 이상인 월적립식 계약일 것
　　② 최초납입일부터 매월 납입하는 기본보험료가 균등(최초 계약한 기본보험료의 1배 이내로 기본보험료를 증액하는 경우를 포함한다)하고, 기본보험료의 선납기간이 6개월 이내일 것
　　③ 계약자 1명당 매월 납입하는 보험료 합계액[계약자가 가입한 모든 월적립식 보험계약(만기에 환급되는 금액이 납입보험료를 초과하지 아니하는 보험계약으로서 기획재정부령으로 정하는 것은 제외한다)의 기본 보험료, 추가로 납입하는 보험료 등 월별로 납입하는 보험료를 기획재정부령으로 정하는 방식에 따라 계산한 합계액을 말한다]이 150만원 이하일 것(2017년 4월 1일부터 체결하는 보험계약으로 한정)

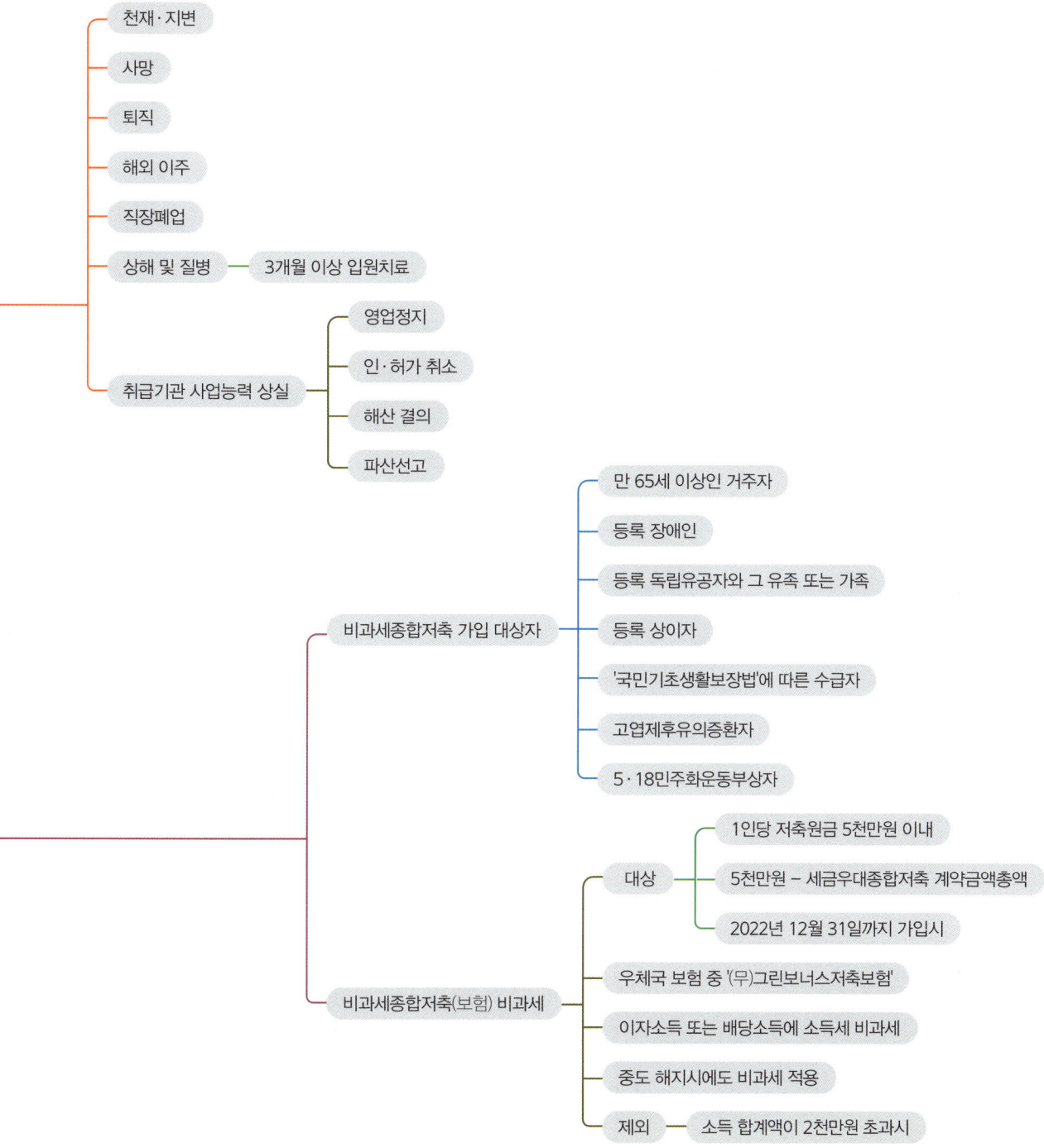

(3) 종신형 연금보험
아래 요건을 모두 충족하는 계약
① 계약자가 보험료 납입 계약기간 만료 후 55세 이후부터 사망시까지 보험금·수익 등을 연금으로 지급받는 계약일 것
② 연금 외의 형태로 보험금·수익 등을 지급하지 아니할 것
③ 사망시[「통계법」에 따라 통계청장이 승인하여 고시하는 통계표에 따른 성별·연령별 기대여명연수((소수점 이하는 버림) 이내에서 보험금·수익 등을 연금으로 지급하기로 보증한 기간(보증기간)이 설정된 경우로서 계약자가 해당 보증기간 이내에 사망한 경우에는 해당 보증기간의 종료시를 말한다] 보험계약 및 연금재원이 소멸할 것
④ 계약자와 피보험자 및 수익자가 동일하고 최초 연금지급개시 이후 사망일 전에 중도해지 할 수 없을 것
⑤ 매년 수령하는 연금액[연금수령 개시 후에 금리변동에 따라 변동된 금액과 이연(移延)하여 수령하는 연금액은 포함하지 아니한다]이 '연금수령개시일 현재 연금계좌평가액/연금수령개시일 현재 기대여명 연수 × 3'에 따라 계산한 금액을 초과하지 아니할 것

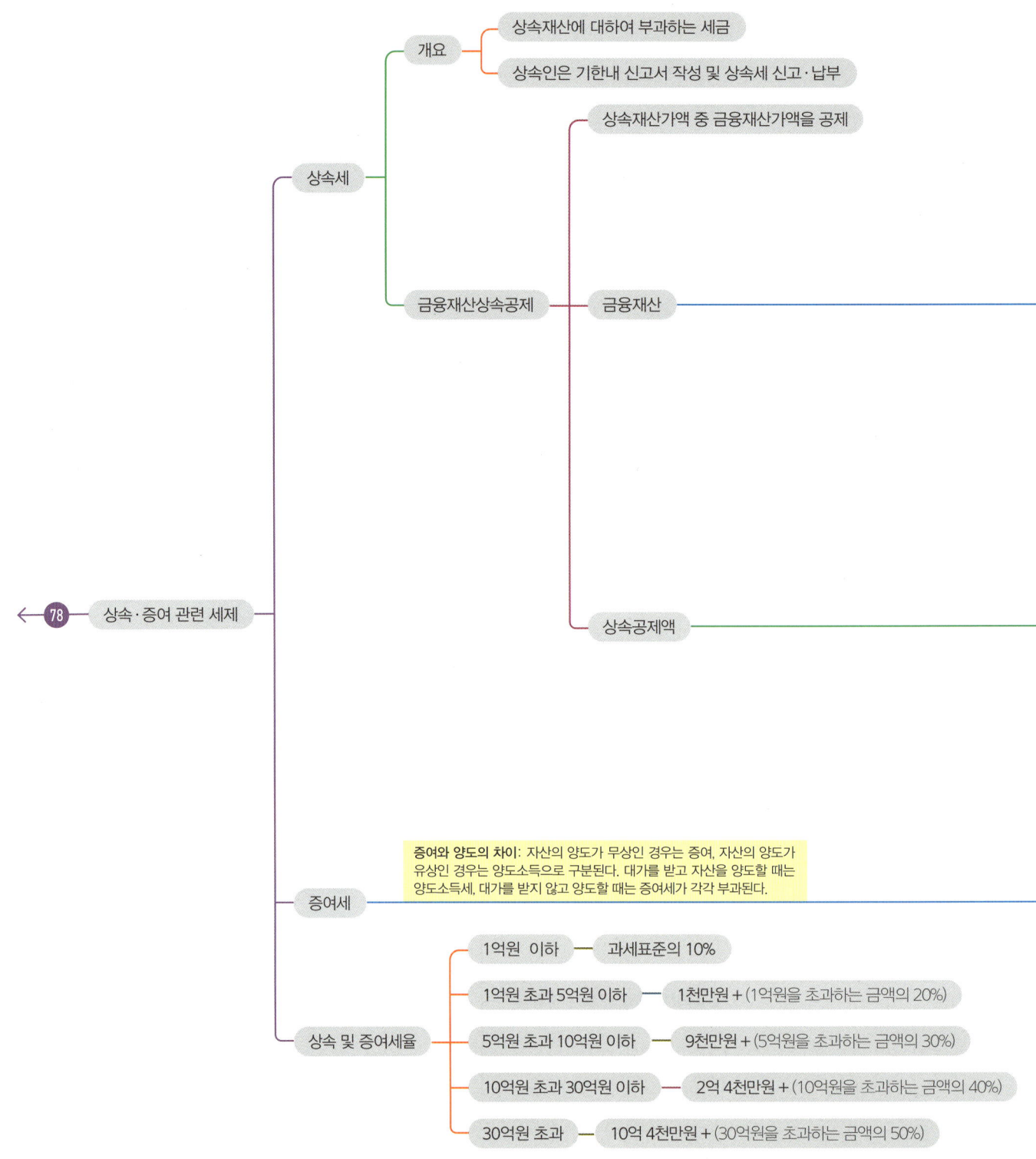

[상속순위 및 상속분]
① 1순위: 직계비속(자녀) + 배우자 ⇒ 직계비속 간 균등분할상속, 배우자와의 공동상속 시 배우자는 5할 가산
② 2순위(제1순위가 없는 경우): 직계존속(부모) + 배우자 ⇒ 직계존속 간 균등분할상속, 배우자와의 공동상속 시 배우자는 5할 가산
  ※ 배우자 단독(제1, 2순위가 없는 경우) ⇒ 배우자가 상속액 전액 상속
③ 3순위(제1, 2순위 및 배우자가 없는 경우): 형제자매 ⇒ 형제자매 간 균등분할상속
④ 4순위(제1, 2, 3순위 및 배우자가 없는 경우): 4촌 이내의 방계혈족 ⇒ 4촌 이내 방계혈족 간 균등분할상속

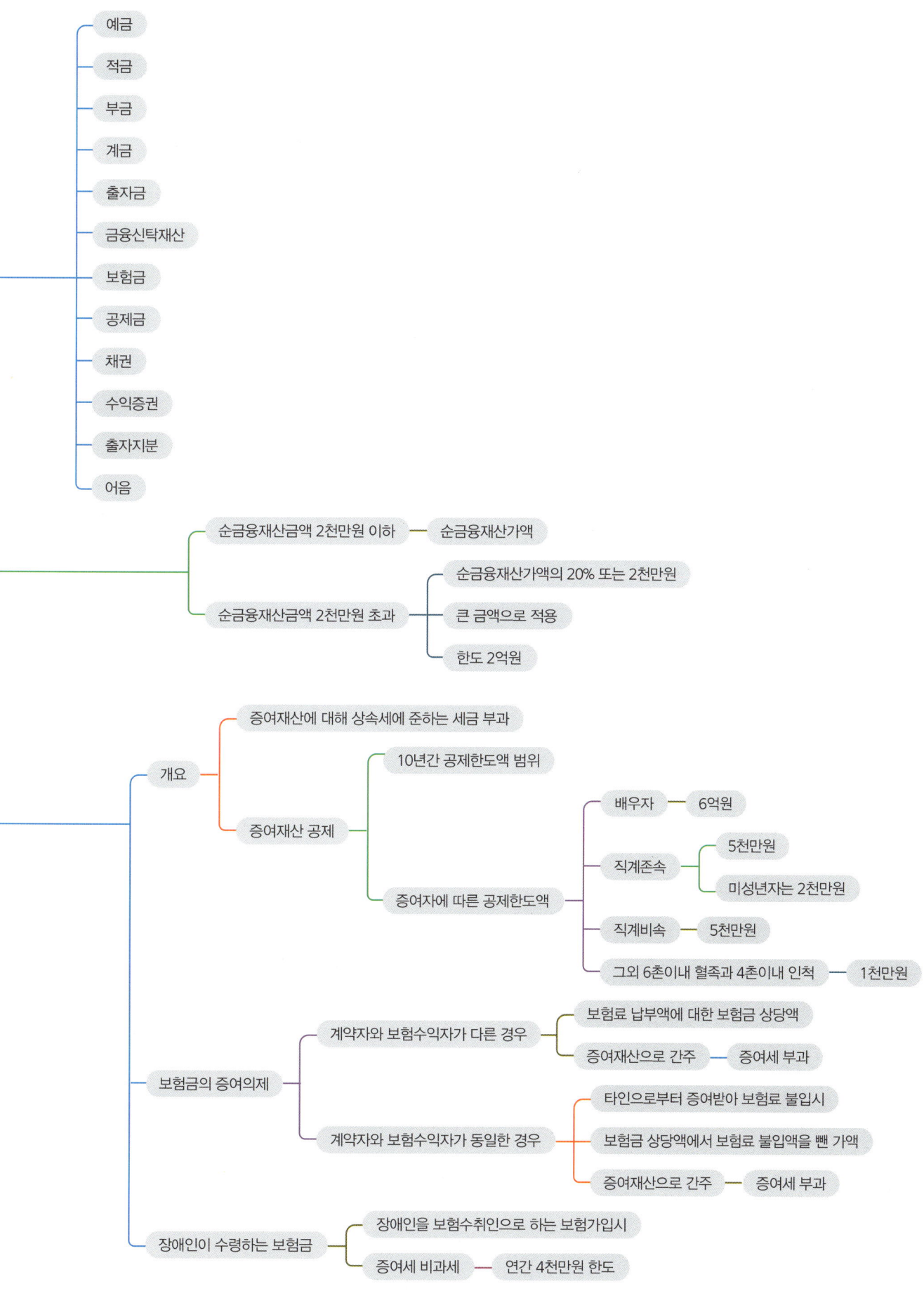

단원 학습목표

우체국보험 모집과 관련하여 모집자의 종류와 모집 시의 준수사항에 대하여 공부합니다. 그리고 우체국보험에도 언더라이팅 과정이 매우 중요합니다. 따라서 우체국보험에서 고려하는 위험과 언더라이팅 관련 제도까지 살펴봅니다.

우체국보험 모집 및 언더라이팅

우체국보험 모집: 우체국과 보험계약이 체결될 수 있도록 중개하는 모든 행위를 보험모집으로 볼 수 있다. 다만, 계약체결의 승낙은 보험모집 과정에 속하지 않는다. 우정사업본부장은 우체국보험의 건전한 모집질서를 확립하고 우체국보험의 공신력 제고와 보험계약자의 권익보호를 위하여 부당한 모집행위나 과당경쟁을 하여서는 아니 되며, 모집종사자가 제반 법규를 준수하도록 하여 합리적이고 공정한 영업풍토를 조성하는데 최선을 다하여야 한다.

모집 준수사항

- **보험안내자료**
- **통신수단을 통한 모집**: 통신수단을 이용한 모집에 대하여 동의한 자, 우체국보험계약을 체결한 실적이 있는 보험계약자 또는 피보험자(통신수단을 이용한 모집당시 보험계약이 유효한 자에 한함), 「신용정보의 이용 및 보호에 관한 법률」에 의한 개인정보제공·활용 동의 등 적법한 절차에 따라 개인정보를 제공받거나 개인정보의 활용에 관하여 동의를 받은 경우의 해당 개인은 통신수단을 이용하여 보험모집을 할 수 있다. 단, 보험모집자는 전화·우편·컴퓨터 등의 통신매체를 이용한 보험모집을 함에 있어 다른 사람의 평온한 생활을 침해하여서는 안 된다.
- **제공서류**
- **특별이익의 제공금지**: 우체국보험을 모집할 때 3만원을 초과하는 금품, 기초서류에서 정한 사유에 근거하지 아니한 보험료의 할인 또는 수수료의 지급, 기초서류에서 정한 보험금액보다 많은 보험금액의 지급 약속, 보험계약자 또는 피보험자를 위한 보험료의 대납, 보험계약자 또는 피보험자가 체신관서로부터 받은 대출금에 대한 이자의 대납, 보험료로 받은 수표 등에 대한 이자상당액의 대납 등 특별이익을 제공하는 것은 금지된다.

우체국보험 모집자

언더라이팅(청약심사)

- 보험계약체결권유단계
  - 가입설계서
  - 상품설명서
- 보험계약청약단계
  - 보험계약청약서부본
  - 보험약관
- 보험계약승낙단계
  - 보험가입증서(보험증권)

보험가입증서 기재사항: 보험가입증서에는 보험의 종류별 명칭, 보험금액, 보험료, 보험계약자(보험계약자가 2인 이상인 경우에는 그 대표자)·피보험자 및 보험수익자의 성명·주소 및 생년월일, 보험기간 및 보험료 납입기간, 보험가입증서의 작성연월일 및 번호, 그 밖에 우정사업본부장이 정하는 사항 등이 기재되어야 한다.

- 우정사업본부 소속 공무원·별정우체국직원·상시집배원
- 우체국FC
- 우체국TMFC
- 우편취급국장
- 그 밖에 우정사업본부장이 인정한 자

직원의 보험모집 자격요건: 직원 중 우정공무원교육원장이 실시하는 보험관련 교육을 3일 이상 이수한 자, 교육원장이 실시하는 보험모집희망자 교육과정(사이버교육)을 이수하고 우정사업본부장, 지방우정청장 또는 우체국장이 실시하는 보험 관련 집합교육을 20시간 이상 이수한 자, 교육훈련 인증제에 따른 금융분야 인증시험에 합격한 자, 종합자산관리사(IFP)·재무설계사(AFPK)·국제재무설계사(CFP) 등 금융분야 자격증을 취득한 자는 보험모집을 할 수 있다.

우체국 FC의 업무범위: 우체국장은 우체국FC(Financial Planner)에게 우체국보험 계약 체결의 중개와 계약유지를 위한 활동 및 그 부대업무에 해당하는 업무를 위탁한다.

TM(Tele Marketing): 우체국 TMFC(Tele-Marketing Financial Consultant)를 통해 전화 등 통신수단을 활용하여 보험을 모집하는 영업활동이다.

- 위험
  - 신체적위험
  - 환경적위험
  - 도덕적위험(재정적위험)
- 관련제도
  - 계약적부조사
  - 특별조건부계약
  - 환경적언더라이팅

특별조건부 인수계약: 특별조건부 인수계약은 '특정부위·질병 부담보'와 '특약해지', '보험료 할증', '보험료 감액', '보험금 삭감' 등이 있으며, 우체국보험에서는 현재 '특정부위·질병 부담보'와 '특약해지', '보험료 할증'을 적용하고 있다.

환경적 언더라이팅: 피보험자의 직업·취미·운전 등 환경적 위험등급에 따라 담보급부별 가입한도 차등화 등을 할 수 있으며, 위험도가 높은 직업 등 보험상품 보장 위험에 심각한 영향을 미칠 수 있다고 판단되는 경우에는 가입이 거절될 수 있다.

[보험안내자료의 기재사항과 준수사항]
(1) 기재사항
   ① 보험가입에 따른 권리·의무에 관한 주요사항
   ② 보험약관에서 정하는 보장에 관한 주요내용
   ③ 해약환급금에 관한 사항
   ④ 보험금이 금리에 연동되는 보험상품의 경우 적용금리 및 보험금 변동에 관한 사항
   ⑤ 보험금 지급제한 조건
   ⑥ 보험안내자료의 제작기관명·제작일·승인번호
   ⑦ 보험 상담 및 분쟁의 해결에 관한 사항
   ⑧ 보험안내자료 사용기관의 명칭 또는 보험모집자의 성명이나 명칭 그 밖에 필요한 사항
   ⑨ 그 밖에 보험계약자의 보호를 위하여 필요하다고 인정되는 사항

(2) 준수사항
   ① 보험안내자료에 우체국보험의 자산과 부채를 기재하는 경우 우정사업본부장이 작성한 재무제표에 기재된 사항과 다른 내용의 것을 기재하지 못한다.
   ② 「독점규제 및 공정거래에 관한 법률」제23조제1항 각 호에서 규정하는 사항, 보험계약의 내용과 다른 사항, 보험계약자에게 유리한 내용만을 골라 안내하거나 다른 보험회사 상품과 비교한 사항, 확정되지 아니한 사항이나 사실에 근거하지 아니한 사항을 기초로 다른 보험회사 상품에 비하여 유리하게 비교한 사항을 기재하지 못한다.
   ③ 보험안내자료에 우체국보험의 장래의 이익의 배당 또는 잉여금의 분배에 대한 예상에 관한 사항을 기재하지 못한다. 다만, 보험계약자의 이해를 돕기 위하여 필요하다고 인정하는 경우에는 그러하지 아니하다.

[설명단계별 의무사항]
(1) 설명사항
   ① 주계약 및 특약별 보험료
   ② 주계약 및 특약별로 보장하는 사망, 질병, 상해 등 주요 위험 및 보험금
   ③ 보험료 납입기간 및 보험기간
   ④ 보험 상품의 종목 및 명칭
   ⑤ 청약의 철회에 관한 사항
   ⑥ 지급한도, 면책사항, 감액지급 사항 등 보험금 지급제한 조건
   ⑦ 고지의무 위반의 효과
   ⑧ 계약의 취소 및 무효에 관한 사항
   ⑨ 해약환급금에 관한 사항
   ⑩ 분쟁조정절차에 관한 사항
   ⑪ 그 밖에 보험계약자 보호를 위하여 필요하다고 인정되는 사항

(2) 저축성보험 계약체결 권유 단계 설명 의무사항
   ① 납입보험료 중 사업비 등이 차감된 일부 금액이 적용이율로 부리된다는 내용
   ② 저축성보험(금리확정형보험은 제외) 계약의 경우 사업비 수준
   ③ 저축성보험(금리확정형보험은 제외) 계약의 경우 해약환급금
   ④ 기타 우정사업본부장이 정하는 사항

(3) 체결시부터 보험금 지급시까지의 주요과정 및 설명사항
   ① 보험계약 체결단계:
      ㉮ 보험의 모집에 종사하는 자의 성명, 연락처 및 소속
      ㉯ 보험의 모집에 종사하는 자가 보험계약의 체결을 대리할 수 있는지 여부
      ㉰ 보험의 모집에 종사하는 자가 보험료나 고지의무사항을 대신하여 수령할 수 있는지 여부
      ㉱ 보험계약의 승낙절차
      ㉲ 보험계약 승낙거절시 거절사유
   ② 보험금 청구단계:
      ㉮ 담당 부서 및 연락처
      ㉯ 예상 심사기간 및 예상 지급일
   ③ 보험금 지급단계: 심사 지연 시 지연 사유

[보험계약의 체결 또는 모집에 관한 금지행위]
① 보험계약자 또는 피보험자에게 보험계약의 내용을 사실과 다르게 알리거나 그 내용의 중요한 사항을 알리지 아니하는 행위
② 보험계약자 또는 피보험자에게 보험계약의 내용의 일부에 대하여 비교대상 및 기준을 명시하지 아니하거나 객관적인 근거 없이 다른 보험계약과 비교한 사항을 알리는 행위(「표시·광고의 공정화에 관한 법률」에 의하여 허용되는 경우는 제외)
③ 보험계약자 또는 피보험자에 대하여 보험계약의 중요한 사항을 알리는 것을 우체국에 알리지 아니할 것을 권유하는 행위
④ 보험계약자 또는 피보험자에 대하여 중요한 사항에 관하여 부실한 사항을 알릴 것을 권유하는 행위

⑤ 보험계약의 청약 철회 또는 계약 해지를 방해하는 행위
⑥ 모집종사자가 보험계약자, 피보험자 또는 보험금을 취득할 자, 그 밖에 보험 계약에 관하여 이해관계가 있는 자일 경우 보험사기행위를 하여서는 아니된다.
⑦ 보험계약자, 피보험자 또는 보험금을 취득할 자, 그 밖에 보험계약에 관하여 이해관계가 있는 자로 하여금 고의로 보험사고를 발생시키거나 발생하지 아니한 보험사고를 발생한 것처럼 조작하여 보험금을 수령하도록 하는 행위
⑧ 보험계약자, 피보험자 또는 보험금을 취득할 자, 그 밖에 보험계약에 관하여 이해관계가 있는 자로 하여금 이미 발생한 보험사고의 원인, 시기 또는 내용을 조작하거나 피해의 정도를 과장하여 보험금을 수령하도록 하는 행위
⑨ 보험계약자 또는 피보험자로 하여금 이미 성립된 보험계약을 부당하게 소멸시킴으로써 새로운 보험계약을 청약하게 하거나 새로운 보험계약을 청약하게 함으로써 기존 보험계약을 부당하게 소멸시키거나 그 밖에 부당하게 보험계약을 청약하게 하거나 이러한 것을 권유하는 행위
⑩ 보험계약자 또는 피보험자에게 보험료의 할인 또는 기타 특별한 이익을 제공하거나 이를 약속하는 행위
⑪ 모집할 자격이 없는 자에게 모집을 하게 하거나 이를 용인하는 행위
⑫ 우체국보험 외에 다른 보험 사업자를 위하여 모집하는 행위
⑬ 우체국 보험상품의 판매를 거절하는 행위
⑭ 모집과 관련이 없는 금융거래를 통하여 취득한 개인정보(「신용정보의 이용 및 보호에 관한 법률」에서 정하는 정보)를 미리 해당 개인의 동의를 받지 않고 모집에 이용하는 행위
⑮ 그 밖에 불완전판매 등에 대한 유형에 해당하는 행위

[우체국보험 청약업무]

(1) 청약업무 프로세스
① 고객면담(상품 설명 및 우체국보험 상담설계서 작성 등)
② 고객정보 입력
③ 보험계약 청약서 발행
④ 보험계약 청약서 및 상품설명서 등 작성 / 약관의 주요내용 설명 / 약관 및 보험계약 청약서 부본, 상품설명서 등 교부
⑤ 1회보험료 입금
⑥ 청약서류 스캔(보험계약 청약서, 상품설명서 등 청약서류 기재사항 최종확인 등)
⑦ 완전판매모니터링(약관 및 청약서 부본 전달, 약관 주요 내용 설명, 계약자 및 피보험자의 자필서명 등 3대 기본지키기 이행여부 재확인) 및 **계약적부**(대상계약에 한함) 실시
⑧ 청약심사
⑨ 청약심사 결과(성립/거절) 안내

(2) 전자청약서비스
전자청약이 가능한 계약은 가입설계서를 발행한 계약으로 전자청약 전환을 신청한 계약에 한하며, 가입설계일로부터 10일(비영업일 포함)이내에 한하여 전자청약을 할 수 있다. 단, 타인계약(계약자와 피보험자가 다른 경우 또는 피보험자와 수익자가 다른 경우), 미성년자 계약 등은 전자청약이 불가하다. 또한, 전자청약을 이용하는 고객에게는 제 2회 이후 보험료 자동이체시 0.5%의 할인이 적용되며, 보험모집자는 불완전판매 방지를 위하여 전자청약 계약도 3대 기본지키기를 이행하여야 한다.

(3) 태블릿청약서비스
태블릿청약서비스는 계약자가 성인인 경우로 제한된다. 태블릿청약서비스를 이용하는 고객에게는 제 2회 이후 보험료의 자동이체시 0.5%의 할인이 적용된다. 보험모집자는 불완전판매 방지를 위하여 태블릿청약 계약도 3대 기본지키기를 이행하여야 한다.

[보험계약의 무효와 취소]

(1) 보험계약의 무효 사유
① 타인의 사망을 보험금 지급사유로 하는 계약에서 계약을 체결할 때까지 피보험자의 서면에 의한 동의를 얻지 않은 경우(다만, 단체가 규약에 따라 구성원의 전부 또는 일부를 피보험자로 하는 계약을 체결하는 경우에는 이를 적용하지 않음. 이때 단체보험의 보험수익자를 피보험자 또는 그 상속인이 아닌 자로 지정할 때에는 단체의 규약에서 명시적으로 정한 경우가 아니면 이를 적용함)
② 만 15세 미만자, 심신상실자 또는 심신박약자를 피보험자로하여 사망을 보험금 지급사유로 한 계약의 경우(다만, 심신박약자가 계약을 체결하거나 소속 단체의 규약에 따라 단체보험의 피보험자가 될 때에 의사능력이 있는 경우에는 계약이 유효함)
③ 계약을 체결할 때 계약에서 정한 피보험자의 나이에 미달되었거나 초과되었을 경우
(다만, 체신관서가 나이의 착오를 발견하였을 때 이미 계약나이에 도달한 경우에는 유효한 계약으로 보나, 제②의 만 15세 미만자에 관한 예외가 인정되는 것은 아님)

(2) 보험계약의 취소 사유
피보험자가 청약일 이전에 암 또는 인간면역결핍바이러스(HIV) 감염의 진단 확정을 받은 후 계약자 또는 피보험자가 이를 숨기고 가입하는 등의 뚜렷한 사기의사에 의하여 계약이 성립되었음을 체신관서가 증명하는 경우에는 보장개시일부터 5년 이내(사기사실을 안 날부터는 1개월 이내)에 계약을 취소할 수 있다.

단원 학습목표

우체국보험의 계약유지 및 계약내용의 변경, 그리고 보험금 지급과 관련한 내용을 공부하는 단원입니다. 우체국보험 가입 이후의 사업전개와 관련한 내용들입니다. 보험의 일반이론과 우체국보험상품을 다루는 과정에서 이미 공부한 내용도 적지 않게 포함되어 있으므로 앞에서 공부한 내용을 떠올려보면서 정리해보시기 바랍니다.

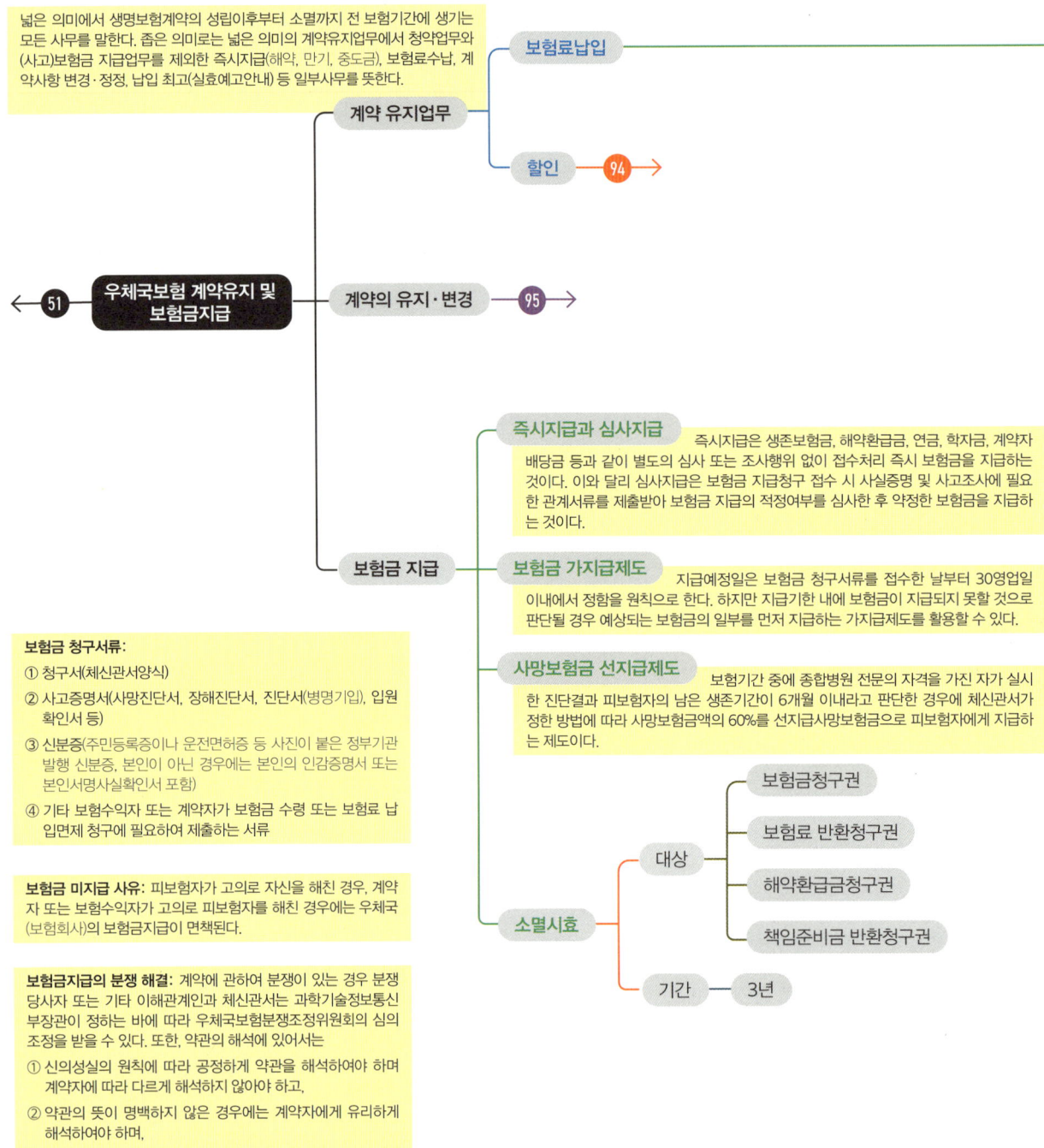

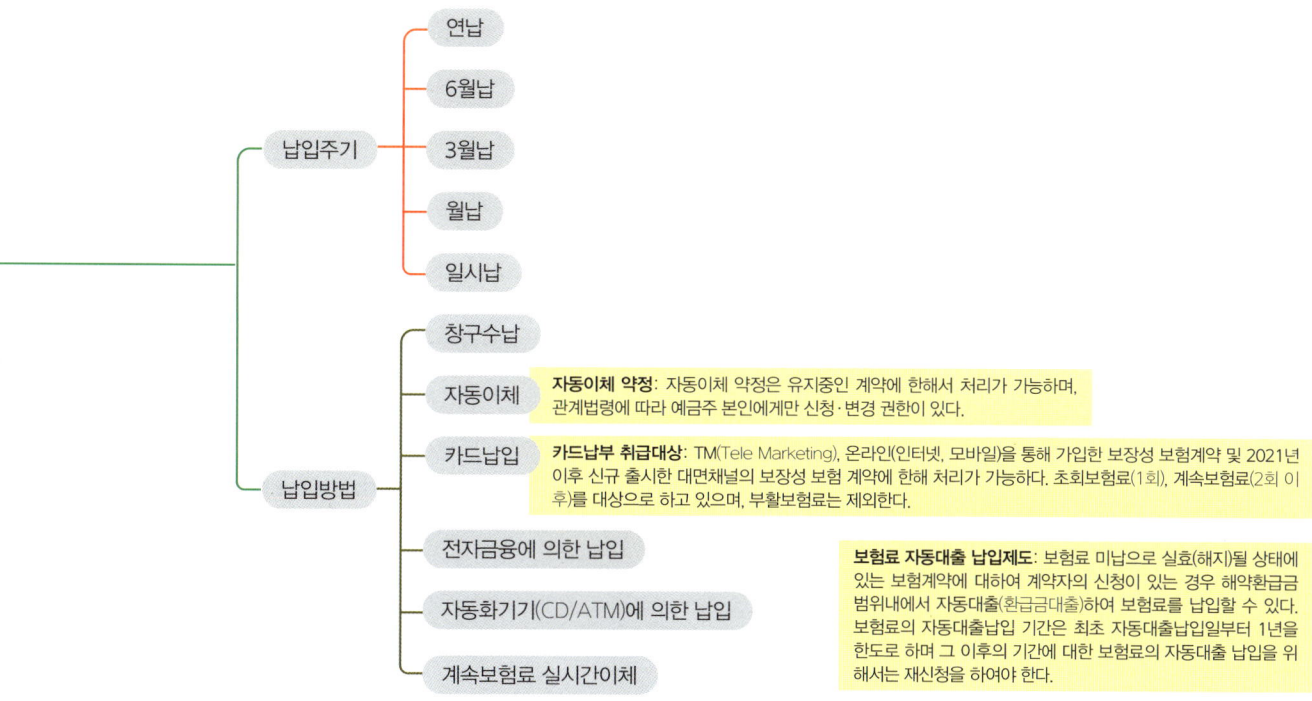

할인

- **선납할인**: 향후의 보험료를 3개월분(2021. 9.12. 이전 계약은 1개월분) 이상 미리 납입하는 경우의 할인이다.

- **자동이체할인**: 보험계약자가 보험료(최초의 보험료 제외)를 자동이체(우체국 또는 은행)로 납입하는 계약에 대해 보험료의 2%에 해당하는 금액의 범위에서 할인할 수 있다. 우체국보험은 계약체결 시기, 이체 금융기관, 청약방법 등에 따라 약 0.1% ~ 1.5%의 할인율을 적용하고 있다.

- **단체납입할인**: 보험계약자가 보험료를 단체 납입(5명 이상)하는 경우 보험료의 2%에 해당하는 금액의 범위에서 보험료를 할인할 수 있다. 현재, 단체계약 할인율은 우체국 자동이체납입 할인율과 동일하며, 해당단체가 자동이체 납입을 선택하여 자동이체로 납입하는 경우는 자동이체 할인과 중복하여 할인하지 아니한다.

- **다자녀할인**: 두 자녀 이상을 둔 가구에 한하여, 보험료의 자동이체 납입시 할인하는 제도이다. 할인율은 자녀수에 따라 0.5%~1.0%까지 차등적용되며, 자동이체 할인과 중복할인이 가능하다.

- **의료수급권자할인**: 의료급여 수급권자에게 실손의료비보험의 보험료를 할인하는 제도이다. 이때, 의료급여법상의 '의료급여 수급권자'로서의 증명서류를 제출해야하며 영업보험료의 5%를 할인하고 있다.

- **실손의료비보험무사고할인**: 갱신 직전 보험기간 2년(2017.5.18. 이전 계약은 직전 보험기간) 동안 보험금이 지급되지 않은 경우 보험료를 할인하는 제도이다. 갱신 후 영업보험료의 5~10%를 할인하고 있다.

- **우리가족암보험보험료할인**:
  ① **B형 간염 항체보유 할인**: 피보험자가 B형 간염 항체보유시 영업보험료의 3%를 할인한다.
  ② **우리가족암보험 3종**(실버형) **건강체 할인**: 고혈압과 당뇨병이 모두 없을 때 할인이 되며, 이 경우 영업보험료의 5%를 할인하고 있다.

- **고액계약보험료할인**
  - 대상상품:
    - (무)우체국하나로OK보험 2109
    - (무)우체국든든한종신보험 2109
    - (무)우체국통합건강보험 2109
    - (무)온라인 정기보험 2109
    - (무)우체국와이드건강보험 2112
  - 할인율:
    - 2천~3천만원 미만 — 1.0%
    - 3천~4천만원 미만 — 2.0%
    - 4천만원 — 3.0%

계약의 유지·변경

효력상실 및 부활

보험계약의 효력상실: 보험계약자가 보험료를 내지 아니하고 유예기간이 지난 경우 보험계약의 효력이 상실된다. 보험료 납입 유예기간은 해당 월분 보험료의 납입기일부터 납입기일이 속하는 달의 다음 다음 달의 말일까지로 한다. 계약자가 제2회 이후의 보험료를 납입기일까지 납입하지 않아 보험료 납입이 연체 중인 경우에 체신관서는 납입최고(독촉)하고, 유예기간이 끝나는 날까지 보험료가 납입되지 않은 경우 유예기간이 끝나는 날의 다음 날에 계약은 해지(효력상실)된다.

보험계약의 부활: 보험료납입 연체로 인하여 해지(효력상실)된 계약의 계속적인 유지를 원할 경우 소정의 절차에 따라 계약의 효력을 부활시키는 제도이다. 보험료의 납입연체로 인한 해지계약이 해약환급금을 받지 않은 경우 계약자는 해지된 날부터 3년 이내에 체신관서가 정한 절차에 따라 계약의 부활(효력회복)을 청약할 수 있다. 체신관서가 부활(효력회복)을 승낙한 때에 계약자는 부활(효력회복)을 청약한 날까지의 연체된 보험료에 약관에서 정한 이자를 더하여 납입하여야 한다.

계약변경 및 임의해지

계약내용의 변경: 계약자는 체신관서의 승낙을 얻어 보험료의 납입방법, 보험가입금액의 감액, 계약자, 기타 계약의 내용을 변경할 수 있다. 단, 보험종목 및 보험료 납입기간의 변경은 불가하다.

임의해지와 중대 해지사유: 계약자는 계약이 소멸하기 전에 언제든지 계약을 해지할 수 있으며, 이 경우 체신관서는 해당 상품의 약관에 따른 해약환급금을 계약자에게 지급한다. 그리고 체신관서는

① 계약자나 피보험자 또는 보험수익자가 고의로 보험금 지급사유를 발생시킨 경우,
② 계약자나 피보험자 또는 보험수익자가 보험금 청구에 관한 서류에 고의로 사실과 다른 것을 기재하였거나 그 서류 또는 증거를 위조 또는 변조한 경우 등 중대 해지사유가 발생한 경우 그 사실을 안 날부터 1개월 이내에 계약을 해지할 수 있다. 이 경우 체신관서는 그 취지를 계약자에게 통지하고 해당 상품의 약관에 따른 해약환급금을 지급한다.

고지의무

고지의무 위반의 효과: 체신관서는 계약자 또는 피보험자가 약관 및 상법상의 "고지의무"에도 불구하고 고의 또는 중대한 과실로 중요한 사항에 대하여 사실과 다르게 알린 경우에는 체신관서가 별도로 정하는 방법에 따라 계약을 해지하거나 보장을 제한할 수 있다. 그러나

① 체신관서가 계약 당시에 그 사실을 알았거나 과실로 인하여 알지 못하였을 때,
② 체신관서가 그 사실을 안 날부터 1개월 이상 지났거나 또는 보장개시일부터 보험금 지급사유가 발생하지 않고 2년이 지났을 때,
③ 계약을 체결한 날부터 3년이 지났을 때,
④ 보험을 모집한 자가 계약자 또는 피보험자에게 고지할 기회를 주지 않았거나 계약자 또는 피보험자가 사실대로 고지하는 것을 방해한 경우, 계약자 또는 피보험자에게 사실대로 고지하지 않게 하였거나 부실한 고지를 권유했을 때에는 계약을 해지하거나 보장을 제한할 수 없다.

환급금 대출

환급금 대출: 보험계약이 해지될 경우에 계약자에게 환급할 수 있는 금액(이하 해약환급금)의 범위 내에서 계약자의 요구에 따라 대출하는 제도이다. 대출자격은 유효한 보험계약을 보유하고 있는 우체국보험 계약자로 한다. 환급금대출의 대출금액은 해약환급금의 95% 이내에서 1만원 단위로 한다.

① 연금 보험을 포함한 저축성 보험 최대 95%이내(단, 즉시연금보험 및 우체국연금보험 1종 최대 85%이내)
② 보장성 보험은 최대 85%이내(단, 실손보험 및 교육보험은 최대 80%이내)

하지만 대출을 조건으로 추가 보험가입을 강요하는 행위, 부당한 담보 또는 연대보증을 요구하는 행위, 부당한 편익을 제공받는 행위, 이용자의 권익을 부당하게 침해하는 행위 등 불공정 대출은 금지된다.

단원 학습목표

금융상식 보험편의 마지막 단원입니다. 금융회사가 직면할 수 있는 리스크의 유형과 리스크관리의 중요성을 살펴보고, 우체국보험의 재무건전성 관리와 자금운용에 대하여 공부합니다. 그리고 우체국보험의 회계처리 및 재무제표의 작성, 공시제도를 정리합니다.

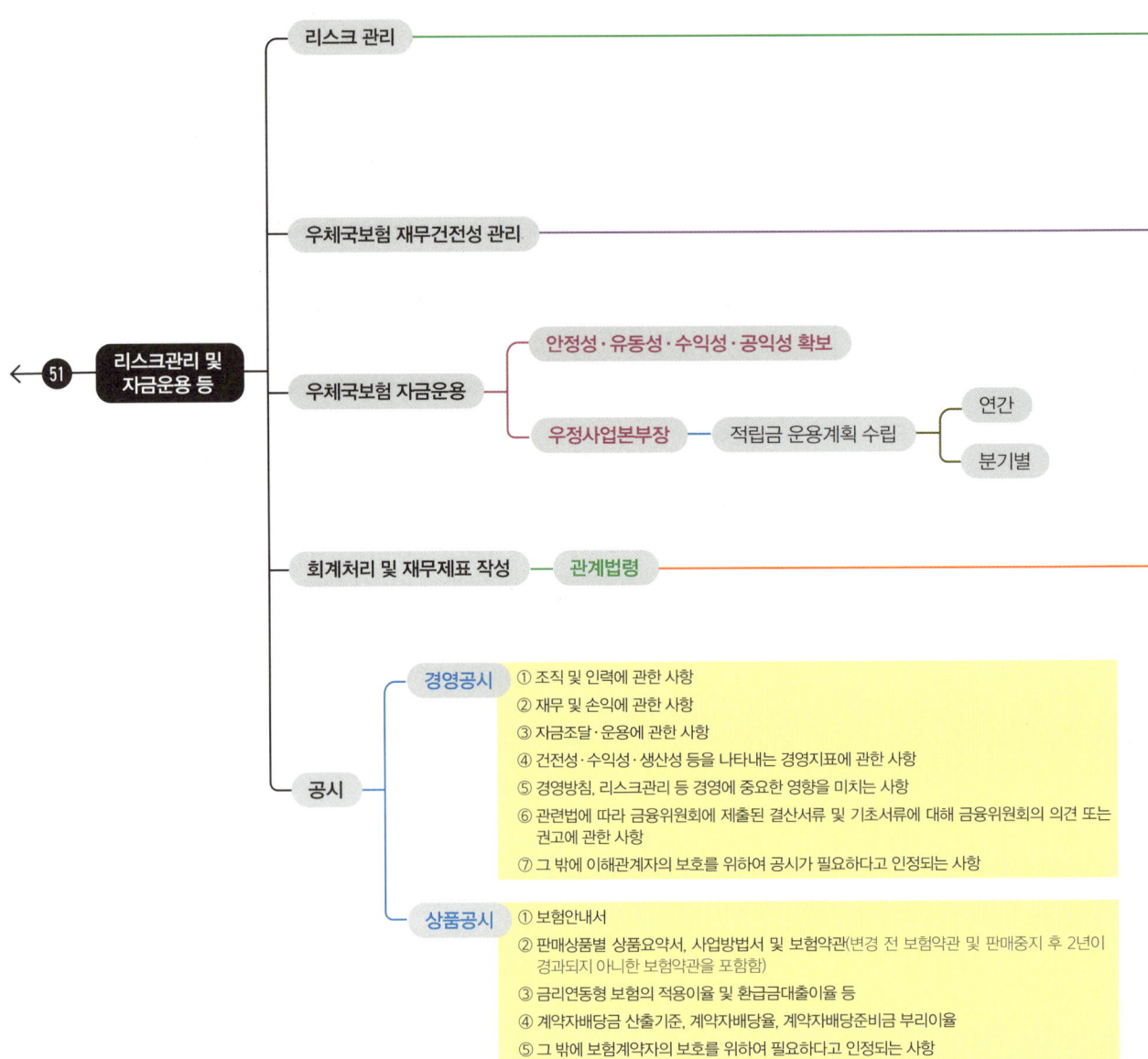

리스크 분류

- **재무리스크**
  - **시장리스크**: 시장가격(주가, 이자율, 환율 등)의 변동에 따른 자산가치 변화로 손실이 발생할 리스크이다.
  - **신용리스크**: 채무자의 부도, 거래 상대방의 채무불이행 등으로 인하여 손실이 발생할 리스크이다.
  - **금리리스크**: 금리 변동에 따른 순자가산가치의 하락 등으로 재무상태에 부정적인 영향을 미칠 리스크이다.
  - **유동성리스크**: 자금의 조달, 운영기간의 불일치, 예기치 않은 자금 유출 등으로 지급불능상태에 직면할 리스크이다.
  - **보험리스크**: 예상하지 못한 손해율 증가 등으로 손실이 발생할 리스크이다.
- **비재무리스크**
  - **운영리스크**: 부적절하거나 잘못된 내부의 업무 절차, 인력 및 시스템 또는 외부의 사건 등으로 인하여 손실이 발생할 리스크이다.

- **자본의 적정성**: 우체국보험은 자본의 적정성 유지를 위하여 지급여력비율을 분기별로 산출·관리하여야 하며, 지급여력비율은 100% 이상을 유지하도록 노력하여야 한다.
- **경영개선계획**: 우정사업본부장은 우체국보험의 지급여력비율이 100% 미만으로 보험금 지급을 하지 못할 우려가 있다고 판단되는 경우 경영개선계획을 수립하여 시행하여야 한다.
- **자산의 건전성**: 우정사업본부장은 대출채권, 유가증권, 보험미수금, 미수금·미수수익, 그밖에 건전성 분류가 필요하다고 인정하는 자산에 대해 건전성을 정상, 요주의, 고정, 회수의문, 추정손실의 5단계로 분류하여야 한다.

- 우체국보험회계법
- 국가재정법
- 국가회계법

결산: 우정사업본부장은 해당 회계연도의 결산서류를 명료하게 작성하여야 한다. 또한, 매 회계연도마다 적립금의 결산서를 작성하고 외부 회계법인의 검사를 받아야 한다.

재무제표의 작성: 우체국보험적립금회계의 재무제표는 재무상태표, 손익계산서, 이익잉여금처분계산서 또는 결손금처리계산서, 현금흐름표로 한다. 다만, 분기 결산 시에는 재무상태표와 손익계산서만 작성할 수 있다.

[보험적립금의 운용방법] 이론확장 Unboxing

① 금융기관에의 예탁
② 「자본시장과 금융투자업에 관한 법률」에 따른 증권의 매매 및 대여
③ 국가, 지방자치단체와 과학기술정보통신부령으로 정하는 공공기관에 대한 대출
④ 보험계약자에 대한 대출
⑤ 대통령령으로 정하는 업무용 부동산의 취득·처분 및 임대
⑥ 「자본시장과 금융투자업에 관한 법률」에 따른 파생상품의 거래
⑦ 「벤처기업육성에 관한 특별조치법」에 따른 벤처기업에의 투자
⑧ 재정자금에의 예탁
⑨ 「자본시장과 금융투자업에 관한 법률」에 따른 자금중개회사를 통한 금융기관에의 대여
⑩ 그 밖에 대통령령으로 정하는 적립금 증식

《뼈대노트》의 효과적인 공부법

《뼈대노트》는 '뼈대'를 통해 구조와 틀을 잡아냄과 동시에 뼈대와 연관된 세세한 내용까지 노란색 '포스트잇'으로 표기하였습니다. 이에 다음 순서대로 공부하면서 회독을 늘려가는 것이 효과적입니다.

① **최초 회독**: 뼈대를 중심으로 전반적인 구조와 틀을 잡아낸다.
② **2회독**: '포스트잇'으로 설명한 내용을 꼼꼼하게 읽어보고 중요한 부분에 체크를 해둔다.
③ **3+α 회독**: 뼈대와 중요 체크 사항을 연계해 반복·숙달하면서 머릿속에 저장한다.
④ **마무리 회독**: 시험이 임박한 시점에는 전체적인 맥락을 중심으로 최종 복습을 하면서 저장된 지식을 확인한다.

《뼈대노트》의 활용법

본문 뼈대의 ● 안 숫자는 뼈대의 세부적인 내용이 펼쳐지는 쪽수를 가리킵니다.
숫자 표시의 쪽수를 따라가며 순서대로 공부하시기 바랍니다.

우편상식(국내우편)

- 총론 — 100
- 우편서비스 종류와 이용조건 — 102
- 우편물의 접수 — 106
- 국내우편물의 부가서비스 — 108
- 그 밖의 우편서비스 — 112
- 우편에 관한 요금 — 118
- 손해배상 및 손실보상 — 128
- 그 밖의 청구와 계약 — 130
- 우편물류 — 132

단원 학습목표

우편상식의 첫 번째 단원입니다. 우편은 국가가 직접 제공하는 대국민 통신서비스로서 누구나 이용해 본 기억이 있겠지만, 우편의 정확한 개념과 우편사업의 특성 및 이용관계 등을 제대로 알고 있는 경우는 많지 않습니다. 이번 단원에서는 우편의 의의와 우편사업의 특성, 우편의 이용관계 및 우편사업의 관계 법령과 보호규정 등 우편의 개요를 공부합니다.

총론 — 우편의 의의 및 사업의 특성

- **우편의 의의**
  - 협의: 서신, 통화 등을 나라안팎으로 보내는 업무
  - 광의: 우정사업본부(우편관서)의 업무 전반

- **우편사업의 특성**
  - 정부기업
  - 보편적 우편서비스
  - 공익성 + 기업성
  - 특별회계 ⇒ 독립채산제
    - 정부의 수입과 지출은 국회의 통제를 위해 일반회계를 통해 단일하게 관리되는 것이 원칙이다. 하지만 우체국의 우편사업과 예금, 보험은 별도로 계상하는 것이 사업을 관리하고 평가함에 있어서 더 유리하기 때문에 특정한 사업에 관한 수입과 지출을 대상으로 별도 계상하는 특별회계를 채택하고 있다.
  - 노동집약적 3차 산업(콜린 클라크)

- **우편의 이용관계**
  - 우편 이용관계자
    - 우편관서
      - 우편사업을 관장하는 정부 관공서를 의미하는 것으로, 우정사업본부 산하에 각 지방우정청이 설치되어 있고, 다시 그 산하에 각급 우체국이 설치되어 있다. 우편집중국, 총괄우체국과 같이 관장하는 업무 영역에 따른 구분도 가능하다.
    - 발송인
    - 수취인
  - 계약상 권리와 의무
    - 민법상 계약을 체결할 경우 계약 당사자 쌍방 간 권리인 채권과 이에 상응하는 의무인 채무가 형성된다. 채권은 상대방에게 약속된 행위를 요구할 권리이고, 채무는 상대방에게 약속한 행위를 이행하여야 하는 의무이다.
  - 계약성립시기
    - 우체국창구접수
    - 우체통 투함
    - 방문접수시 영수증 교부
    - **계약의 과정과 성립**: 계약은 '청약 → 승낙'을 통해 체결된다. 계약이 체결되면 쌍방 간 권리와 의무의 관계가 성립하므로 상호 계약 이행을 하여야 한다. 계약은 문서의 형식을 통하는 것이 안전하지만 구두계약도 가능하며, 계약서의 작성도 계약성립의 전제조건이 되지는 않는다. 만약 체결된 계약을 미이행한다면 이는 채무불이행이 되어 계약의 해제와 손해배상 청구의 대상이 된다.

- **우편사업 경영주체 및 관계법률**

- **우편사업의 보호규정**

Teacher's Advice

우편사업은 우체국 금융사업은 정부기업의 형태로 영위되고 있습니다. 정부기업은 정부 조직의 일부가 마치 공기업처럼 특정한 상품을 생산하면서 공익성과 수익성을 동시에 도모합니다. 따라서 우편 및 우체국 금융사업의 종사자는 전원 공무원으로 구성됩니다. 정부의 회계로 운영되어 감사원은 물론 국회의 국정감사도 받아야 합니다. 우편사업과 우체국 금융사업의 경영주체는 과학기술정보통신부장관이고 그 산하에 우정사업본부가 설치되어 사업을 관장합니다.

우편사업에는 국민 모두에게 보편적인 우편서비스를 제공해야 한다는 원칙 아래 여러 가지 보호규정을 두고 있습니다. 하지만 우편사업 보호 과정에서 특정 개인이나 기업에 또 다른 피해를 줄 수 있으므로 이 또한 유의해야 할 부분이 있습니다. 따라서 우편물의 운송요구권을 행사했을 경우 운송사업자에게 정당한 보상을 하여야 하고, 조력청구권이나 통행권을 행사한 경우에도 도움을 준 자 또는 피해자의 청구에 따라 손실을 보상하여야 합니다. 그리고 운송원 등의 통행료도 면제되는 것이 원칙이지만, 청구권자의 청구가 있을 때에는 우편관서가 정당한 보상을 합니다.

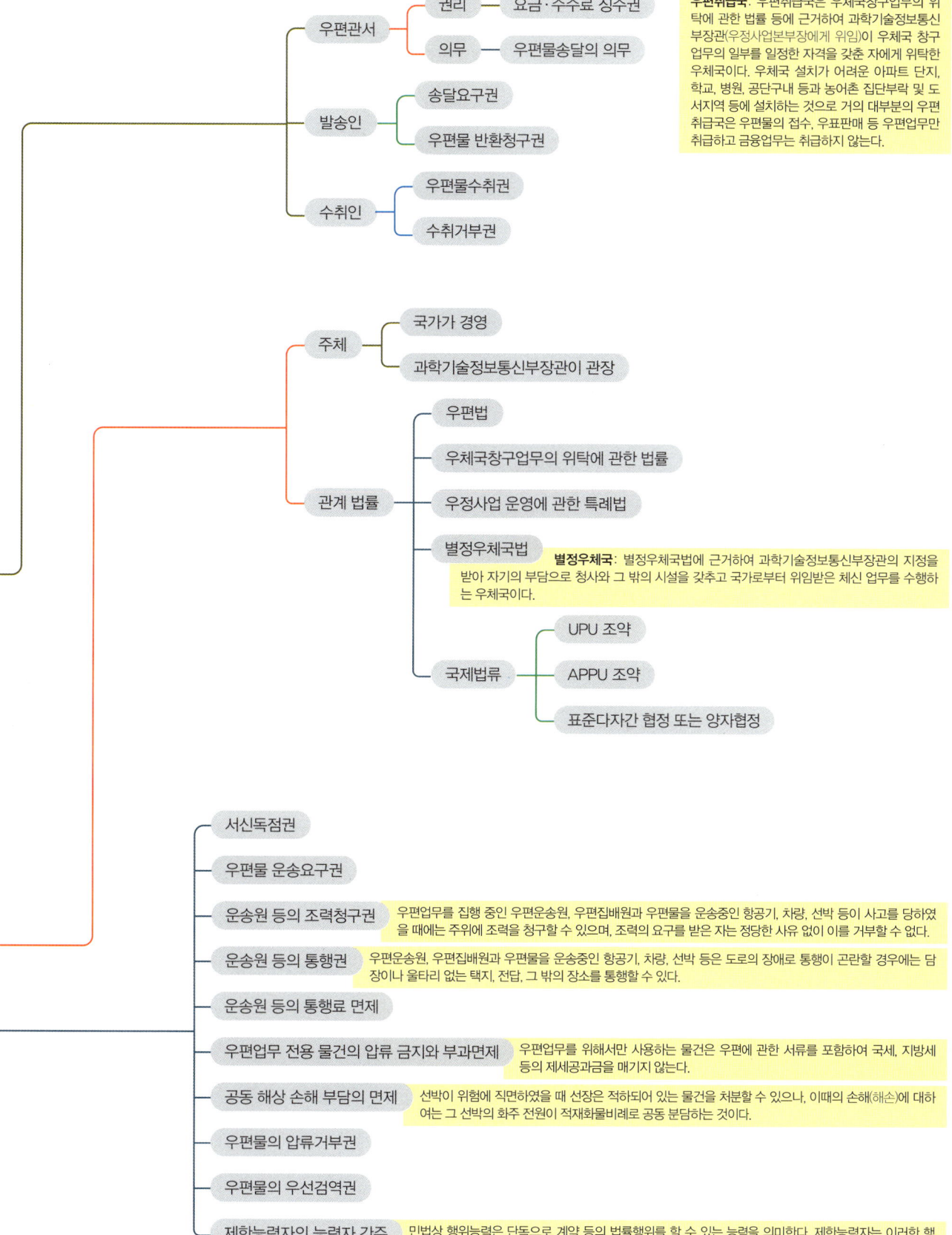

단원 학습목표

이번 단원에서는 우편서비스의 종류를 구분하고 우편서비스 각각의 특성을 파악하여야 합니다. 앞으로 전개될 무궁무진한 우편사무 관련 내용을 접하기에 앞서서 우편서비스의 종류를 분류해 놓는 것은 아주 기초적인 작업이 될 것입니다.

우편서비스 종류와 이용조건

우편서비스의 구분

- **보편적 우편서비스**
  - ① 2kg 이하의 통상우편물
  - ② 20kg 이하의 소포우편물
  - ①과 ②의 기록취급 등 특수취급우편물
  - 그 밖에 대통령령으로 정하는 우편물

  보편적 우편서비스는 국가가 국민에게 제공하여야 할 가장 기본적이고 보편적인 통신서비스이다. 그리고 선택적 우편서비스는 보편적 우편서비스에 부가하거나 부수하여 제공하는 서비스로, 이용자가 선택적으로 이용할 수 있다.

- **선택적 우편서비스**

배달기한

- **통상우편물, 일반소포** — 접수한 다음날부터 3일 이내
- **익일특급, 등기소포**
  - 접수한 다음날
  - 제주선편은 우편접수일+2일
- **당일특급** — 접수한 당일 20:00 이내
- **예외**
  - 별도 공고 — 도서·산간 오지
  - 다음날까지 배달
    - 주 5회 발행하는 일간신문
    - 관보규정에 따른 관보

- 통상우편물
- 소포우편물 → 104
- 방문접수소포(우체국소포) → 105

> 소형포장물도 엄연히 소포우편물의 특성을 지니고 있습니다. 하지만 소포우편물은 통상우편물에 비해 취급절차가 조금 더 까다로울 수밖에 없으므로 고객의 편의를 위해 소형포장물의 경우는 소포우편물이 아닌 통상우편물의 한 종류로 취급합니다.

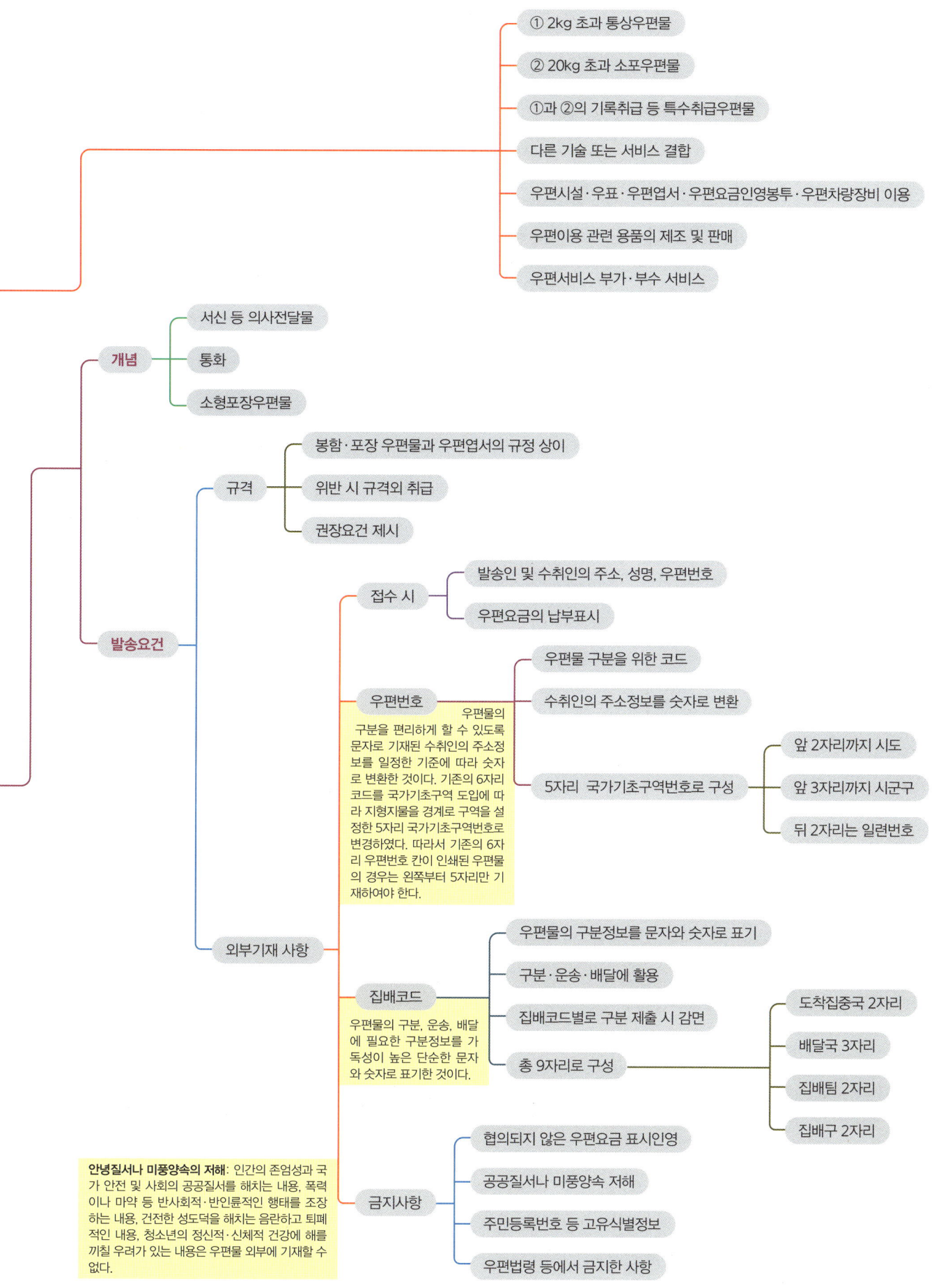

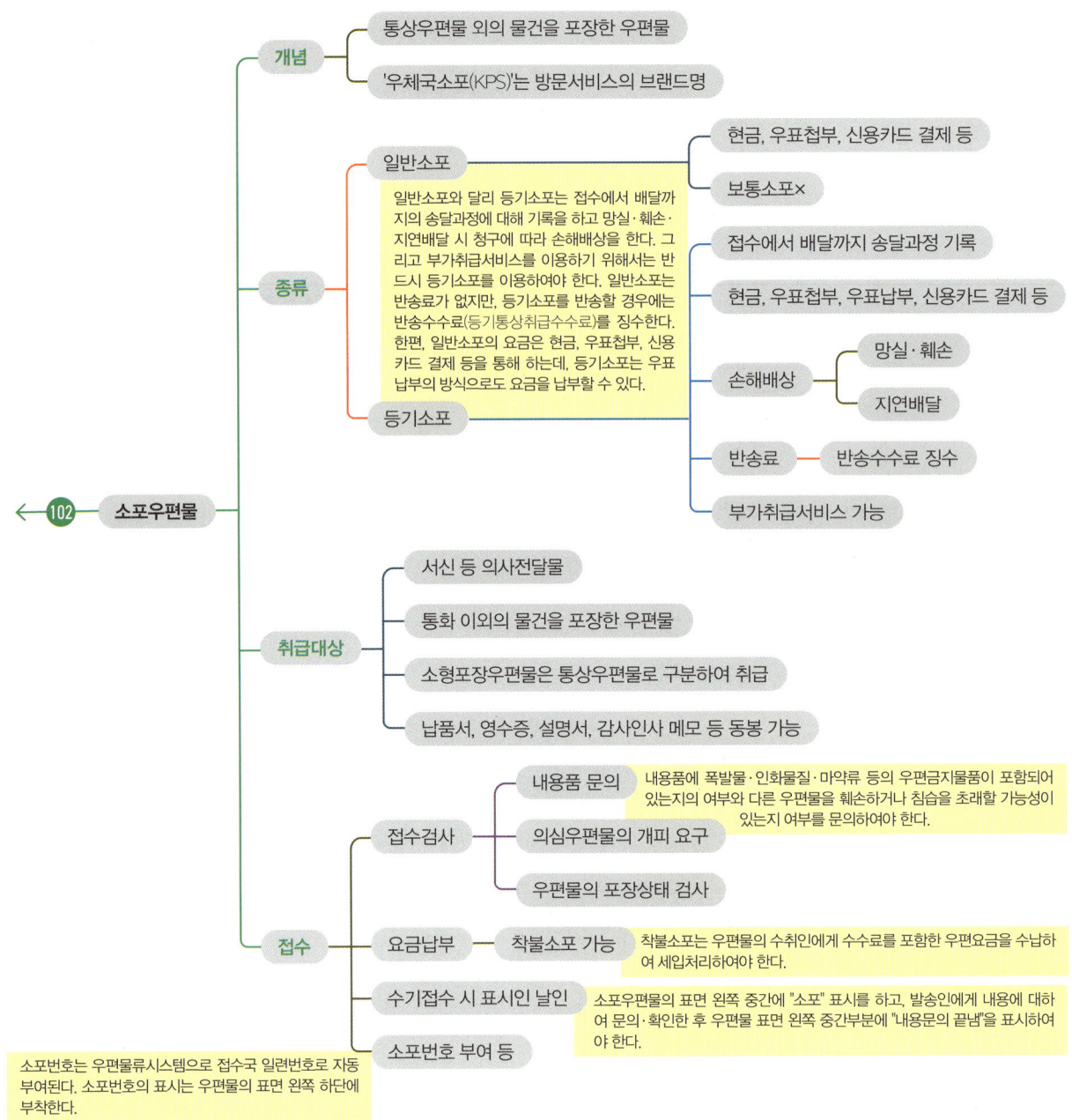

[우편물의 제한중량 및 용적]

1. 통상우편물

1) **최대용적**: ① 서신 등 의사전달물 및 통화 (어느 길이나 60cm를 초과 ×): 가로·세로 및 두께를 합하여 90cm / 원통형은 "지름의 2배"와 길이를 합하여 1m
　　　　　　② 소형포장우편물
- 가로·세로 및 두께를 합하여 35cm 미만 (서적·달력·다이어리: 90cm)
- 원통형은 "지름의 2배"와 길이를 합하여 35cm 미만 (서적·달력·다이어리 우편물은 1m까지 허용)

2) **최소용적**: 평면의 크기가 길이 14cm, 너비 9cm이상, 원통형으로 된 것은 직경의 2배와 길이를 합하여 23cm (길이 14cm이상)

3) **제한중량**: 최소 2g~최대 6,000g (정기간행물과 서적·달력·다이어리로서 요금감액을 받는 우편물은 1,200g, 요금감액을 받지 않는 서적·달력·다이어리는 800g, 국내특급은 30kg이 최대 중량)

2. 소포우편물

1) **최대 중량**: 30kg
2) **최대 용적**: 가로, 세로, 높이를 합하여 160cm 이내 (어느 길이도 1m를 초과 ×)
3) **최소 용적**: ① 가로·세로·높이 세 변을 합하여 35cm (단, 가로는 17cm 이상, 세로는 12cm 이상)
　　　　　　　② 원통형은 "지름의 2배"와 길이를 합하여 35cm (단, 지름은 3.5cm 이상, 길이는 17cm 이상)

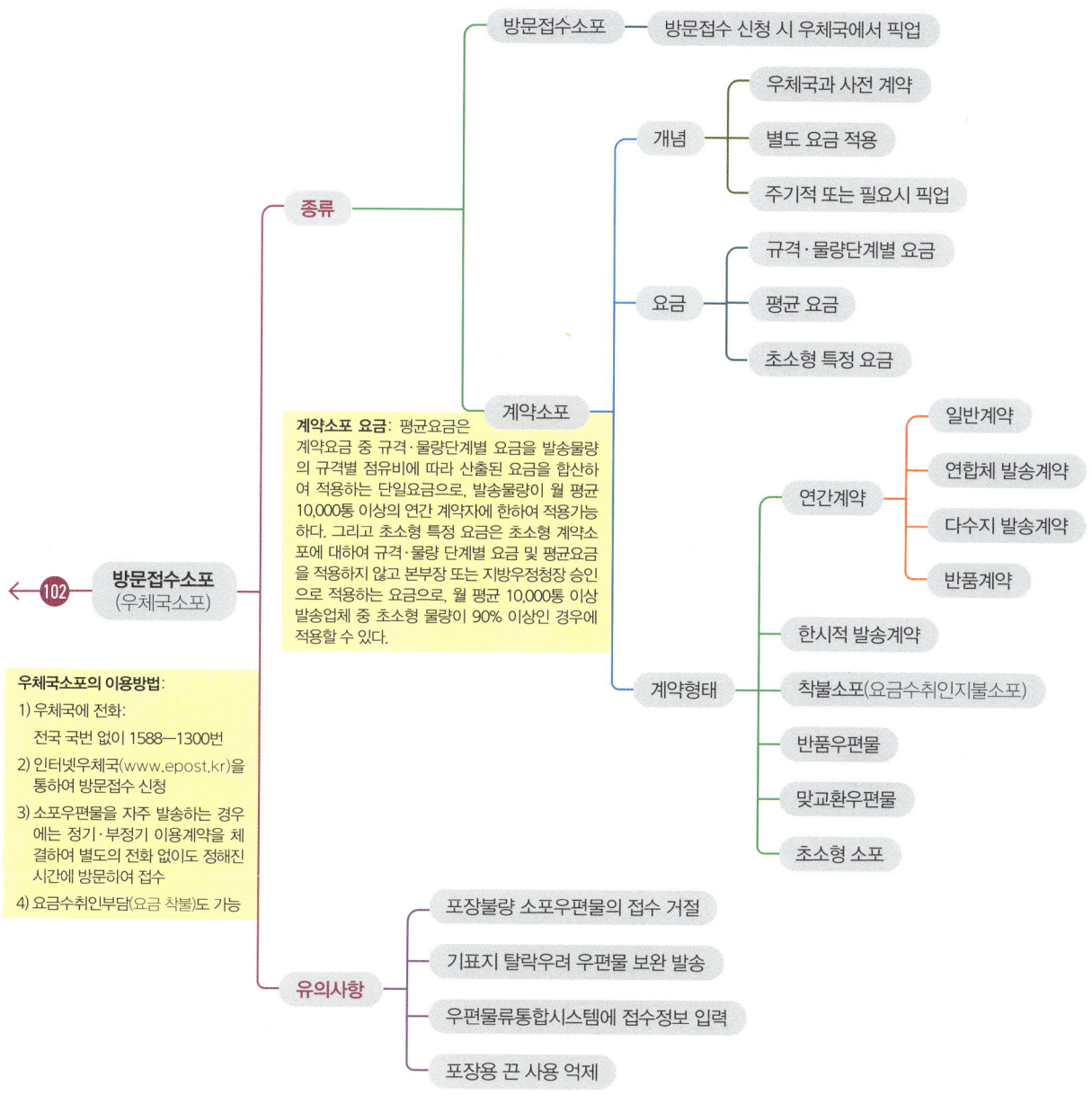

[계약소포의 계약형태별 구분]

(1) 연간계약 (계약기간이 12개월(1년)로 계약기간과 이용기간이 동일한 계약)
    ① **일반 계약**: 개인 또는 업체가 월 평균 300통 이상 발송하고 계약기간이 12개월(1년)로 계약기간과 이용기간이 동일한 일반적인 발송계약
    ② **연합체 발송계약**: 상가나 시장 또는 농장 등을 중심으로 일정한 장소에 유사사업을 목적으로 연합되어 있는 법인, 임의단체의 회원들이 1개의 우편관서와 계약을 체결하고 한 장소에 집하하여 계약소포를 발송하는 것
    ③ **다수지 발송계약**: 계약자(계약업체)가 주계약 우체국을 지정하여 택배 이용계약을 체결하고 여러 우편관서에서 별도의 계약 없이 계약소포를 이용·발송하는 것
    ④ **반품계약**: 반품 등 다수의 발송인으로부터 소포를 수취하는 자와 체결하는 계약
(2) 한시적 발송계약: 각종 행사 등 3개월 이내에 한시적으로 계약소포를 발송하는 것
(3) 요금수취인 지불소포(착불소포): 계약소포 수취인이 요금을 납부하는 소포
(4) 반품우편물: 수취인에게 정상적으로 배달한 우편물을 수취인 또는 발송인의 요구로 재접수하여 발송인에게 보내는 우편물
(5) 맞교환우편물: 수취인에게 정상적으로 배달한 우편물을 수취인이 물품의 교환을 요구하여 발송인이 접수한 새로운 물품을 배달하면서 먼저 배달한 우편물을 회수하여 발송인에게 보내는 우편물
(6) 초소형 소포
    ① **상자**: 중량이 1kg 이하이고 크기는 50cm 이하 계약 소포
    ② **폴리백**(비닐재질의 봉투): 중량 1kg 이하

단원 학습목표

계리직 공무원으로 발령을 받게 되면 일선에서 우편물의 접수 업무를 취급하여야 합니다. 이번 단원은 이와 관련한 실무적인 내용이 담겨 있습니다. 우편물의 접수검사와 포장, 제한 부피와 무게 등을 정리해 두어야 하겠습니다.

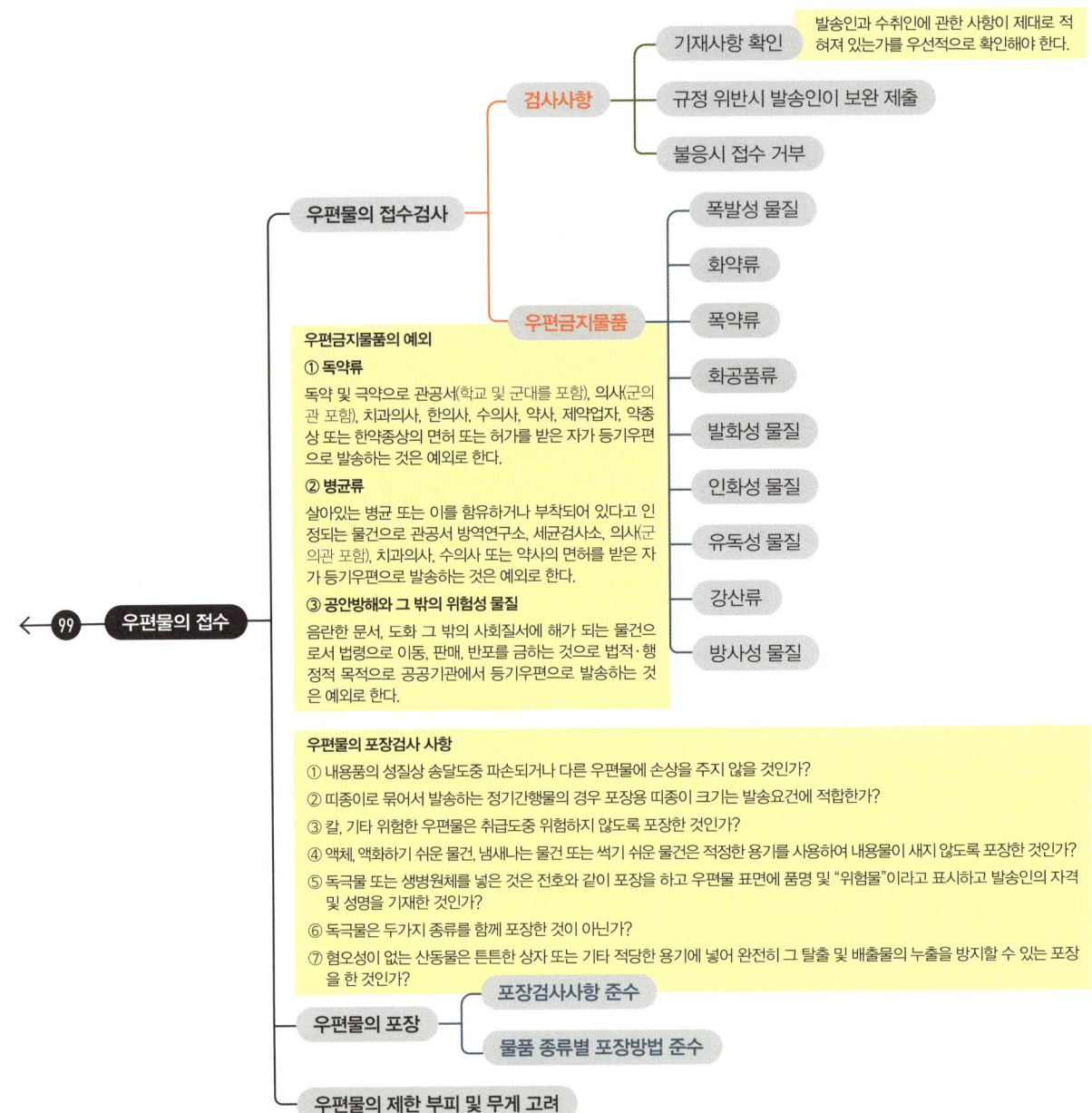

[물품에 따른 포장방법] 이론확장 Unboxing

(1) 칼·기타 이에 유사한 것: 적당한 칼집에 넣거나 싸서 상자에 넣는 등의 방법으로 포장할 것
(2) 액체·액화하기 쉬운 물건: 안전누출방지용기에 넣어 내용물이 새어나오지 않도록 봉하고 외부의 압력에 견딜 수 있는 튼튼한 상자에 넣고, 만일 용기가 부서지더라도 완전히 누출물을 흡수할 수 있도록 솜, 톱밥 기타 부드러운 것으로 충분히 싸고 고루 다져 넣을 것
(3) 독약·극약·독물 및 극물과 생병원체 및 생병원체를 포유하거나 생병원체가 부착한 것으로 인정되는 것:
　① 규정에 따라 포장을 하고 우편물 표면 보기 쉬운 곳에 품명 및 "위험물"이라고 표시할 것
　② 우편물 외부에 발송인의 자격 및 성명을 기재할 것
　③ 독약·극약·독물 및 극물은 이를 2가지 종류로 함께 포장하지 말 것
(4) 산꿀벌 등 일반적으로 혐오성이 없는 살아있는 동물: 튼튼한 병, 상자 기타 적당한 용기에 넣어 완전히 그 탈출 및 배설물의 누출을 방지할 장치를 할 것

[우편물의 제한 부피 및 무게]

1. 통상우편물
  (1) 최대부피
    1) 서신 등 의사전달물 및 통화
      ① 가로, 세로, 두께를 합하여 90cm
      ② 원통형은 "지름의 2배"와 길이를 합하여 1m
      ③ 다만, 가로 세로 어느 쪽이나 60cm를 초과할 수 없음
    2) 소형포장우편물
      ① 가로, 세로, 높이를 합이 35cm 미만 (다만, 서적·달력·다이어리 우편물은 90cm까지 허용)
      ② 원통형은 "지름의 2배"와 길이를 합하여 35cm 미만 (다만, 서적·달력·다이어리 우편물은 1m까지 허용)
  (2) 최소부피
      ① 평면의 길이 14cm, 너비 9cm
      ② 원통형은 "지름의 2배"와 길이를 합하여 23cm (단, 길이는 14cm 이상)
  (3) 최대무게
      ① 최소 2g ~ 최대 6,000g
      ② 단, 정기간행물, 서적, 달력, 다이어리로서 요금감액을 받는 우편물은 1,200g, 요금감액을 받지 않는 서적과 달력, 다이어리는 800g, 국내특급은 30kg이 최대 무게임

2. 소포우편물
  (1) 최대부피
      ① 가로·세로·높이 세 변을 합하여 160cm
      ② 다만, 어느 변이나 1m를 초과할 수 없음
  (2) 최소부피
      ① 가로·세로·높이 세 변을 합하여 35cm (단, 가로는 17cm 이상, 세로는 12cm 이상)
      ② 원통형은 "지름의 2배"와 길이를 합하여 35cm (단, 지름은 3.5cm 이상, 길이는 17cm 이상)
  (3) 무게: 30kg 이내이어야 함
  (4) 우편관서의 장과 발송인과의 사전계약에 따라 발송인을 방문하여 접수하는 경우에는 그 계약으로 달리 정할 수 있음

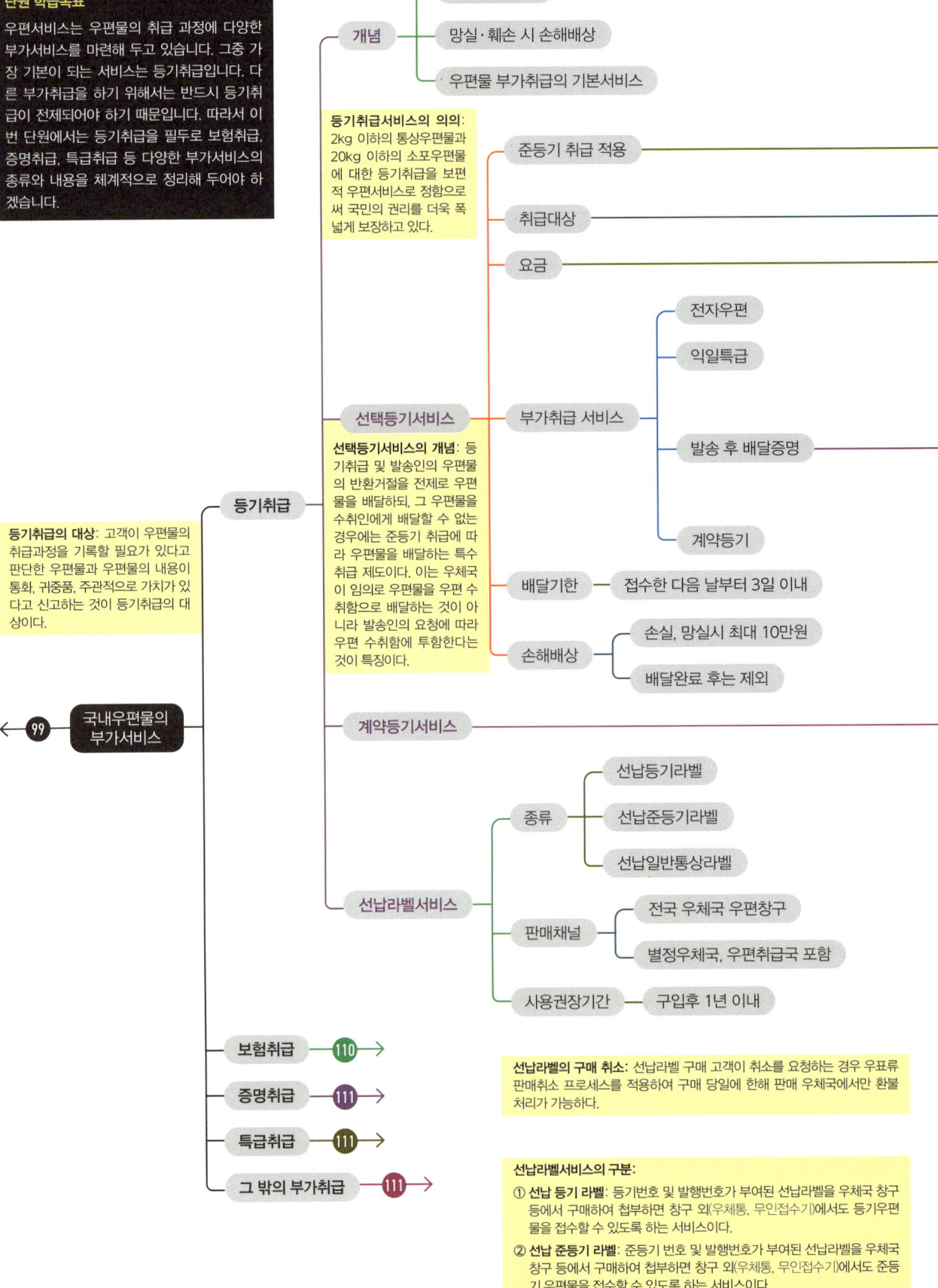

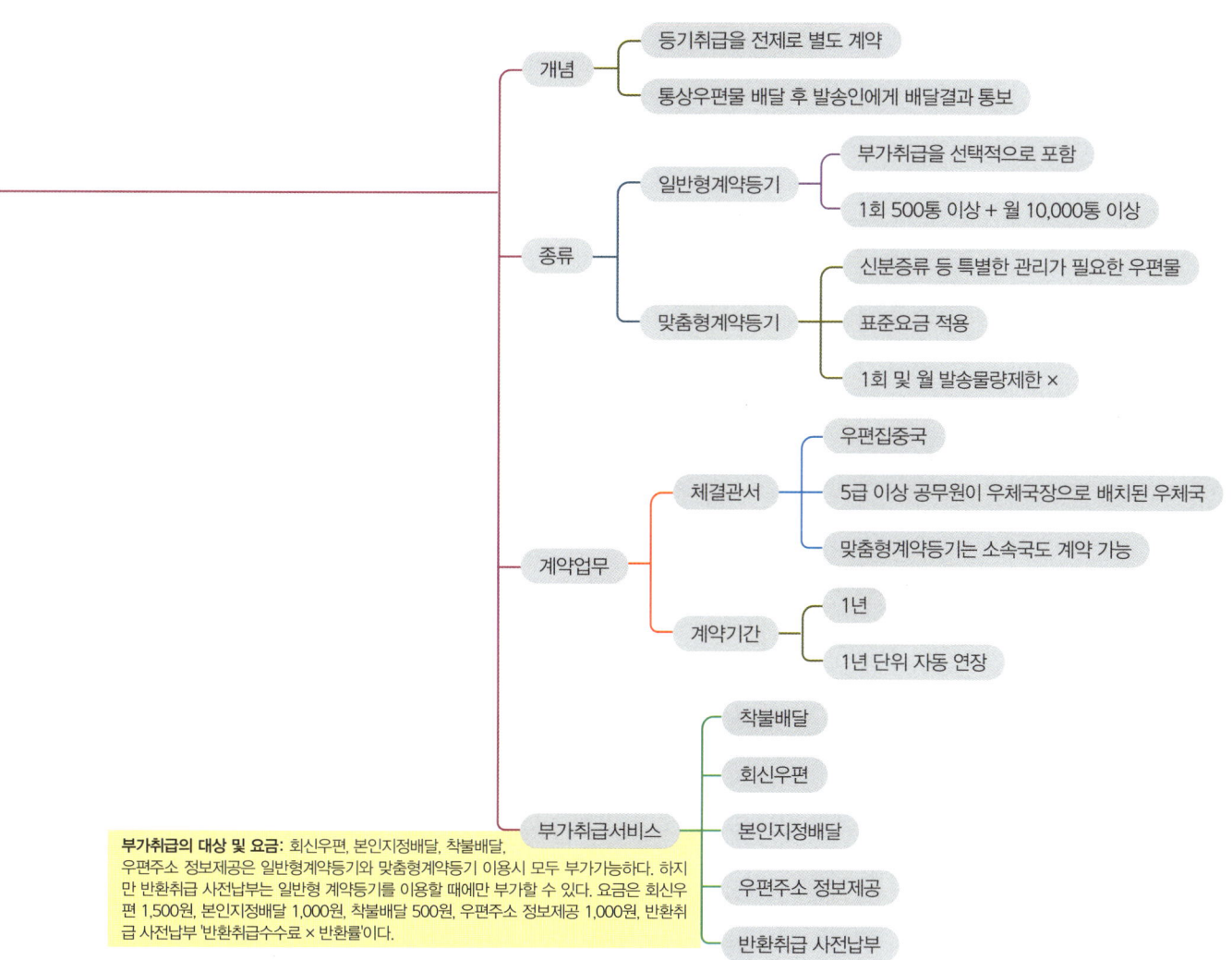

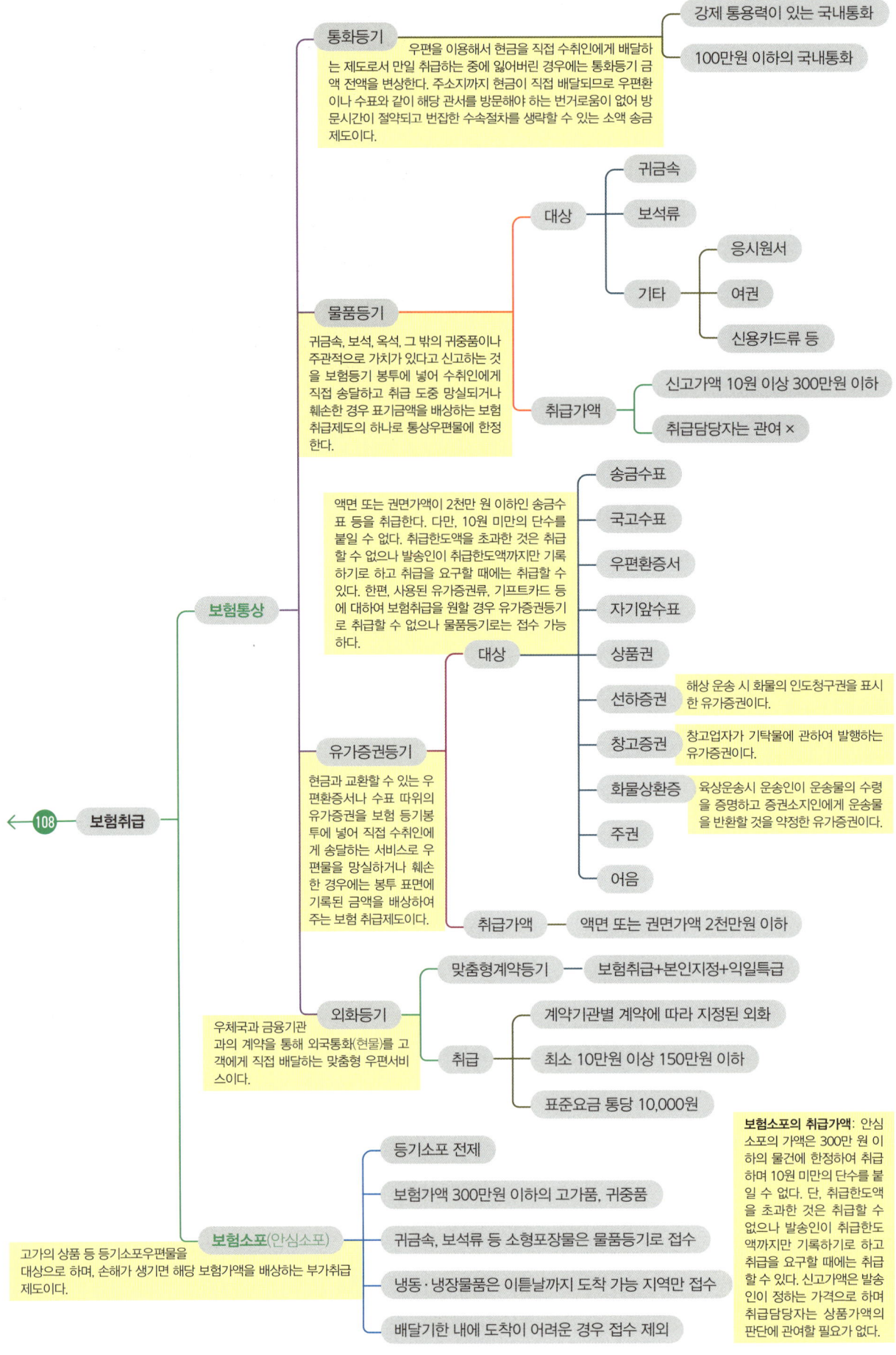

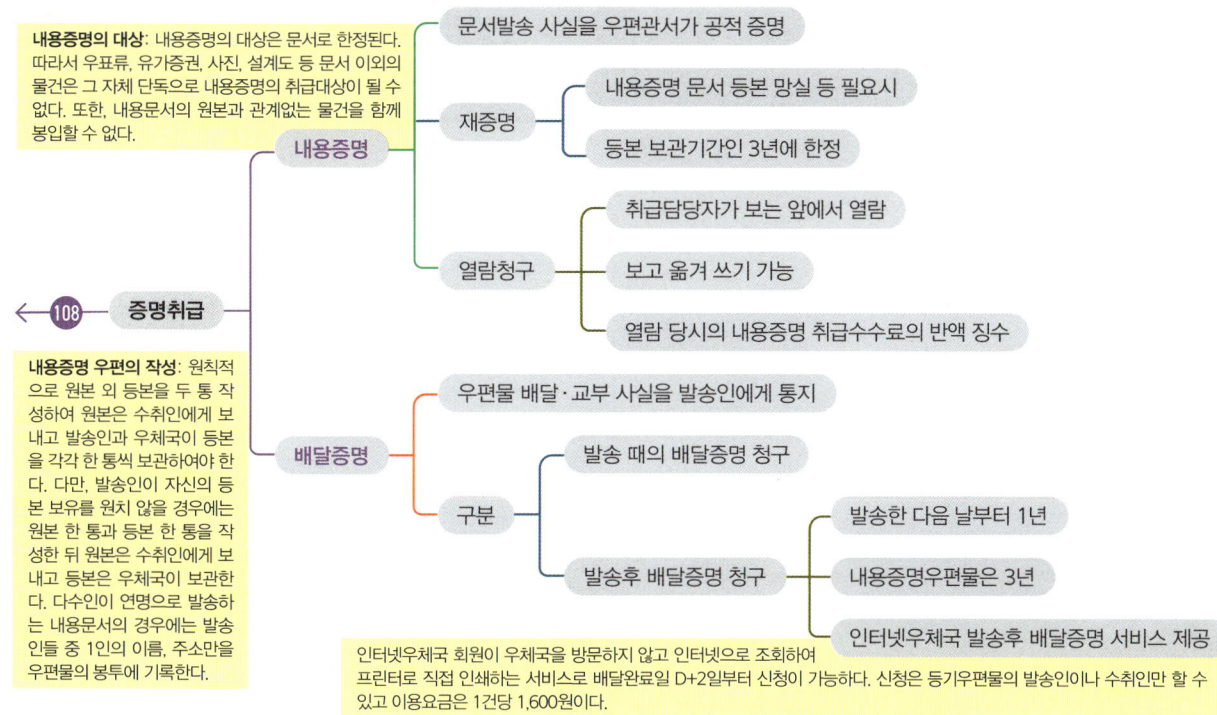
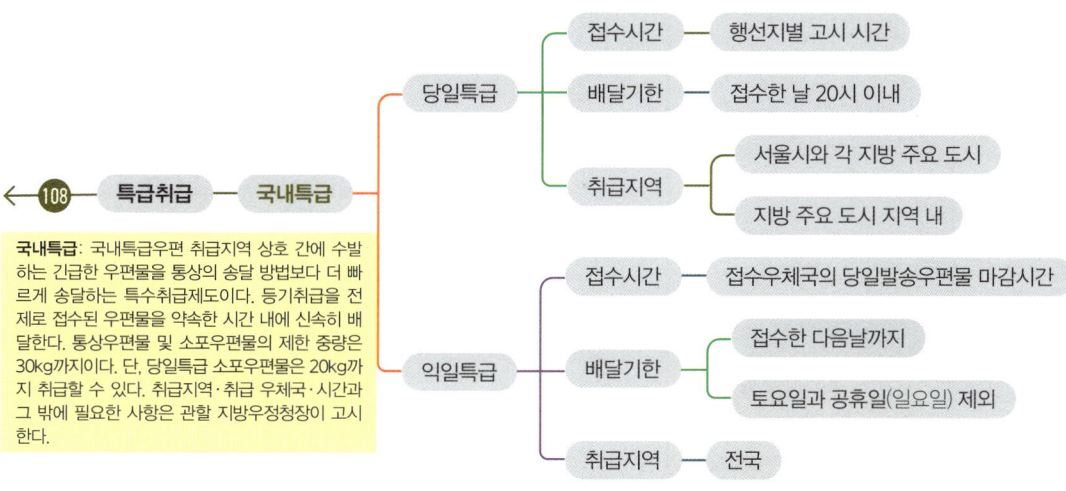
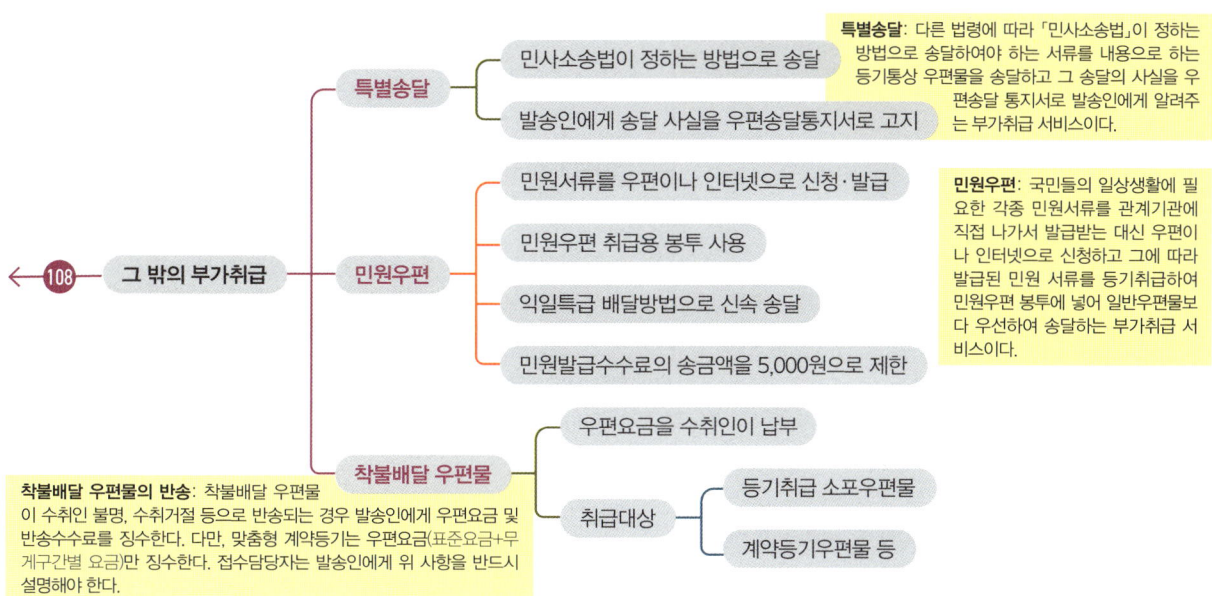

단원 학습목표

바로 앞 단원에서 다룬 국내우편 부가서비스 외에 우편관서가 제공하는 다양한 우편서비스들이 소개되는 단원입니다. 여러 서비스들이 쭉 열거되기 때문에 각각의 종류를 잘 구분해서 정리해 두어야 합니다.

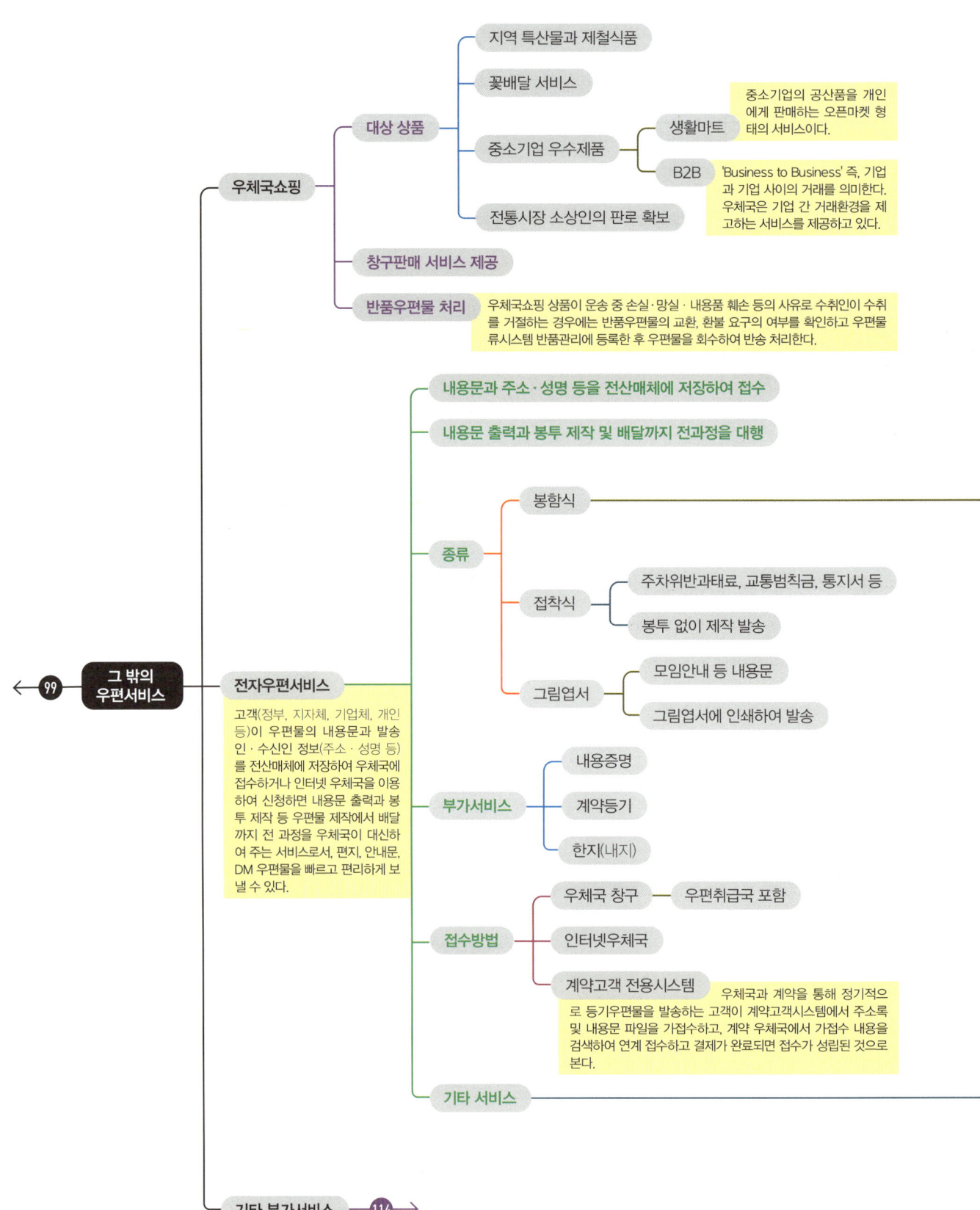

- 소형
  - 편지·안내문·고지서 등의 안내문
  - 최대 6장
  - 편지형태로 인쇄하여 규격봉투로 발송
- 대형
  - 다량의 편지 등 내용문
  - 최대 150장
  - A4용지에 인쇄하여 대형봉투로 발송

전자우편의 이용 수수료(장당)
1. 봉함식
   (1) 소형
      ① 흑백: 90원(추가 1장당 30원)
      ② 칼라: 280원(추가 1장당 180원)
   (2) 대형
      ① 흑백: 130원(추가 1장당 30원)
      ② 칼라: 340원(추가 1장당 180원)
2. 접착식
   ① 흑백: 단면 60원 / 양면 80원
   ② 칼라: 단면 220원 / 양면 370원
3. 그림엽서
   ① 흑백: 40원
   ② 칼라: 없음
4. 한지(내지): 전자우편 내지의 기본 사양인 A4복사용지 대신 고급 한지를 이용할 경우 30원 추가

- 동봉서비스
  - 봉함식 이용시 다른 인쇄물 동봉
  - 우체국 창구 신청시에만 가능

동봉서비스의 동봉물: 동봉서비스로 접수된 동봉물은 최선편으로 위탁제작센터가 지정한 제작센터로 무료등기 소포우편물(무게 20kg까지)로 발송한다. 동봉물이 20kg을 초과하면 초과분에 대해 등기소포 우편요금을 적용하고 신청인이 그 요금을 납부하여야 한다.

- 맞춤형서비스
  - 봉투표면(그림엽서)에 로고, 광고문안 등 인쇄
  - 다량 발송시 이용 가능

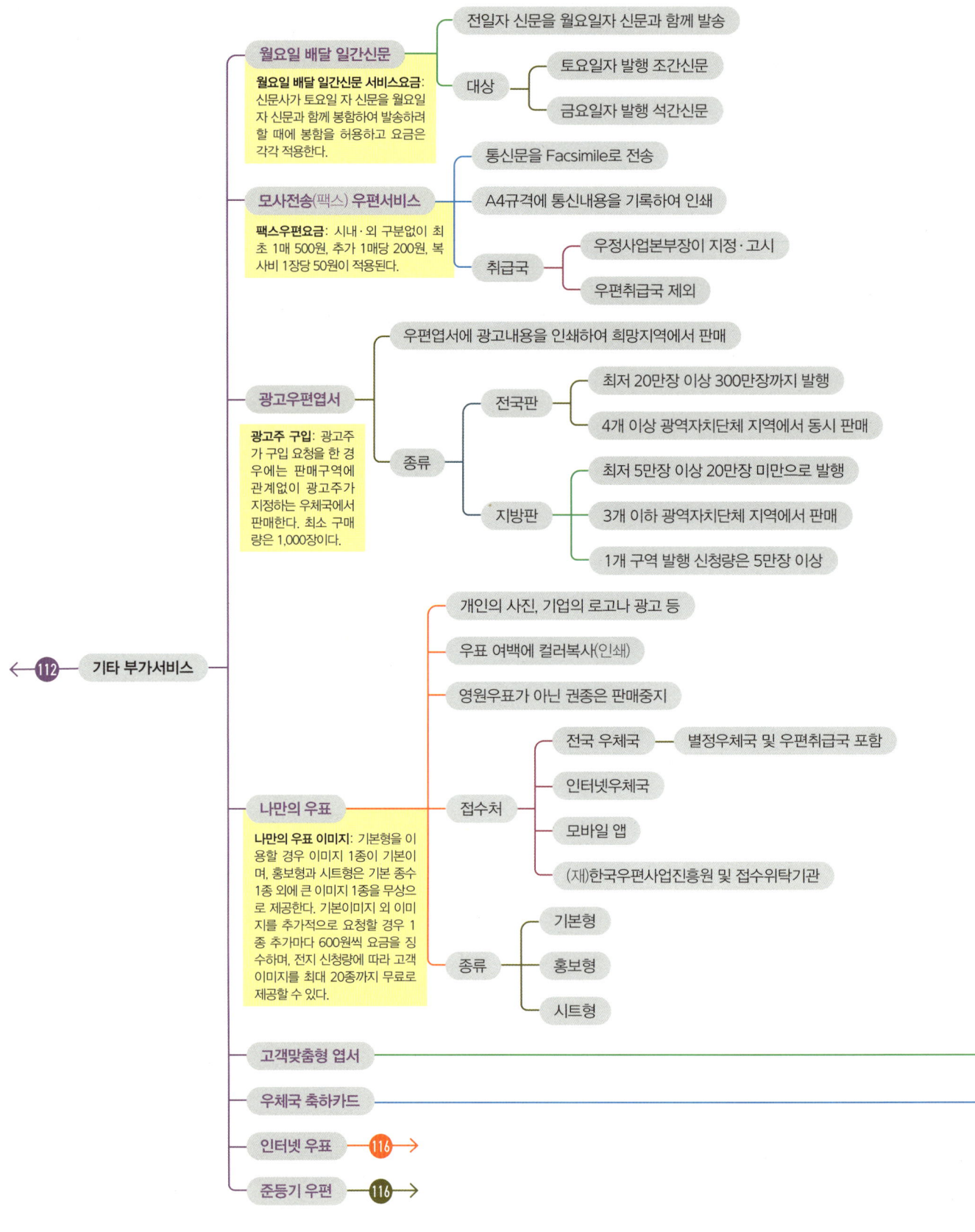

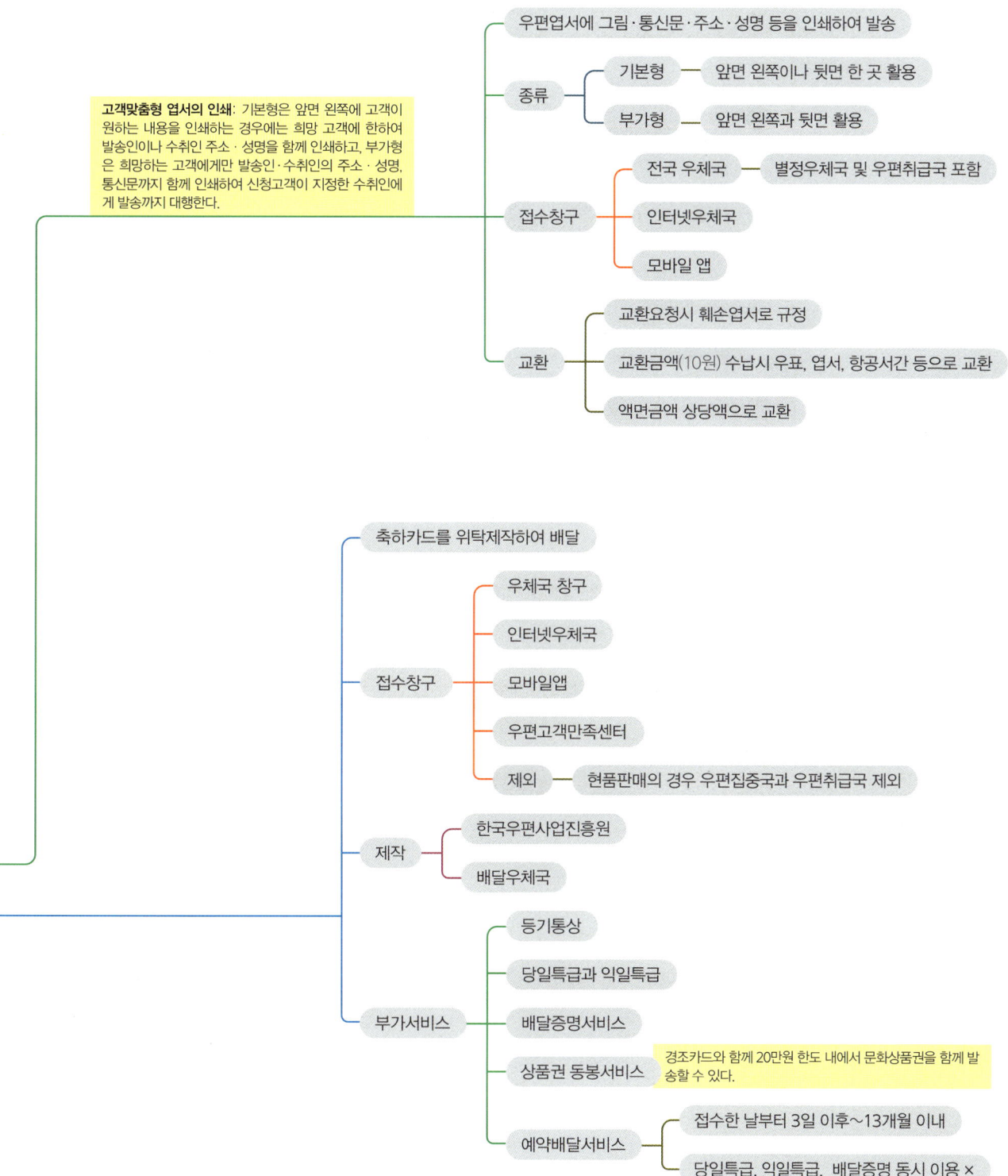

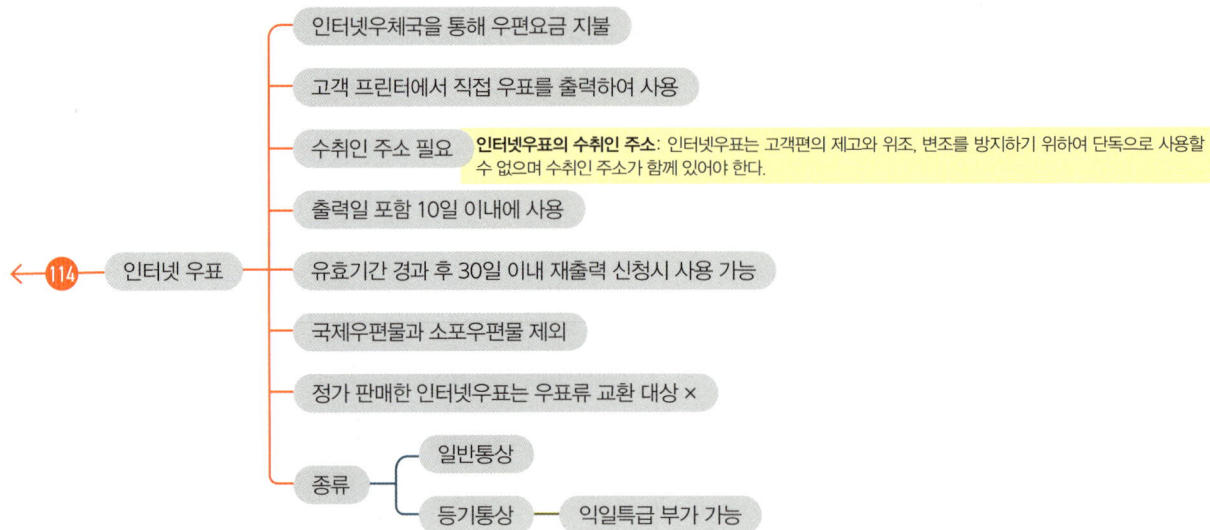

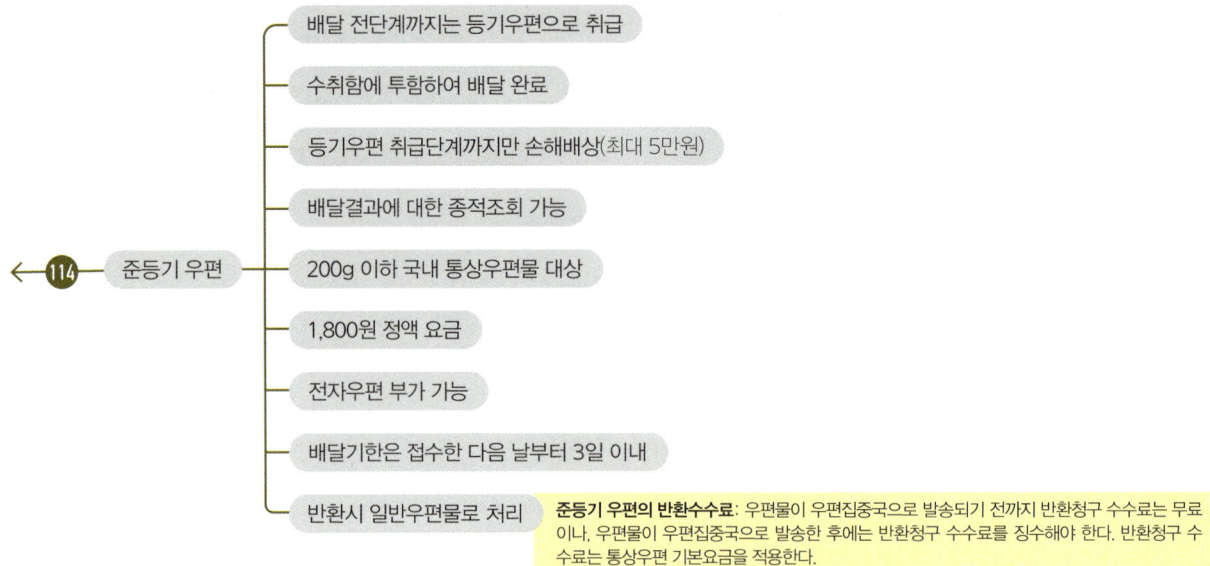

[인터넷우표]

(1) 결제방법: 신용카드, 즉시계좌이체, 전자지갑, 휴대폰, 간편 결제 등

(2) 구매 취소
① 구매한 후 출력하지 않은 인터넷 우표에 한정하여 구매 취소가 가능하다.
② 요금을 결제한 우표 중 일부 출력 우표가 있는 경우에는 구매 취소를 할 수 없다. 가령, 1회에 10장을 구입하여 1장을 출력한 경우이면 구매 취소가 불가하다.
③ 결제 취소는 결제일 다음날 24시까지 가능하다. 다만, 휴대폰 결제인 경우 당월 말까지 취소가 가능하다.

(3) 재출력 대상
① 인터넷우표 출력 도중 비정상 출력된 우표
② 요금은 지불하였으나, 고객 컴퓨터의 시스템 장애로 출력하지 못한 우표
③ 정상 발행되었으나 유효기간 경과한 우표
④ 그 밖에 다시 출력할 필요가 있다고 인정되는 우표

(4) 우표류 교환
① 정가 판매한 인터넷우표는 우표류 교환 대상에서 제외한다.
② 인터넷 우표는 장기간 보유하지 않으며, 수취인 주소가 기록되어 있어 다른 이용자에게 판매할 수 없기에 우표류 교환 대상에서 제외한다.

(5) 유효기간
① 인터넷 우표는 국가기관이 아닌 개별 고객의 프린터에서 출력하여 사용하기 때문에 우표의 품질이 일정하지 않으며, 또 장기간 보관에 따른 우표의 오염이나 훼손 우려가 있어 출력일 포함 10일 이내에 사용하도록 하였다.
② 유효기간이 경과한 인터넷 우표를 사용하려 할 경우에는 유효기간 경과 후 30일 이내에 재출력을 신청하여야 사용이 가능하다.

[준등기우편]

(1) 번호체계: 첫째 자리가 "5"로 시작하는 13자리 번호체계로 구성

(2) 알림서비스
① 발송인은 준등기 우편서비스의 배달 결과를 문자 또는 전자우편(e-Mail)으로 통지받을 수 있다.
② 다만, 우편물 접수 시에 발송인이 연락처 정보를 제공하지 않는 경우에는 배달 결과 서비스를 받지 못함을 발송인에게 안내한 후 준등기 우편을 접수해야 한다.
③ 집배원이 배달 결과를 PDA에 등록하면 배달 결과 알림 문자가 자동으로 발송인에게 전송하며, 접수시 발송인이 '통합알림'을 신청한 경우에는 배달 완료일 다음날(최대 D+4일)에 발송인에게 배달 결과를 함께 전송한다.

(3) 종적조회
① 접수 시부터 수취함 투함 등 배달 완료 시까지 배달 결과에 대한 종적 조회가 가능(전송우편 포함)하다.
② 다만, 반송 시에는 결과값이 반송 우편물로만 조회가 되고, 발송인에게 도착되기까지의 종적정보는 제공되지 않는다.

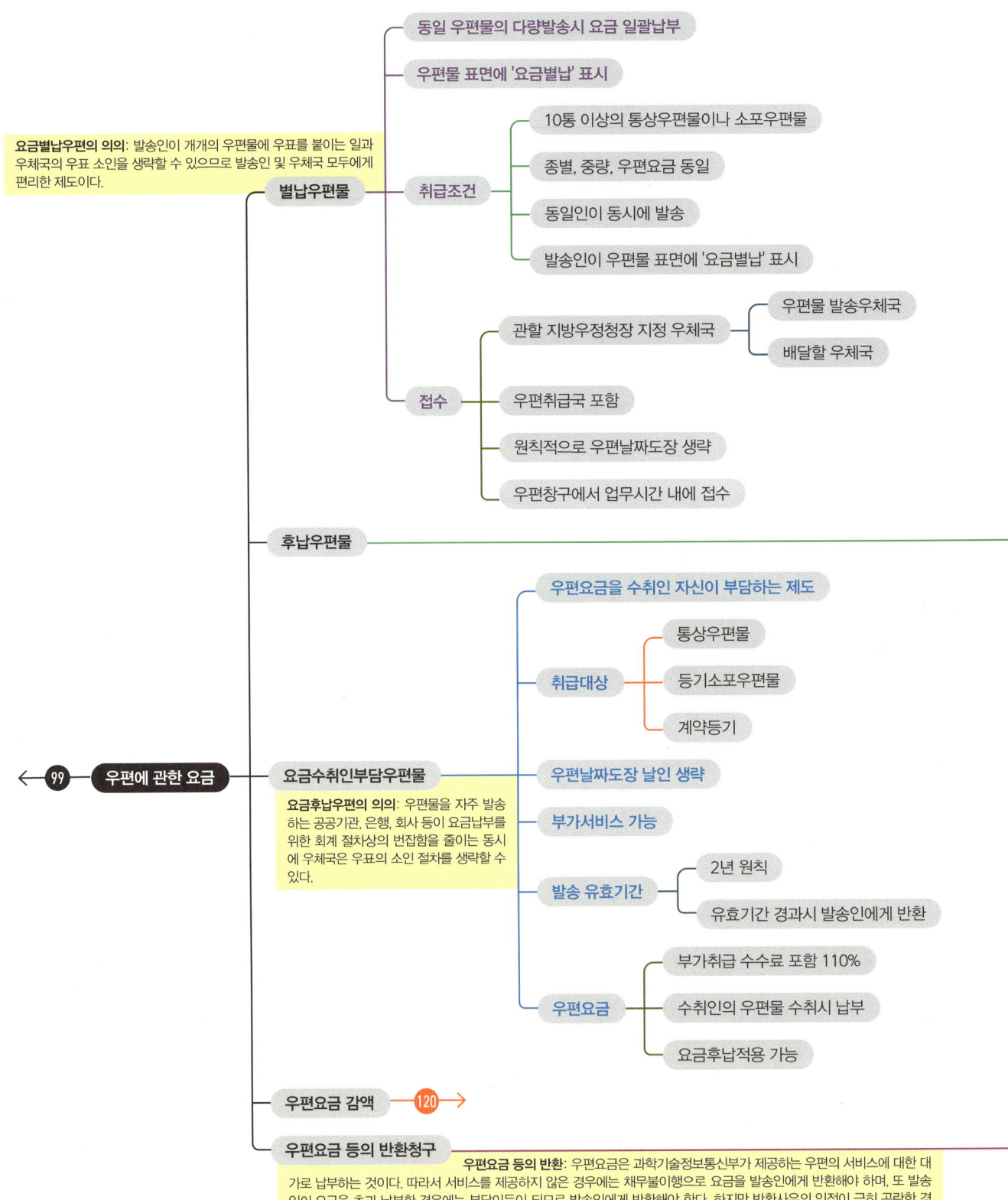

취급대상
- 매월 100통 이상 발송하는 통상우편물·소포우편물
- 모사전송(팩스)우편물, 전자우편
- 우편요금표시기 사용 우편물
- 우편요금 수취인부담 우편물
- 반환우편물 중 요금후납으로 발송한 등기우편물
- 국가 또는 지방자치단체의 우편물
- 우체국 습득물 중 주민등록증(우편물이탈 외)

1개월간의 우편요금을 다음달 20일까지 납부

담보금
- 담보금은 1개월간 발송예정 우편요금의 2배
- 면제
  - 1/2 면제: 체납없이 2년간 성실 납부
  - 전액 면제
    - 국가 및 지방자치단체
    - 공공기관
    - 은행법에 따른 금융기관
    - 체납없이 4년간 성실 납부
    - 우체국장이 재무상태 건실 판단
    - 1개월 납부 요금 100만원 이하
    - 신용카드사 회원 등록·결제
    - 우체국소포 및 국제특급(EMS) 계약자

[담보금 제공 면제의 취소] 이론확장 Unboxing
(1) 담보금 제공을 면제받은 후 2년 안에 요금납부를 2회 체납한 경우
  ① 담보금 1/2 면제 대상인 경우 담보금 제공 면제 취소
  ② 담보금 전액 면제 대상인 경우 담보금 제공 1/2 면제
(2) 담보금 제공을 면제받은 후 2년 안에 요금납부를 3회 이상 체납한 경우: 담보금 제공 면제 취소
(3) 우체국소포 및 국제특급(EMS) 계약자인 경우
  ① 신용보증 및 신용조사 전문기관의 평가 결과가 B등급 미만으로 떨어진 경우
  ② 면제받은 후 납부기준일부터 요금을 1개월 이상 체납한 경우
  ③ 면제받은 후 연속 2회 이상 체납하거나, 최근 1년 안에 3회 이상 체납한 경우
(4) 계약우체국장은 체납을 이유로 면제 취소를 받은 사람에 대해서 담보금 면제 혜택을 2년간 금지할 수 있다.

요금후납 계약국 변경 신청 제도 — 계약자가 요금후납 계약국을 변경

[계약국 변경 처리 절차] 이론확장 Unboxing
(1) 이용자: 요금후납 계약국에 변경신청서 제출
(2) 접수국: 인수하는 우체국의 업무처리 가능 여부 검토
  ① 인수하는 우체국의 운송 여력과 운송시간표
  ② 인수하는 우체국의 업무량 수준
  ③ 고객 불편이 예상되는 경우 사전 안내하여 변경 신청 여부를 다시 확인
(3) 계약국 변경이 가능한 경우 계약국, 이관국, 이용자에게 변경사항을 알리고 우편요금후납 계약서류와 담보금을 이관국으로 송부
(4) 인수국: 계약사항을 우편물류시스템에 입력한 후 후납계약 업무 시작

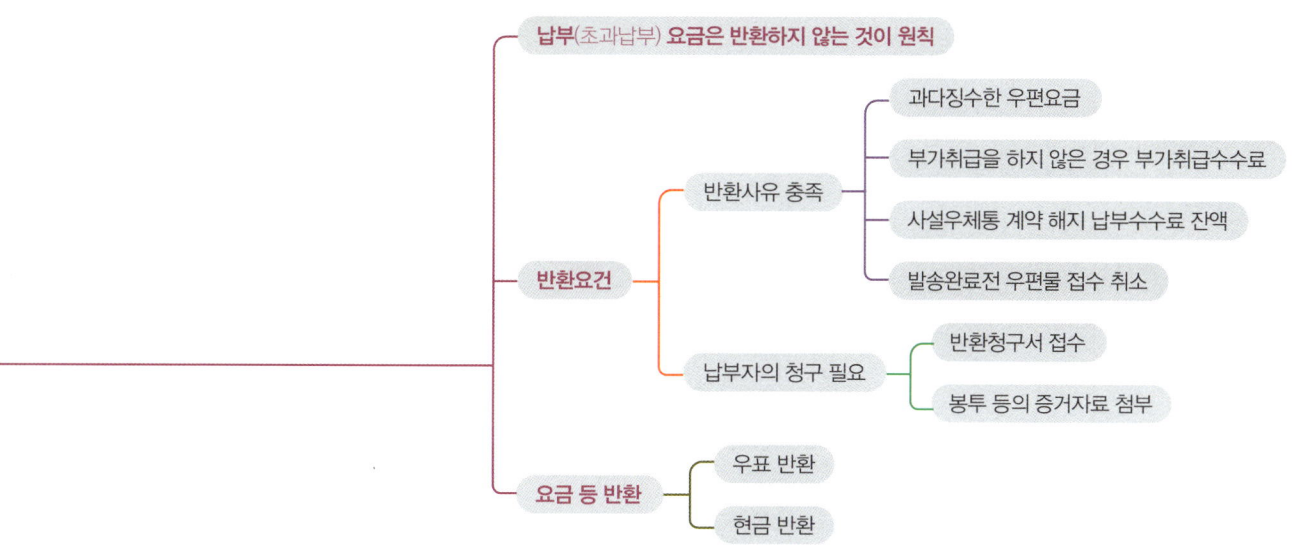

- 납부(초과납부) 요금은 반환하지 않는 것이 원칙
- 반환요건
  - 반환사유 충족
    - 과다징수한 우편요금
    - 부가취급을 하지 않은 경우 부가취급수수료
    - 사설우체통 계약 해지 납부수수료 잔액
    - 발송완료전 우편물 접수 취소
  - 납부자의 청구 필요
    - 반환청구서 접수
    - 봉투 등의 증거자료 첨부
- 요금 등 반환
  - 우표 반환
  - 현금 반환

[우편물 정기발송계약]

(1) 계약 체결 우체국
 ① 우편집중국(우편물 접수부서가 없는 집중국에 설치된 우체국 포함)
 ② 직접 배달할 우체국
 ③ 5급 이상 공무원이 우체국장으로 배치된 우체국

(2) 계약의 해지
 ① 우편물의 정기 발송일에 우편물을 3회(일간은 10회) 이상 계속해서 발송하지 아니하는 경우
 ② 최근 6개월간(일간은 1개월간) 우편물 발송 횟수가 80%에 미달한 경우
 ③ 우편요금 감액대상이 아닌 우편물을 우편물 정기발송계약에 따라 발송한 경우
 ④ 정기간행물의 등록사항 변경과 휴간, 정간 등의 사유가 생기거나 정기발송 계약서의 내용이 변경되었음에도 그 사유가 발생한 날로부터 10일 이내에 서면으로 신고하지 아니한 경우

(3) 계약해지 후 재계약의 제한: 계약 해지일로부터 1년(일간신문은 4개월)이 지나야 재계약 가능

(4) 계약체결 우체국의 이관: 계약당사자가 계약체결 우체국 변경을 요청할 경우 당초 계약 체결 우체국은 관련서류를 계약변경 우체국으로 옮겨야 한다.

Teacher's Advice

우편요금의 감액의 종류에는 다량우편물에 대한 기본감액(물량감액)과 별도의 감액요건 충족에 따른 구분감액이 있습니다. 우선 우편물의 종류에 따른 기본감액과 구분감액의 감액조건 및 감액률을 공부하여야 합니다. 그다음 기본감액의 내용을 한꺼번에 모아서 비교해 보고, 이어 구분감액의 내용도 한꺼번에 모아서 비교해보는 방식으로 반복하여 공부해 보시기 바랍니다.

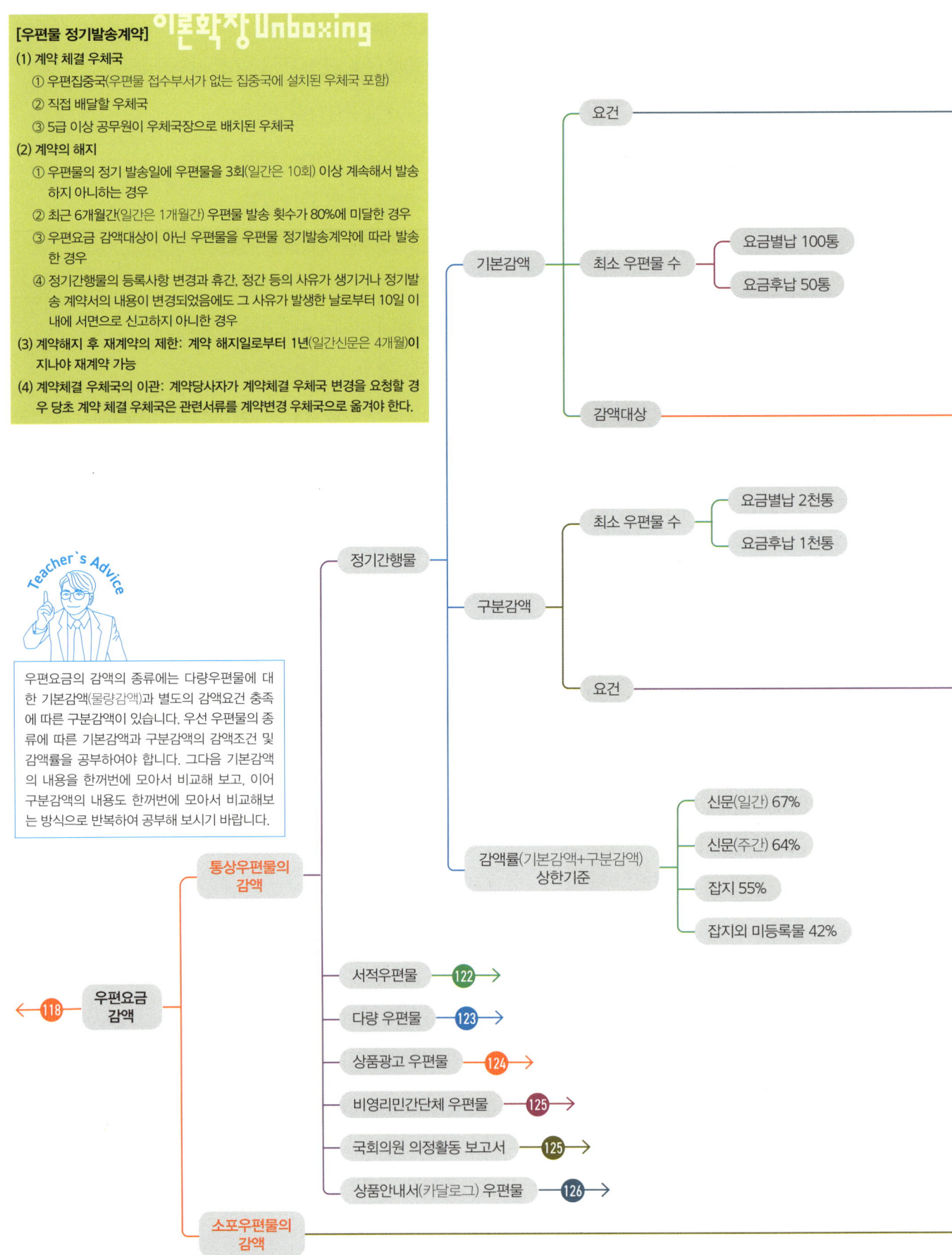

- 우편물 발송과 발행주기의 일치
- 부록이나 호외 첨부 및 제본 가능
- 우편물 1통의 총무게는 1,200g 이하
- 관보는 무게나 매수 제한 ×
- 봉함발송시 표면 왼쪽 중간에 '정기간행물' 표시

감액대상 정기간행물: 신문 등의 진흥에 관한 법률(신문법)에 따른 신문(관련된 호외·부록 또는 증간을 포함)과 잡지 등 정기간행물의 진흥에 관한 법률(잡지법)에 따른 정기간행물(관련된 호외·부록 또는 증간을 포함)로 발행주기를 일간·주간 또는 월간으로 하여 월 1회 이상 정기적으로 발송해야 한다. 또한, 요금별납 또는 요금후납 일반우편물로서 무게와 규격이 같아야 한다.

감액 제외대상: 신문법 제9조에 따라 등록하지 않은 신문과 잡지법 제15조, 16조에 따라 등록 또는 신고하지 않은 정기간행물, 잡지법 제16조에 따라 신고한 정보간행물 및 기타간행물 중 상품의 선전 및 그에 관한 광고가 앞·뒤 표지 포함 전 지면의 60%를 초과하는 정기간행물은 감액에서 제외한다. 그리고 우편물의 내용 중 받는 사람에 관한 정보나 서신 성격의 안내문이 포함되어 있는 경우에도 감액대상에서 제외된다.

- 등록
  - 일간신문 — 62%
  - 주간신문 및 잡지 — 59%
  - 월간잡지 — 50%
- 미등록 — 37%

접수국 기준 감액률: 집배코드에 따른 배달국별 구분과 배달국–집배팀별 구분을 바탕으로 집중국 접수, 배달국 관할 집중국 접수, 배달국 접수 등 접수국에 따라 감액률이 차등 적용된다.

- 규격·규격외 우편물
  - 접수국 기준
  - 도로명 주소
  - 우편집중국별 운반차 적재
- 규격 — 수취인주소 인쇄규격
- 규격외 — 우편집중국별(배달국별) 적재

- 창구접수(등기소포)
  - 접수정보를 고객이 사전에 제공하는 경우에만 적용
  - 전국 모든 우편관서(우편취급국 포함)
  - 감액범위
    - 요금즉납
      - 1~2개 3%
      - 3개 이상 5%
      - 10개 이상 10%
      - 50개 이상 15%
    - 요금후납
      - 70개 이상 5%
      - 100개 이상 10%
      - 130개 이상 15%
- 방문접수(부가취급수수료 제외)
  - 전국 모든 우편관서(우편취급국 포함)
  - 감액범위 — 접수정보사전연계시 개당 500원

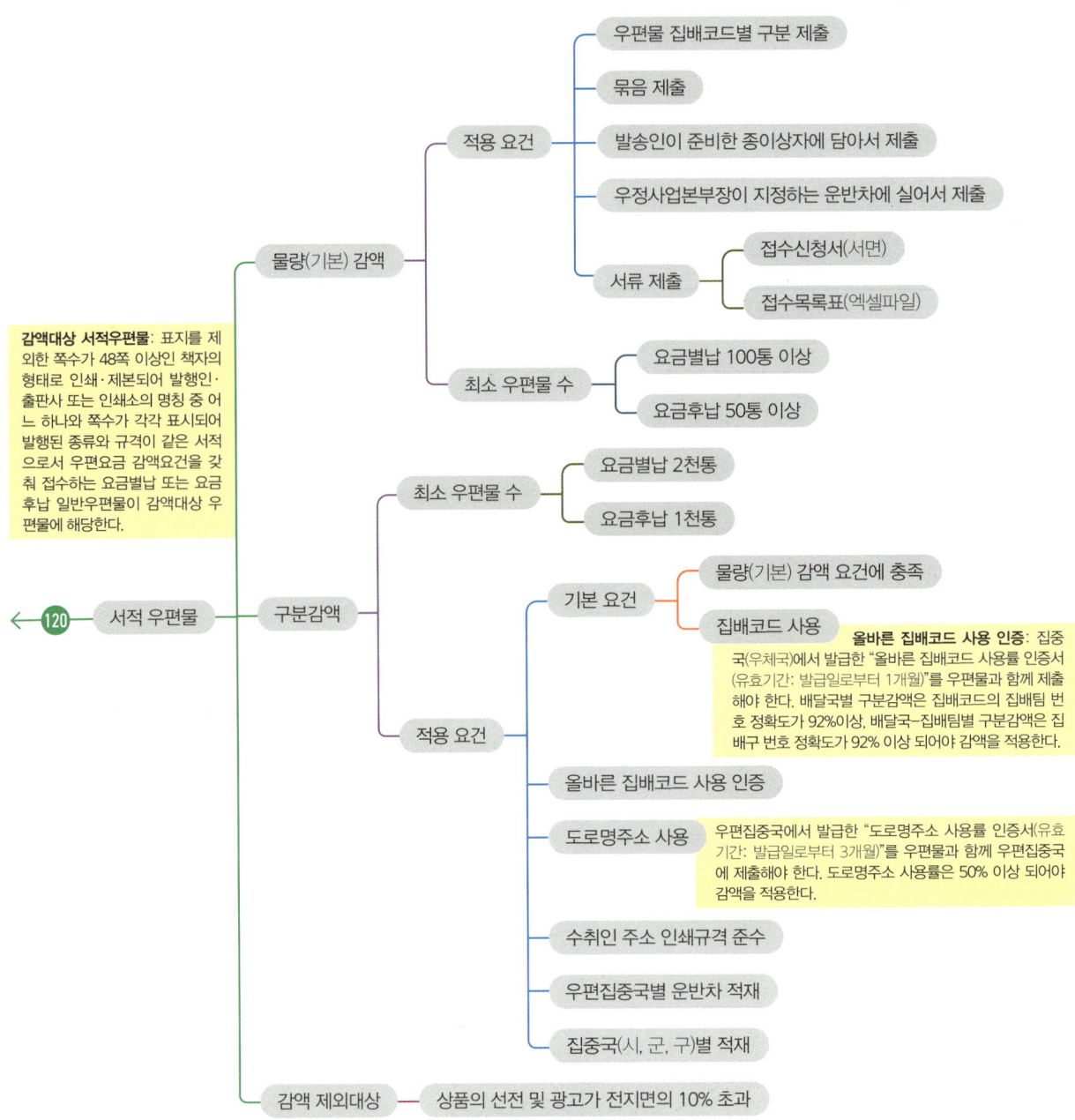

[서적우편물의 감액요건]
(1) 공중이 이용할 수 있도록 가격정보(출판물에 가격이 표시된) 또는 국제표준도서번호(International Standard Book Number ; ISBN), 국제표준일련간행물번호(International Standard Serial Number ; ISSN)가 인쇄된 출판물
(2) 비정기적으로 발간되는 출판물에 대해서만 감액 적용("정기간행물의 우편요금 감액대상, 감액범위, 감액요건 등에 관한 고시"에 따라 감액을 적용받지 않는 정기간행물(격월간, 계간 등)은 비정기적 간행물로 간주)
(3) 우편물의 표면 왼쪽 중간 부분에 '서적' 표기
(4) 우편엽서, 빈 봉투, 지로용지, 발행인(발송인) 명함은 각각 1장만 동봉 가능(본지 및 부록과 함께 제본할 때는 수량 제한 ×)
　우편물에는 본지의 게재내용과 관련된 물건(부록)을 첨부하거나 제본 가능
　① 부록은 본지에는 부록이 첨부되었음을 표시하고, 부록의 표지에는 '부록' 표기
　② 부록을 본지와 별도로 발송하거나 부록임을 판단하기 어려운 경우에는 감액 미적용
(6) 본지, 부록 등을 포함한 우편물 1통의 총 무게는 1,200g을 초과할 수 없고, 본지 외 내용물(부록, 기타 동봉물)의 무게는 본지의 무게 초과 금지
(7) 서신성 인사말, 안내서, 소개서, 보험안내장을 본지(부록 포함)에 제본하거나 동봉하는 우편물은 감액 미적용

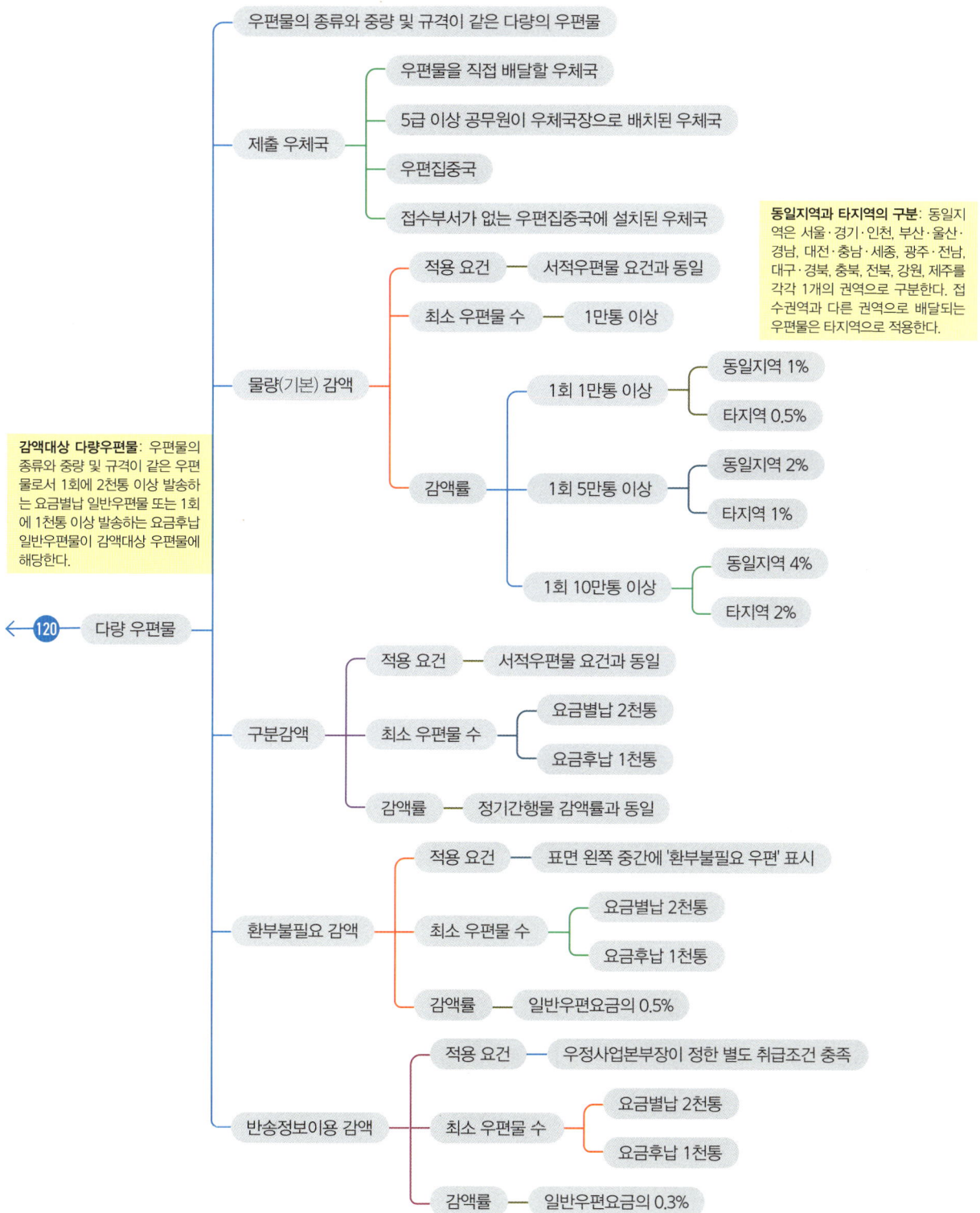

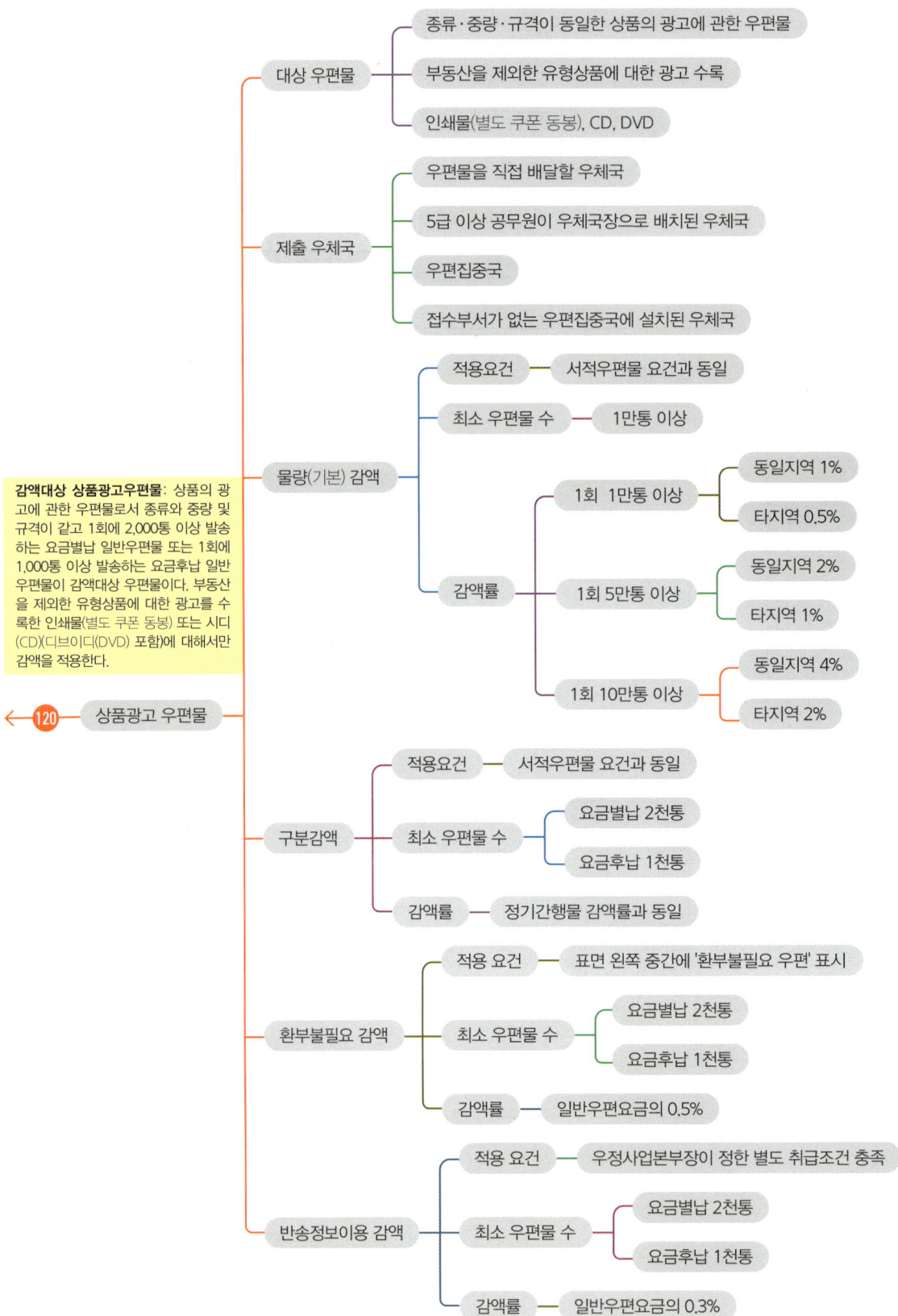

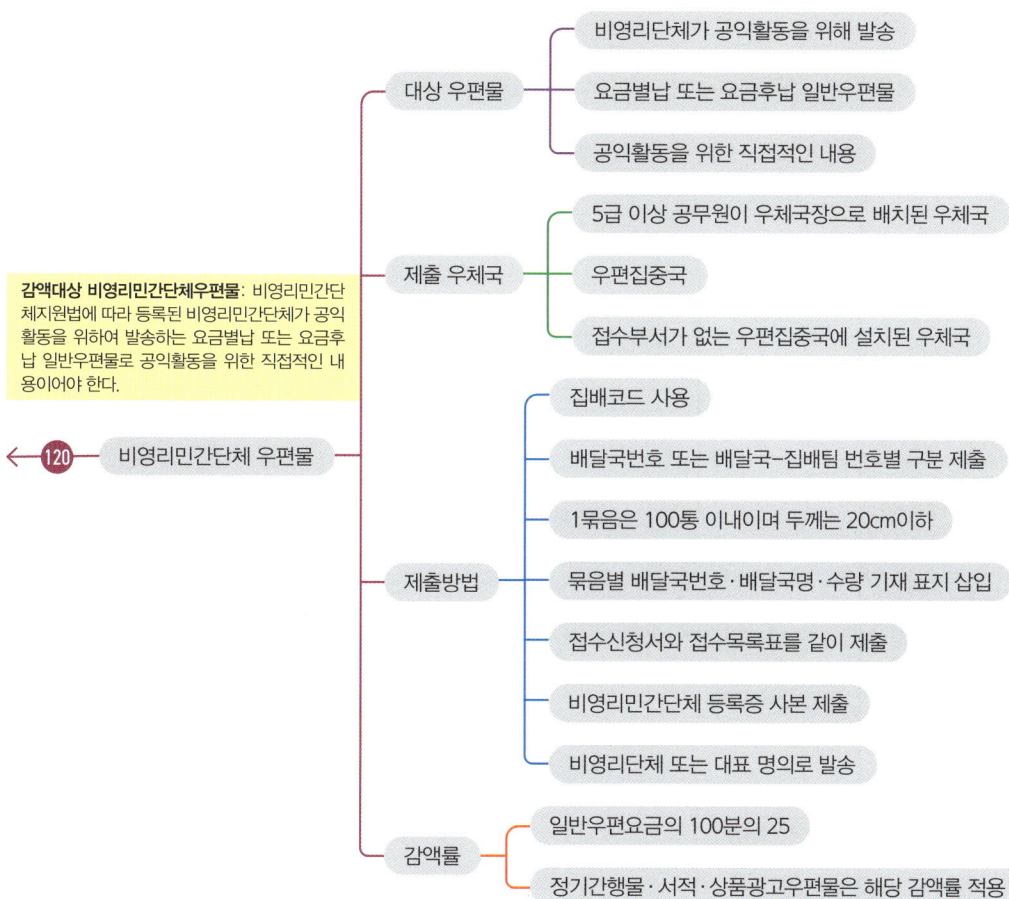

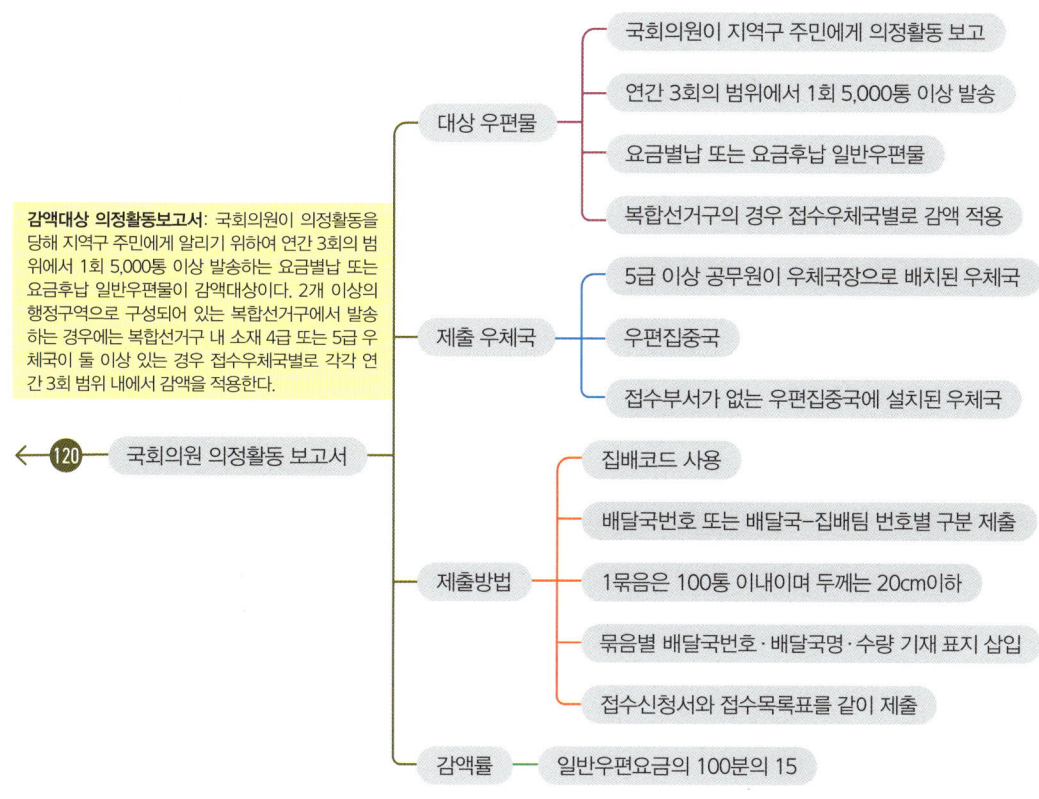

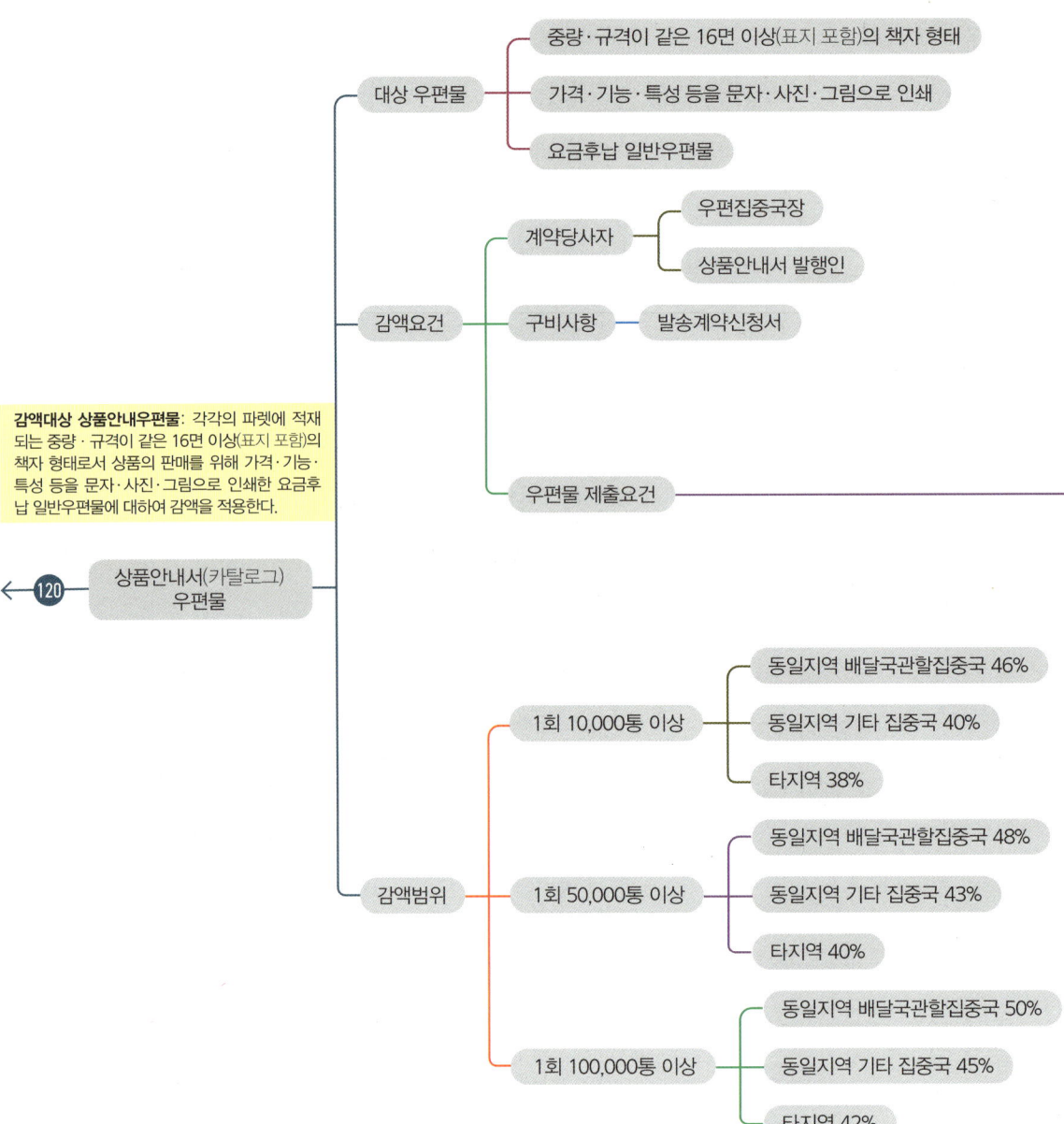

- 모든 우편집중국에서 접수
- 우편번호별 또는 집배코드별로 구분 제출
- 집배코드별 제출시 올바른 집배코드 사용 인증
- 묶음처리된 우편물은 운반차(pallet)에 실어서 제출
- 접수신청서와 접수목록표 제출

이론확장 Unboxing

[상품안내서(카탈로그) 우편물의 감액요건]
(1) 상품안내서(카탈로그) 한 면의 크기는 최소 120mm×190mm 이상, 최대 255mm×350mm 이하, 두께는 20mm 이하
(2) 상품안내서(카탈로그) 중 최대·최소 규격의 범위를 벗어나는 내용물이 전지면의 10% 초과 금지
(3) 책자 형태에 포함되지 않은 추가 동봉물은 8매까지 인정
(4) 우편물 1통의 무게는 1,200g을 초과할 수 없으며, 추가 동봉물은 상품안내서(카탈로그)의 무게 초과 금지
(5) 봉함된 우편물 전체 내용 중 광고의 비율이 80% 이상

단원 학습목표
이번 단원은 고객의 불편과 불만을 덜어내기 위한 제도를 공부합니다. 우편서비스는 보편적인 대국민 통신서비스로서 고객인 국민의 입장에 서서 서비스를 제공하고 불편을 최소화하여야 합니다. 만약 서비스 이용 과정에서 불편부당한 일들이 발생했다면 이에 대한 손해배상 또는 손실보상이 이루어져야 합니다. 그리고 필요 이상 우체국에 방문하게 된 고객에게도 이용자 실비지급제도를 운영하고 있습니다.

Teacher`s Advice

법적으로 손해배상과 손실보상은 엄격히 구분됩니다. 손해배상은 고의 또는 중과실 등 위법적 행위를 전제로 하는 것인 반면, 손실보상은 적법한 행위였음에도 불구하고 공익을 위해 특정한 개인이 특별한 희생을 감내해야 하는 경우에 적용되는 제도입니다. 우편서비스에 대한 손해배상제도와 손실보상제도도 이러한 맥락에서 접근해 보시면 두 제도를 구분하는데 도움이 될 것입니다.

이론확장 Unboxing

[손해배상의 범위 및 금액(최고액)]

1. 손실, 분실
   (1) 통상우편물
      ① 일반: 없음
      ② 준등기: 5만원
      ③ 등기취급: 10만원
      ④ 국내특급: 10만원(당일특급과 익일특급 동일)
   (2) 소포우편물
      ① 일반: 없음
      ② 등기취급: 50만원
      ③ 국내특급(당일특급): 50만원
2. 지연배달
   (1) 통상우편물
      ① 일반: 없음
      ② 준등기: 없음
      ③ 등기취급: D+5일 배달분부터 우편요금과 등기취급수수료
      ④ 국내특급: － 당일특급: D+1일 0시~20시까지 배달분은 국내특급수수료
                              D+1일 20시 이후 배달분은 우편요금과 국내특급수수료
                － 익일특급: D+3일 배달분부터 우편요금 및 국내특급수수료
   (2) 소포우편물
      ① 일반: 없음
      ② 등기취급: D+3일 배달분부터 우편요금 및 등기취급수수료
      ③ 국내특급(당일특급): D+1일 0시~20시까지 배달분은 국내특급수수료
                              D+1일 20시 이후 배달분은 우편요금과 국내특급수수료

---

99 손해배상 및 손실보상

- **국내우편물의 손해배상 제도**
- **손실보상 제도**
  - 개념 — 우편업무 수행중 적법행위에 대한 보전
  - 범위
    - 도로·다리 등의 통행료를 내지 않은 경우
    - 담장없는 집터·논밭 등을 통행하여 발생한 손실
    - 운송원이 도움을 받은 경우
  - 청구기한
    - 사실이 있었던 날부터 1년 이내
    - 불복시 3개월 이내에 민사소송 제기
- **이용자 실비지급제도**
  - 개념
    - 우정사업본부장이 공표한 우편서비스 기준 불충족
    - 예산범위에서 교통비 등 실비의 전부 또는 일부를 지급
  - 지급사유
  - 청구기한 — 사유발생일부터 15일 이내

실비지급의 제한: 우편서비스 제공과 무관하게 스스로 우체국을 방문한 것은 실비지급의 범위에 포함되지 않는다.

이용자 실비지급제도의 성격: 이용자 실비지급제도는 부가취급 여부나 재산적 손해 유무를 요건으로 하지 않고 실비를 보전하는 점에서 손해배상과 성질상 차이가 있다. 또한, 적법한 행위 때문에 생긴 손실을 보전하는 손실보상과도 재산적인 손해와 상관없이 일정 금액을 지급한다는 점에서 성격상 차이가 있다.

지급 여부의 결정: 이용자가 직원의 불친절한 안내 때문에 2회 이상 우체국을 방문하였다고 문서, 구두, 전화, 이메일 등으로 신고한 경우 해당 부서 책임자는 신고내용을 참고하여 신속히 지급 여부를 결정해야 한다. 단, 무기명 신고자는 제외한다.

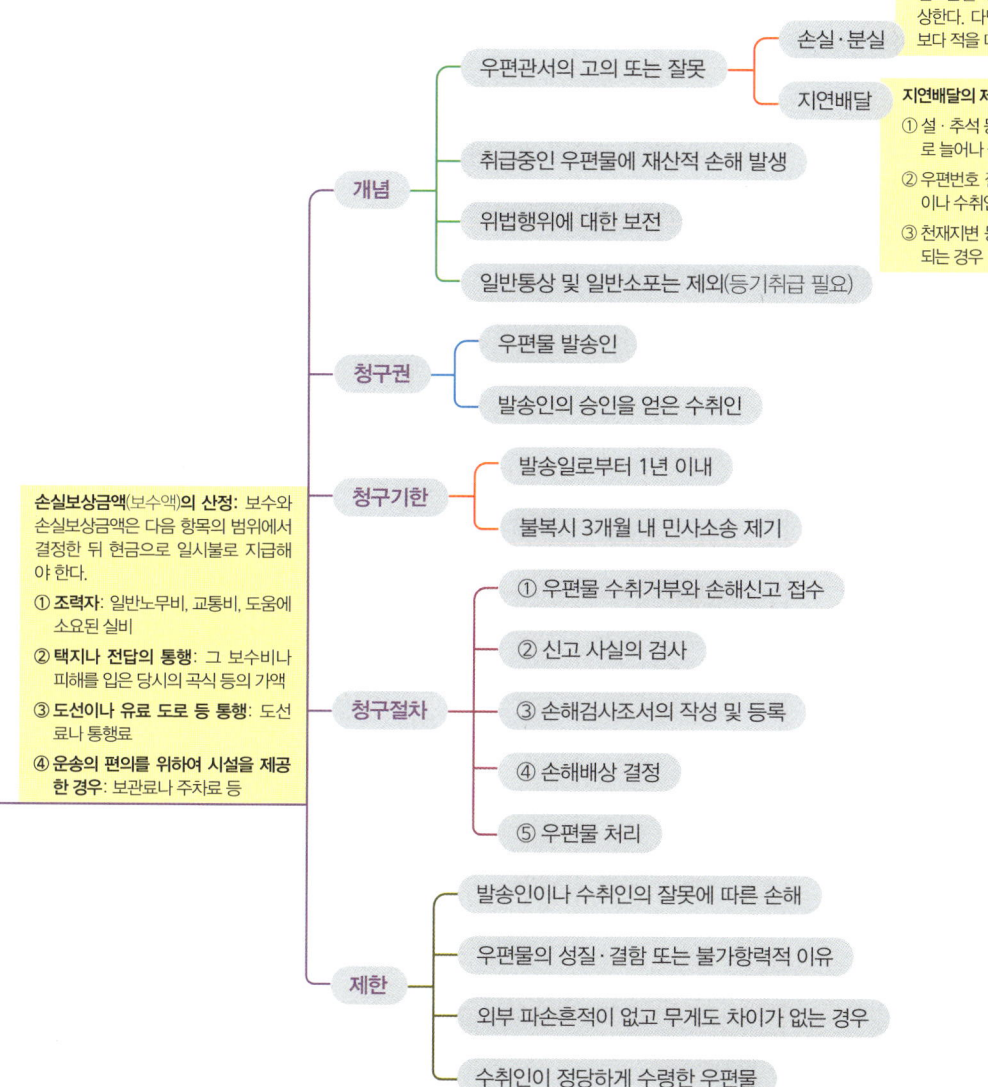

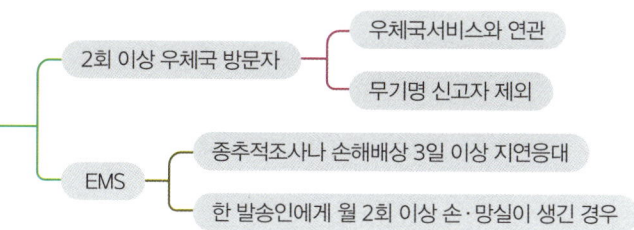

단원 학습목표
이번 단원은 수취인 주소와 성명의 변경 청구, 우편물의 반환 청구, 보관우편물의 보관국 변경청구 및 배달청구, 우편사서함 사용계약 등 각종 청구와 계약에 관한 내용이 포함되어 있습니다. 비교적 내용이 간단합니다. 핵심 포인트 위주로 정리해보시기 바랍니다.

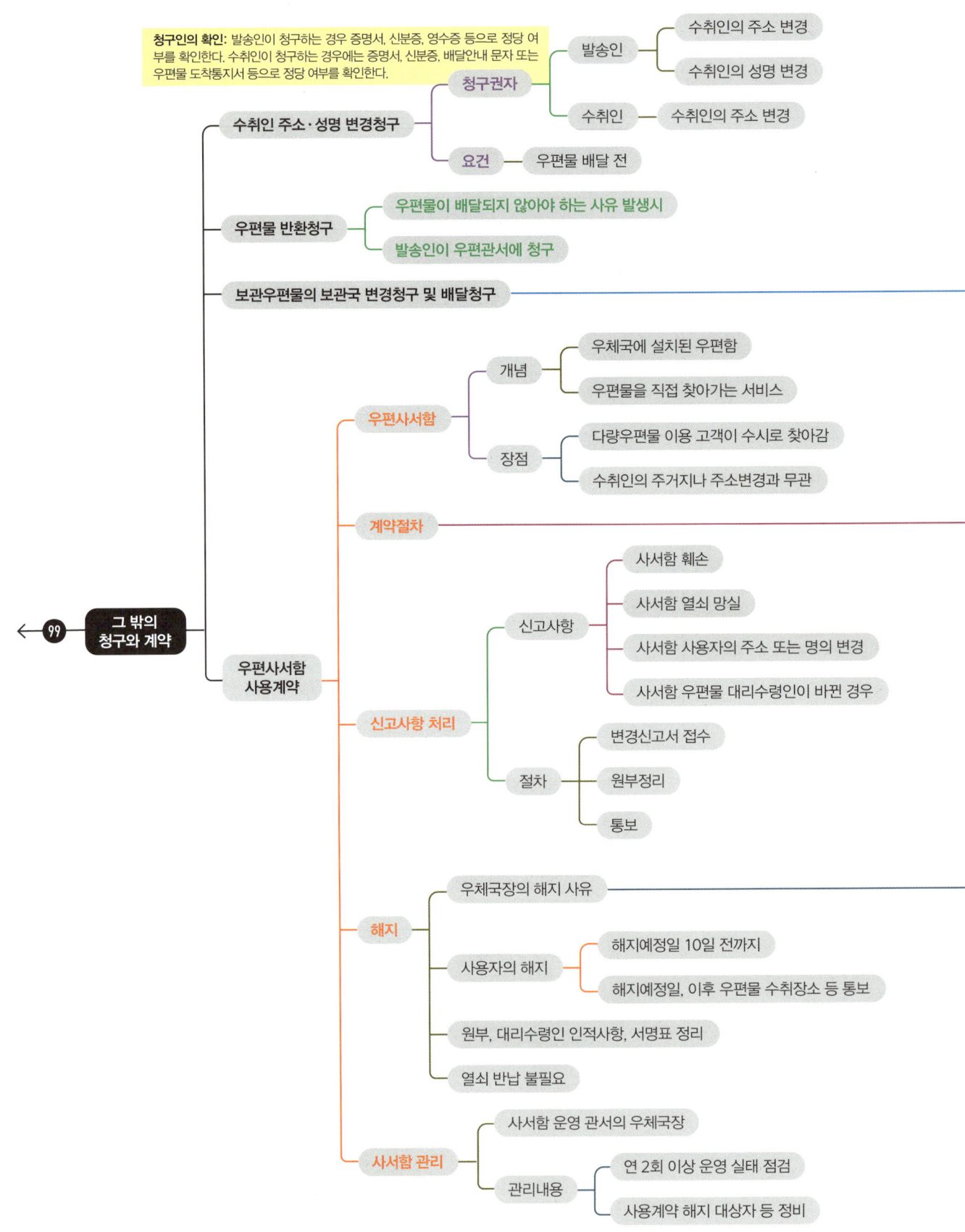

- 보관우편물
  - '우체국 보관' 표시가 있는 우편물
  - 교통불편 등으로 접근곤란지역으로 배달하는 우편물
  - 제외
    - 수취인 부재 등 사유로 우체국 보관
    - 우편함 미설치로 배달우체국에서 보관·교부
  - 처리 — 배달우체국 창구 보관 후 수취인에게 교부
- 보관국 변경청구는 1회만 가능
- 보관우체국이 변경된 경우 보관기간 재시작

사서함 사용계약 시 고려사항: 사서함 신청을 받은 우체국장은 국가기관, 지방자치단체, 일일 배달 예정물량이 100통 이상인 다량이용자, 우편물 배달 주소지가 사서함 설치 우체국의 관할구역인 신청자 순서로 우선적으로 계약할 수 있다.

- ① 신청인의 신청서 제출
  - 본인과 대리수령인의 서명표 제출
  - 단체의 우편물 수령인은 5명까지 등록 가능
  - 2인 이상 공동 사용 불가
- ② 계약부서의 업무처리
  - 신청서 확인
  - 계약서 전달
  - 열쇠 등 제작비 청구(즉납)
- ③ 계약통보
  - 발착, 특수 및 집배부서
  - 지원부서
- ④ 지원부서의 열쇠 등 제작
- ⑤ 계약부서가 신청인에게 열쇠 전달
- ⑥ 신청인이 계약부서에 열쇠보관증 제출

- 30일 이상 우편물 미수령
- 최근 3개월간 배달우편물이 월 30통 미달
- 우편 관계 법령 위반
- 공공의 질서나 선량한 풍속 저해

[수취인 주소·성명 변경 및 반환청구의 수수료]
1. **발송인의 청구**
   (1) 대상: 성명·주소 변경 및 우편물 반환
   (2) 취급수수료
     ① 우편집중국으로 발송 전: 무료
     ② 우편집중국으로 발송 후: 일반우편물은 기본통상우편요금 / 등기우편물은 등기취급수수료(수취인 성명 변경 및 동일 총괄우체국 내 주소변경 시 기본통상우편요금 징수)
2. **수취인의 청구**
   (1) 주소변경
   (2) 취급수수료: 등기취급수수료(동일 총괄우체국 내 변경 청구 시 무료)

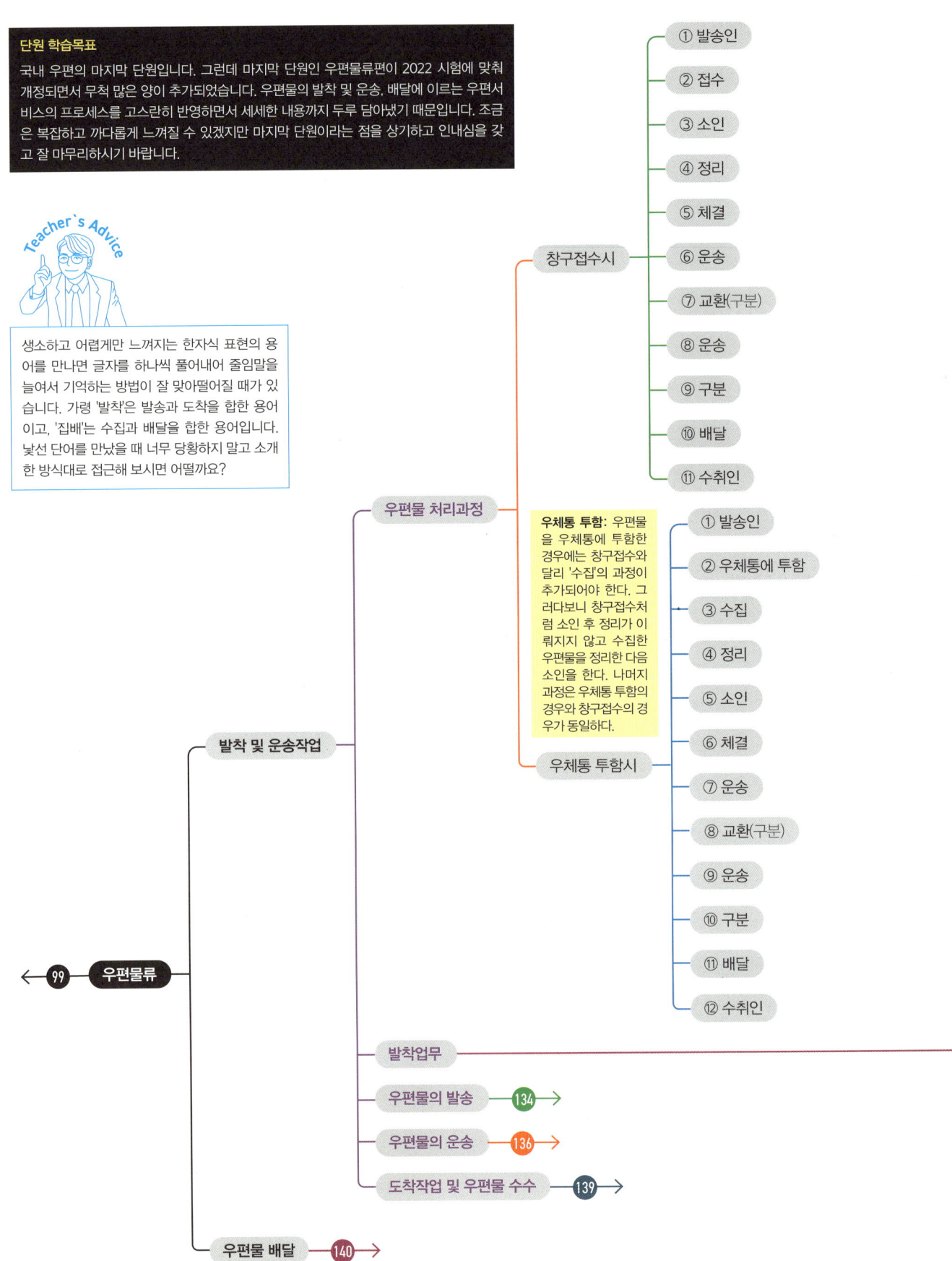

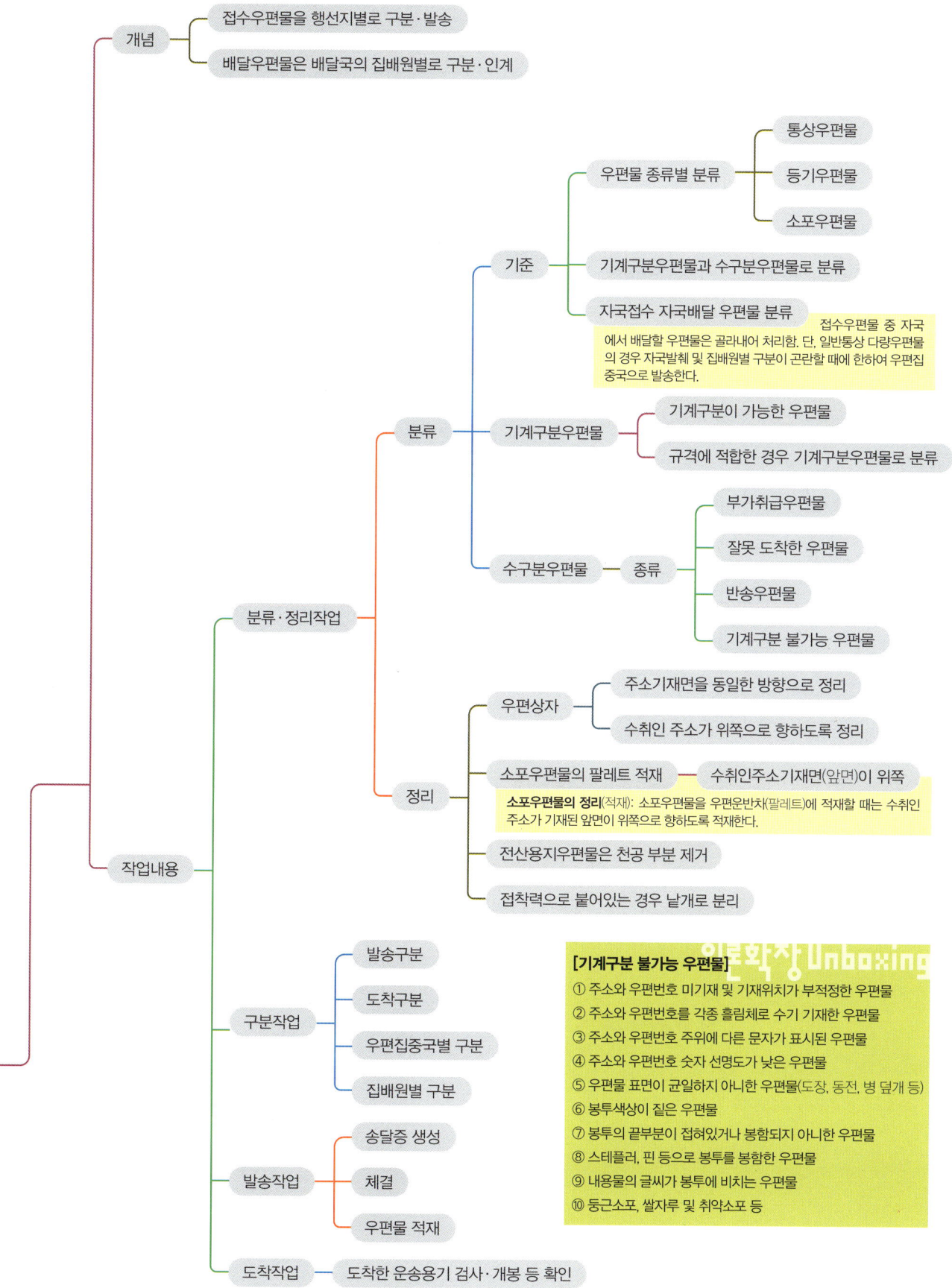

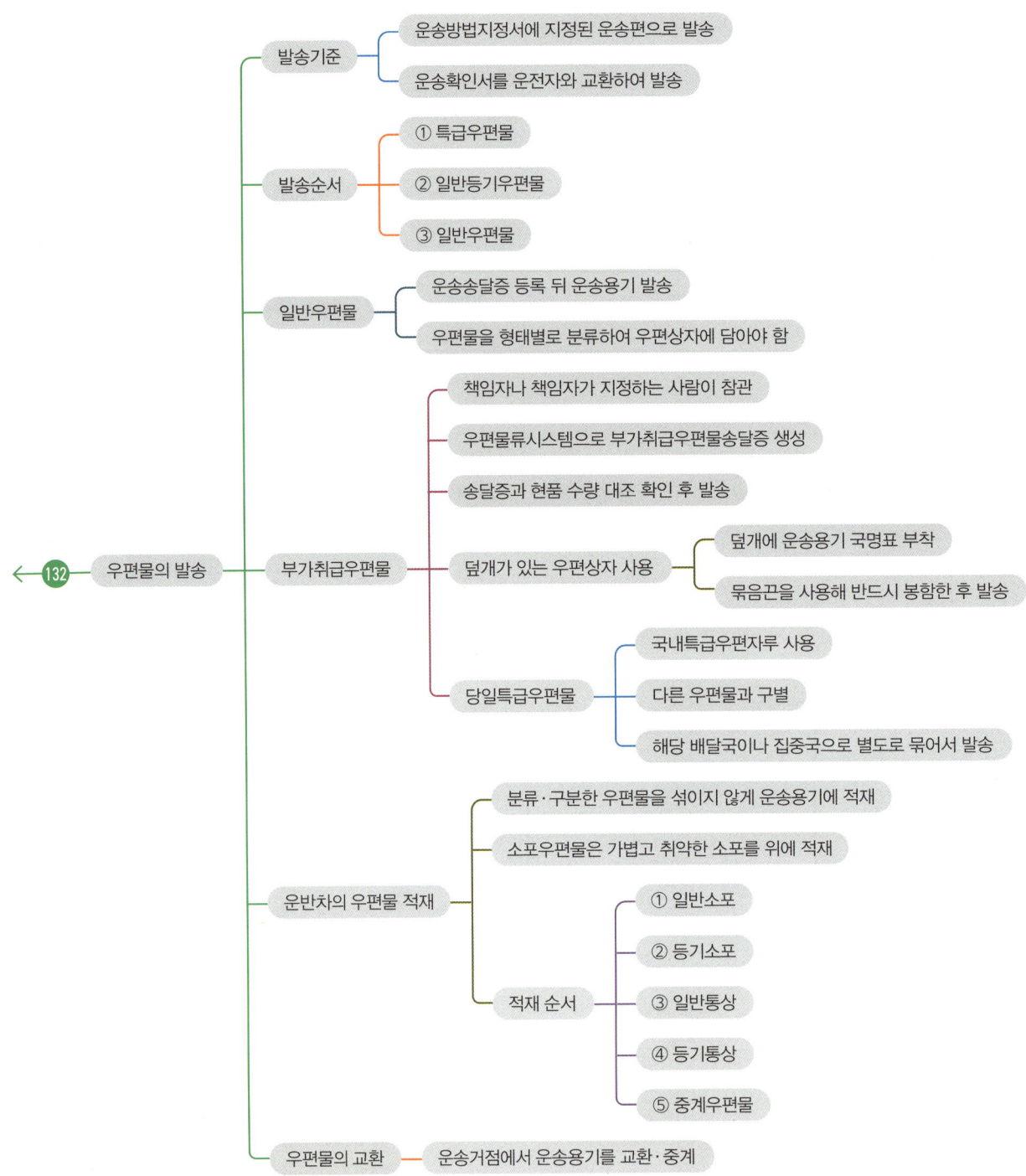

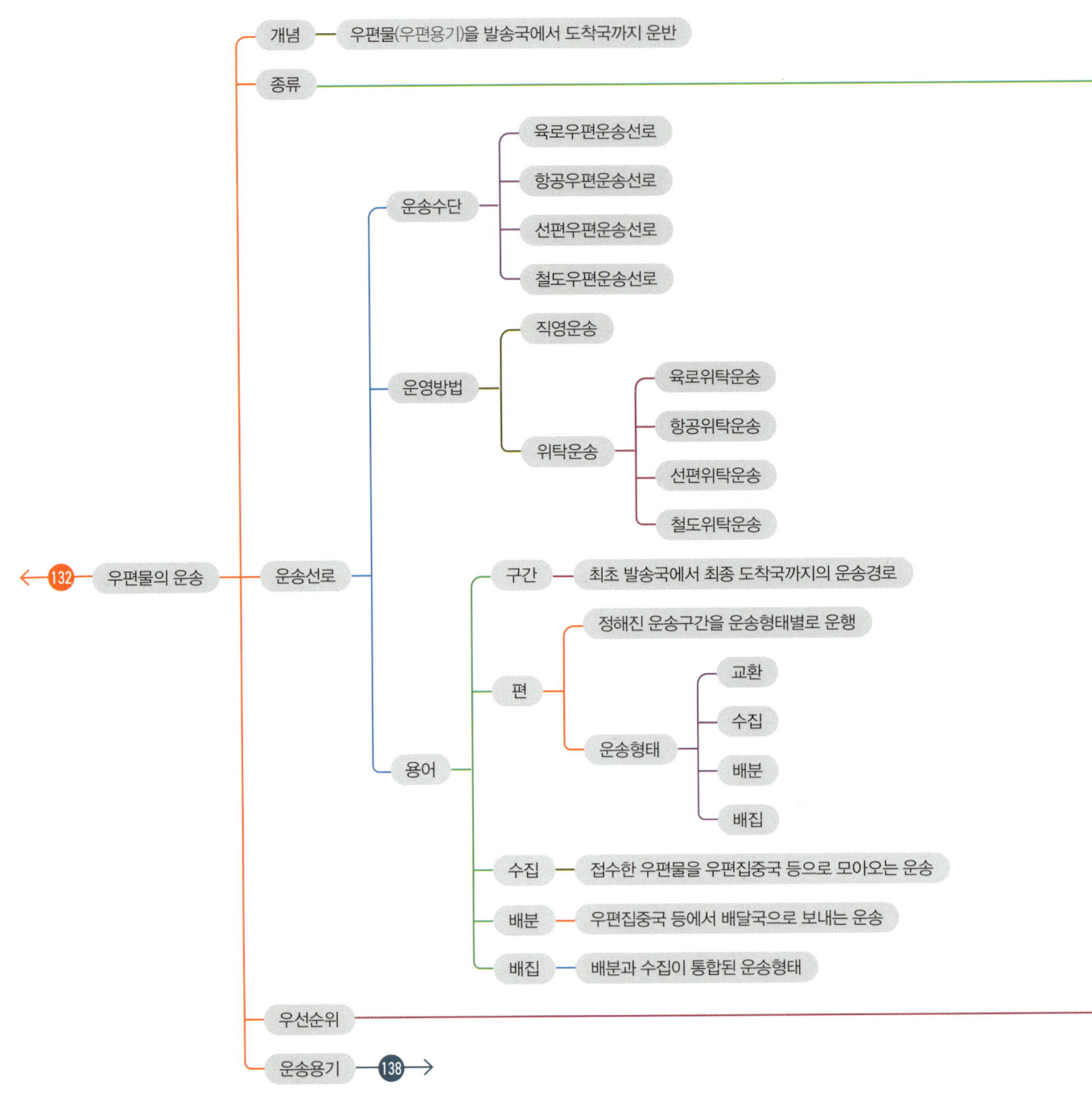

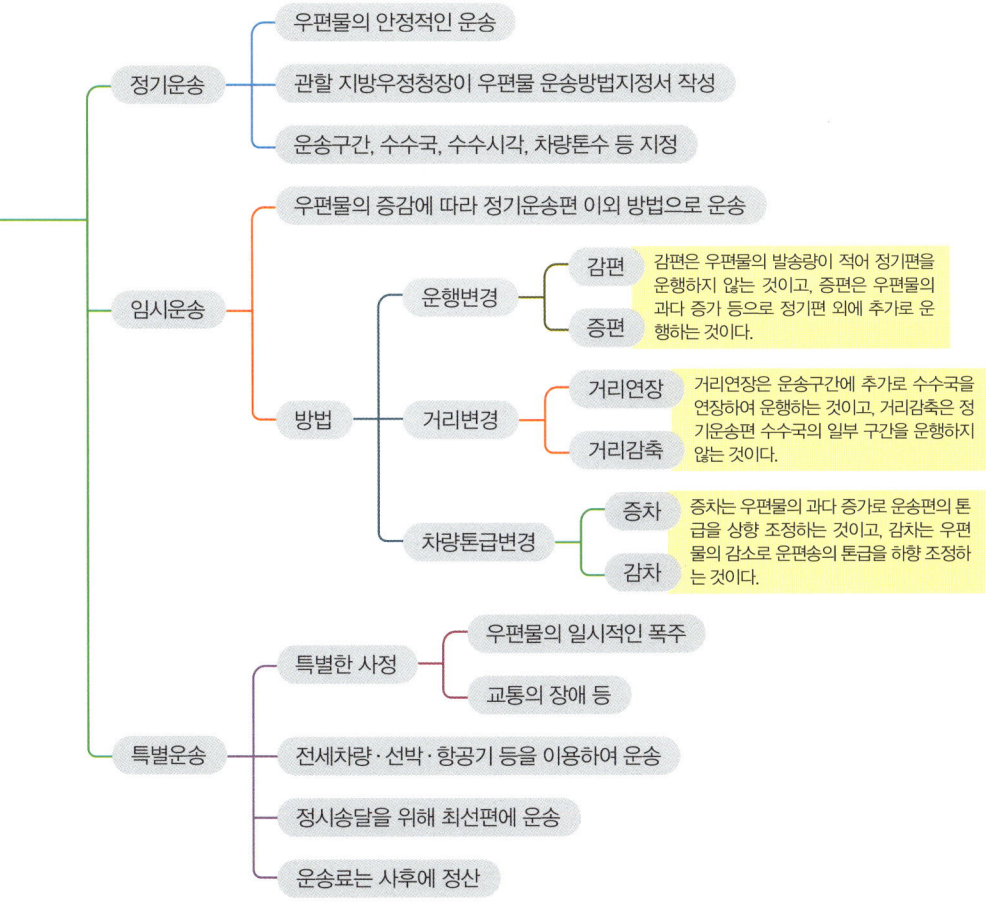
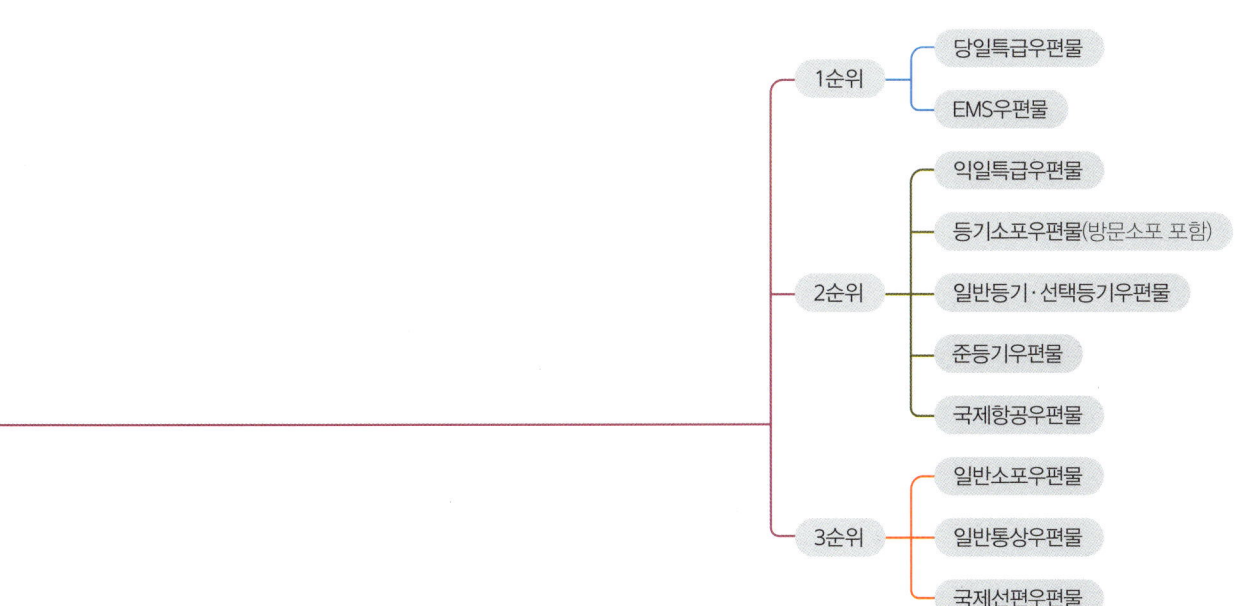

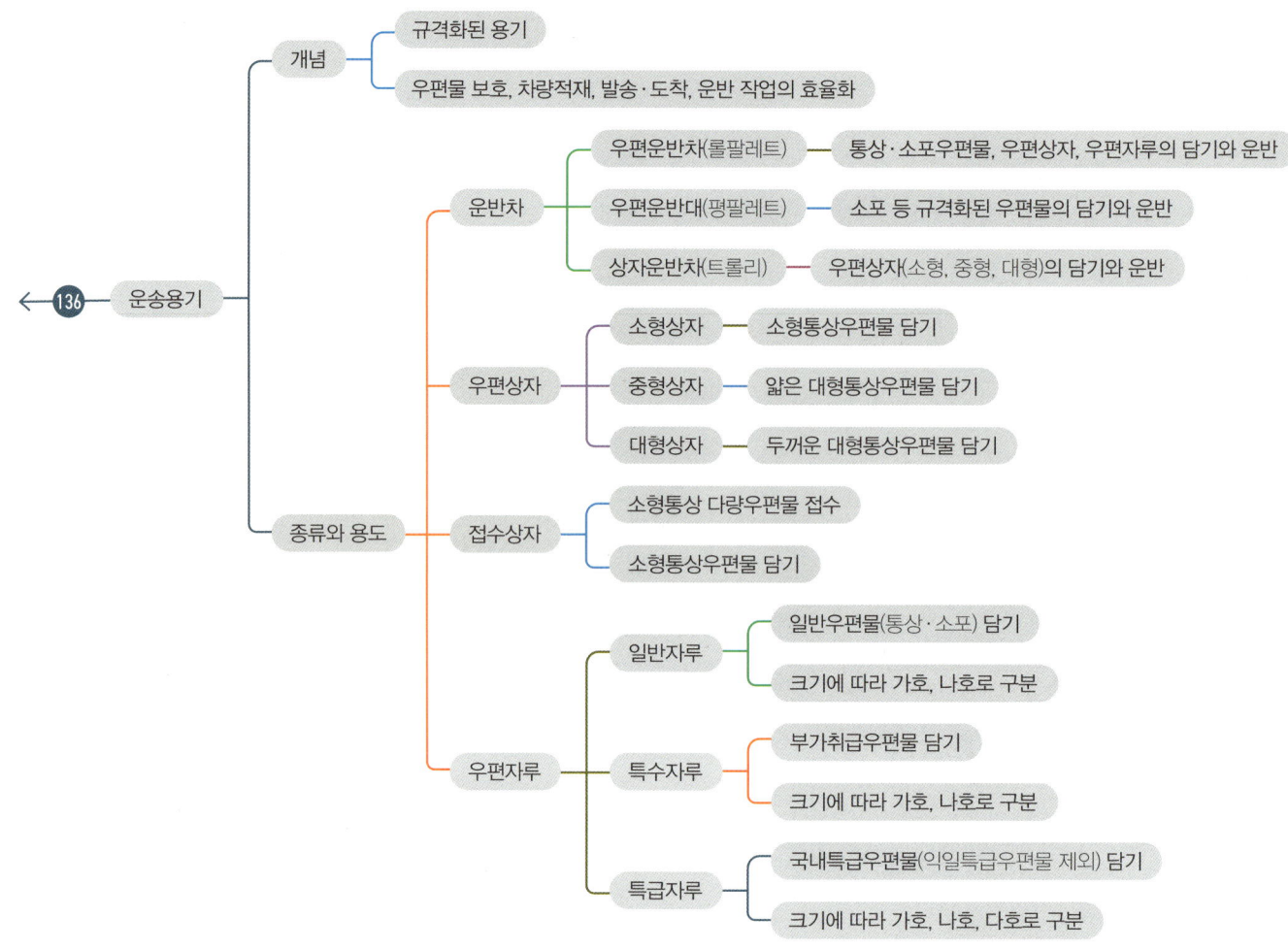

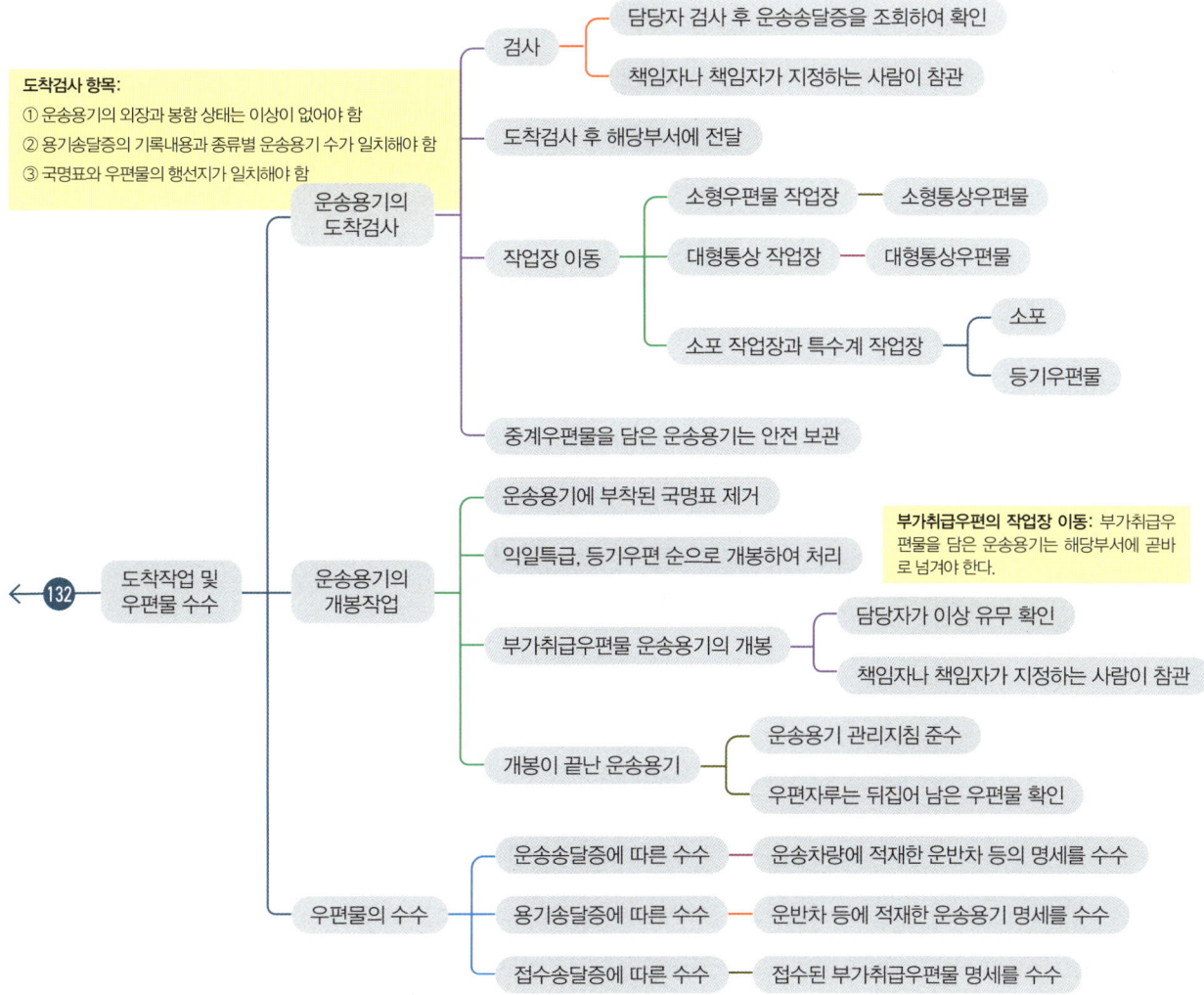

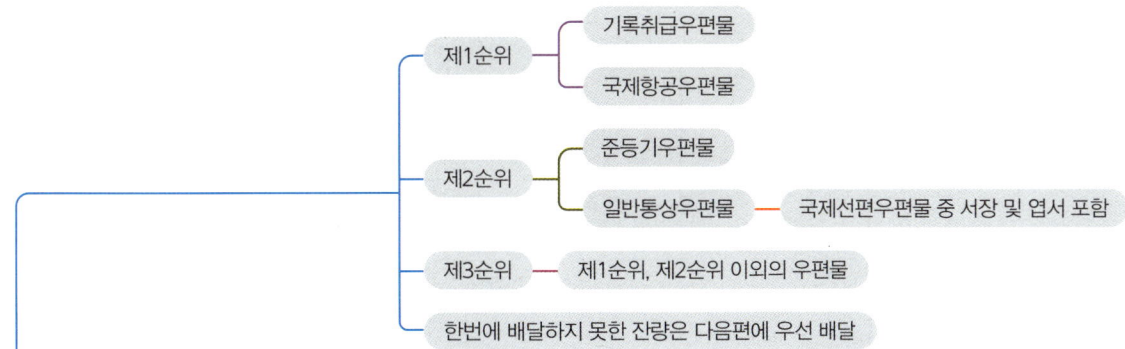

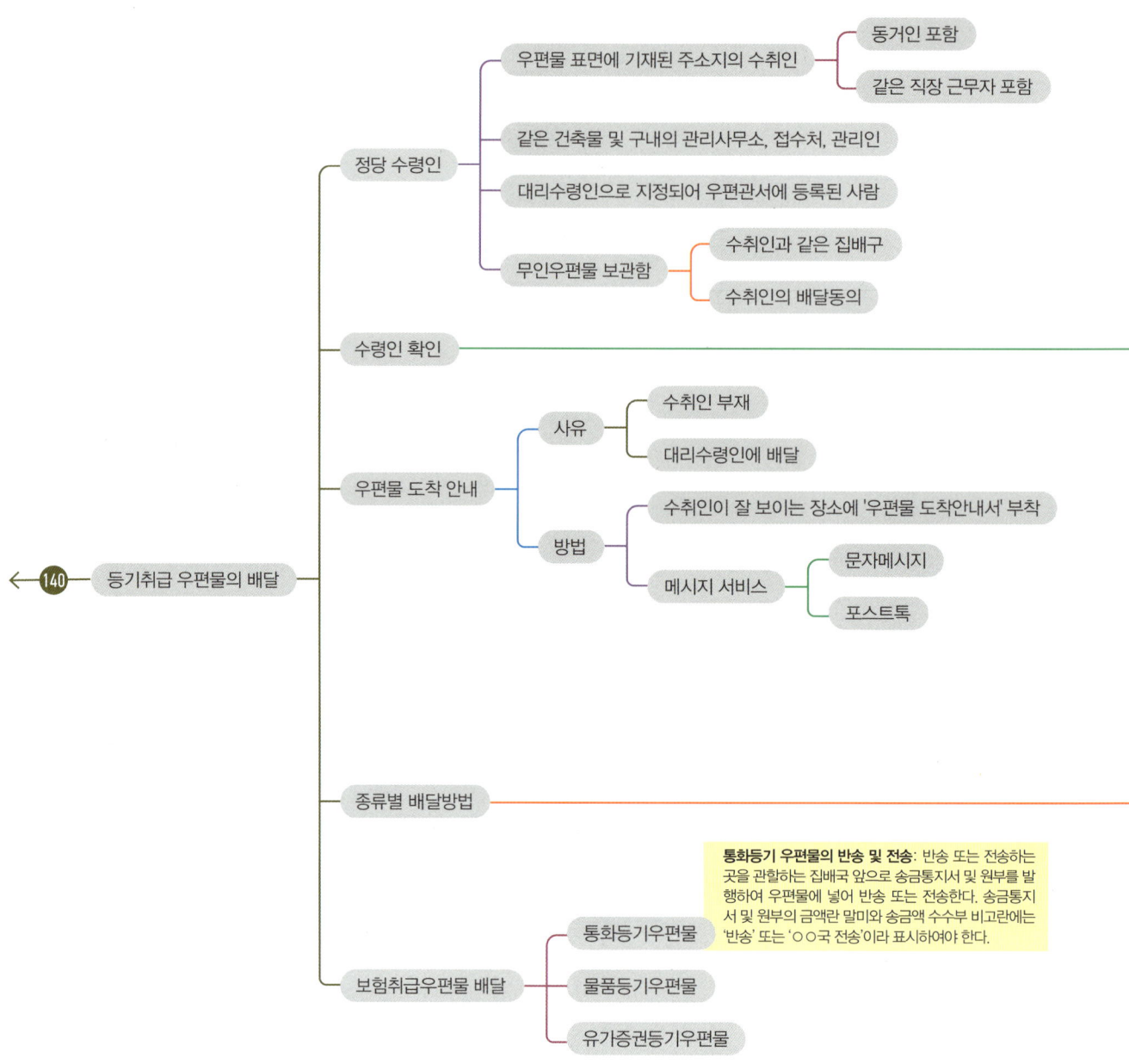

[보험취급우편물의 배달 유의사항]

1. 통화등기 우편물
① 통화등기 송금통지서와 현금 교환업무 취급 시 반드시 참관자를 선정하여 서로 확인하고 봉투의 표면에 처리자와 참관자가 확인 날인
② 국내특급으로 취급된 통화등기 우편물이 현금출납업무 마감시간 이후(또는 공휴일·토요일·일요일)에 도착하였을 때에는 시간외 현금 중에서 대체하여 배달하고, 시간외 현금이 없으면 다음날 현금출납업무 시작 즉시 처리
③ 통화등기 우편물을 배달할 때에는 수취인으로 하여금 집배원이 보는 앞에서 그 우편물을 확인하게 하여 내용금액을 표기금액과 서로 비교 확인

2. 물품등기 우편물
① 우편물을 확인하지 않고, 수취인에게 봉투와 포장상태의 이상 유무만 확인
② 이후 사고발생으로 인한 민원발생 및 우편서비스 품질이 저하되는 사례가 없도록 유의

3. 유가증권등기 우편물
① 수취인에게 겉봉을 열어 확인하게 한 후 표기된 유가증권 증서류명, 금액, 내용을 서로 비교 확인
② 관공서, 회사 등 다량의 등기우편물 배달 시 유가증권 등기우편물이 포함된 사실을 모르고 상호 대조 확인 없이 일괄 배달하는 사례가 없도록 유의

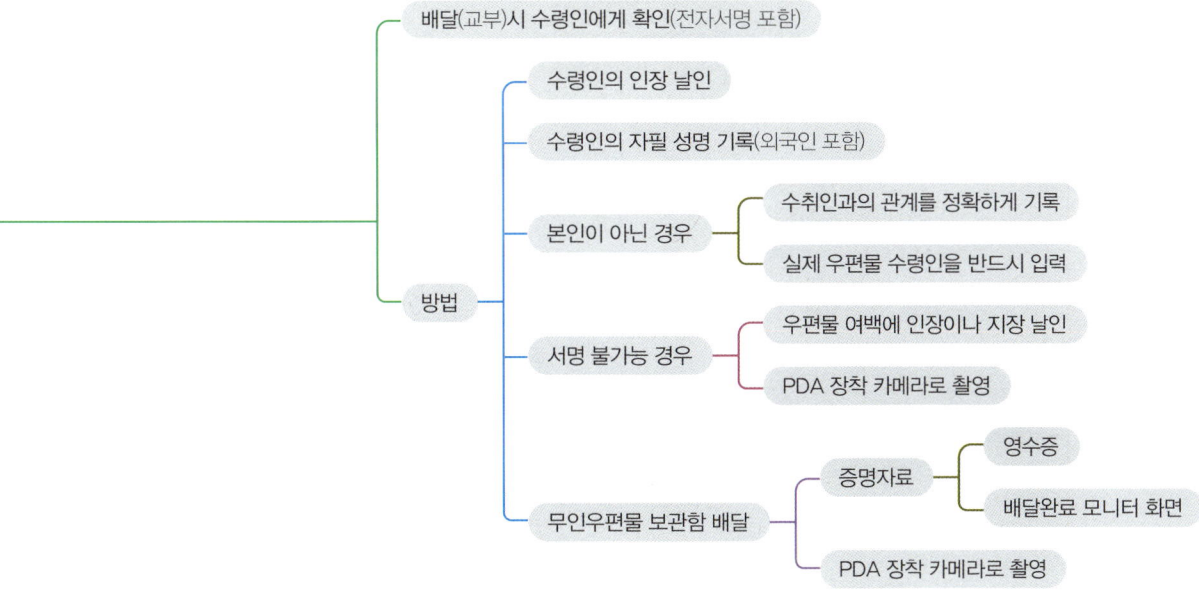

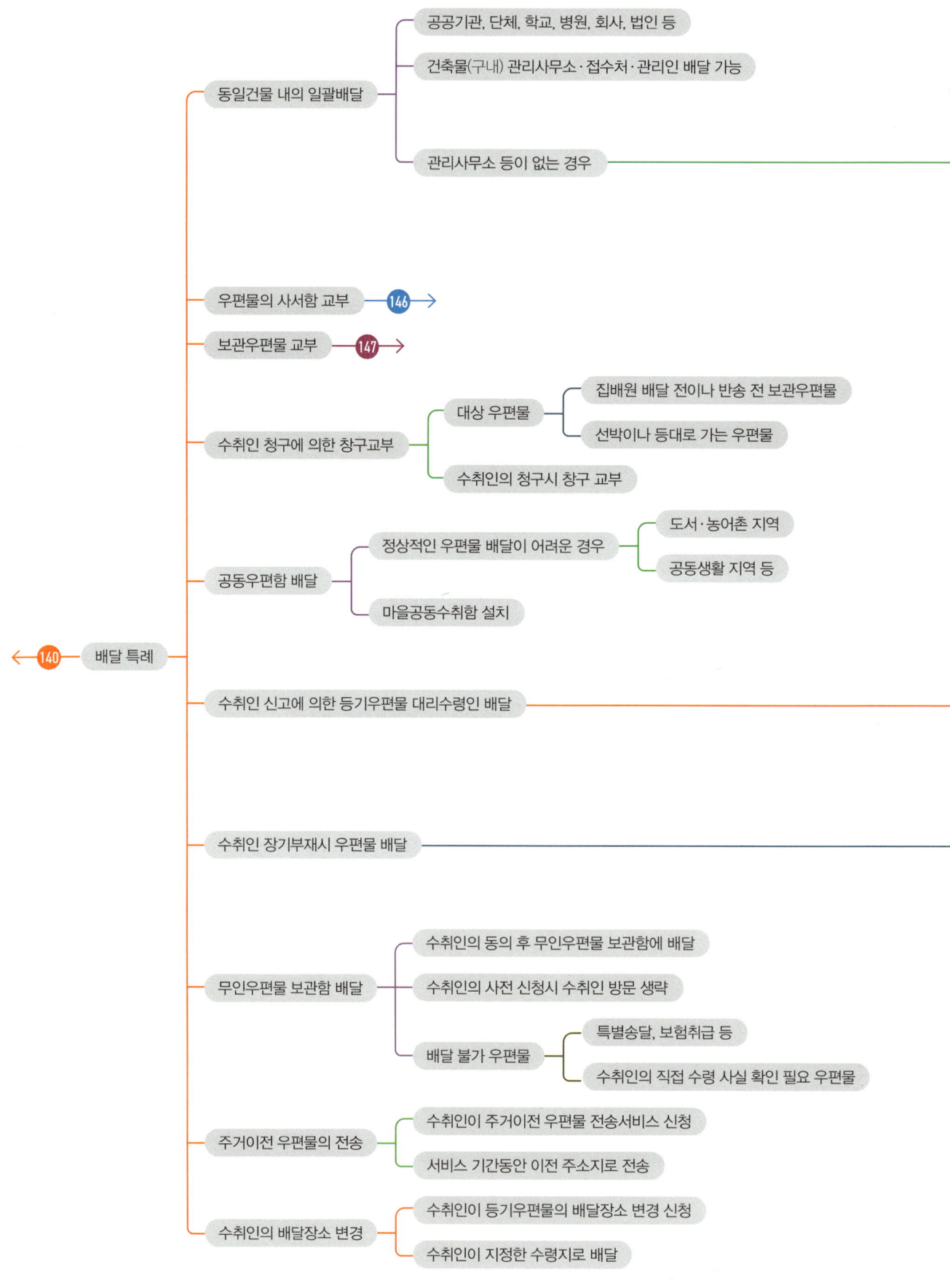

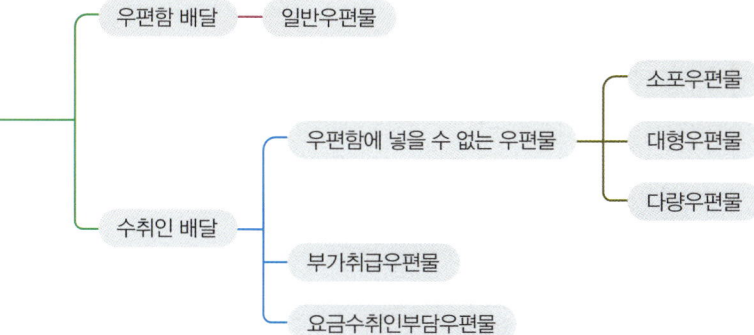

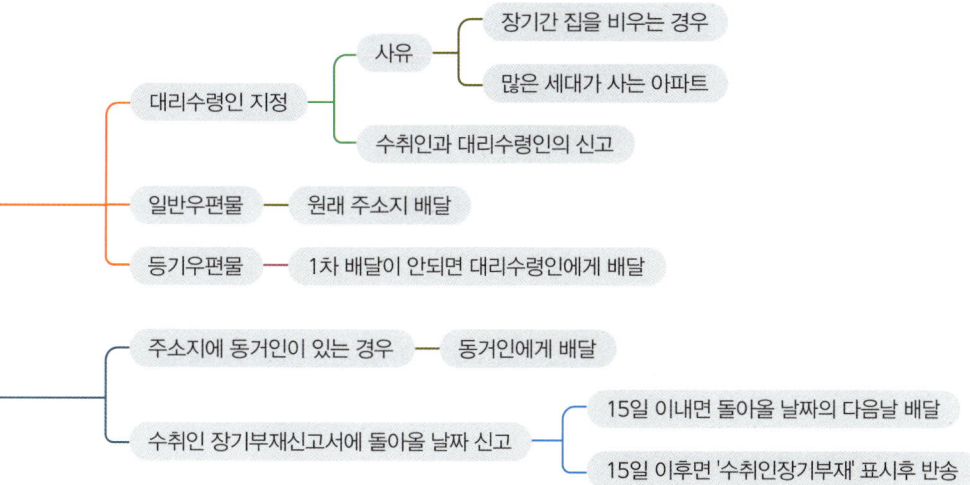

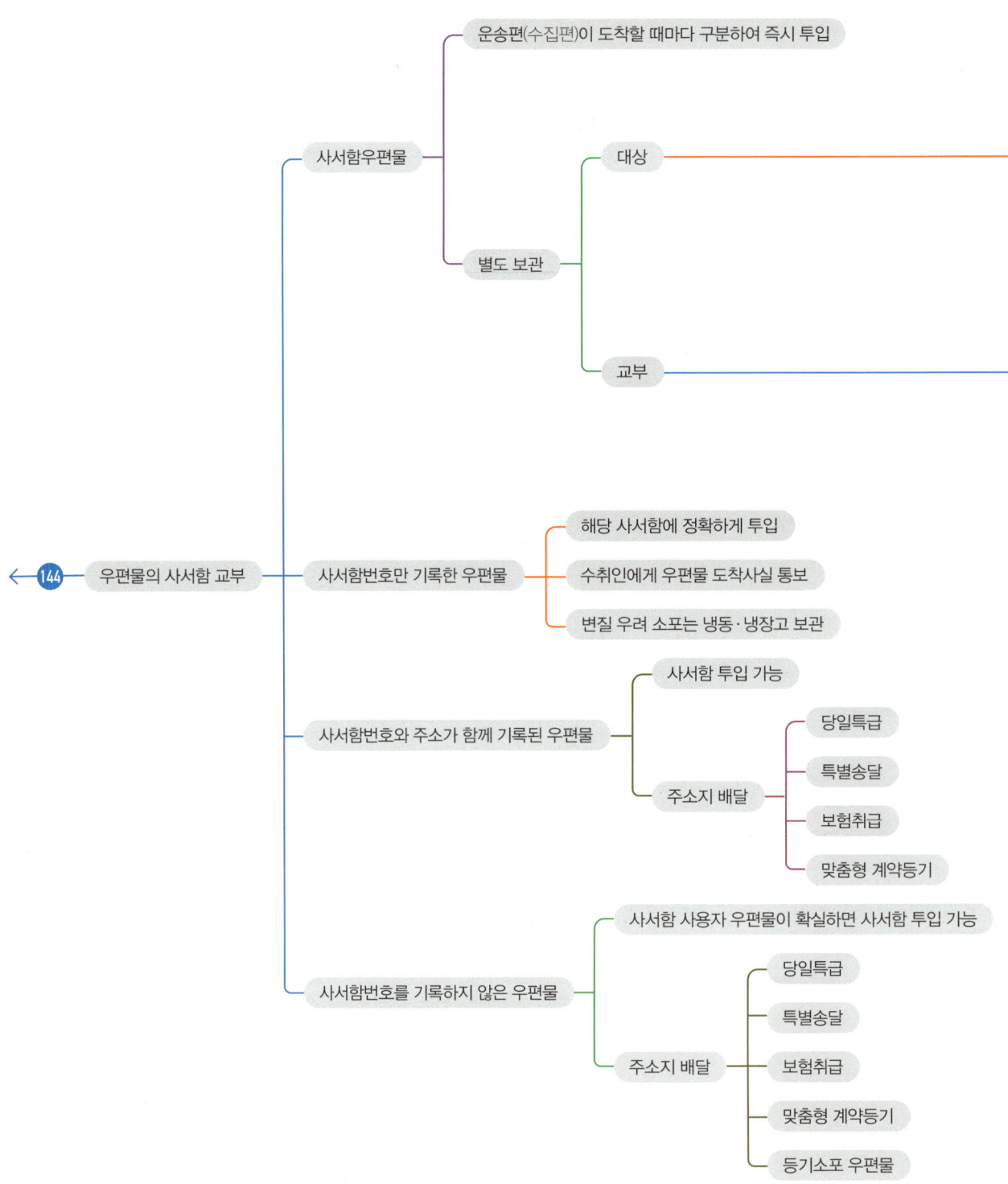

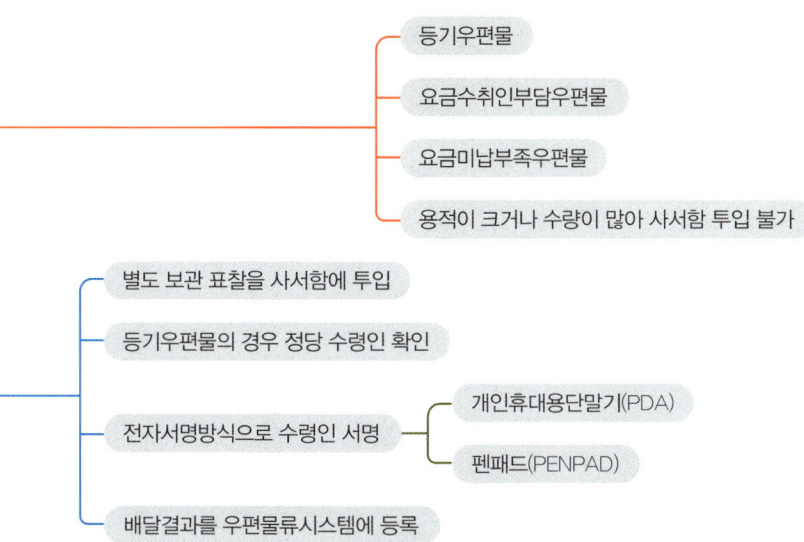

《뼈대노트》의 효과적인 공부법

《뼈대노트》는 '뼈대'를 통해 구조와 틀을 잡아냄과 동시에 뼈대와 연관된 세세한 내용까지 노란색 '포스트잇'으로 표기하였습니다. 이에 다음 순서대로 공부하면서 회독을 늘려가는 것이 효과적입니다.

① **최초 회독**: 뼈대를 중심으로 전반적인 구조와 틀을 잡아낸다.
② **2회독**: '포스트잇'으로 설명한 내용을 꼼꼼하게 읽어보고 중요한 부분에 체크를 해둔다.
③ **3+α 회독**: 뼈대와 중요 체크 사항을 연계해 반복·숙달하면서 머릿속에 저장한다.
④ **마무리 회독**: 시험이 임박한 시점에는 전체적인 맥락을 중심으로 최종 복습을 하면서 저장된 지식을 확인한다.

《뼈대노트》의 활용법

본문 뼈대의 ● 안 숫자는 뼈대의 세부적인 내용이 펼쳐지는 쪽수를 가리킵니다.
숫자 표시의 쪽수를 따라가며 순서대로 공부하시기 바랍니다.

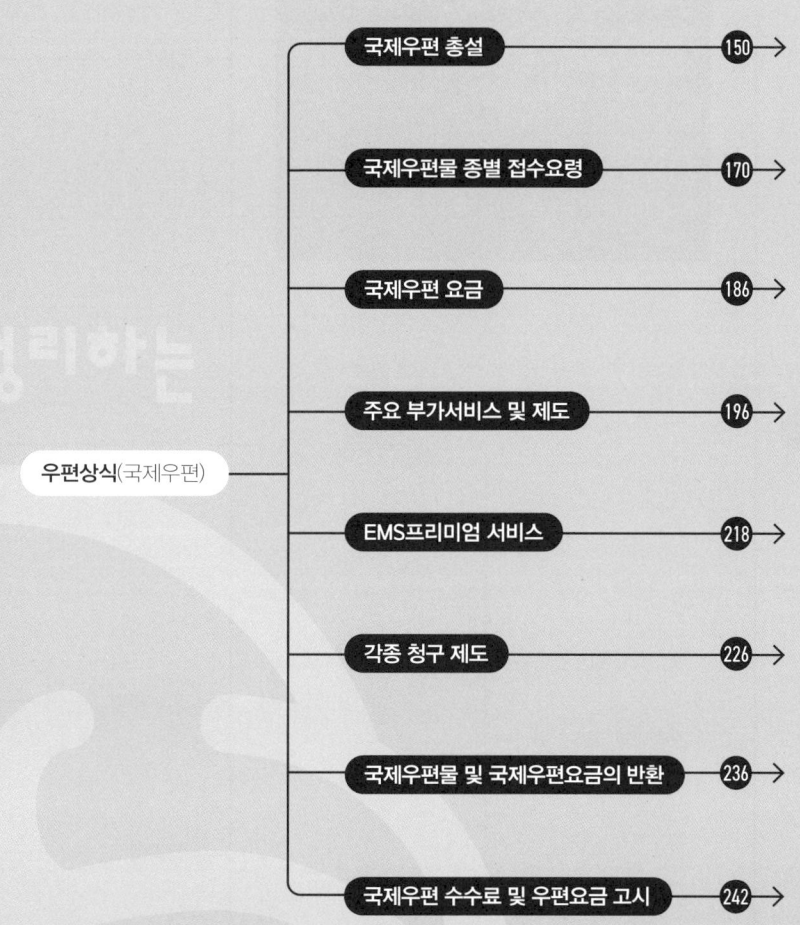

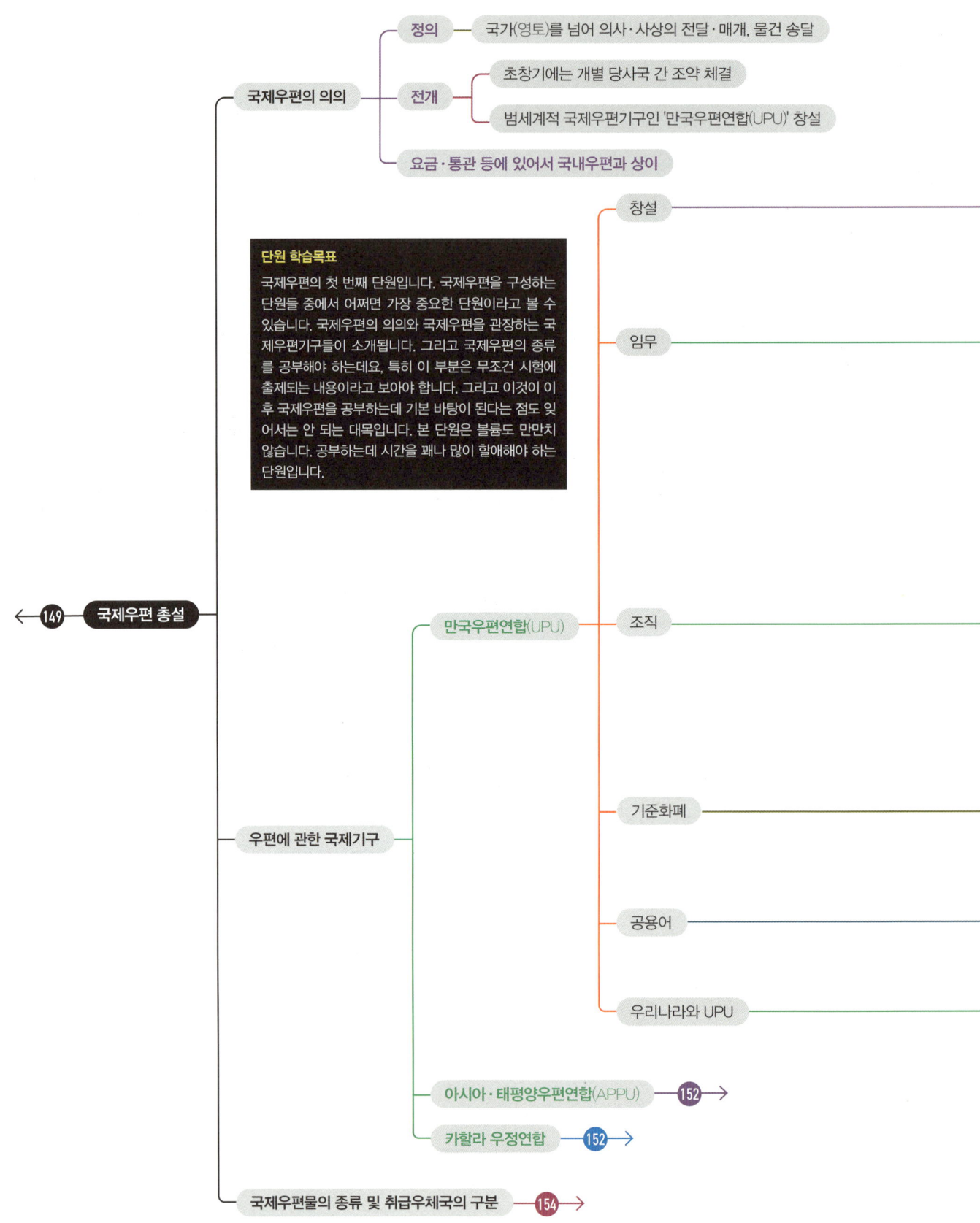

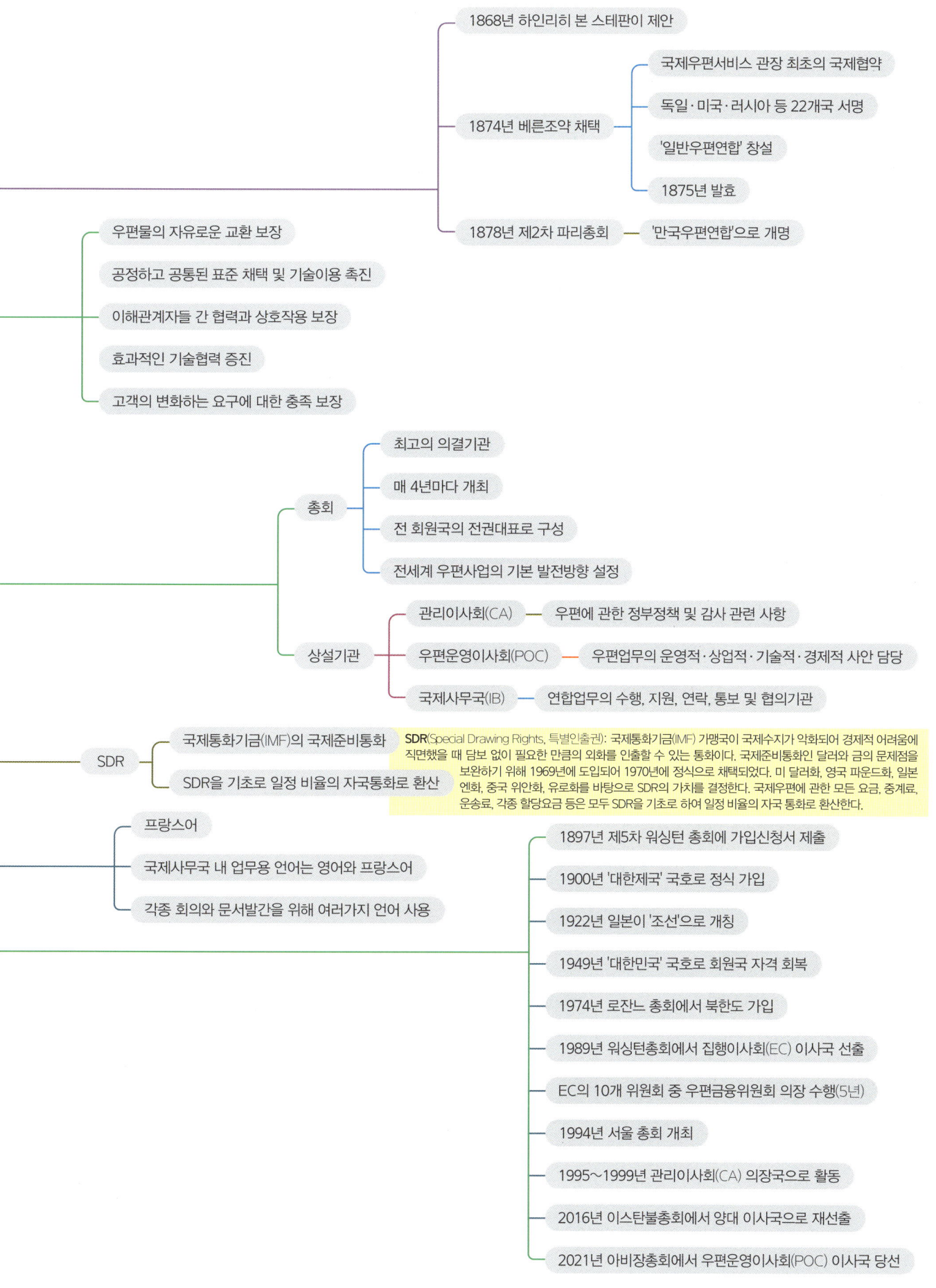

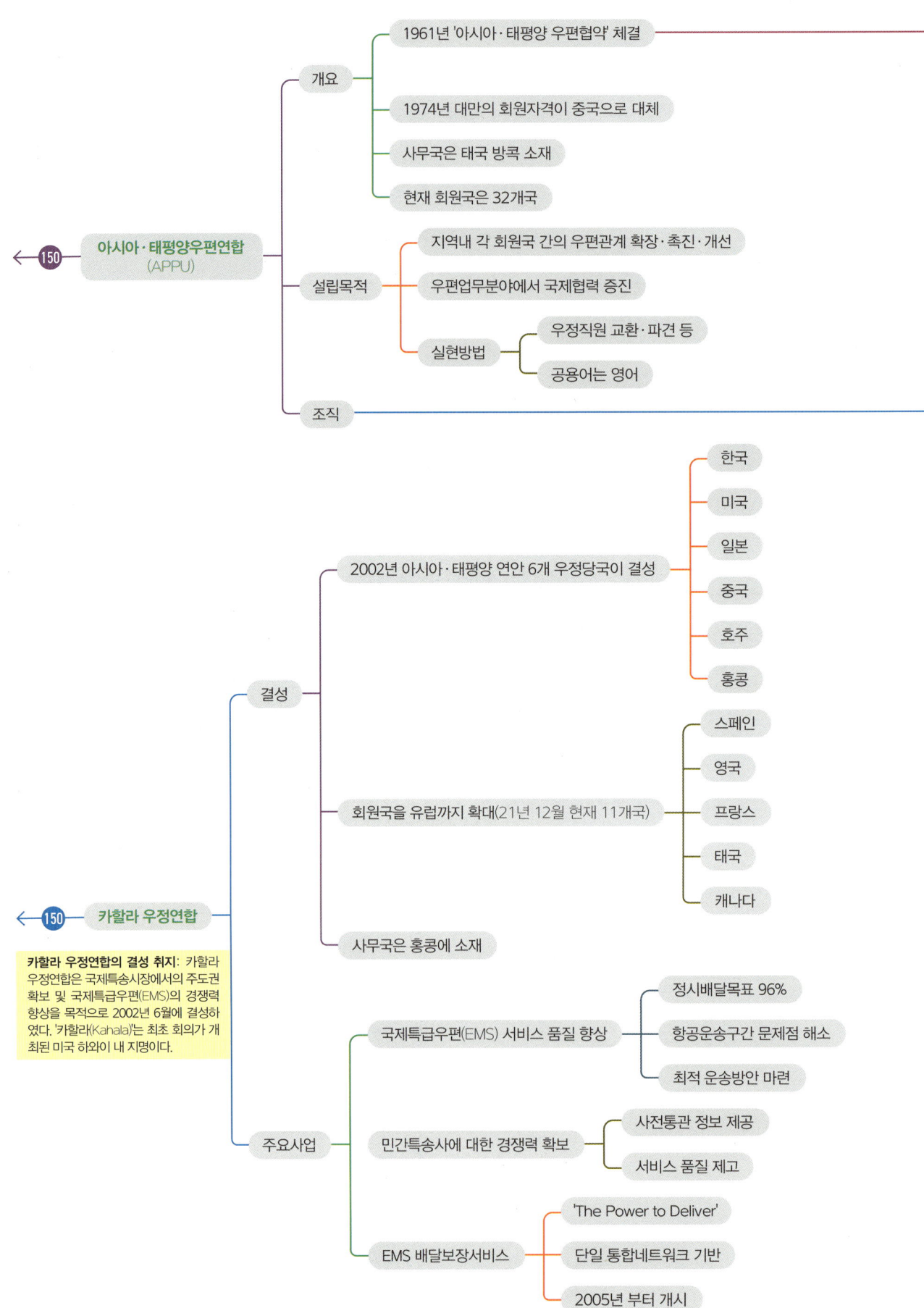

- 한국과 필리핀이 공동 제의
- 마닐라에서 APPU 창설
- 한국, 태국, 대만, 필리핀이 협약에 서명
- 1962년 발효
- 지역 내 상호협력과 기술협조에 기여

우리나라의 아·태 우편연합(APPU) 활동: 우리나라는 2005년 제9차 APPU 총회 주최국으로서 총회 이후 집행이사회 의장직을 수행하였고, 2009년 3월 9일부터 13일까지 진행된 뉴질랜드 오클랜드의 APPU 총회에서 다음 의장·부의장의 선출을 끝으로 4년간의 집행이사회 의장직을 성공적으로 마무리 하였다. 특히, 4년간의 APPU EC 의장국으로 인터넷 및 IT 확산 등 우편 환경 변화에 대응하기 위한 공동 활동과 EMS 등 우편 서비스의 경쟁력 강화로 APPU 소속 각 우정당국의 품질개선에 이바지 하였다. APPU 총회 기간 중 한국 우정의 우정IT 홍보와 함께 회원국 대표들과의 협력 관계를 더욱 공고히 하였으며 앞으로도 아시아·태평양 지역 내 우편발전을 선도할 것으로 기대된다.

- 총회
  - 연합의 최고기관
  - 4년마다 개최되는 비상설기구
  - 회원국의 전권대표로 구성
  - 헌장 및 총칙 수정·공동 관심사 토의를 위해 소집
  - 2005년 서울에서 제9차 총회 개최
- 집행이사회
  - 총회와 총회 사이 연합업무의 계속성 유지
  - 매년 1회 개최 원칙
  - 총회의 결정에 따라 부여받은 임무 수행
  - 연합의 연차 예산 검토 및 승인
  - 2006~2009년까지 의장국 활동
- 아시아·태평양 우정대학(APPC)
  - 1970년 우리나라, 태국, 필리핀, 대만 등 4개국이 창설
  - 유엔개발계획(UNDP)의 지원을 받아 설립
  - 지역훈련센터
  - 아·태 우정연수소에서 개칭
  - 태국 방콕에 소재
  - 우리나라
    - 연수소 창설국
    - 관리이사국(GB)
    - 초대 교수부장 등 교수요인 및 자문관 파견
    - 교과과목과 연수생 적극 파견
- 사무국
  - 회원국을 위한 연락, 통보, 문의에 대한 중간 역할
  - 태국 방콕에 소재

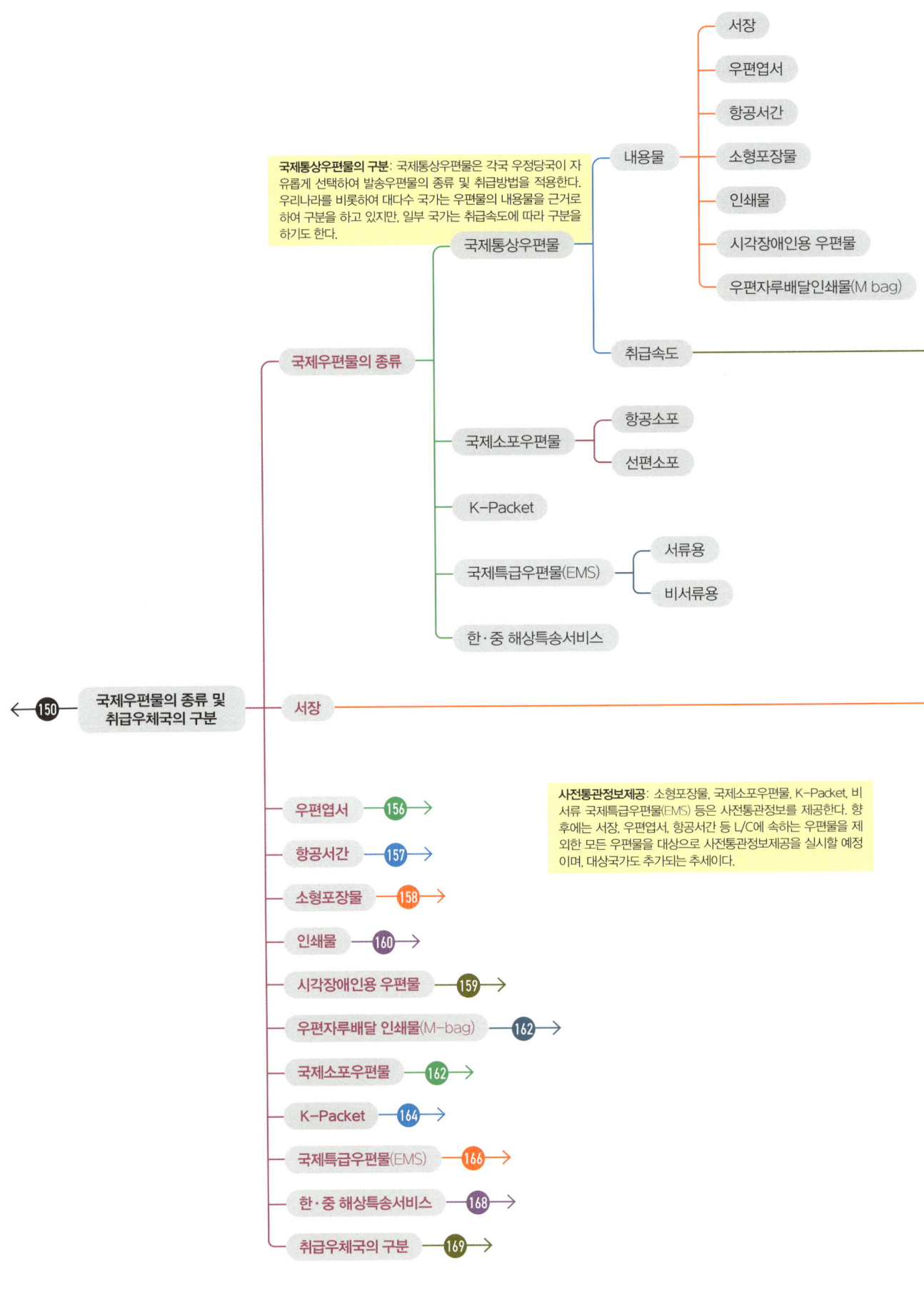

- 우선취급 우편물
- 비우선취급 우편물

우선취급 우편물은 우선적 취급을 받으며 최선편(항공 또는 선편)으로 운송되는 우편물이고, 비우선취급 우편물은 우선취급 우편물보다 상대적으로 송달이 늦고 요금도 상대적으로 싼 우편물이다.

종류
- 특정인에게 보내는 통신문을 기록한 우편물 — 타자한 것도 포함
- 타종에 속하지 않는 우편물 — 서장 이외의 종류로 정해진 조건을 불충족한 것
- 멸실성 생물학적물질이 들어있는 서장
- 방사성물질이 들어있는 우편물

요건
- 규격우편물과 우편물 포장에 관련된 규정 준수
- 봉투에 넣은 우편물 — 직사각형 형태여야 함
- 우편엽서와 모양이 다르지만 지질이 같은 우편물 — 직사각형 봉투 사용
- 할인요금을 미리낸 우편물과 혼동할 수 있는 우편물 — 우편물 주소면에 'Letter' 단어 추가

이론확장 Unboxing

[국제우편물의 무게 한계]
1. 내용물에 따른 구분
   ① 서장(Letters), 소형포장물(Small packet): 2kg
   ② 인쇄물(Printed papers): 5kg
   ③ 시각장애인용 우편물(Items for the blind): 7kg
   ④ 우편자루 배달인쇄물(M bag): 10kg~30kg
   ⑤ 항공서간(Aerogramme), 우편엽서(Postcard): 5g
2. 취급속도에 따른 구분
   ① 우선취급우편물(Priority items): 2kg
   ② 비우선취급우편물(Non-priority items): 2kg

※ 항공소형포장물, 항공소포, K-Packet, 국제특급(비서류), 보세화물 우편물은 실제중량(Actual weight)과 부피중량(Volumeweight) 두가지 중량을 비교하여 더 큰 중량의 요금을 적용한다.

[서장 취급의 예시]
1. 법규 위반 엽서
   ① 우편엽서의 형태(직사각형), 지질, 규격을 갖추지 못한 것
   ② 앞면의 우측 절반을 수취인 주소·성명, 우표, 우편물 취급과 관련된 지시 사항 등 이외의 것을 기재하거나 붙인 것
   ③ 우편엽서의 앞면 표제에 Postcard(우편엽서)임을 분명히 표시하지 않은 엽서 (다만, 그림엽서의 경우에 Postcard임을 분명히 표시하지 않은 엽서라도 꼭 서장으로 취급해야 하는 것은 아님)
2. 법규 위반 항공서간
   ① 원형을 변경하여 사용한 것
      - 우표 이외의 것을 붙이거나 넣어 발송한 것
   ② 사제항공서간 조제 기준에 적합하지 않은 것
      - 과학기술정보통신부 고시 내용에 부적합한 것
      - 발송인이 아닌 사람의 광고를 게재한 것
      - 우편요금을 표시하는 증표를 인쇄한 것

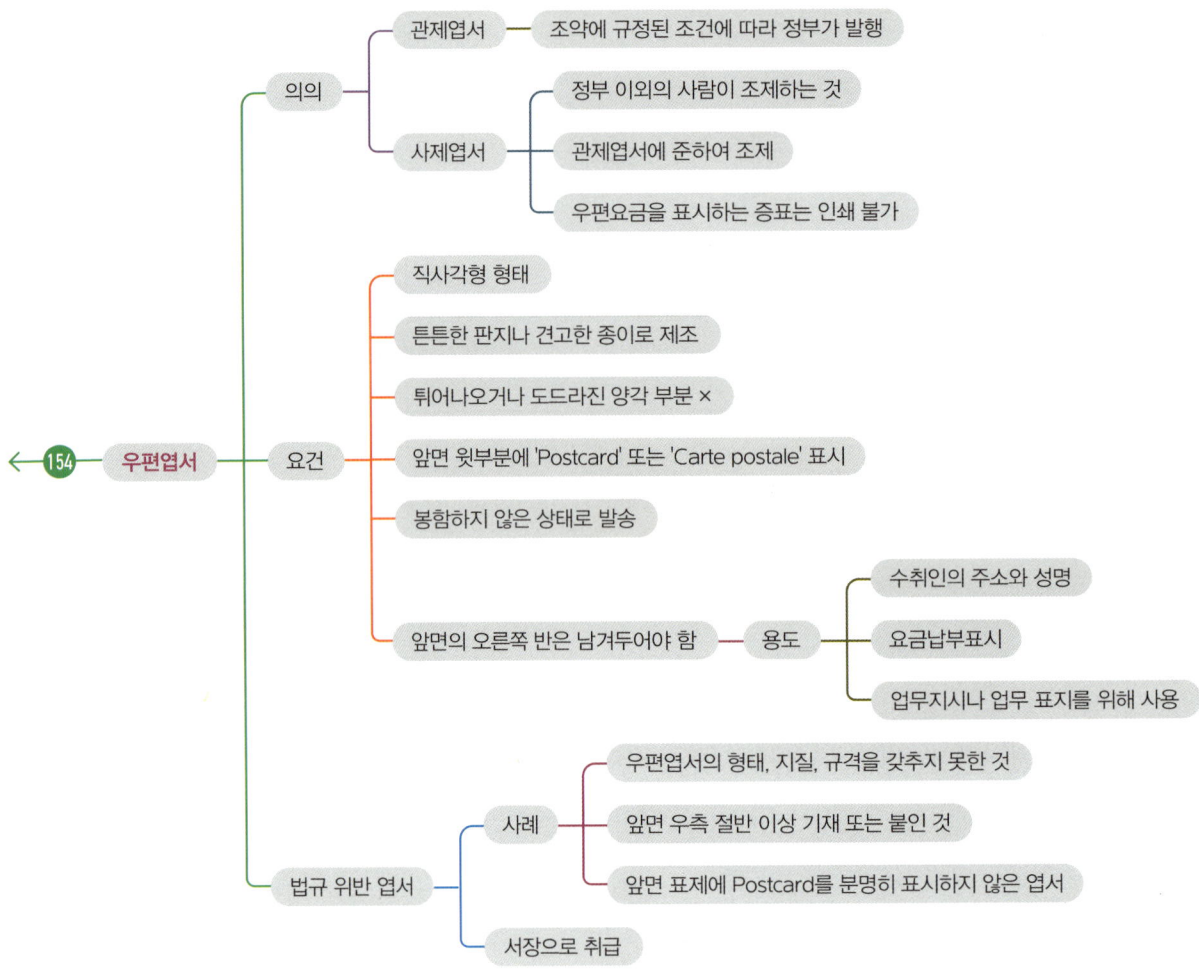

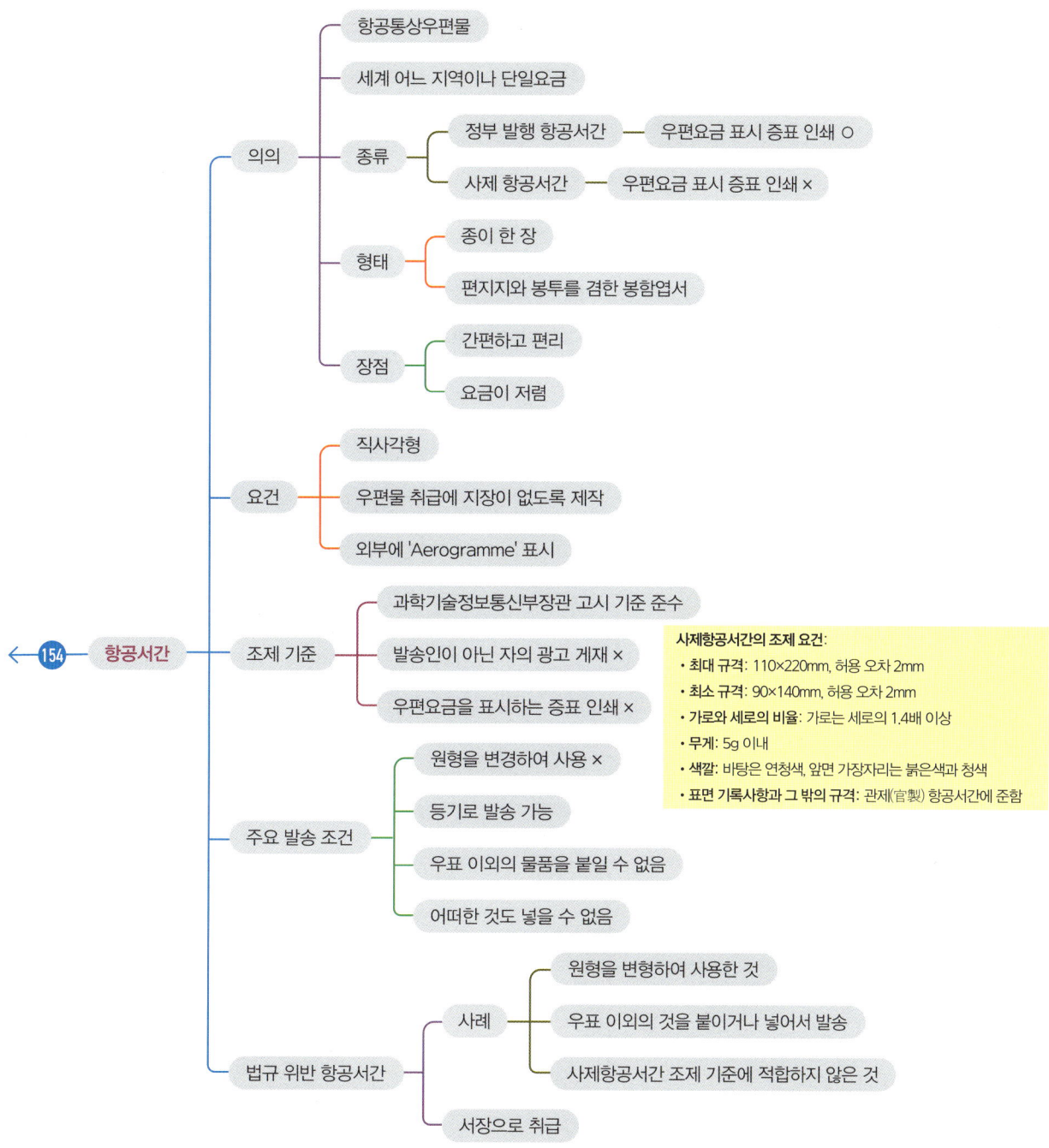

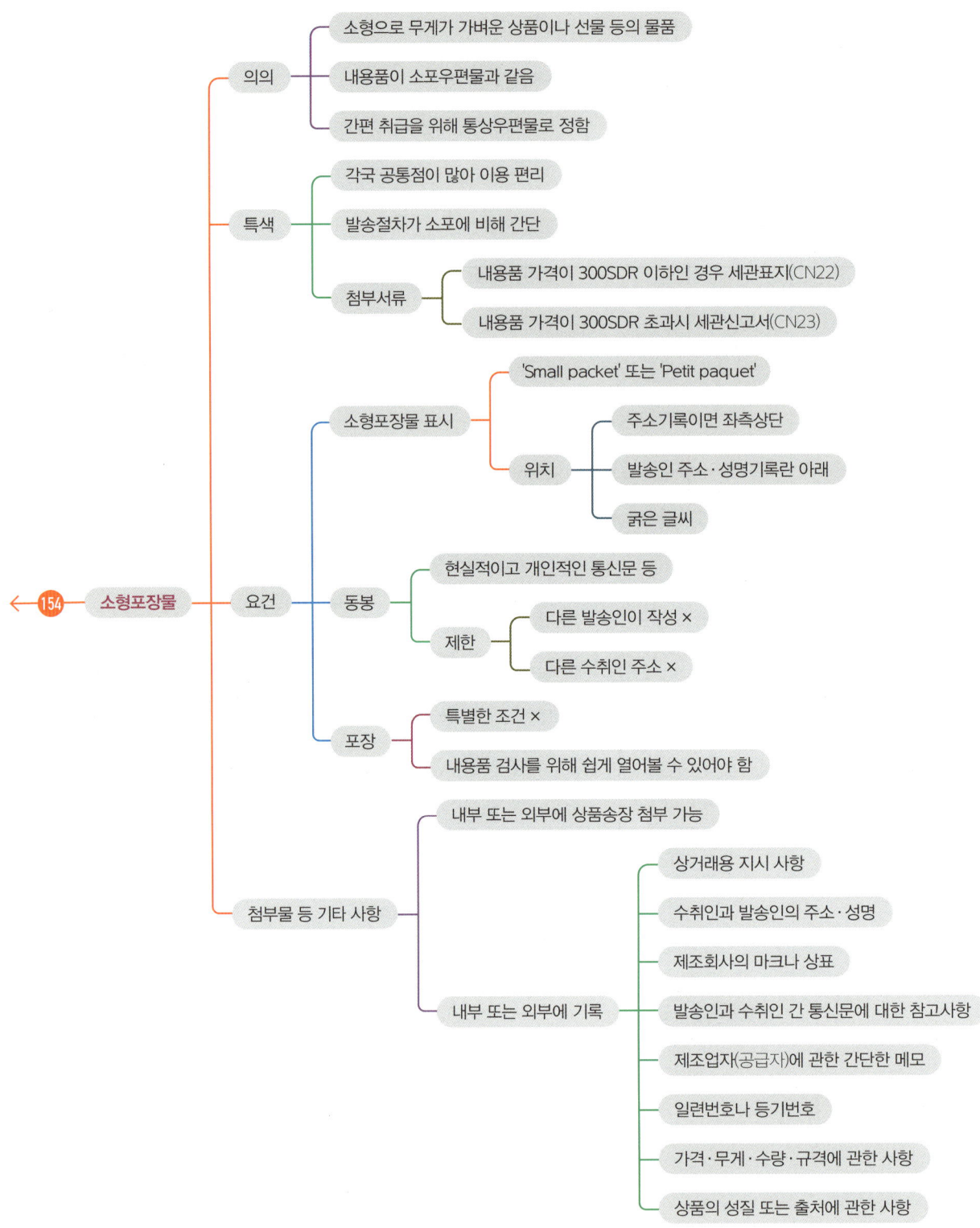

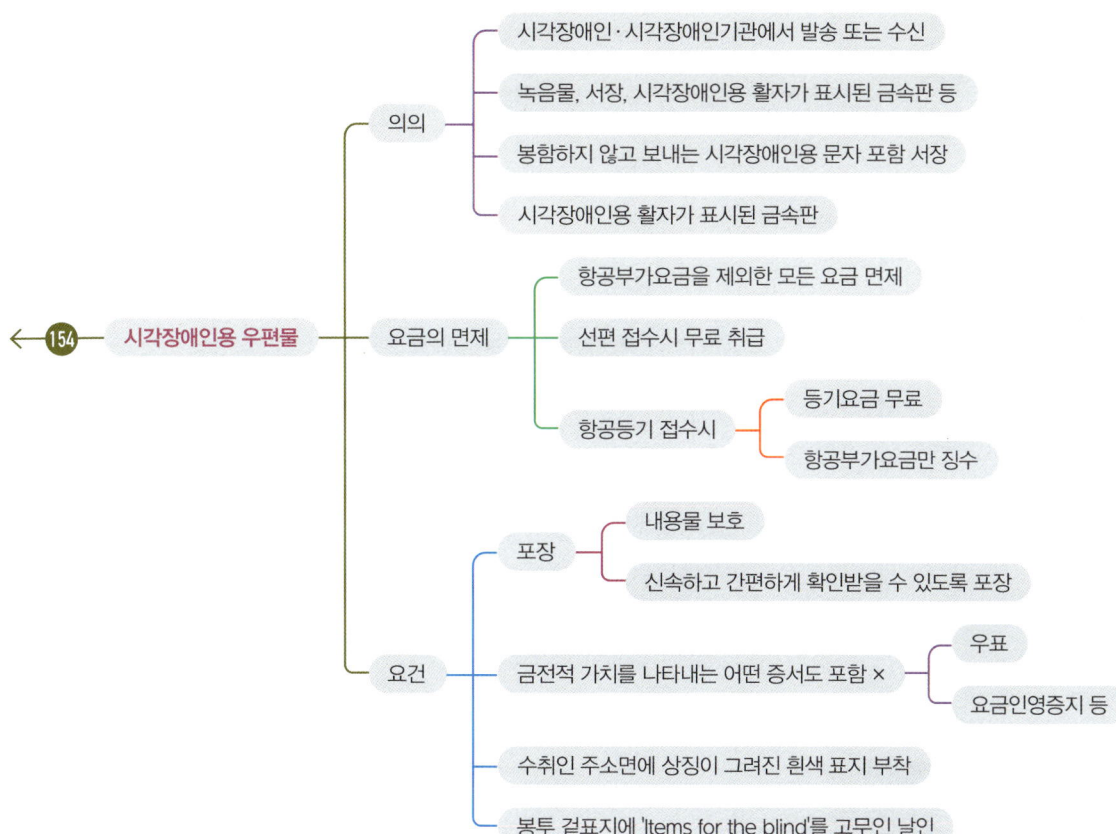

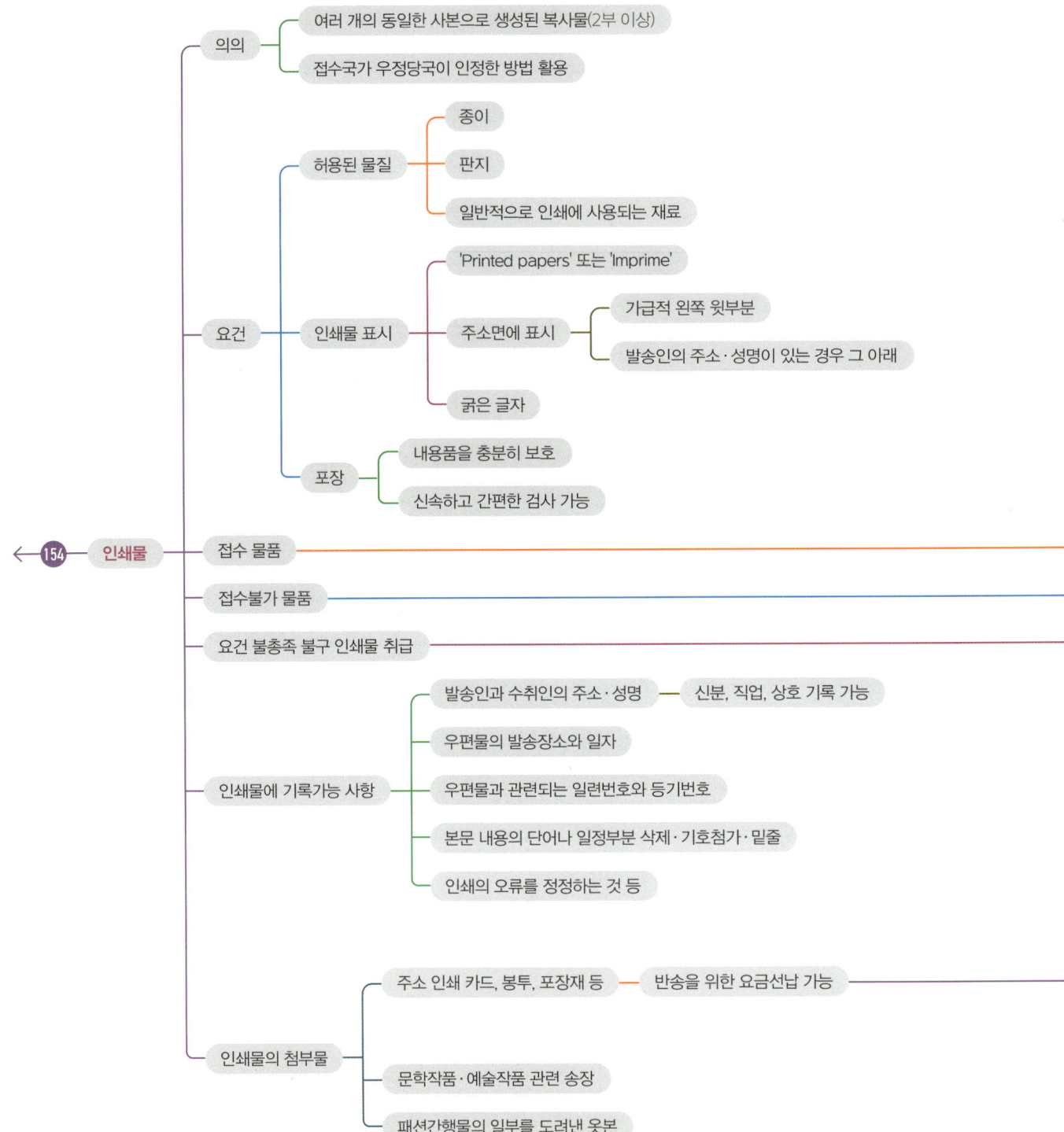

[인쇄물에 기록가능 사항(본문 내용 추가)]
- 간행물, 서적, 팸플릿, 신문, 조각 및 악보에 관한 주문서, 예약 신청서 또는 판매서에는 주문하거나 주문받은 물건과 그 수량, 물건의 가격과 가격의 주요 명세를 표시한 기록, 지불 방법, 판, 저자 및 발행자명, 목록 번호와 'paper-backed', 'stiff-backed' 또는 'bound'의 표시
- 도서관의 대출 업무에 사용되는 용지에는 간행물명, 신청·송부 부수, 저자, 발행자명, 목록 번호, 대출 일수, 대출 희망자의 성명
- 인쇄한 문학작품이나 예술 작품에는 간단한 관례적 증정 인사말
- 신문이나 정기간행물에서 오려낸 것에는 이를 게재한 간행물의 제목, 발행 일자, 발행사
- 인쇄용 교정본에는 교정, 편집, 인쇄에 관한 변경·추가 및 'Passed for press', 'Read-passed for press'와 같은 기록 또는 발행과 관련된 이와 비슷한 표시. 여백이 없을 경우, 별지에 추가 기록 가능
- 주소변경 통지서에는 신·구 주소와 변경 일자

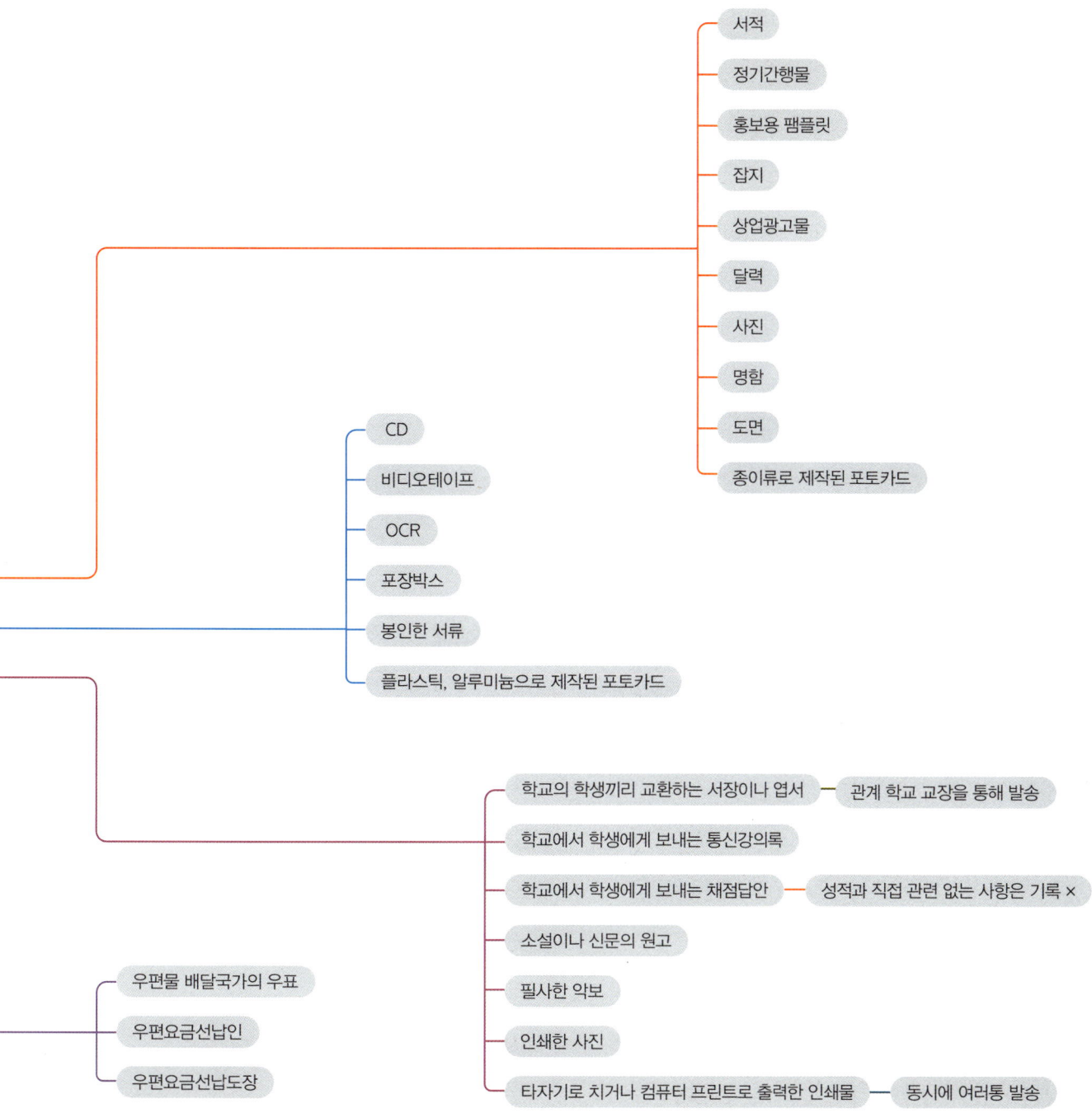

우편자루배달 인쇄물 (M-bag)

- 의의
  - 동일인이 동일수취인에게 한꺼번에 다량으로 발송
  - 인쇄물 등을 넣은 우편자루를 한 개의 우편물로 취급
  - 제한무게 — 10kg 이상 30kg까지
  - 내용물
- 접수우체국
  - 전국의 모든 우체국
  - 우편취급국 제외
- 취급 조건

국제소포우편물

- 의의
  - 서장과 통화 이외의 물건을 포장한 우편물
  - 만국우편연합 회원국 또는 지역 상호간 교환
  - 기록 취급
  - 부가취급
    - 항공
    - 배달통지
- 종류
  - 보통소포
  - 보험소포
    - 내용품을 보험에 가입
    - 보험가액 한도내 실제 발생 손해액 배상
    - 보험사고 — 내용품의 전부 또는 일부 분실·도난·훼손
  - 우편사무소포
    - 우편업무 관련 기관 사이에서 교환
    - 모든 우편요금이 면제
  - 전쟁포로 및 민간인 피억류자 소포
    - 항공부가요금을 제외한 모든 우편요금 면제
    - 무게
      - 5kg까지 우편요금 면제
      - 10kg까지 발송 가능 소포
  - 우리나라 미취급
    - 속달소포
    - 대금교환소포

대금교환우편물: 수취인에게 우편물을 교부할 때 발송인이 지정한 액수의 금전과 교환한 뒤, 발송인이 지정한 바에 따라 우편환이나 우편대체 등에 의하여 발송인에게 송부하는 제도이다.

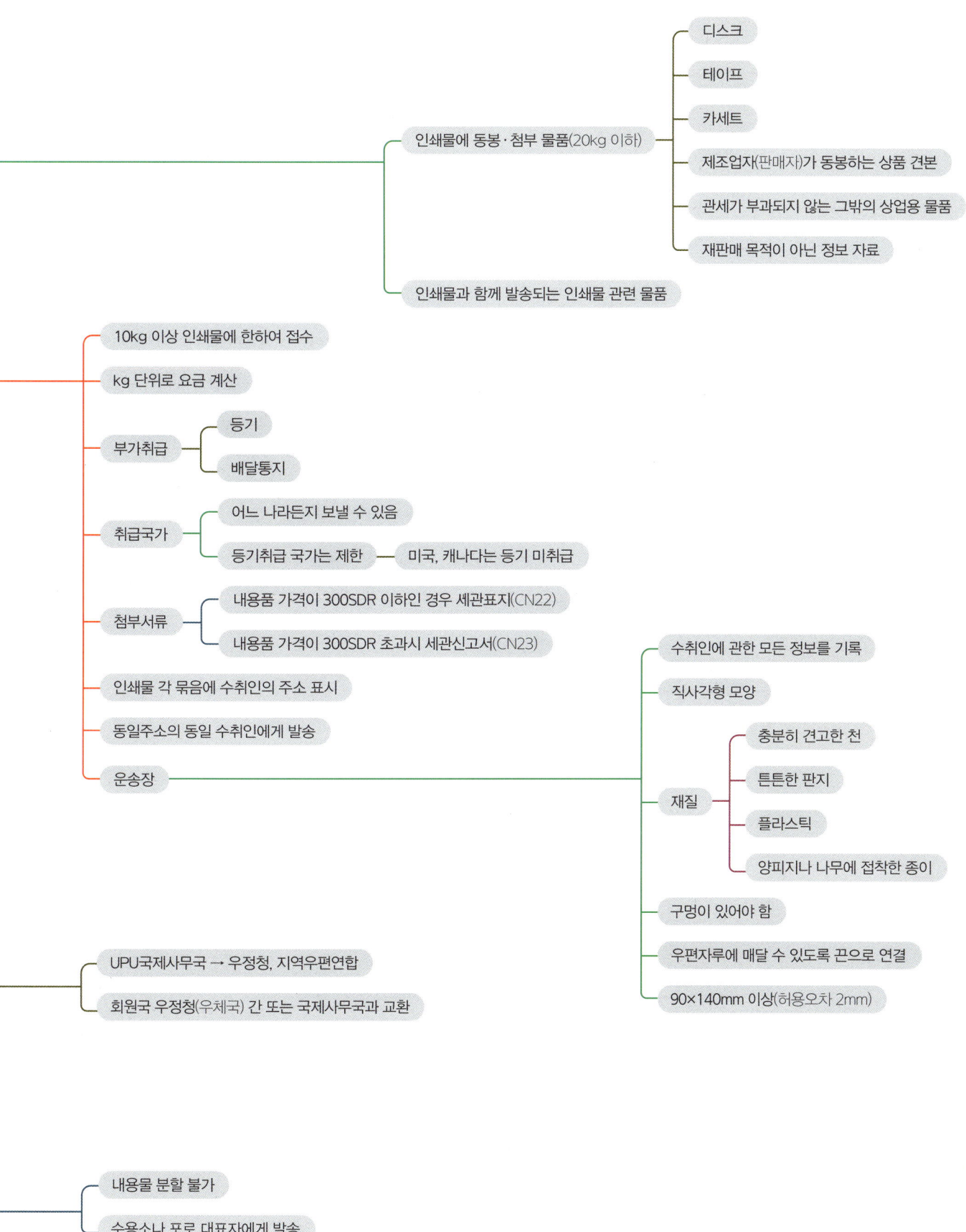

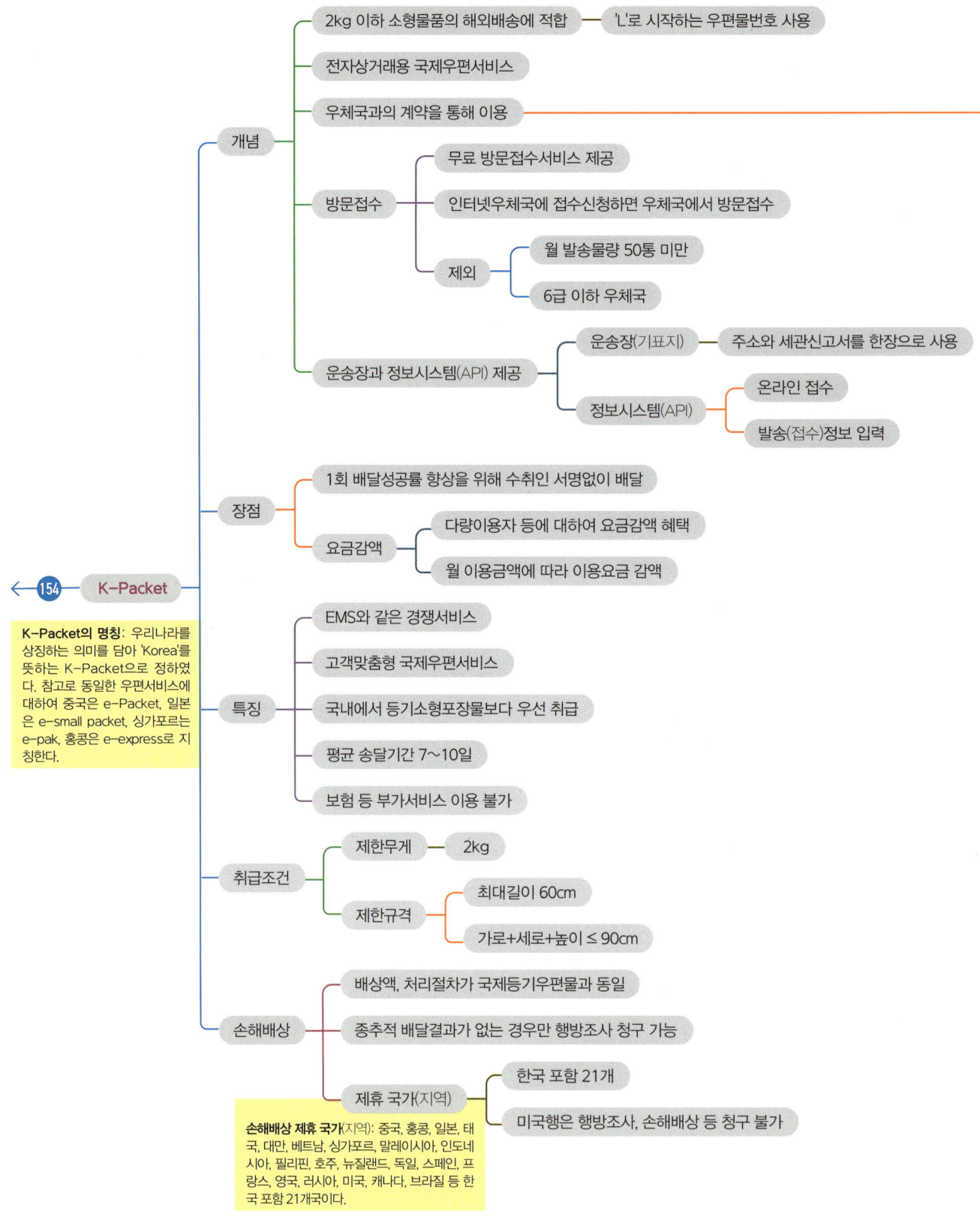

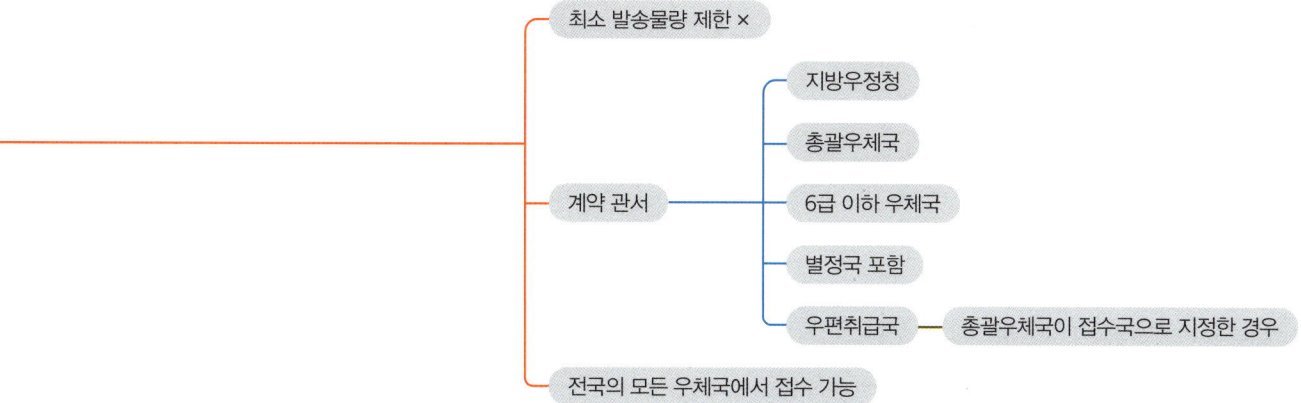

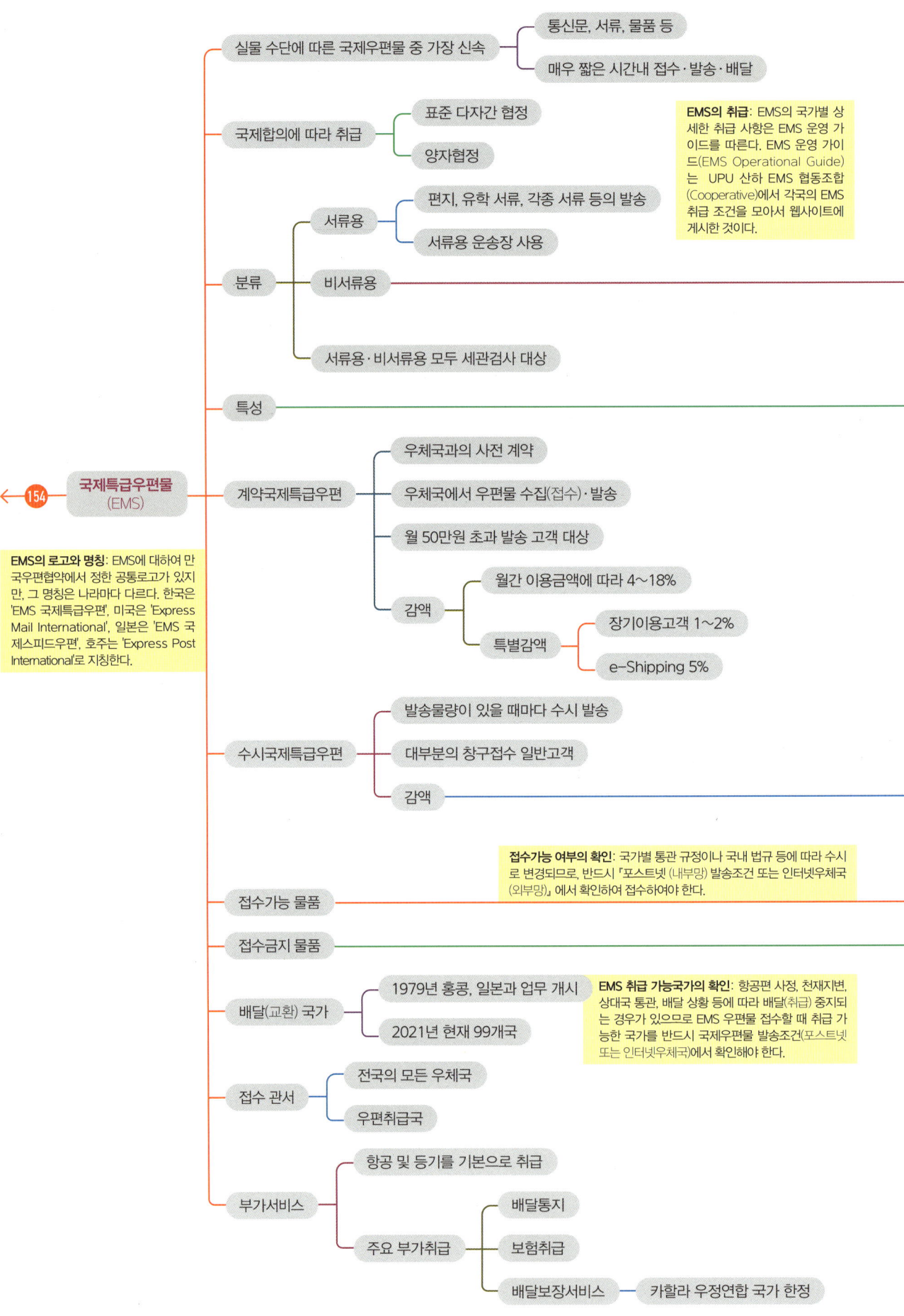

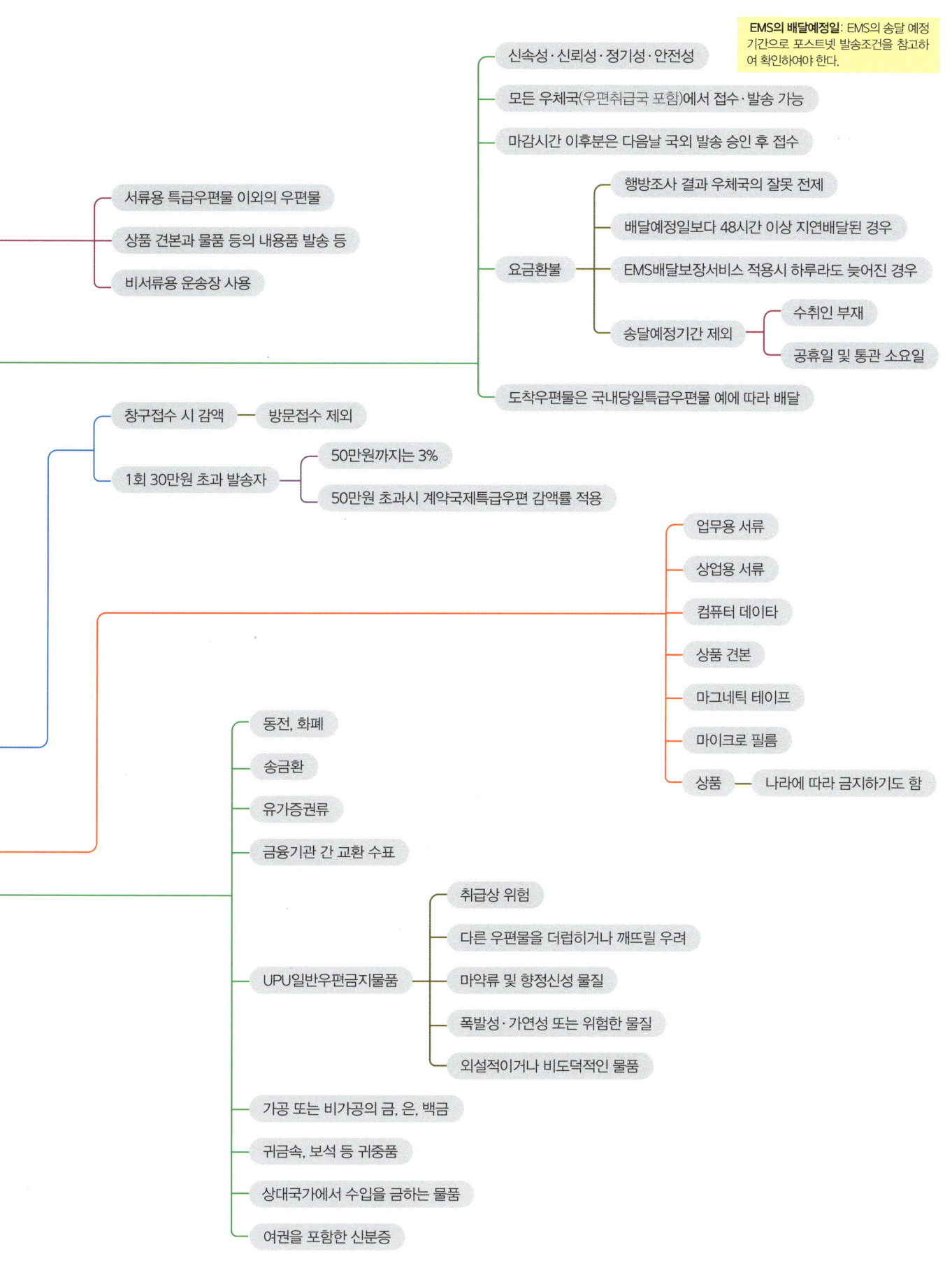

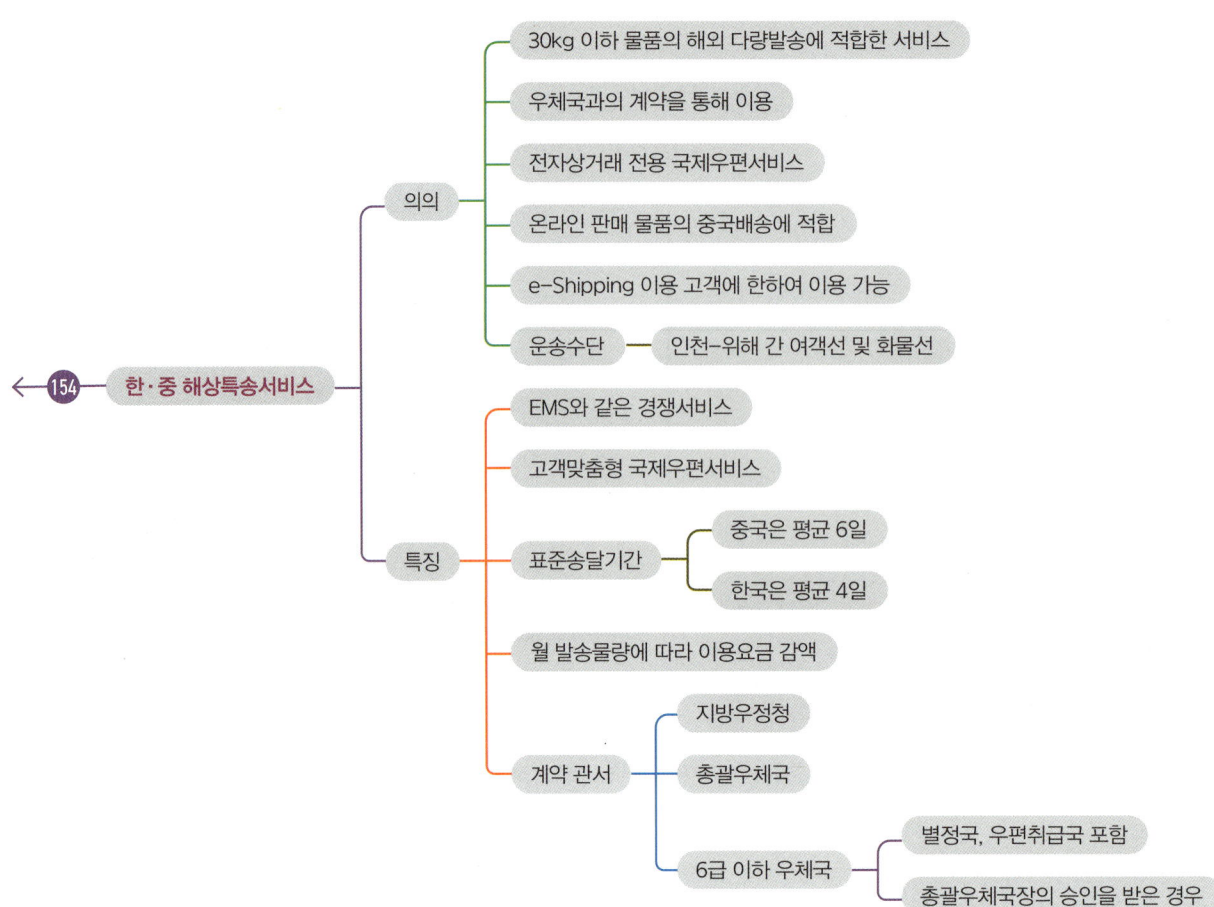

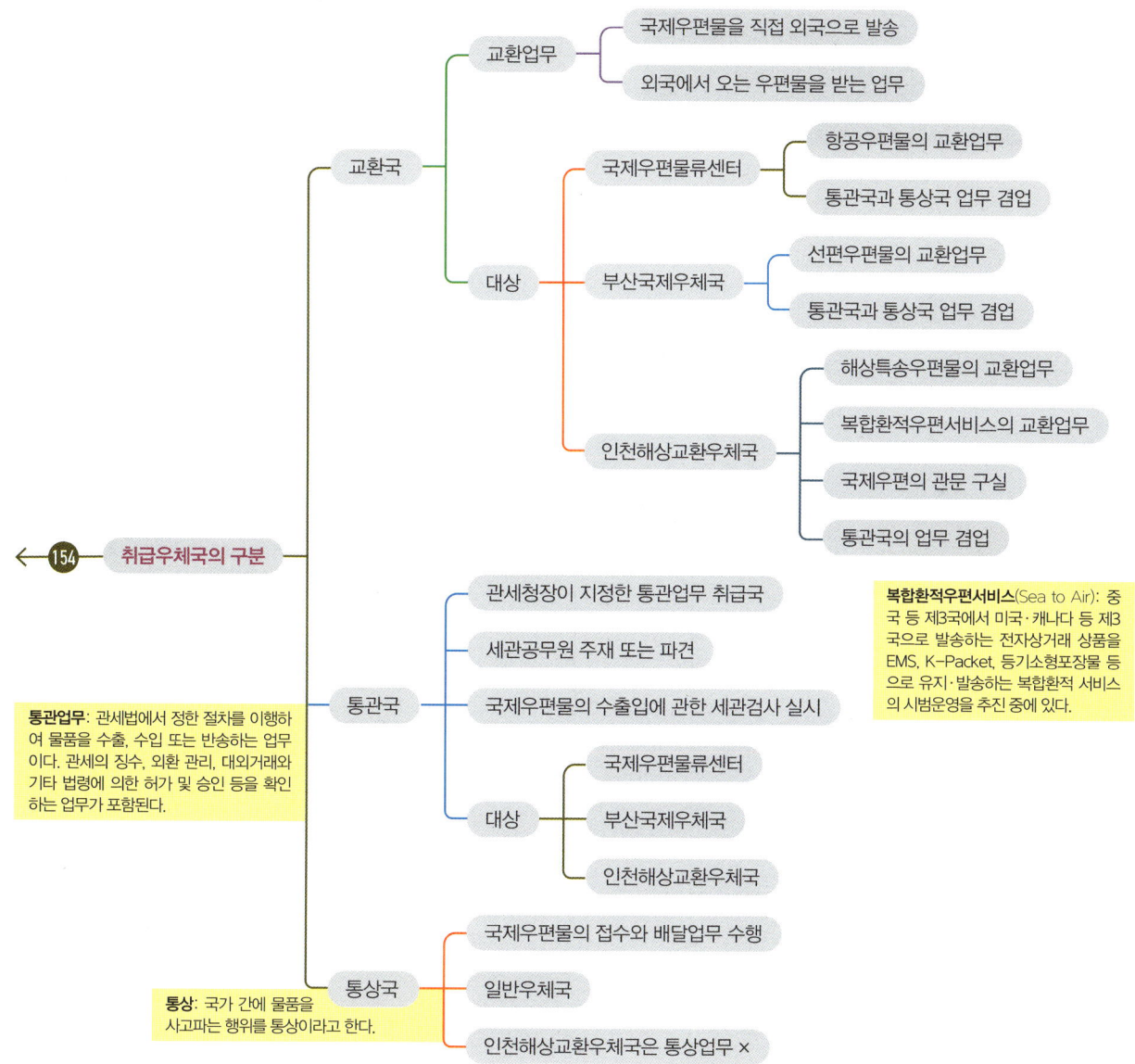

단원 학습목표
국제우편물의 종류별 접수요령과 특수취급우편물의 접수방법을 구체적으로 공부하는 단원입니다. 앞 단원에서 숙지한 국제우편물의 구분을 잘 기억한 다음 본 단원을 공부하는 것이 효과적입니다.

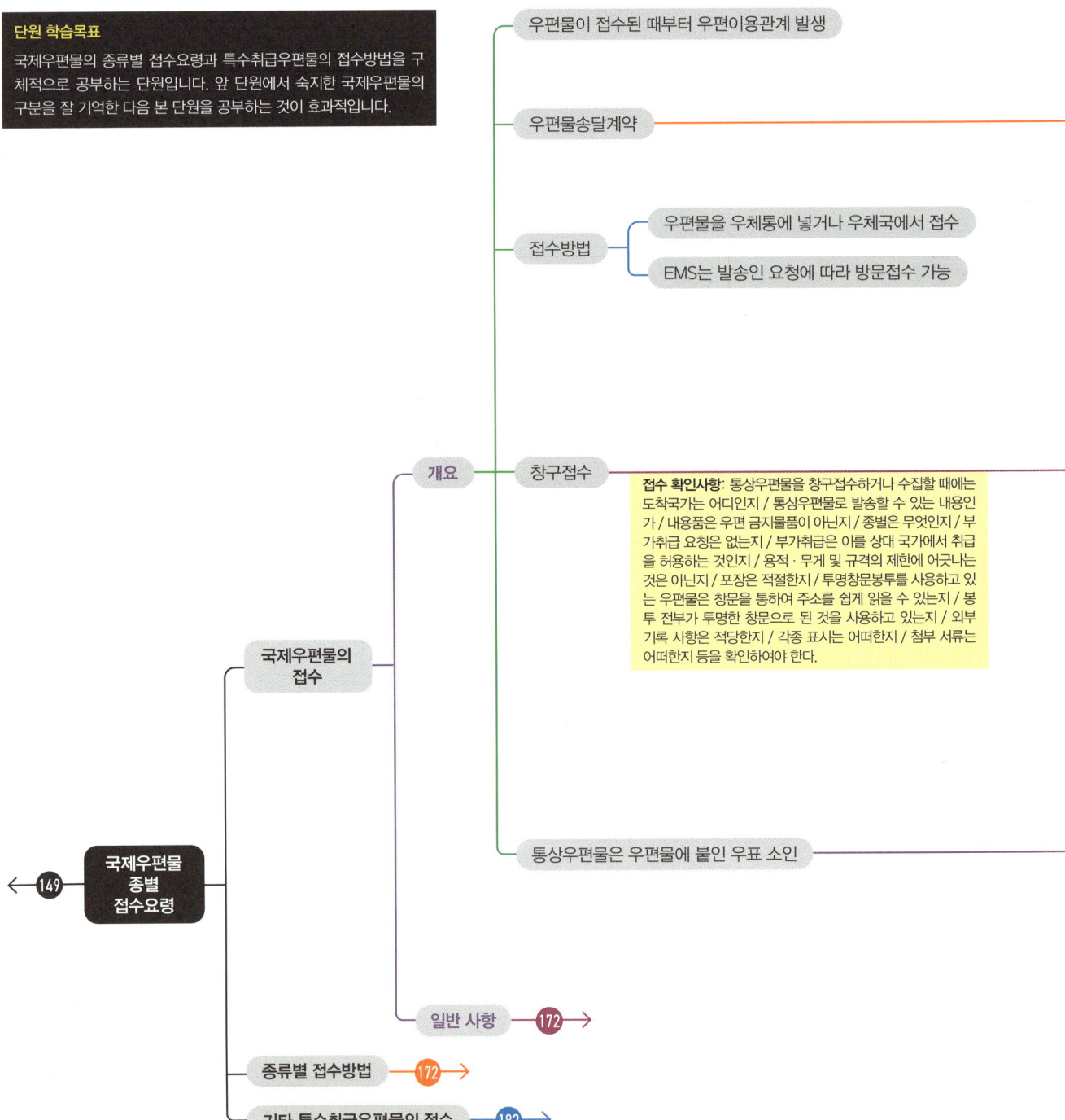

[미납·요금부족 우편물의 처리 규정]
(1) 수집우체국에서는 부전을 붙여 발송인에게 반송, 미납 요금 보정 요구
(2) 발송인의 주소가 없는 우편물은 수집우체국에서 국제우체국으로 별도 송부하고 국제우체국에서는 'T' 처리하여 발송
(3) 국제우체국에 보내진 발송우편물 중 요금 등의 전부나 일부가 납부되지 아니한 우편물의 처리
 ① 발송인 주소·성명이 기록된 우편물에 대하여는 해당 우편물에 '요금미납' 등의 표시를 하여 수취인에게 발송, 그 사실과 미납 요금액을 발송인에게 통지, 발송인에게 미납·부족 요금 징수 ⇒ 미납·부족 요금 추징이 불가능할 경우 사유를 확인한 후 관서장 판단으로 종결 처리
 ② 발송인의 주소와 성명이 분명하지 아니한 우편물은 'T' 처리 후 발송 ⇒ 항공보통통상우편물은 항공편으로, 선편보통통상우편물은 선편으로 발송
(4) 등기우편물, 소포우편물, 특급우편물 등의 요금이 부족하게 납부되거나 미납된 사실을 발견한 경우에는 다음과 같이 처리
 ① 우편물은 정당 수취인 앞으로 우선 발송
 ② 발견우체국에서 접수우체국으로 사고통지서 발송
 ③ 접수우체국에서는 접수담당자 책임으로 미납·부족 요금을 즉납 처리

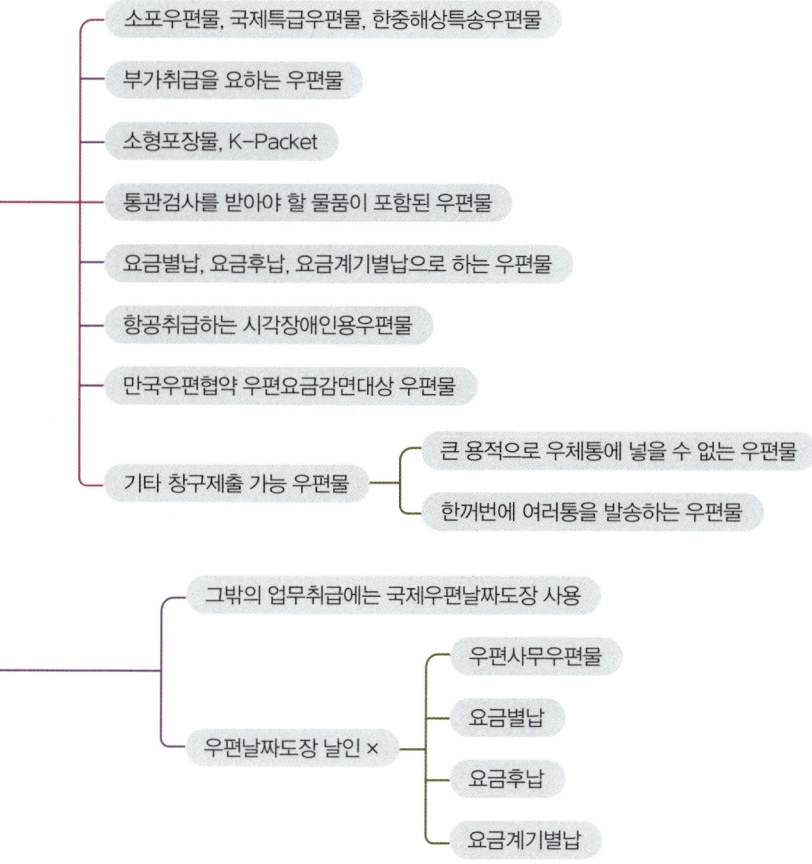

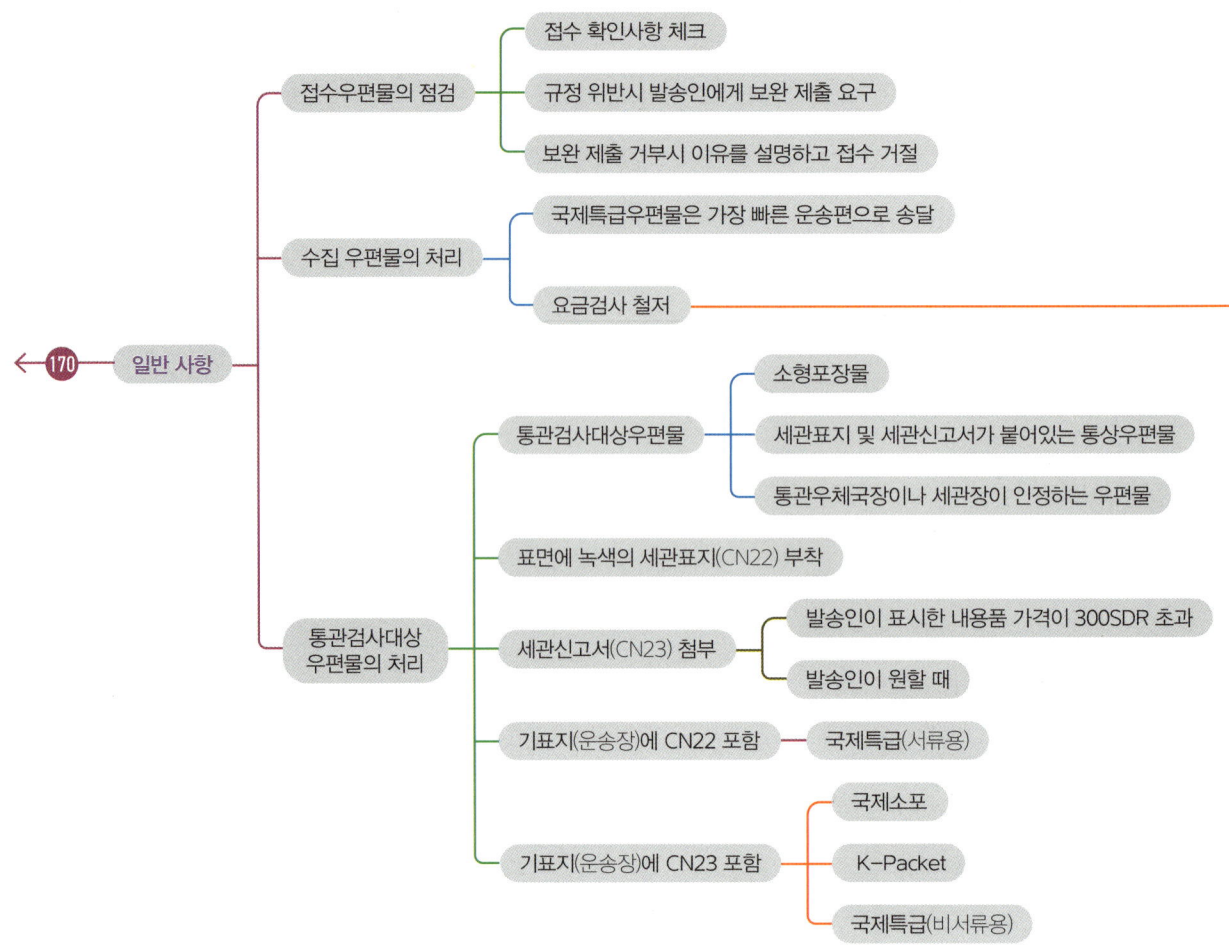

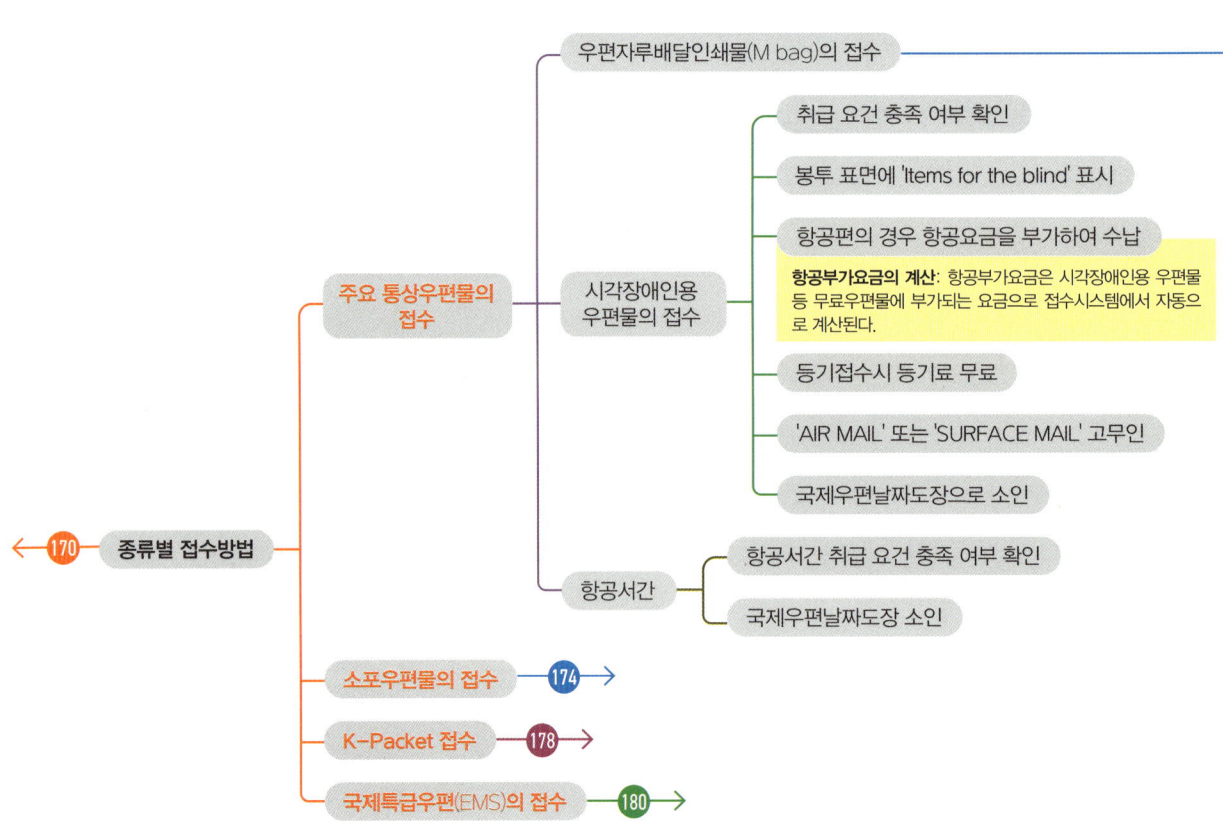

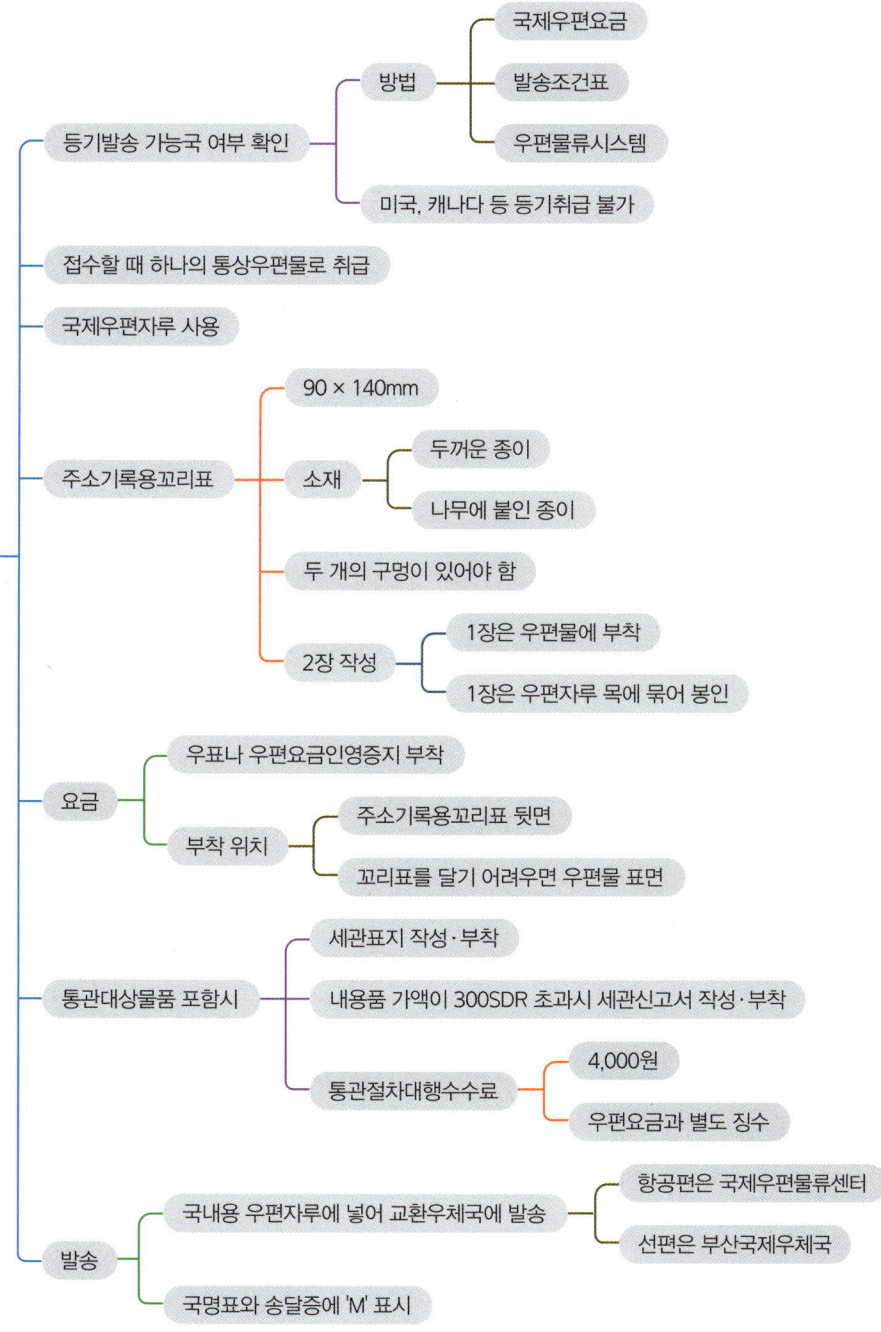

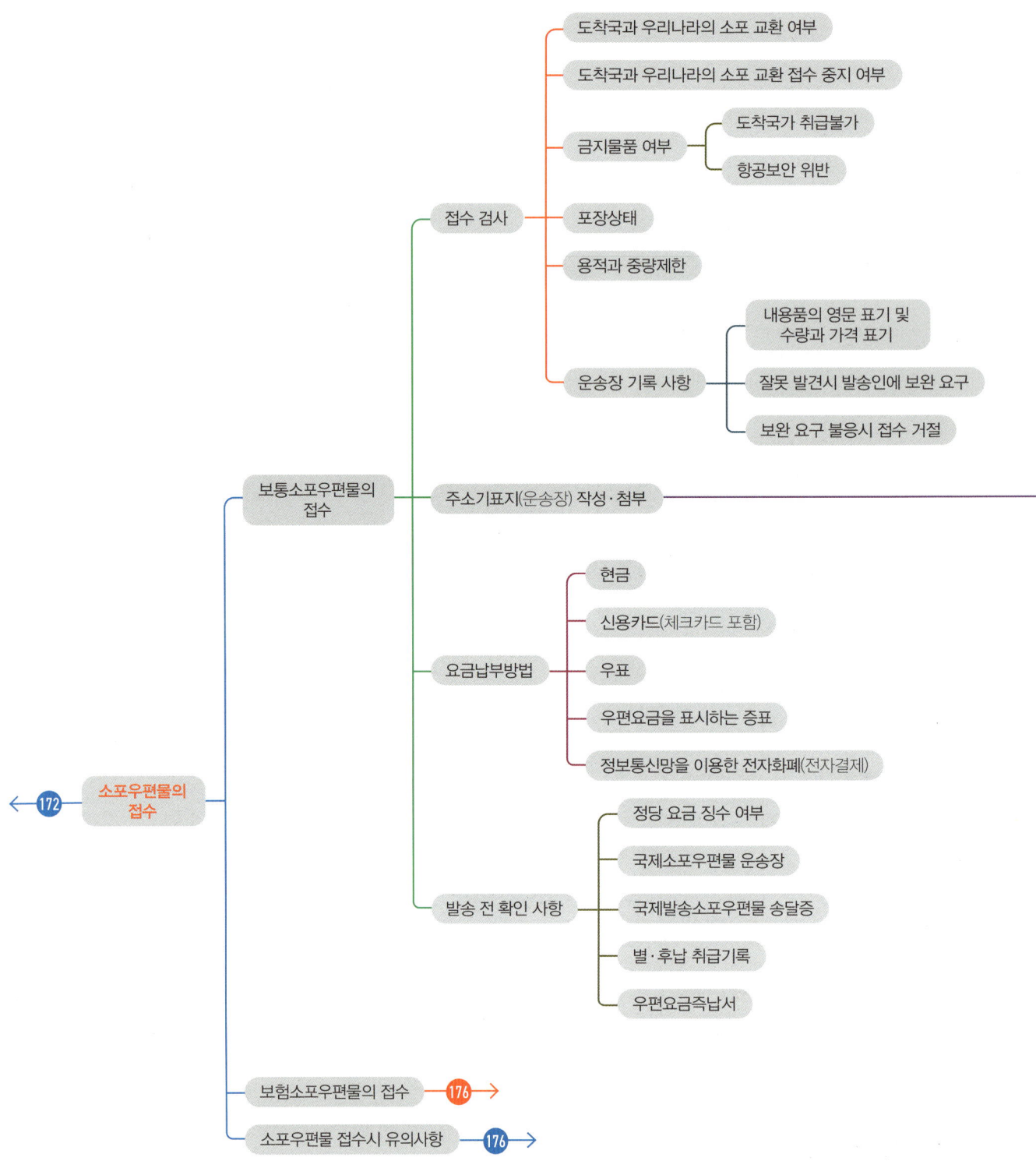

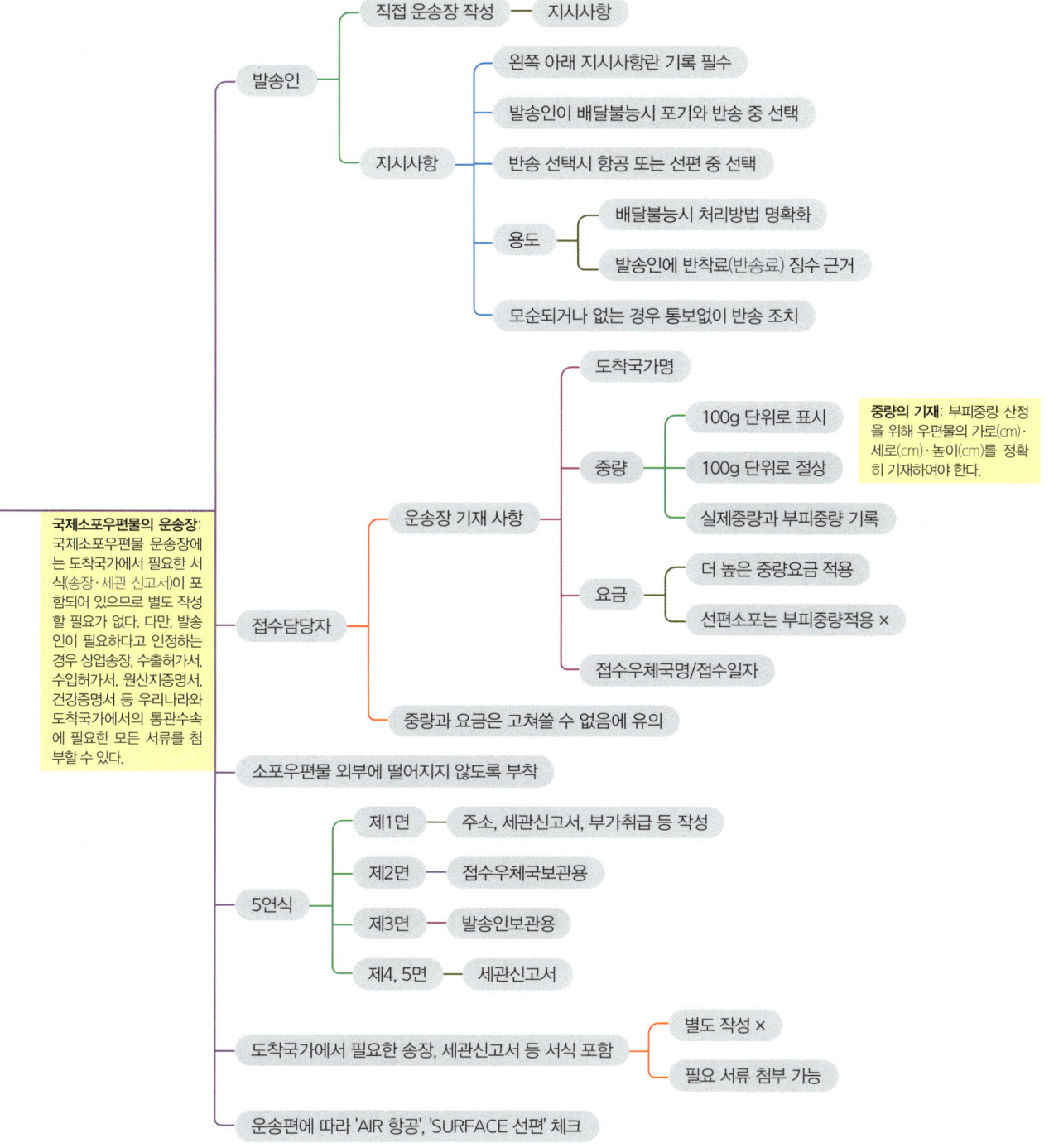

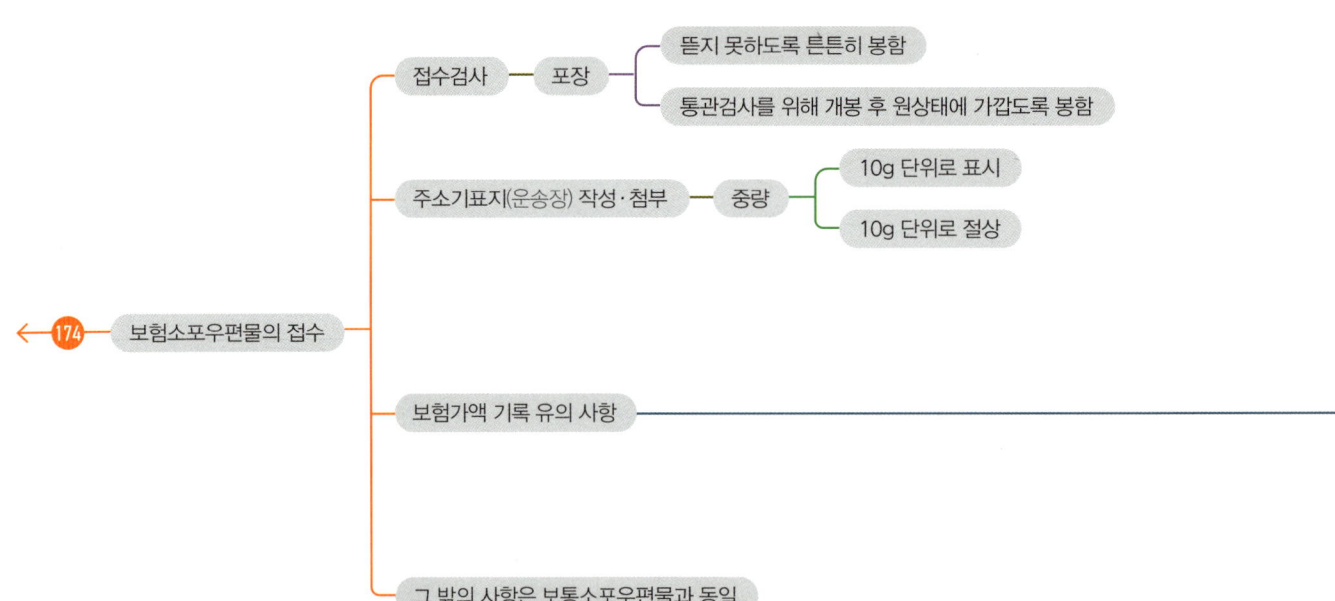

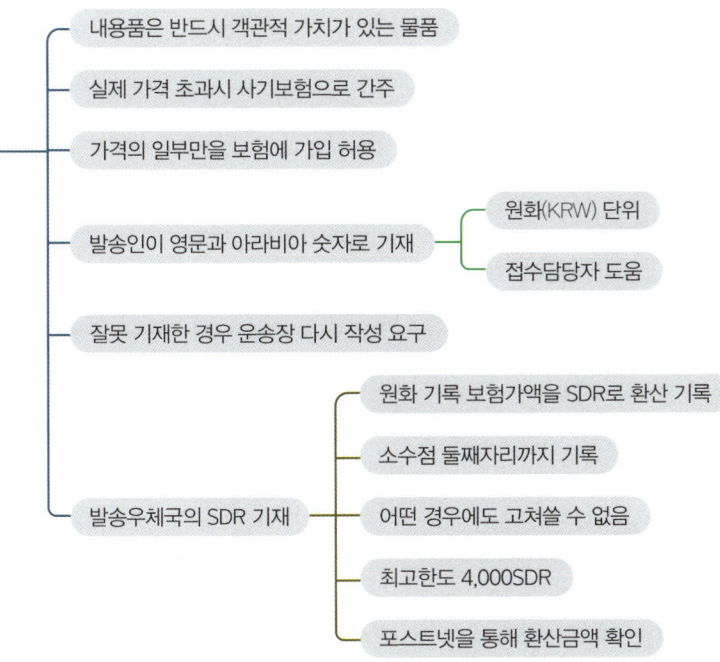

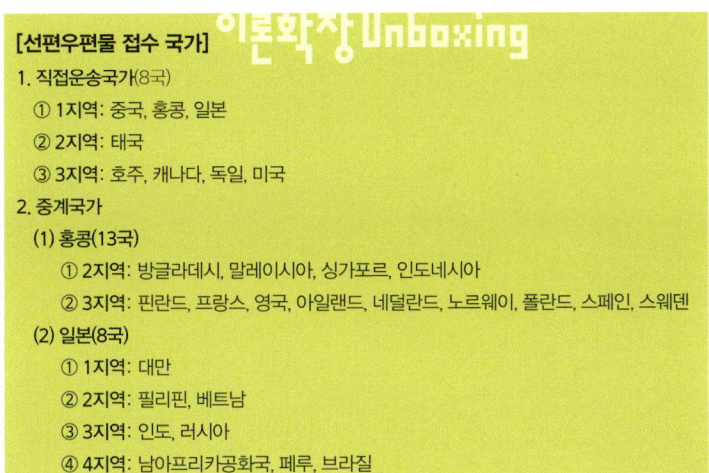

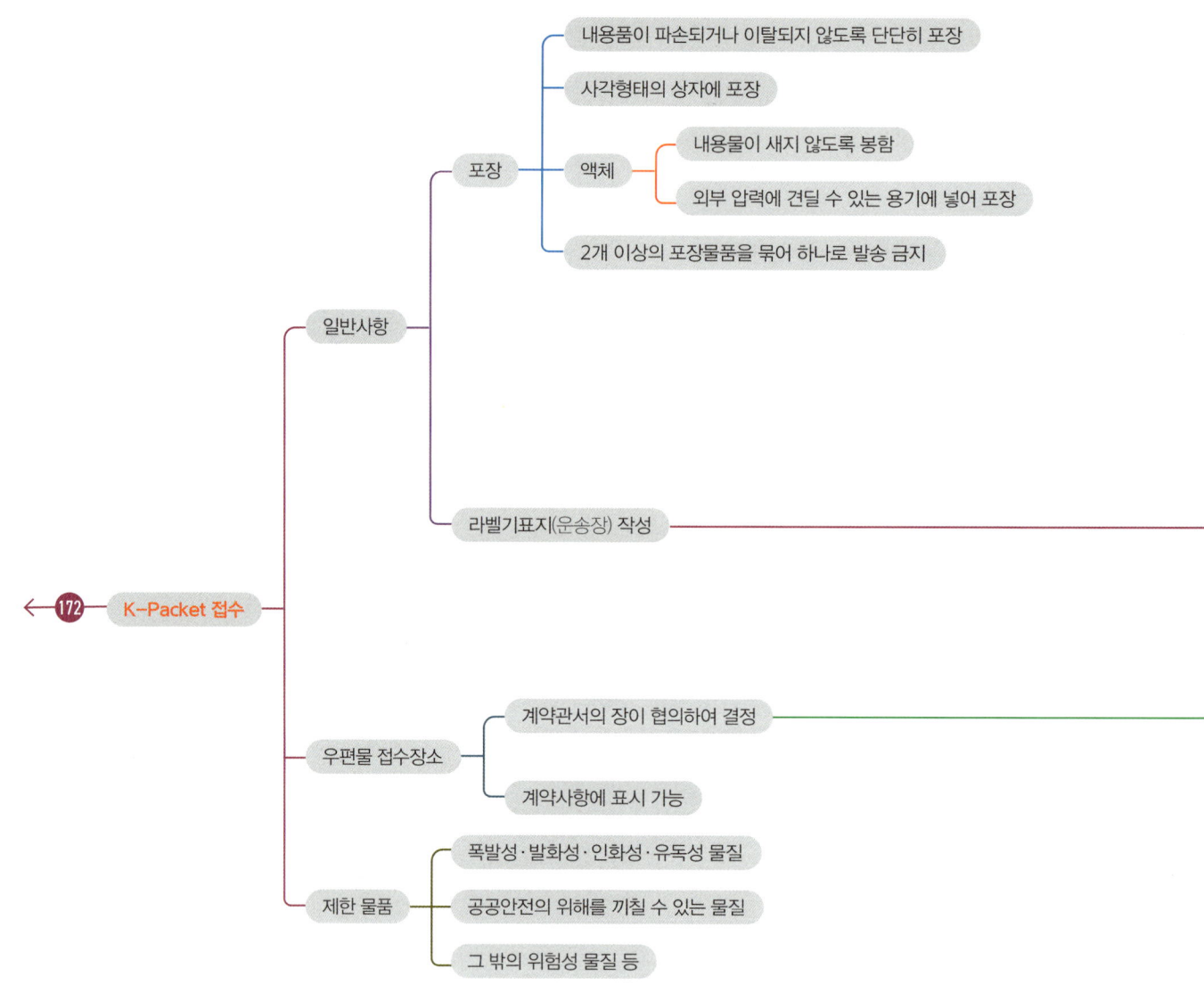

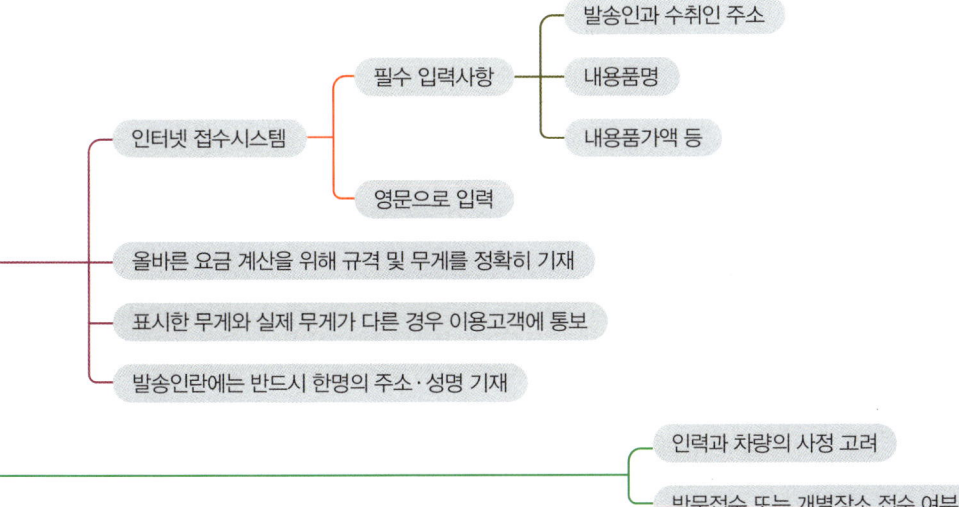

국제특급우편(EMS)의 접수

- **EMS 기표지 기재요령**
  - 접수우체국
  - 발송인

- **안내 및 확인사항**
  - **국가별 휴일정보**: www.epost.kr에서 수시로 각 국가별 휴일정보 확인(월별 업그레이드)하여야 한다. 중동지역 일부 국가의 경우 목, 금이 우리나라 주말의 개념이다.
  - **금제품(우편금제품)**: 주화, 항공권, 유레일패스, 신용카드, 여권, 금은보석 및 귀금속, UPU 금제품, 항공기탑재 금제품 등이 이에 해당한다. 금제품은 손해배상 대상이 아님을 안내하여야 한다.
  - **보험가입권유**: 고액물품(10만원 이상) 우편물에 대하여 보험가입을 권유한다. 중량이 무거운 접수품은 손해배상액을 살펴본 후 보험을 권유한다.
  - **보험취급(보험한도액)**: 보험한도액은 EMS 7백만원, EMS프리미엄 5천만원이다.
  - **선적·유학·상업서류** — 선하증권, 계약서 등: 선하증권과 계약서 등 선적·유학·상업서류는 EMS프리미엄으로 접수한다. 유학서류(학교 Mail Room으로 배달) 및 선하증권이 포함된 우편물은 EMS 접수가 불가하므로 EMS프리미엄으로 접수한다. 미배달시 간접적으로 손실 우려가 있는 것(간접손실은 손해배상 대상이 아님)과 주소지 P.O Box는 접수 불가하다.
  - **세관신고서 작성**: 내용품명은 반드시 영문 기재하고, 내용품 가격(물품가)은 미화(USD)로 기재한다. 금액은 발송인이 직접 기재하여야 하며, 손해배상 시 기재한 금액만큼 배상됨을 안내하여야 한다. 의약품은 처방전이 첨부되어야 하며, Sample도 내용품 가격을 기재한다.
  - **전자제품** — 보험취급 불가: 전자제품(특히, 컴퓨터 및 노트북)은 약간의 충격에도 파손의 우려가 크며, 외관에 이상은 없으나 기능 미작동에 따른 대형 민원이 제기되므로 접수 지양하도록 정중히 안내한다. 부득이하게 접수하여야 하는 경우는 우편물 내부와 외부의 견고한 포장을 확인하여 접수한다.
  - **음식물**: 모든 음식물은 통관보류 및 불허판정을 받는 경우가 다수 발생한다. 김치, 한약, 액젓, 고추장, 된장 등과 같은 부패성 음식물은 기후, 기온, 기압 등에 의하여 운송 중 파손의 우려가 크고 상대국 세관에서 악취를 이유로 폐기하는 경우가 발생하며 약간의 지연에도 내용물이 상하여 쓸모없게 된다. 따라서 파손되더라도 내용물이 유출되지 않도록 충분한 완충제를 넣고 겹겹으로 포장되었는지 확인하고 접수하여야 한다. 음식물은 보험취급이 불가하다. 지연되어 음식이 상한 경우 내용품에 대한 손해배상은 없고 우편요금만 배상(단, 통관에 의한 지연은 제외)한다.
  - **주소가 P.O.Box인 경우**: EMS프리미엄 접수시 원칙적으로 사서함 발송이 불가하다. 도착국에서 일반보통우편으로 전환되어 종추적이 불가(특히, 미국, 캐나다)하기 때문이다. 예외적으로 중동지역(오만, 예멘, 아랍에미레이트, 이란, 카타르, 쿠웨이트, 사우디아라비아)으로는 사서함 발송이 가능하지만 반드시 전화번호를 기재하여야 한다. 중국, 독일, 프랑스, 영국, 인도, 터키, 스웨덴, 말레이시아 등은 EMS사서함을 취급하지 않는다.
  - **통관 진행방법**: 세관신고서(CN23)란에 선물, 사용한 물품 또는 샘플을 반드시 체크하고 샘플 또는 상품인 경우 Invoice 3부를 작성한다. 프랑스, 동유럽국가, 남미 등은 Invoice 원본이 필요하며, 프랑스행 EMS(비서류) 접수시 개인물품, 상업물품 모두 면세한도와 관계없이 Invoice를 반드시 작성해야 한다. 세관계류시에는 수취인이 직접 통관을 해야 하며, 통관으로 인한 배달지연에 대한 손해배상은 불가하다. 음식물 관련 포장상자(사과, 배, 포도, 고구마, 감자 등이 그려진 농산물 박스)에 해당 음식물이나 다른 내용품을 포장 발송하는 경우 통관이 지연될 수 있다.
  - 기타

- **EMS 보험취급**

- **상업송장 작성요령**
  - 총 3부 필요
    - 물품 부착용, 발송지 통관용, 목적지 통관용
    - 프랑스행은 2부 필요 — 발송지 통관용 불필요
  - 신속한 통관을 위해 반드시 영문으로 작성
  - 기입항목을 정확히 기재

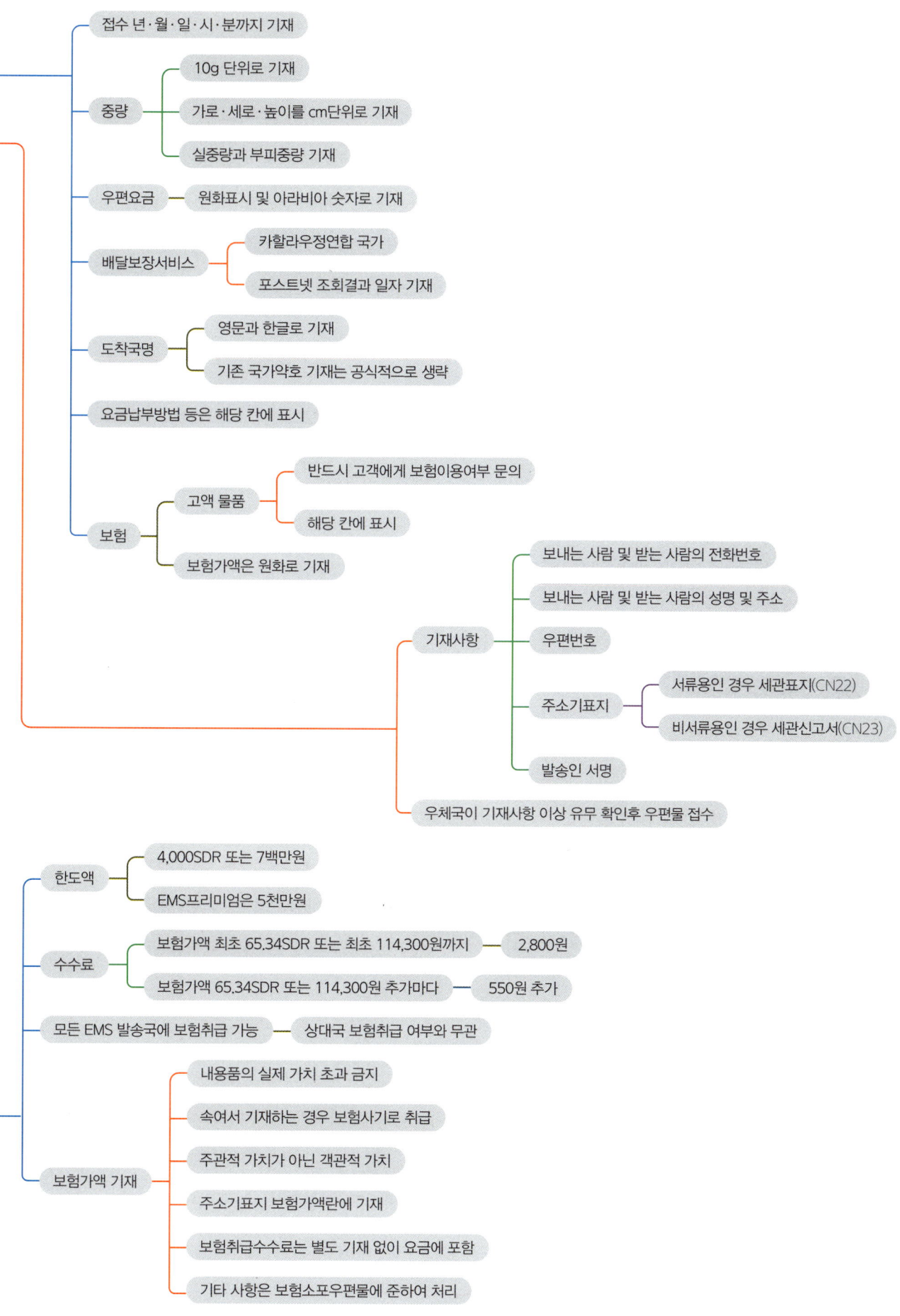

← 170

- **기타 특수취급우편물의 접수**
  - **등기**
    - 의의
      - 우편물에 접수번호 부여
      - 접수한 때부터 배달되기까지의 취급과정 기록
      - 우편물 취급과 송달의 확실성 보장
      - 망실 · 도난 · 파손의 경우 손해배상청구 가능
    - 대상
      - 모든 통상우편물
      - 봉함된 등기서장에 허용된 물품 동봉 가능
    - 등기취급수수료 납부
    - 발송요건
  - **배달통지**
    - 의의
      - 우편물 접수시 발송인의 청구
      - 수취인에게 배달시 수령확인을 받아 발송인에 통보
      - 국내우편의 배달증명과 유사한 서비스
    - 취급대상우편물 — 모든 우편물
      - 통상우편물
      - 소포우편물
      - 특급우편물
    - 취급방법
      - 발송인 주소 · 성명 아래에 굵은 활자로 A.R. 표시
      - 소포의 경우 기표지에 A.R. 인영 표시
    - 배달통지 서식(CN07)
    - 배달통지 수수료 — 1,500원
  - **보험취급** 184 →

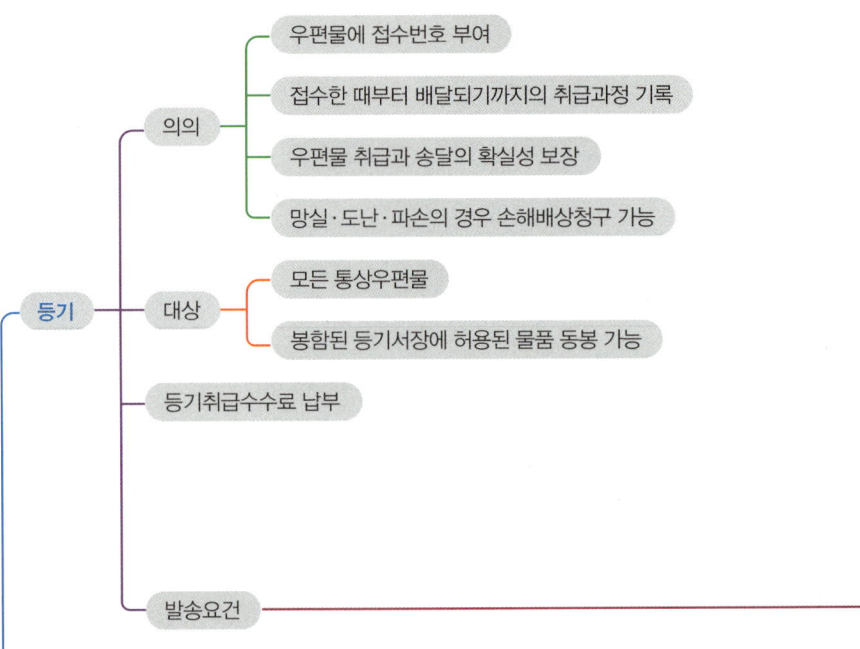

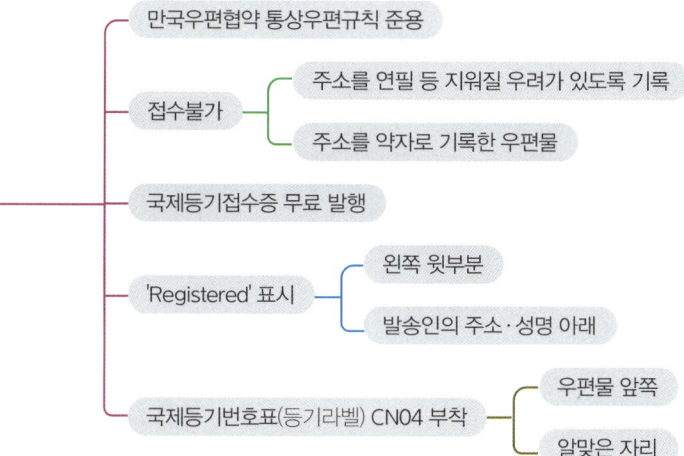

> **[국제등기접수증]** 이론확장 Unboxing
> ① 창구 접수 시 등기번호를 자동 부여하거나 등기라벨 사용 시 국제등기접수증 원부를 작성 제출(등기번호 RR~, RM~)한다. 전자상거래 업체 등 주소, 내용품 정보를 전산으로 관리하는 경우에는 우체국과 협의하여 발송인이 직접 작성해온 접수증 원부사용이 가능하다.
> ② 국제등기우편물 주소기표지(등기번호 RA~, VA~)를 사용하거나 포스트넷(우편물접수시스템)에 우편물 정보 입력 시에는 접수증 원부 제출을 생략한다.
> ③ 국제등기접수증 원부는 행방조사 청구, 손해배상 지급 등의 사유 발생 시 기초자료로 사용되므로 고객이 작성한 주소, 내용품 가액 등의 정당 여부 확인을 철저히 하여야 한다.

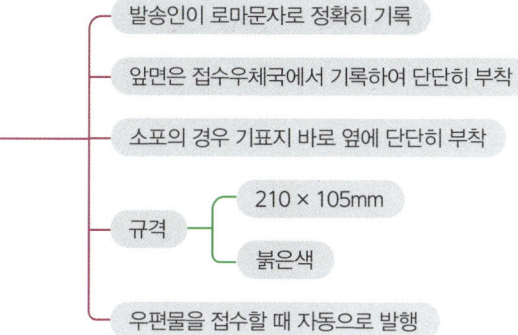

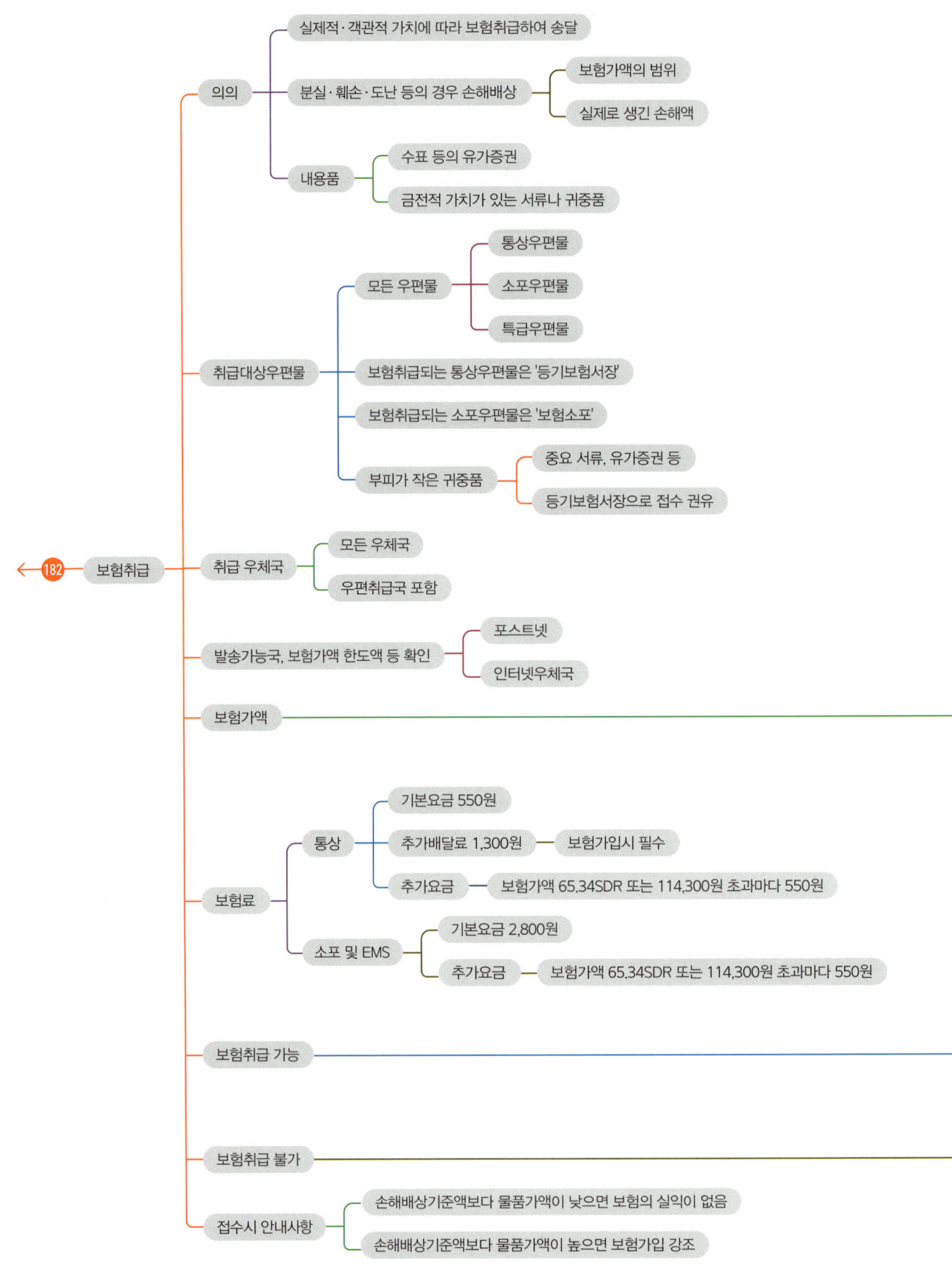

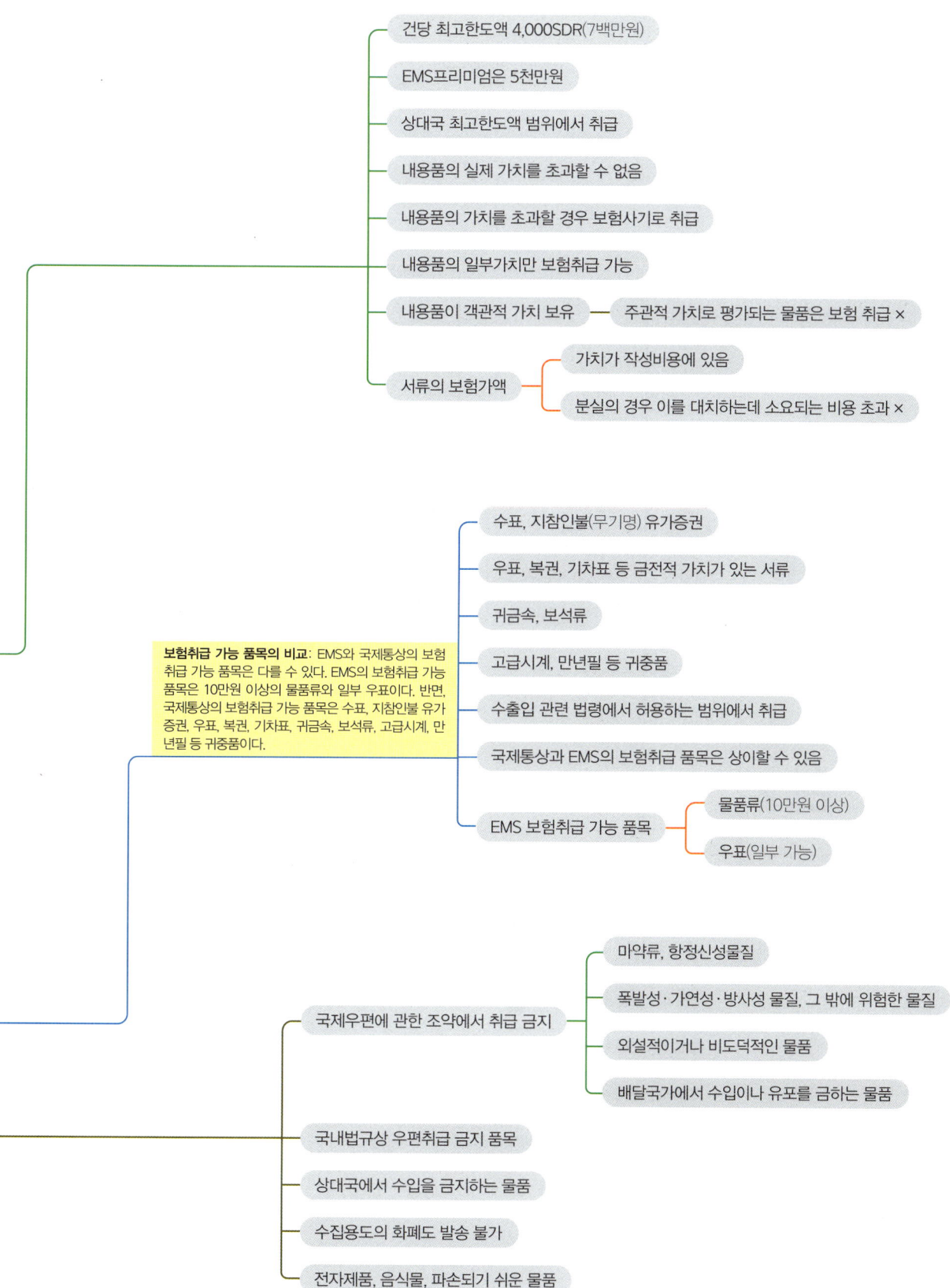

단원 학습목표

본 단원에서는 국제우편의 요금을 살펴봅니다. 국내우편에서 공부한 바 있는 별납, 후납, 요금수취인부담제도 등 유사한 내용이 국제우편에서도 반복됩니다. 따라서 국내우편의 요금과 비교하면서 국제우편의 요금을 공부한다면 정리과 암기에 큰 도움이 될 것입니다.

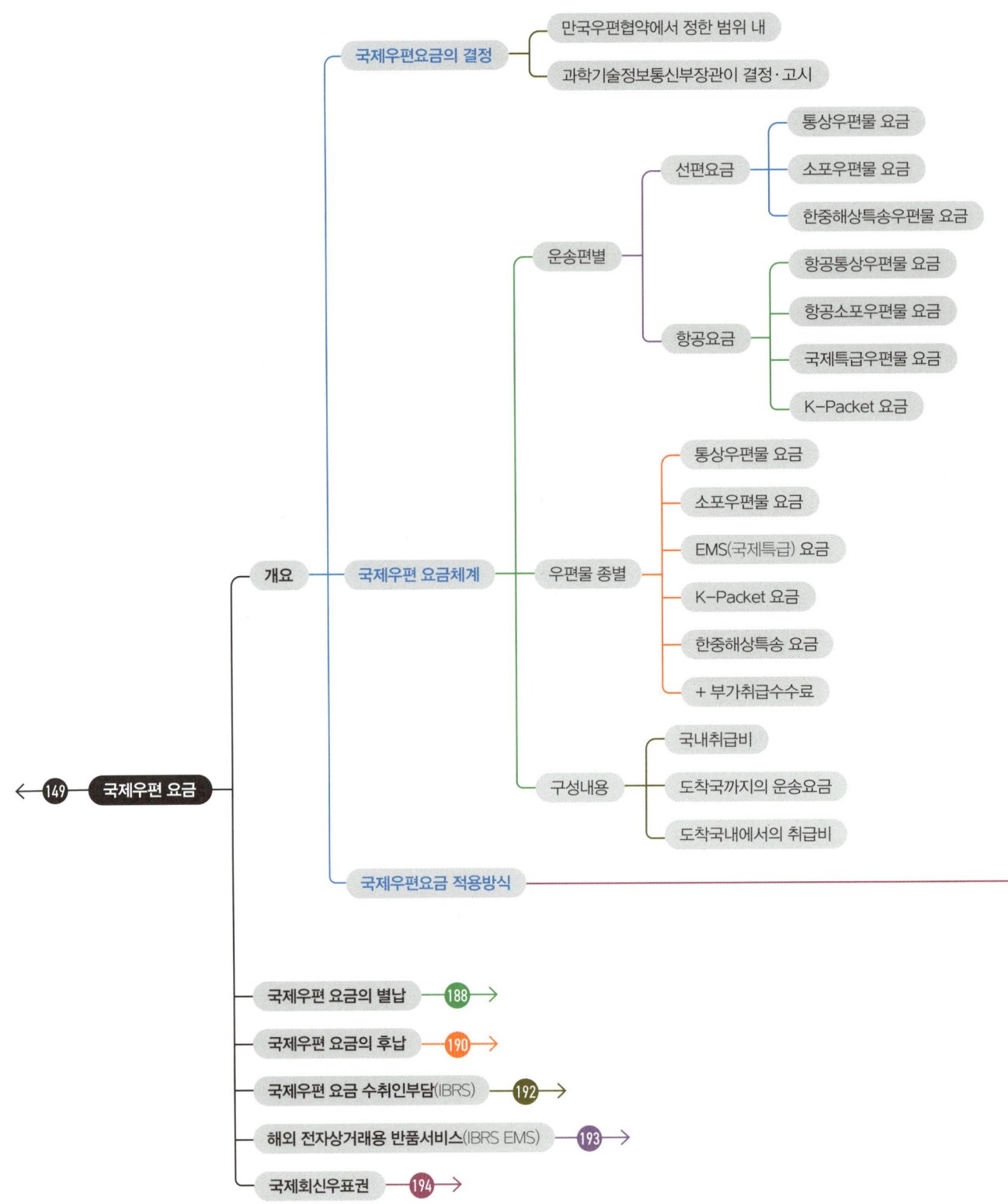

[부피의 측정 방식]
(1) 포장된 우편물의 모양이 사각형이 아닐 경우에는 우편물의 가장 튀어나온 곳을 기준으로 '가로×세로×높이'의 길이를 측정
(2) 서로 다른 크기의 상자 2개를 연결하였을 경우에는 각각의 부피를 구해 더하지 않고 1개의 물건으로 간주하여 가장 긴 길이를 측정

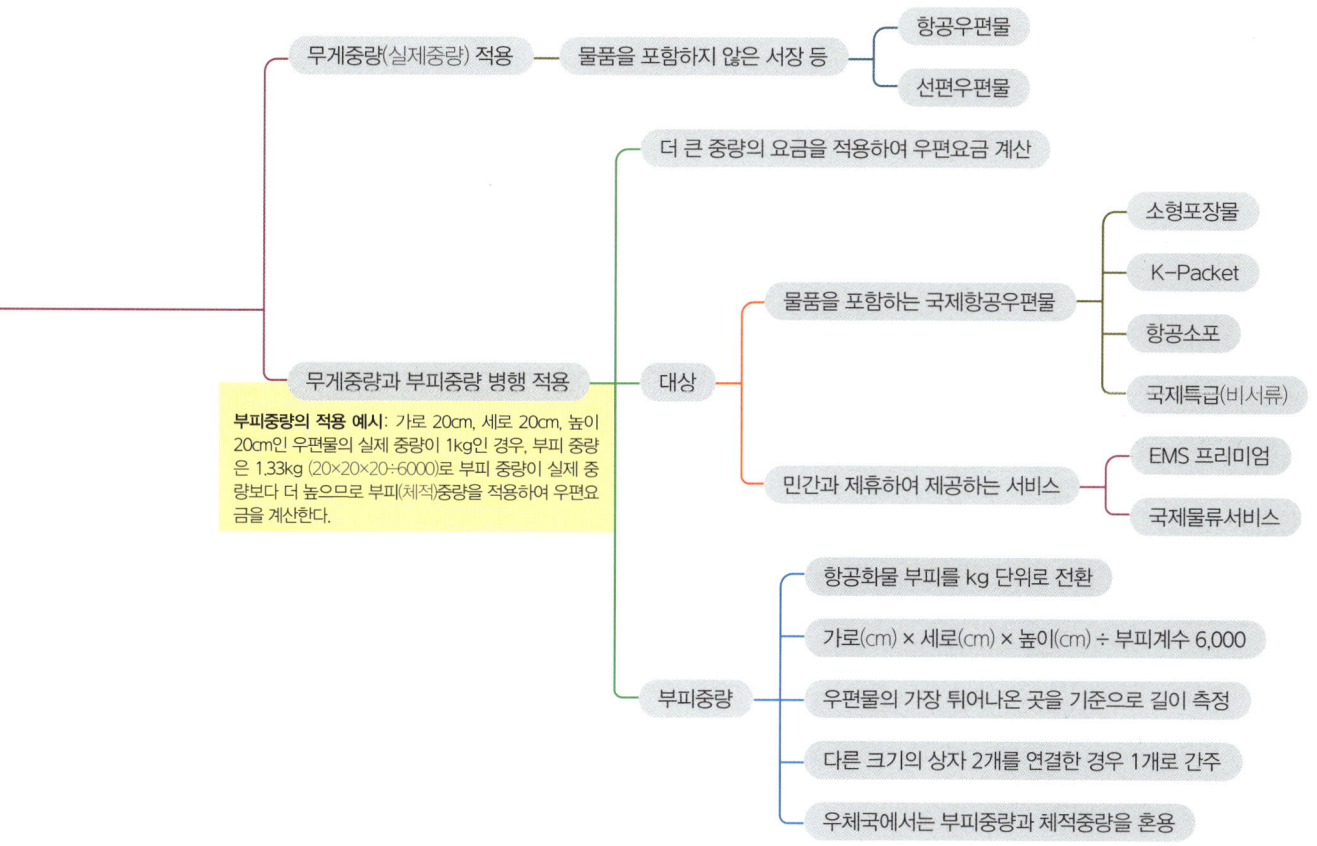

부피중량의 적용 예시: 가로 20cm, 세로 20cm, 높이 20cm인 우편물의 실제 중량이 1kg인 경우, 부피 중량은 1.33kg (20×20×20÷6000)로 부피 중량이 실제 중량보다 더 높으므로 부피(체적)중량을 적용하여 우편요금을 계산한다.

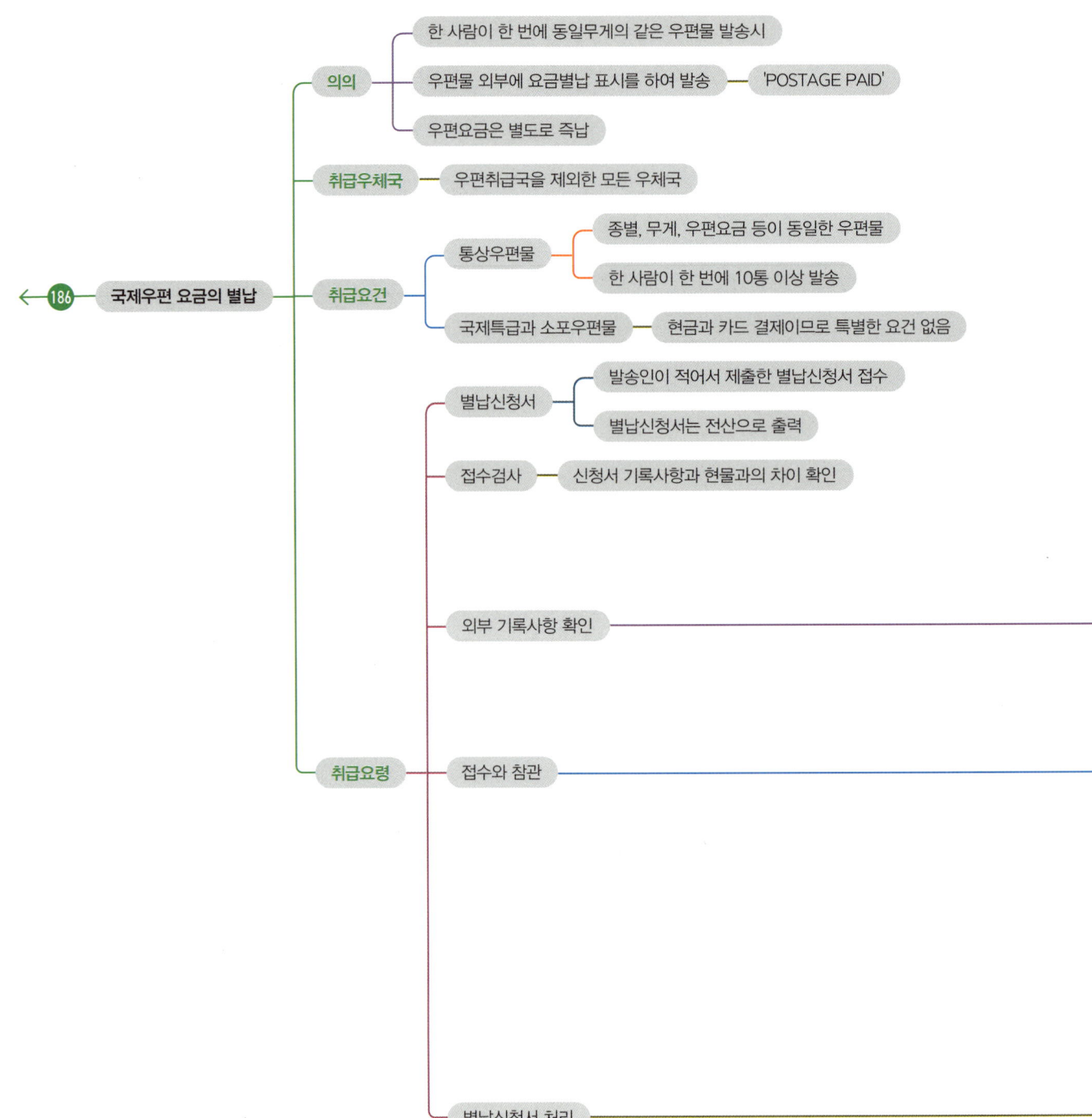

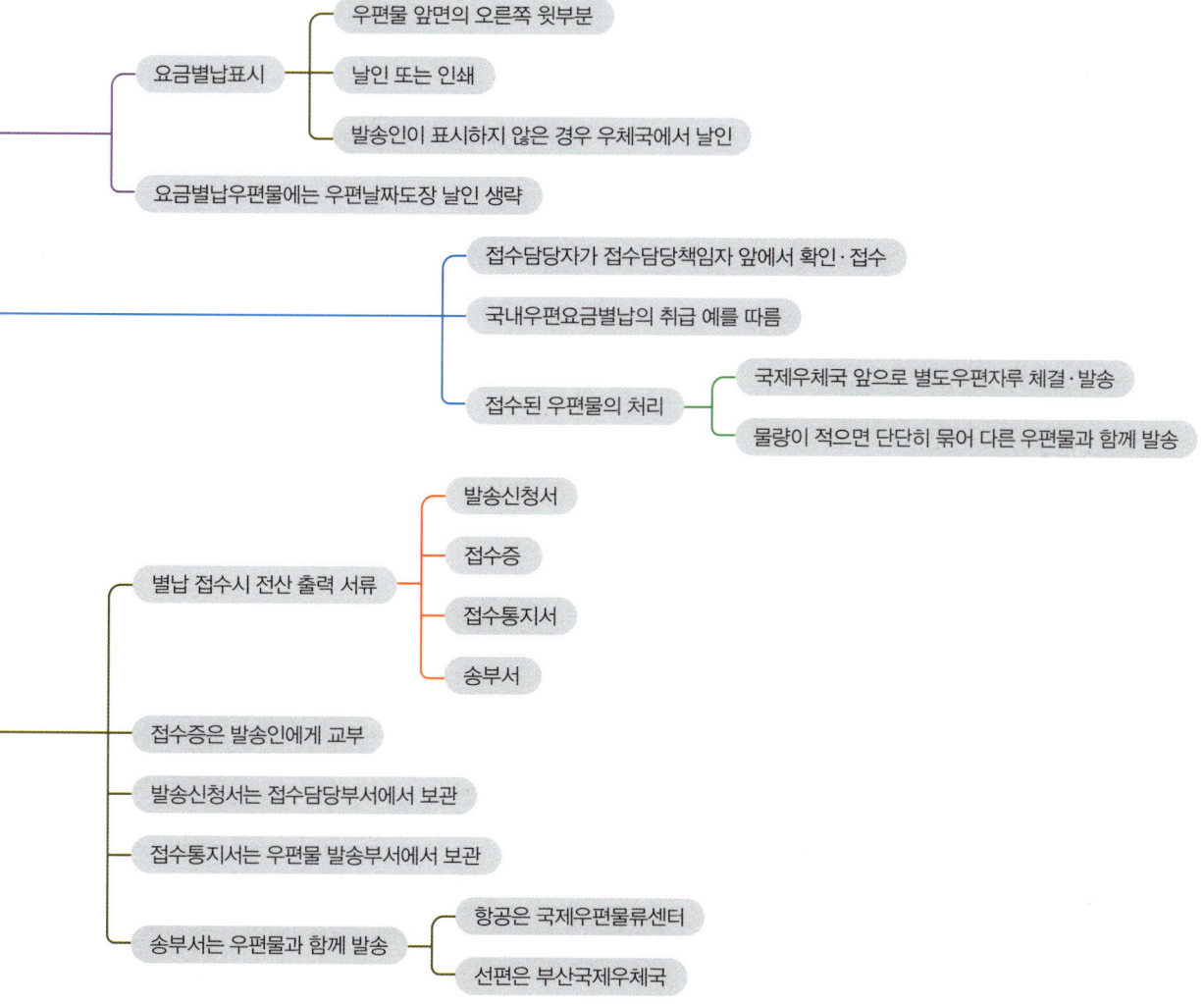

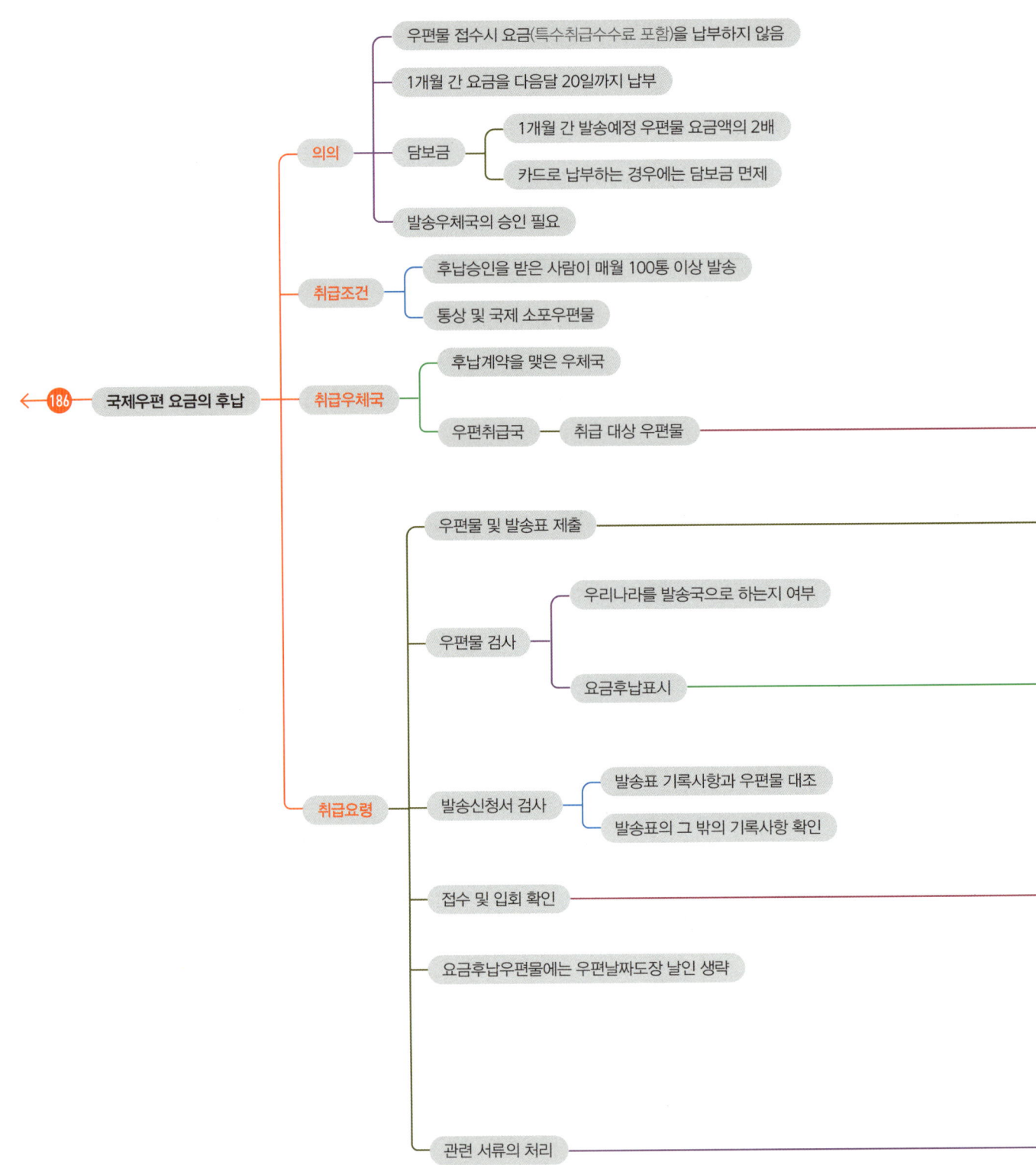

- 등기취급우편물
- 공공기관에서 발송하는 일반우편물

- 발송인이 국제우편요금후납우편물 발송신청서 작성
- 발송신청서를 우편물과 함께 계약우체국에 제출

- 우편물 오른쪽 윗부분
- 'Postage Paid'
- 발송인이 표시하지 않은 경우 우체국에서 날인

- 접수담당자가 접수담당책임자 앞에서 확인·접수
- 발송신청서 — 요금별납우편물에 준하여 상호 확인인 날인

- 발송신청서
  - 접수검사를 마치고 우편날짜도장날인
  - 접수담당부서에서 보관
    - 일련번호 부여
    - 매월분 정리
    - 발송기간과 발송표 매수를 적은 표지를 붙여 보관
- 우편물 수령증
  - 전산에서 출력
  - 발송인에게 교부
- 우편물 접수통지서
  - 전산에서 출력
  - 송부
    - 항공은 국제우편물류센터
    - 선편은 부산국제우체국

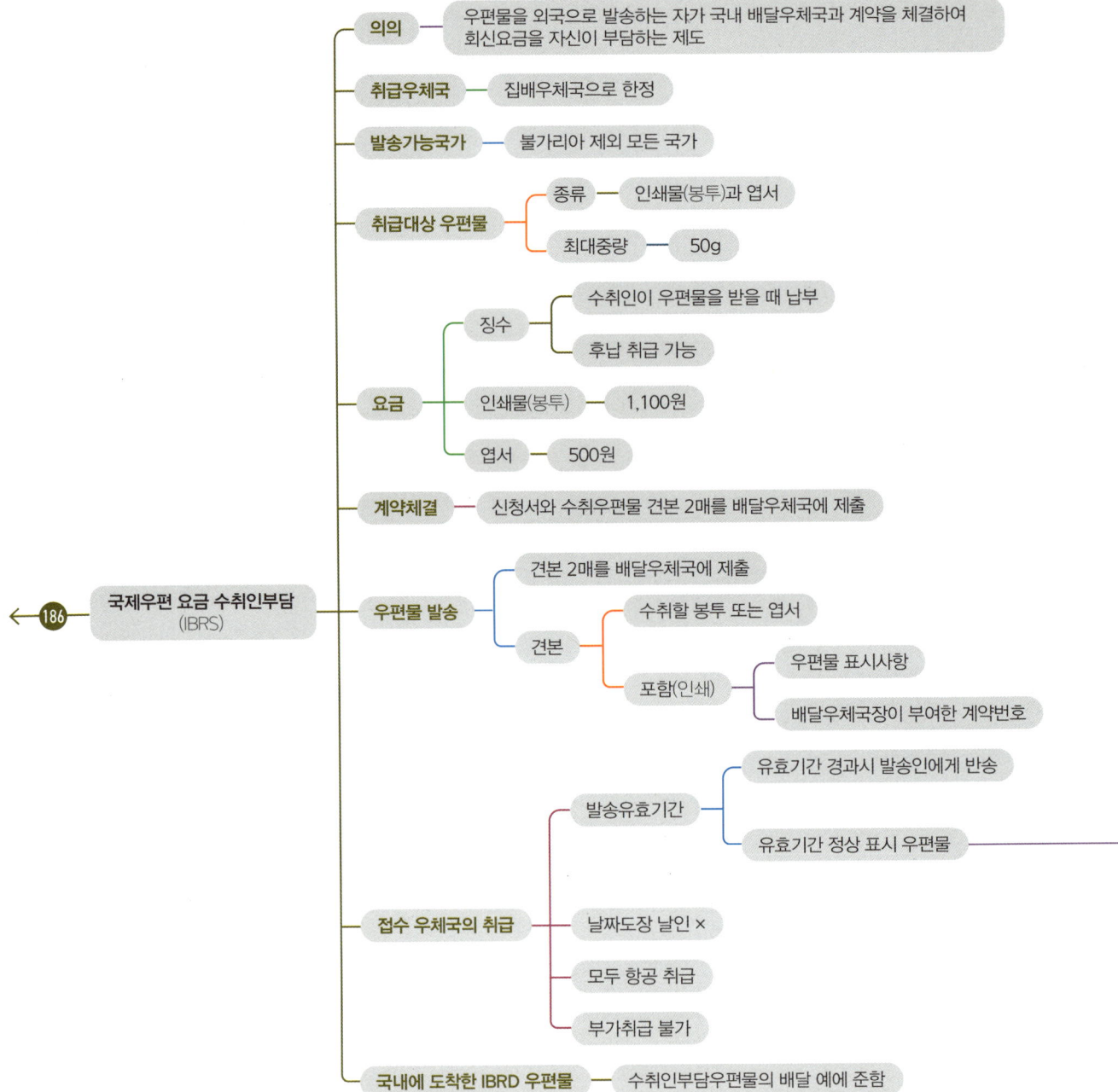

해외 전자상거래용 반품서비스 (IBRS EMS)

- **의의**
  - 온라인 해외거래 반품 요구에 충족
  - 판매자 — 전자적 방법으로 반품서비스라벨을 구매자에게 전송
  - 구매자 — 해당 우편물 표면에 반품서비스 라벨을 부착하여 접수
  - 기존의 국제우편요금수취인부담제도 활용
- **취급우체국**: 계약국제특급 이용우체국(집배국)
- **발송가능국가**: 일본
- **취급대상 우편물**
  - 종류
    - EMS에 한정
    - 최대 무게 2kg
  - 규격
    - 국가별 EMS 발송조건의 규격과 동일
    - 라벨규격
      - 최소 90 × 140mm
      - 최대 140 × 235mm
- **부가취급**
  - EMS 우편물로 취급
  - 그 밖의 부가취급은 불가
- **요금징수**
  - 수취인이 우편물을 받을 때 납부
  - 후납 취급 가능
  - 통당 10,000원
- 접수시스템에 별도 입력 ×
- 국제항공우편물과 같이 국제우편물류센터로 보냄

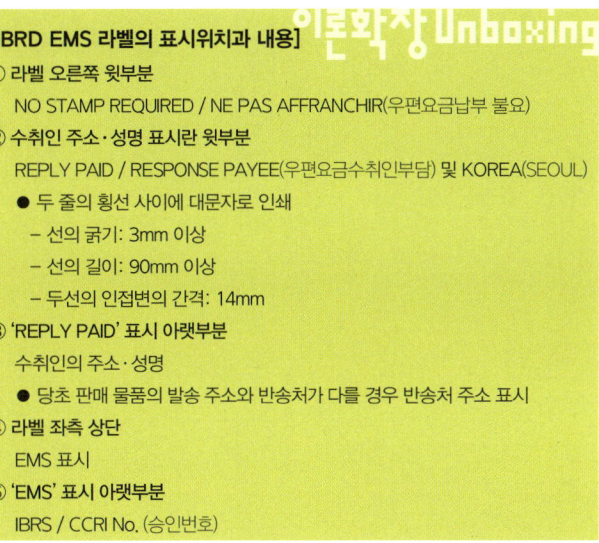

[IBRD EMS 라벨의 표시위치과 내용]
① 라벨 오른쪽 윗부분
  NO STAMP REQUIRED / NE PAS AFFRANCHIR(우편요금납부 불요)
② 수취인 주소·성명 표시란 윗부분
  REPLY PAID / RESPONSE PAYEE(우편요금수취인부담) 및 KOREA(SEOUL)
  ● 두 줄의 횡선 사이에 대문자로 인쇄
    - 선의 굵기: 3mm 이상
    - 선의 길이: 90mm 이상
    - 두선의 인접변의 간격: 14mm
③ 'REPLY PAID' 표시 아랫부분
  수취인의 주소·성명
  ● 당초 판매 물품의 발송 주소와 반송처가 다를 경우 반송처 주소 표시
④ 라벨 좌측 상단
  EMS 표시
⑤ 'EMS' 표시 아랫부분
  IBRS / CCRI No. (승인번호)

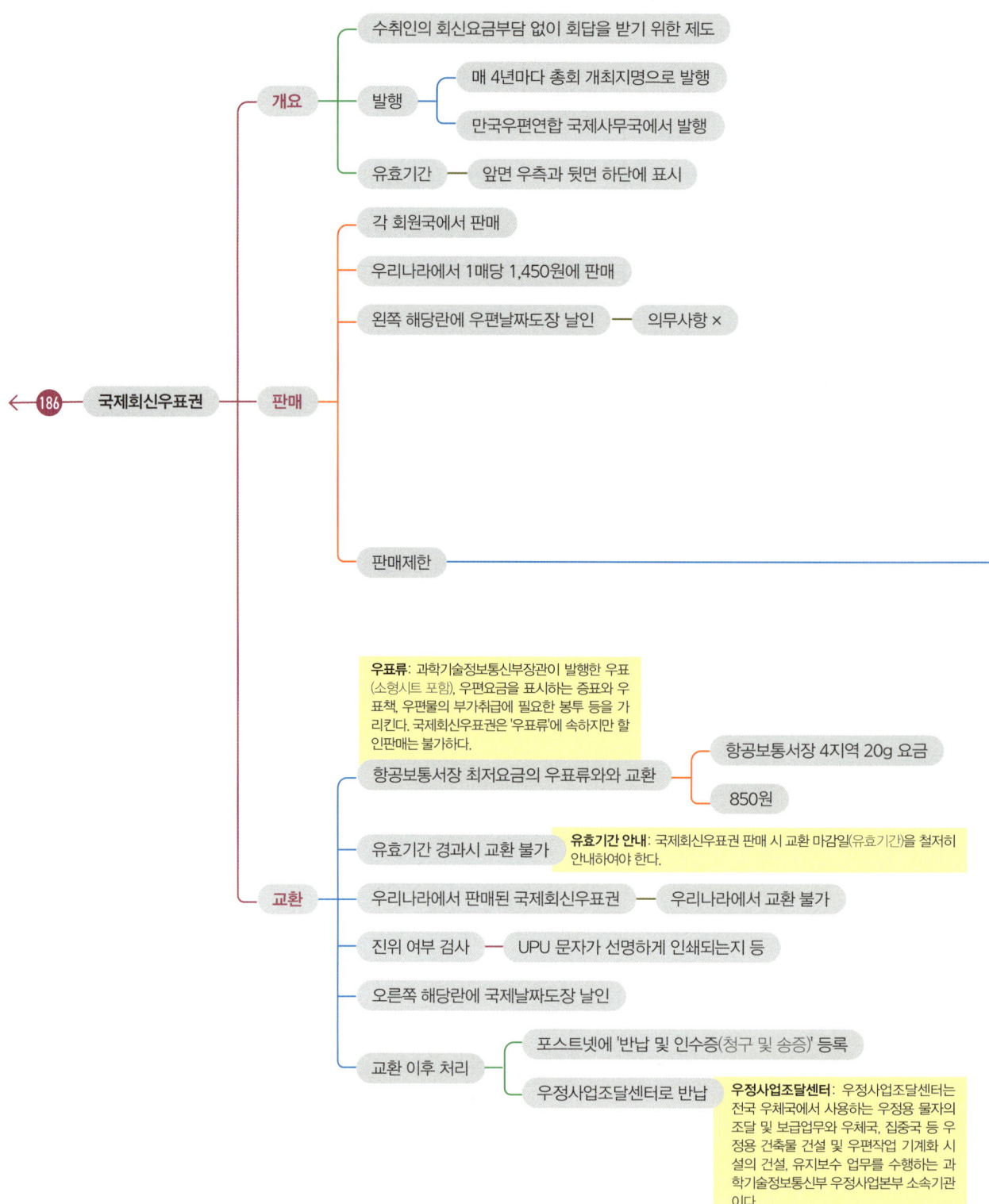

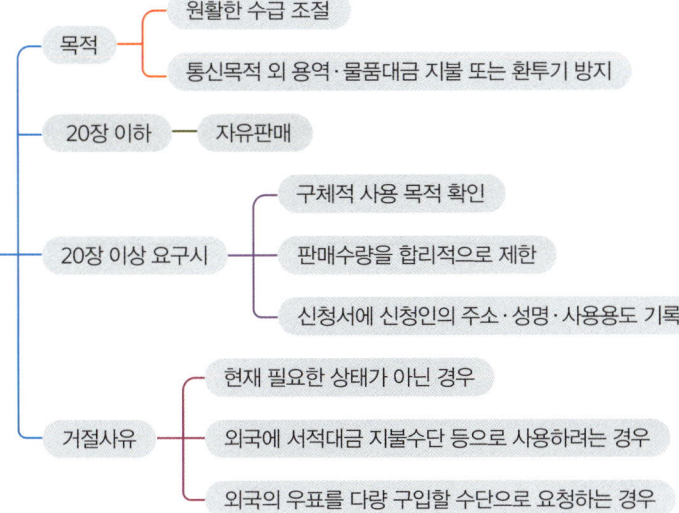

단원 학습목표

국제우편서비스의 주요 부가서비스와 제도를 살펴보는 단원입니다. 국제우편 이용시 편리한 다양한 부가서비스가 소개되므로 각 제도의 특성을 개별적으로 나누어 정리해 두시기 바랍니다.

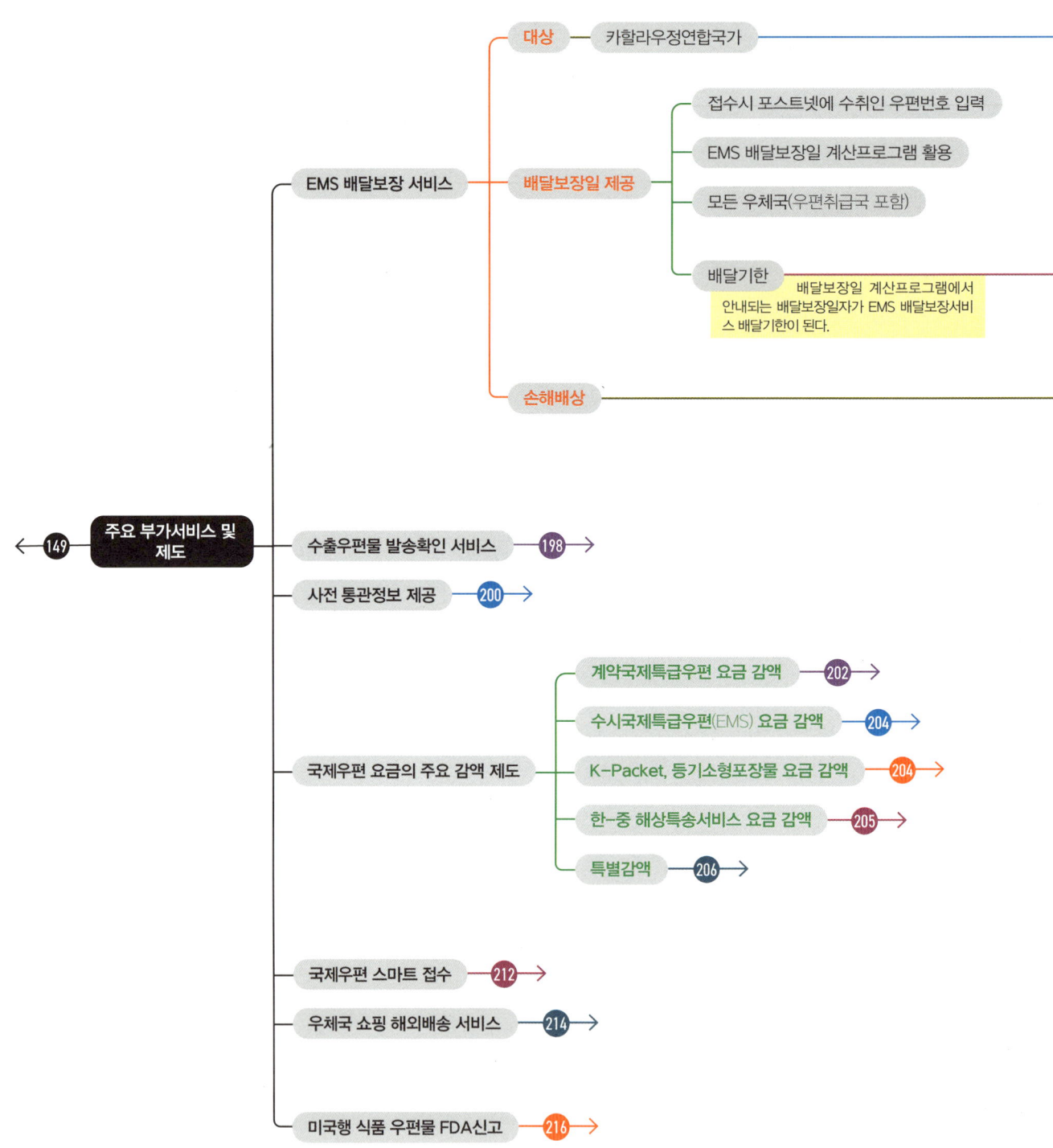

- 한국 포함 11개국 — **카할라 우정연합 회원국**: 한국, 일본, 미국, 중국, 호주, 홍콩, 영국, 스페인, 프랑스, 태국, 캐나다 등 11개국이다. 11개 우정당국이 모든 지역에 대해 EMS 배달보장서비스를 제공한다.
- 해당국가 사정에 따라 서비스가 중지될 수 있음

- 아시아 — 접수 + 2일 이내
- 미국·호주·유럽 — 접수 + 3일 이내

- 지연사실 확인 즉시 우편요금 배상
- 책임우정당국의 책임과 배상 — 우정당국간 상호 정산 — **우정당국 정산방법**: 책임소재를 확인한 후 발송국가우정당국이 변상하거나 또는 사후에 우정당국간 정산한다.
- 미배달임에도 배달완료로 간주하는 경우
  - 통관 보류
  - 수취인 부재

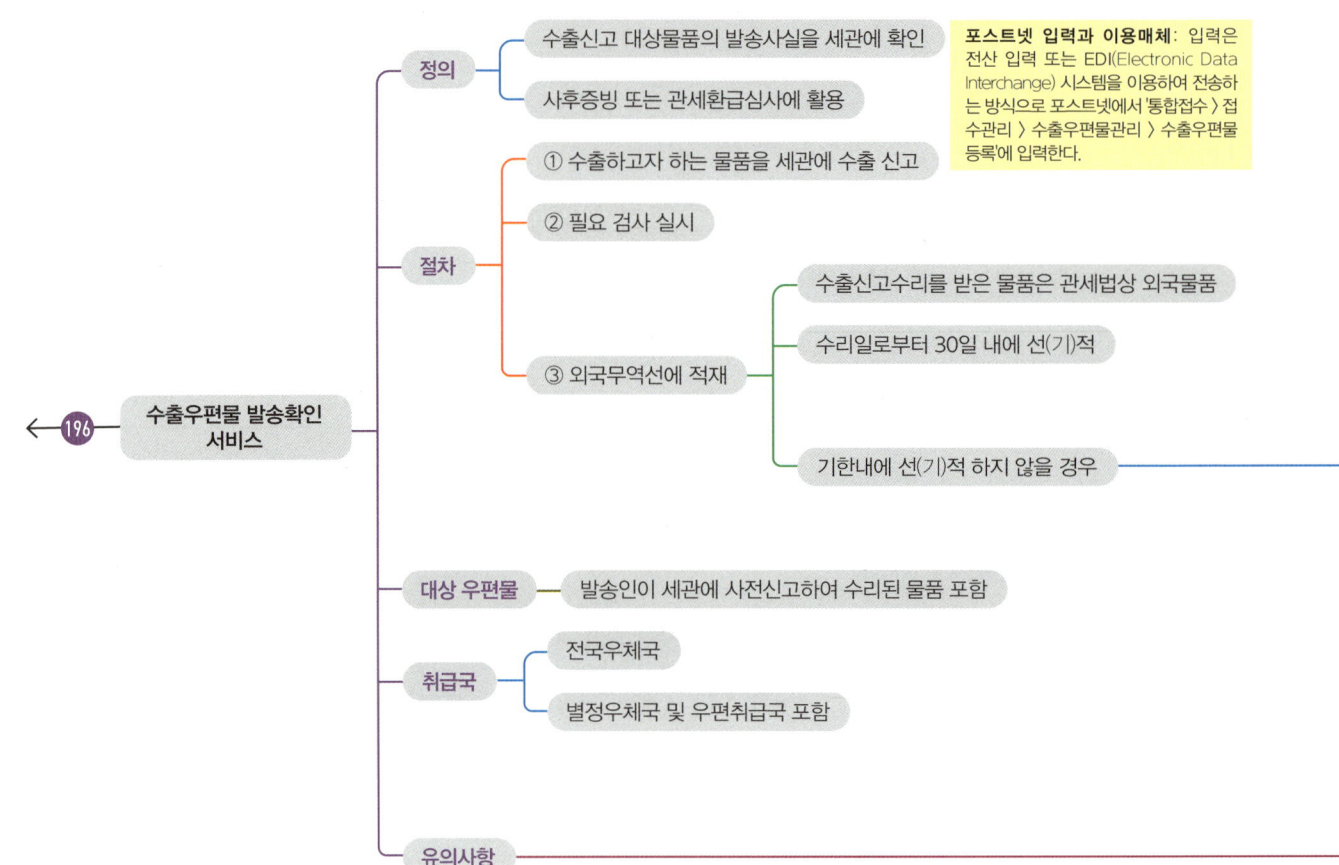

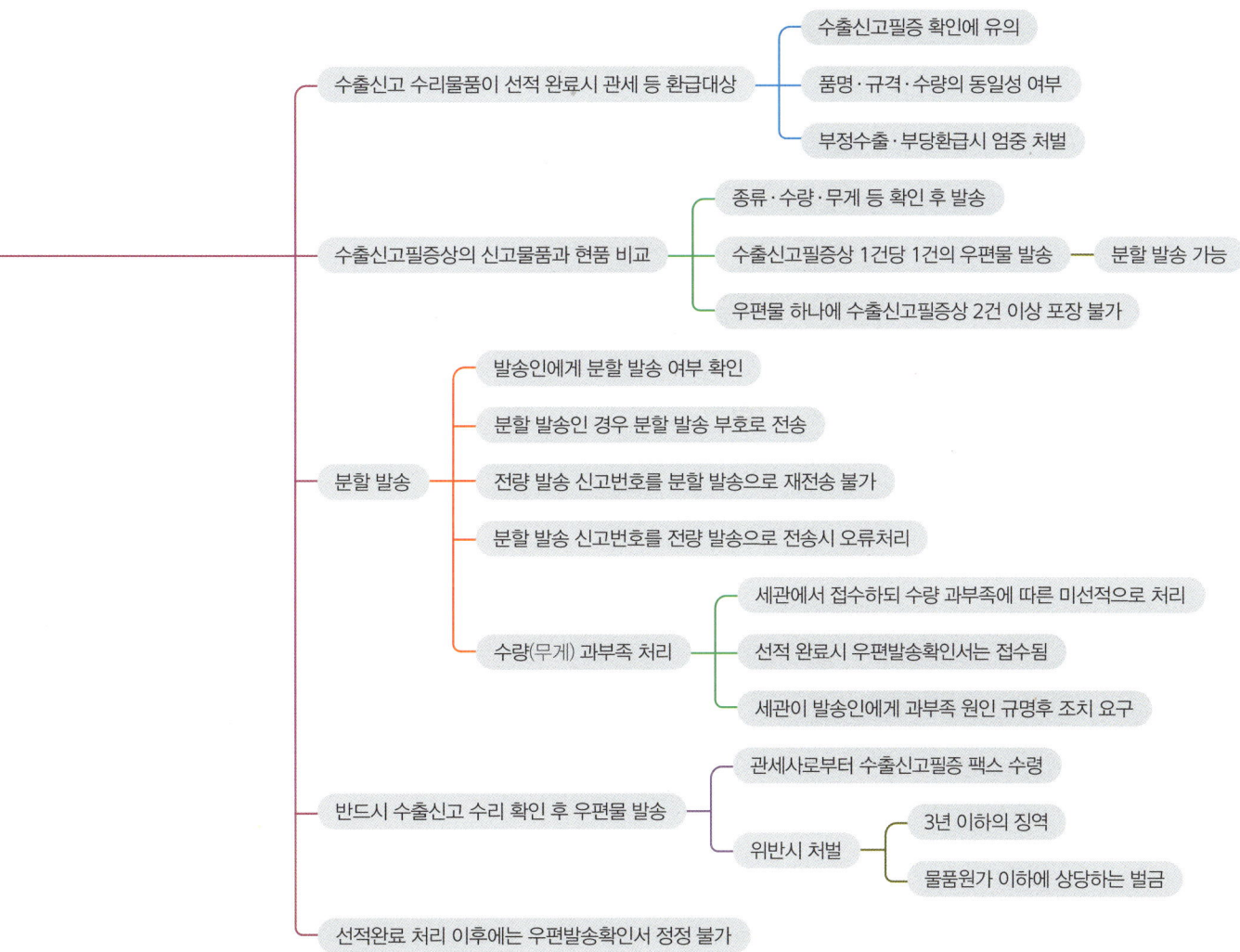

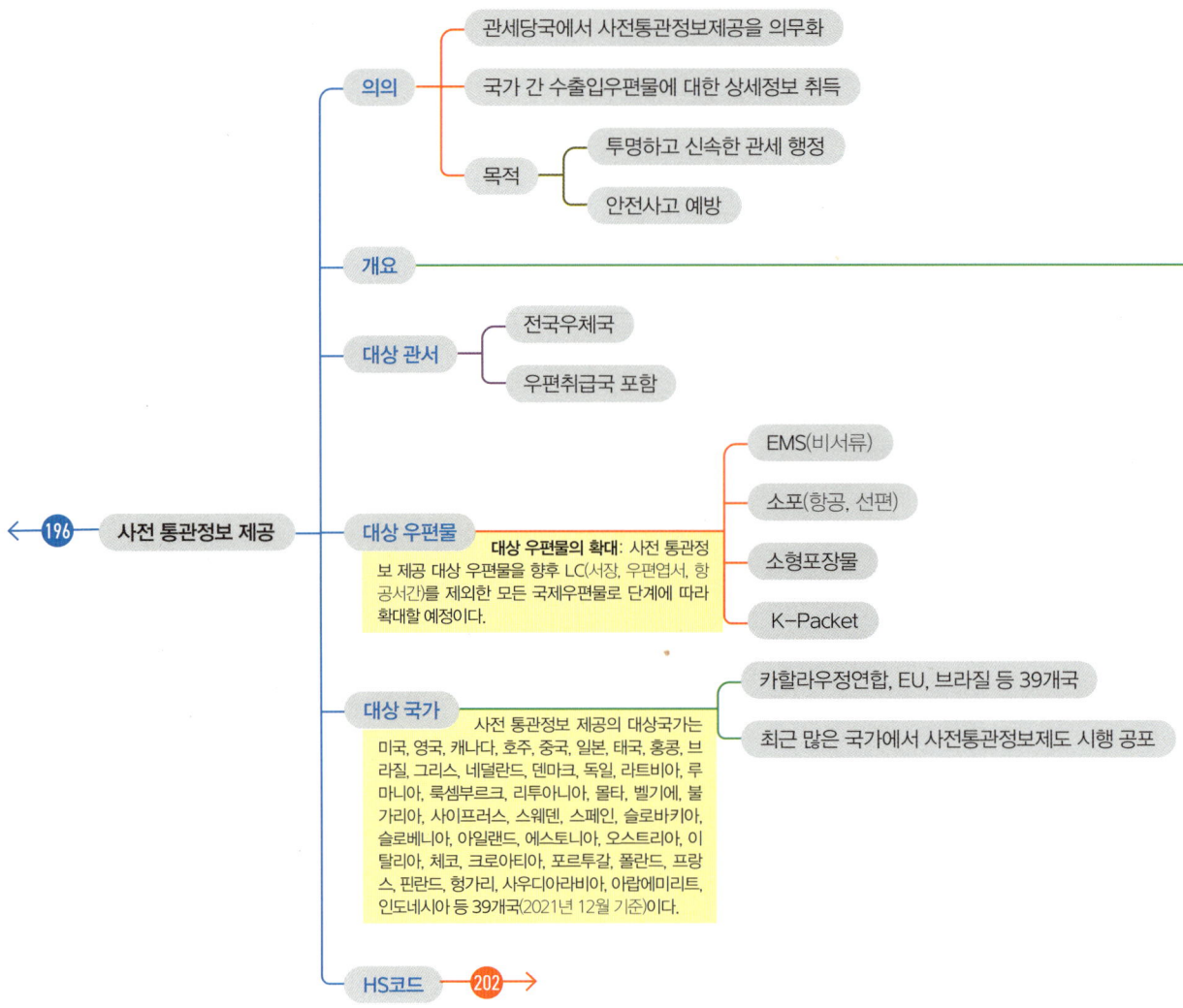

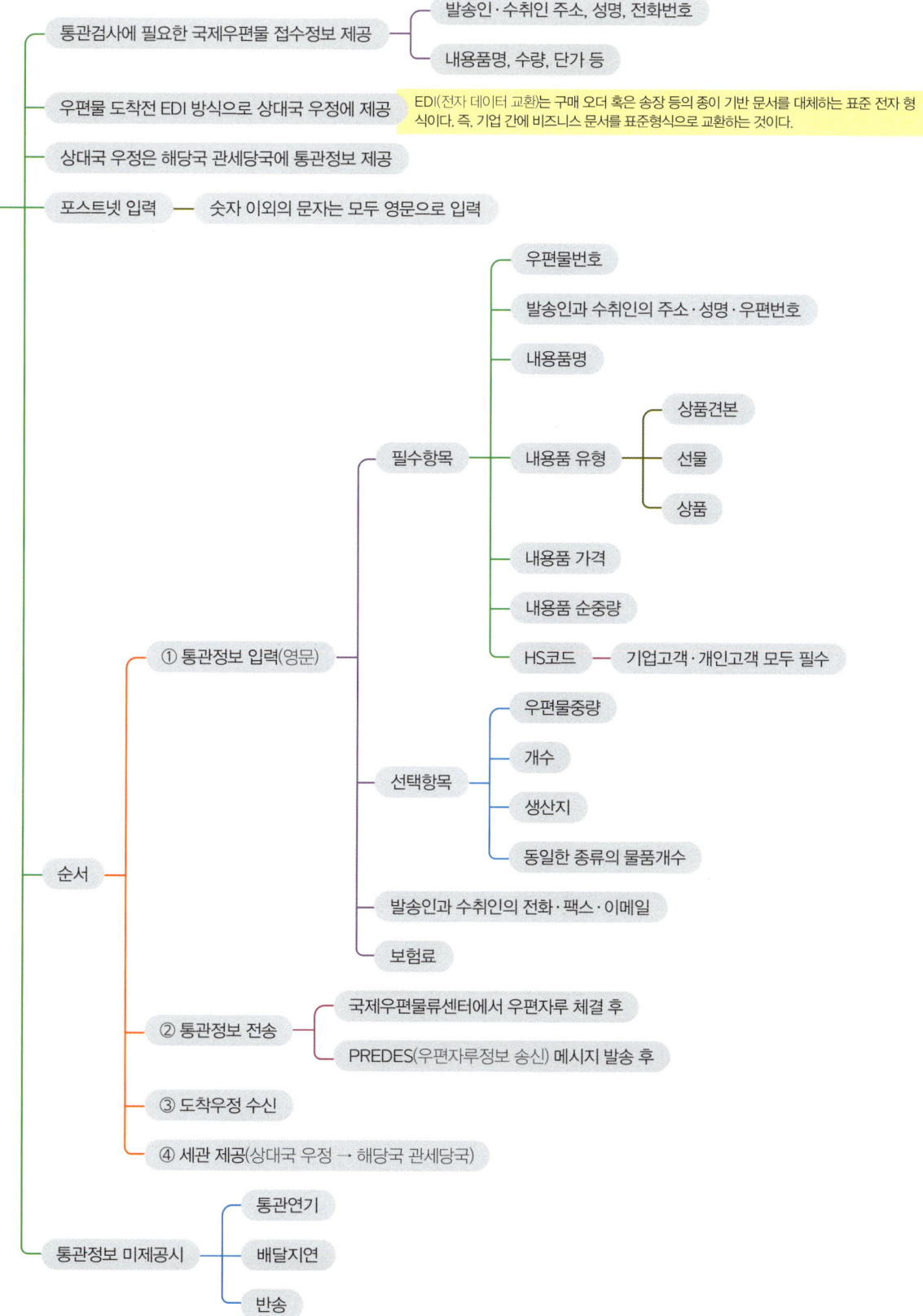

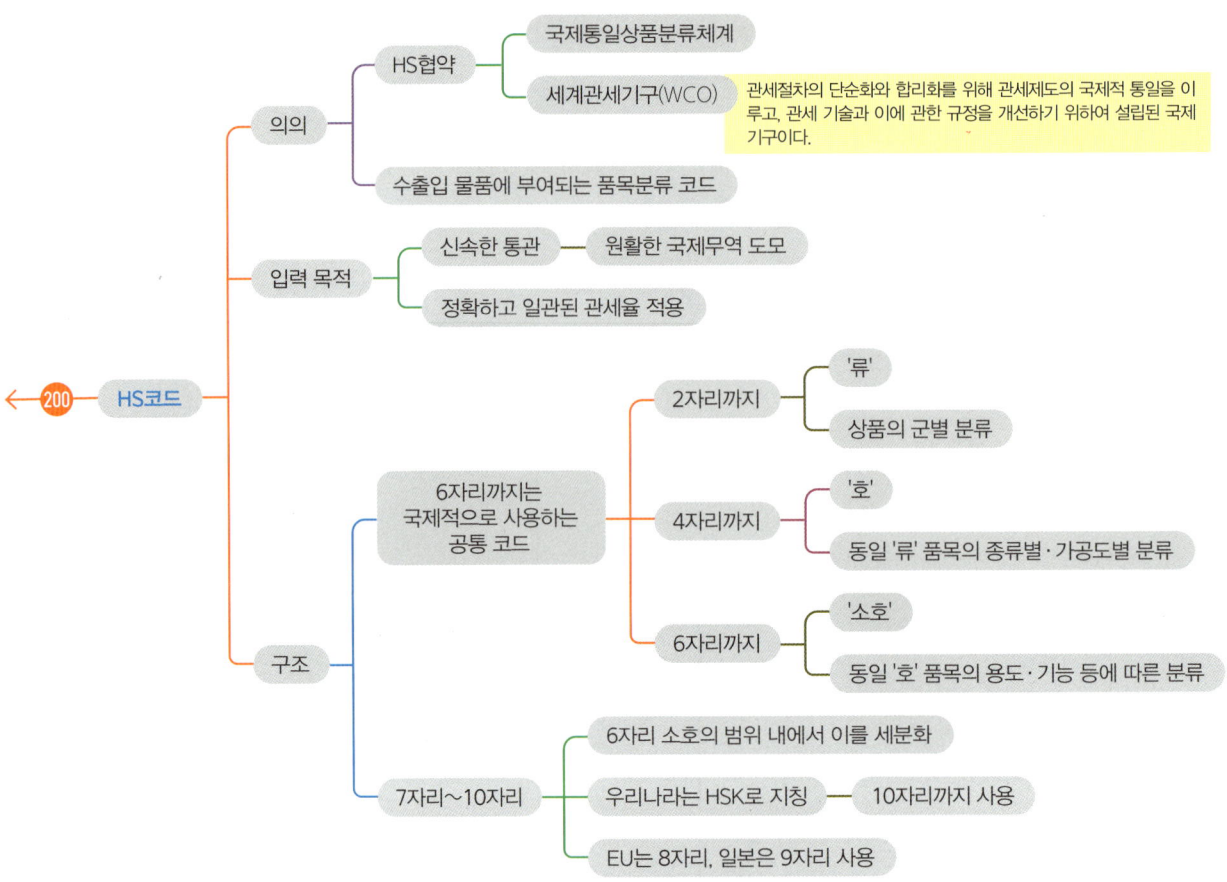

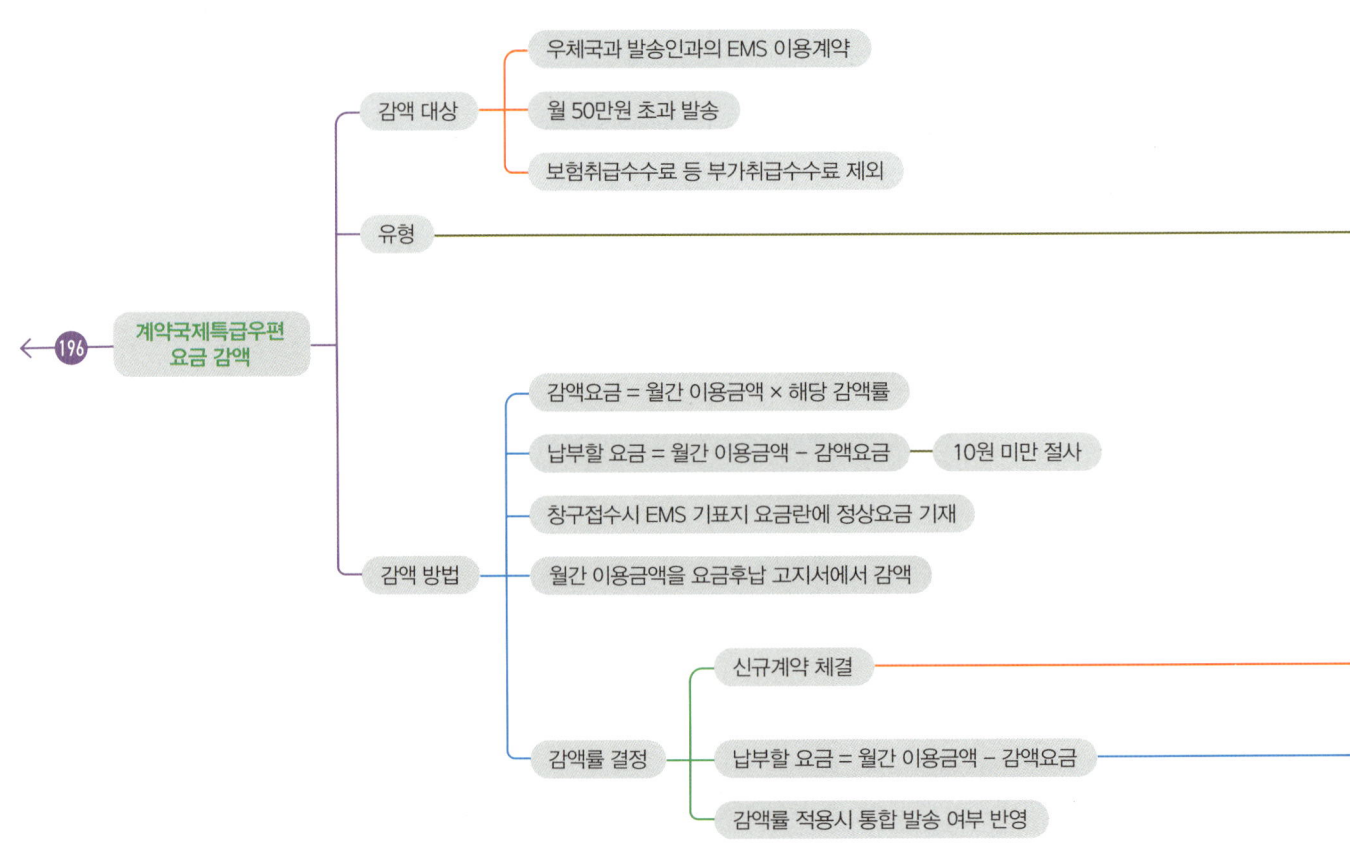

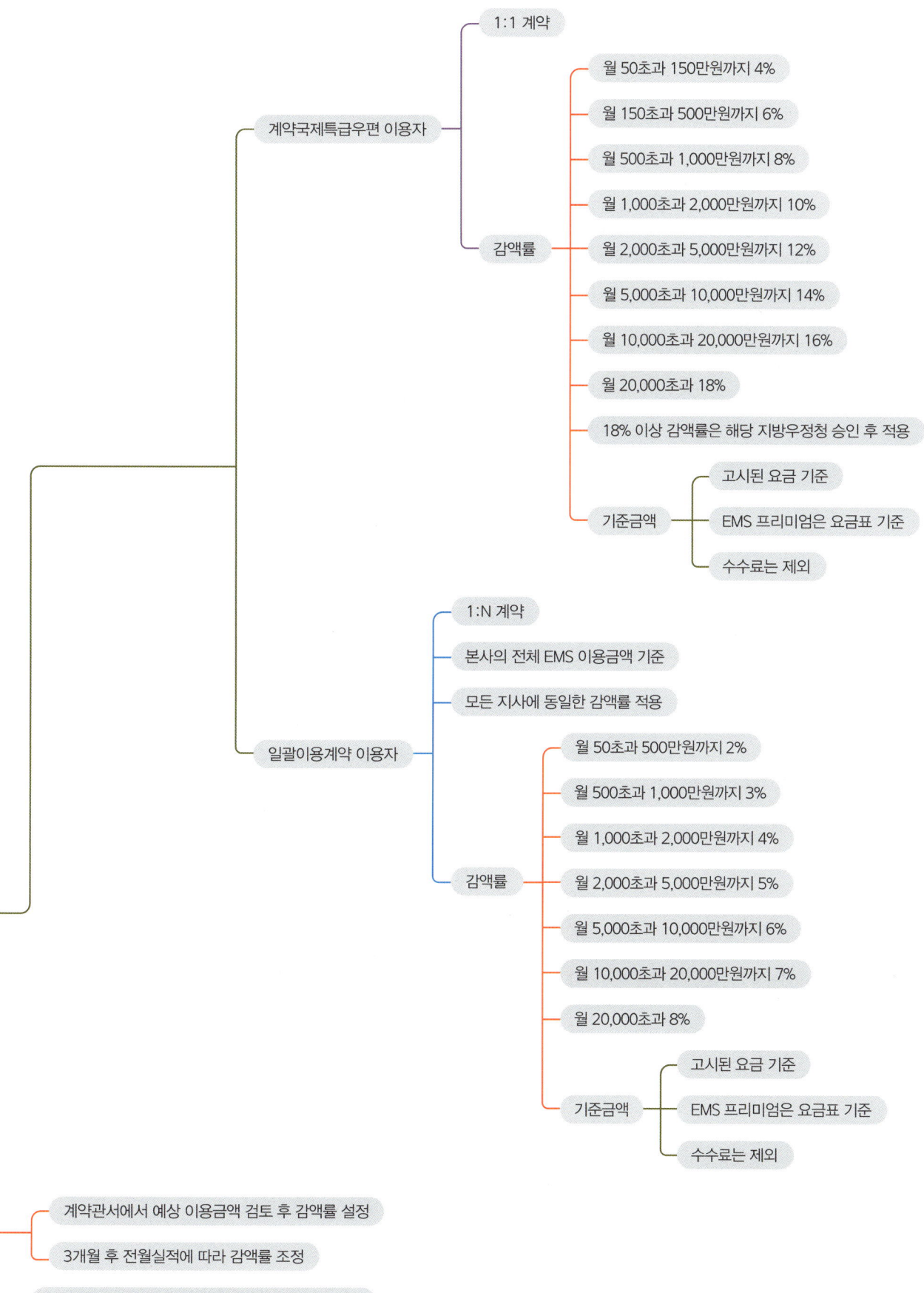

수시국제특급우편(EMS) 요금 감액

감액요금의 산정: 계약 국제특급우편 이용자에 대하여는 월간 이용액을 기준으로 감액하며, 이용자에 대하여는 1회 이용량을 기준으로 감액한다. 감액요금은 '월간 이용금액 × 해당 감액률'로 계산한다. 따라서 납부할 요금은 '월간 이용금액 − 감액요금(10원 미만 절사)'이다.

- 감액 대상
  - 우체국과 별도의 EMS 이용계약 미체결
  - 1회 30만원 초과 발송
  - 보험취급수수료 등 부가취급수수료 제외
  - 감액률
    - 30초과 50만원까지 3%
    - 50초과 — 계약국제특급우편 감액률 준용
  - 기준금액
    - 고시된 요금 기준
    - EMS 프리미엄은 요금표 기준
    - 수수료는 제외
- 감액 방법
  - 이용자의 1회 EMS 발송요금 확인 후 감액률 적용
  - EMS 기표지 요금란에 감액요금 기재
  - 영수증상 정상요금과 감액요금의 정당 여부 확인

K-Packet, 등기소형포장물 요금 감액

- 감액률
  - 월 50초과 100만원까지 5%
  - 월 100초과 200만원까지 6%
  - 월 200초과 300만원까지 7%
  - 월 300초과 400만원까지 8%
  - 월 400초과 500만원까지 9%
  - 월 500초과 1,000만원까지 10%
  - 월 1,000초과 3,000만원까지 12%
  - 월 3,000초과 5,000만원까지 13%
  - 월 5,000초과 10,000원까지 14%
  - 10,000초과 15%
  - 18% 이상 감액률은 해당 지방우정청 승인 후 적용
- 기준금액
  - 고시된 요금 기준
  - 수수료는 제외
- 등기소형포장물 감액은 계약고객에 한함
- 일반소형포장물은 감액대상에서 제외
- 대상국가 — 미국 등 20개국

K-Packet, 등기소형포장물 요금 감액의 대상국가는 미국, 호주, 홍콩, 베트남, 일본, 싱가포르, 말레이시아, 브라질, 인도네시아, 독일, 스페인, 프랑스, 영국, 러시아, 캐나다, 태국, 대만, 중국, 필리핀, 뉴질랜드 등 20개국이다.

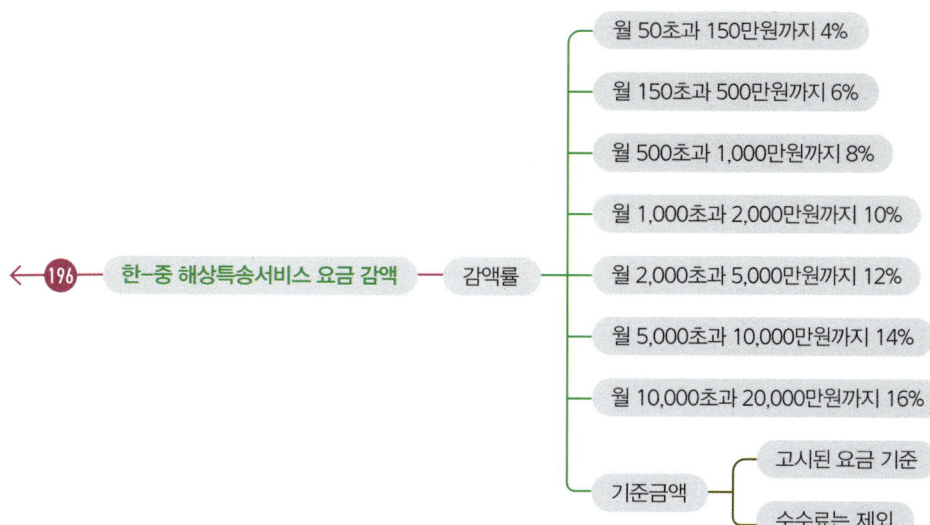

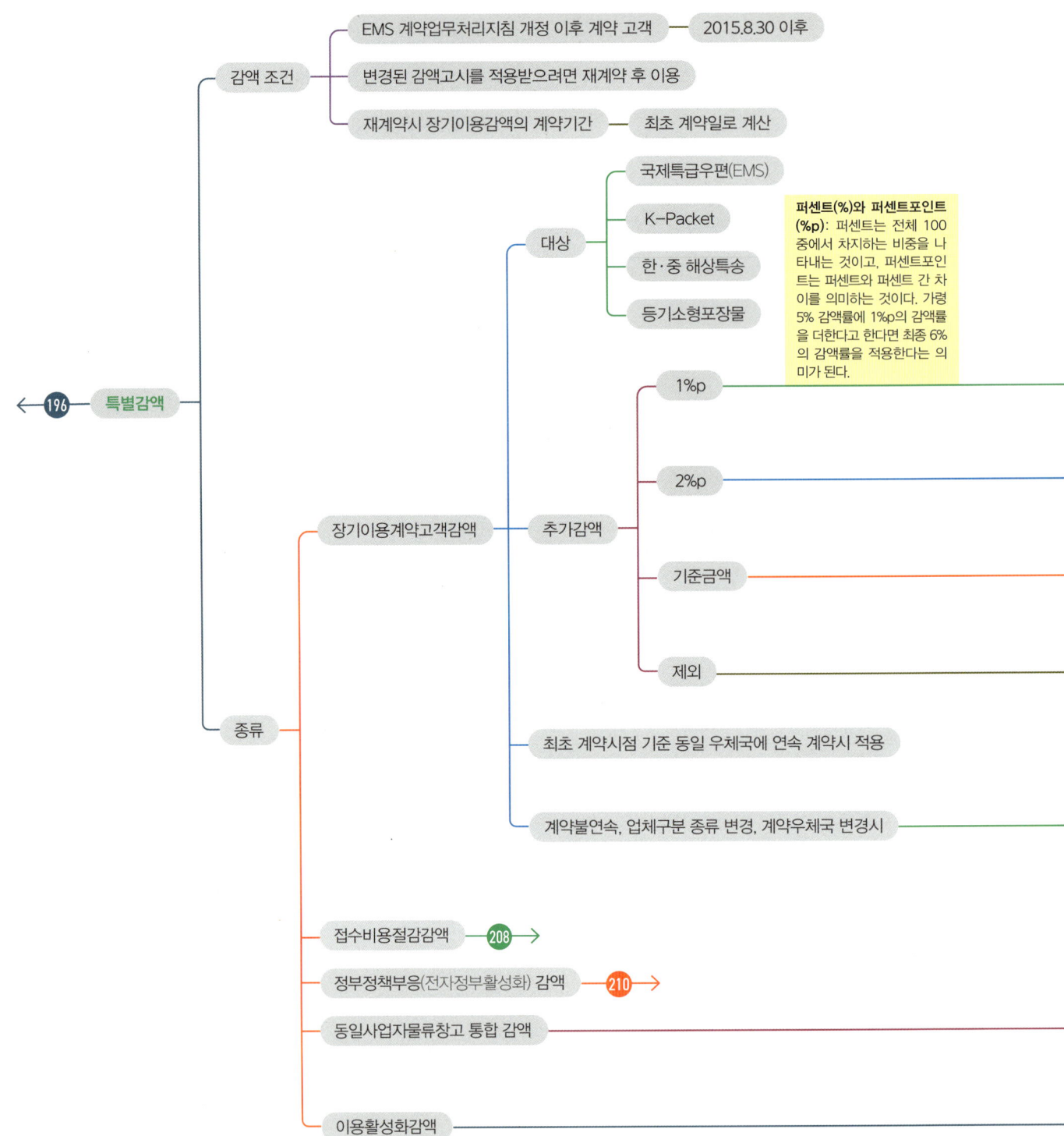

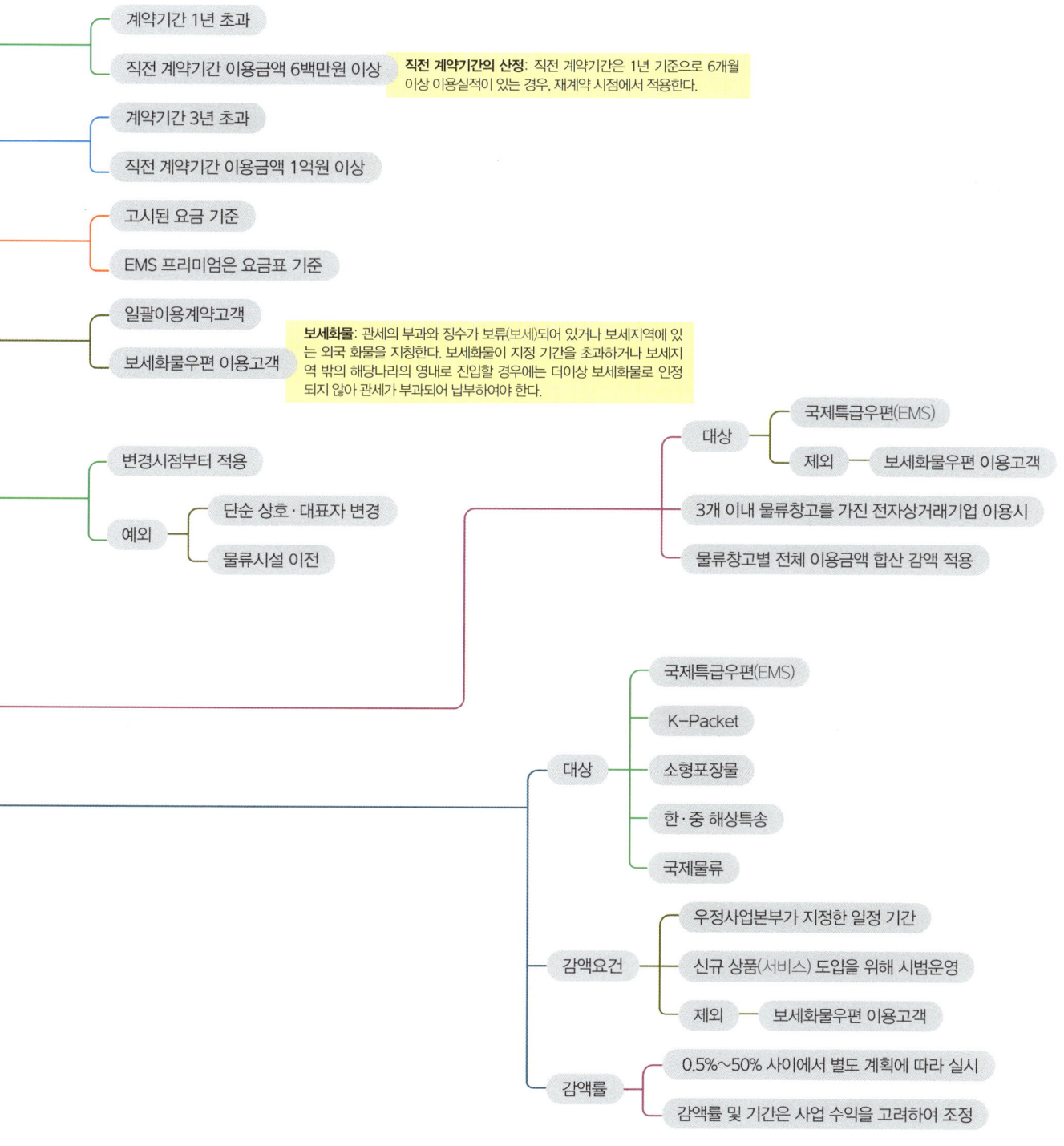

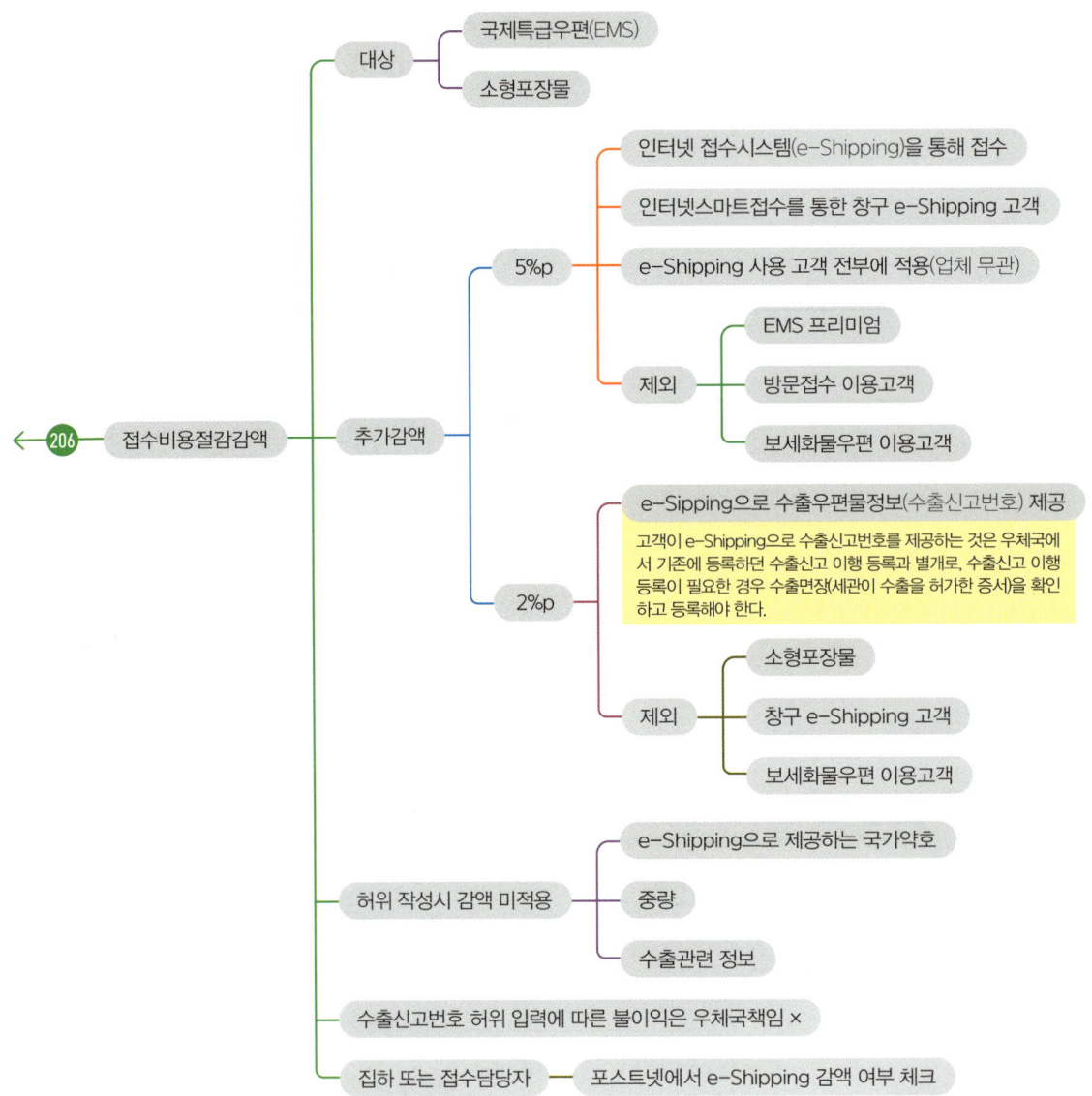

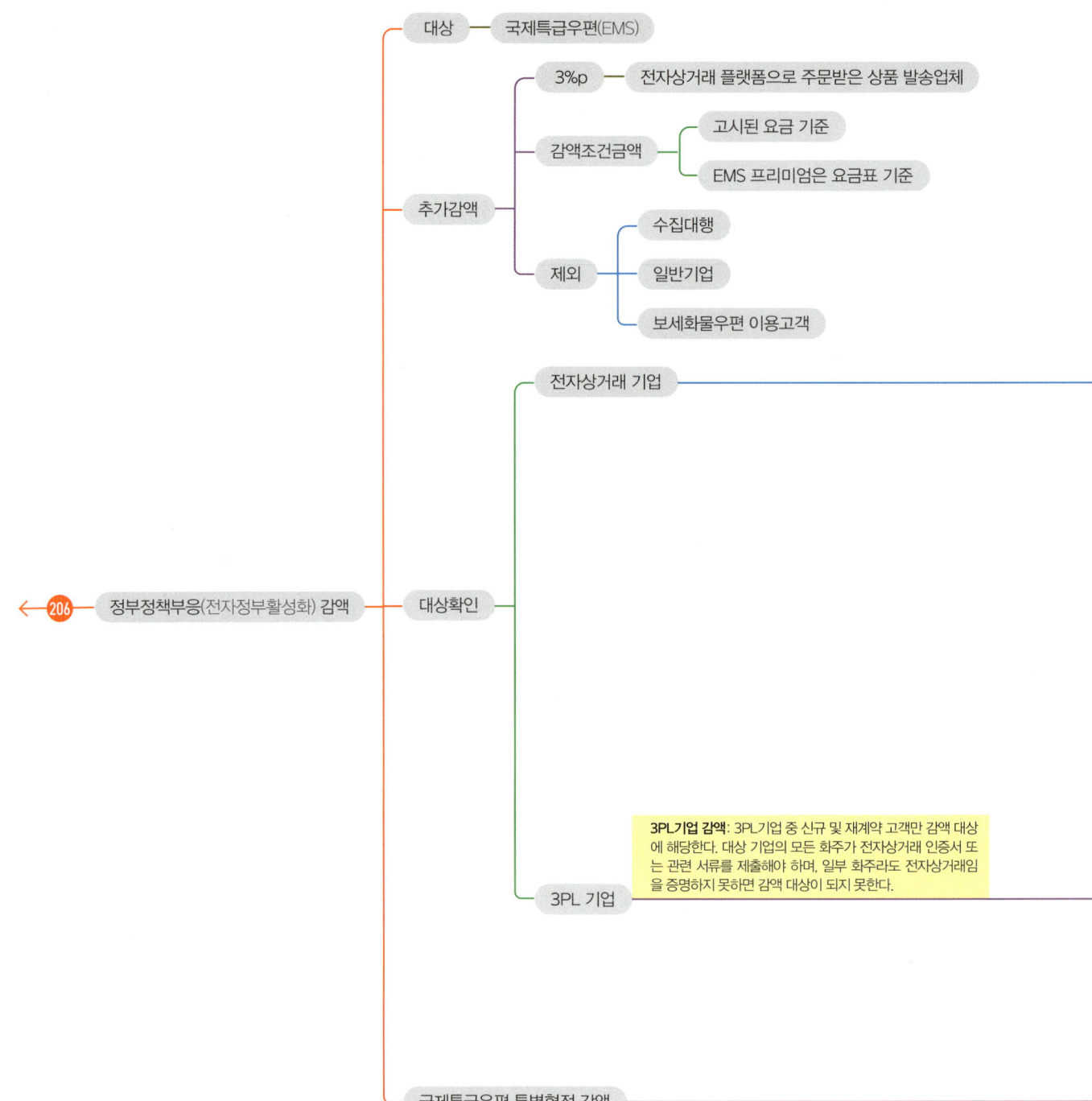

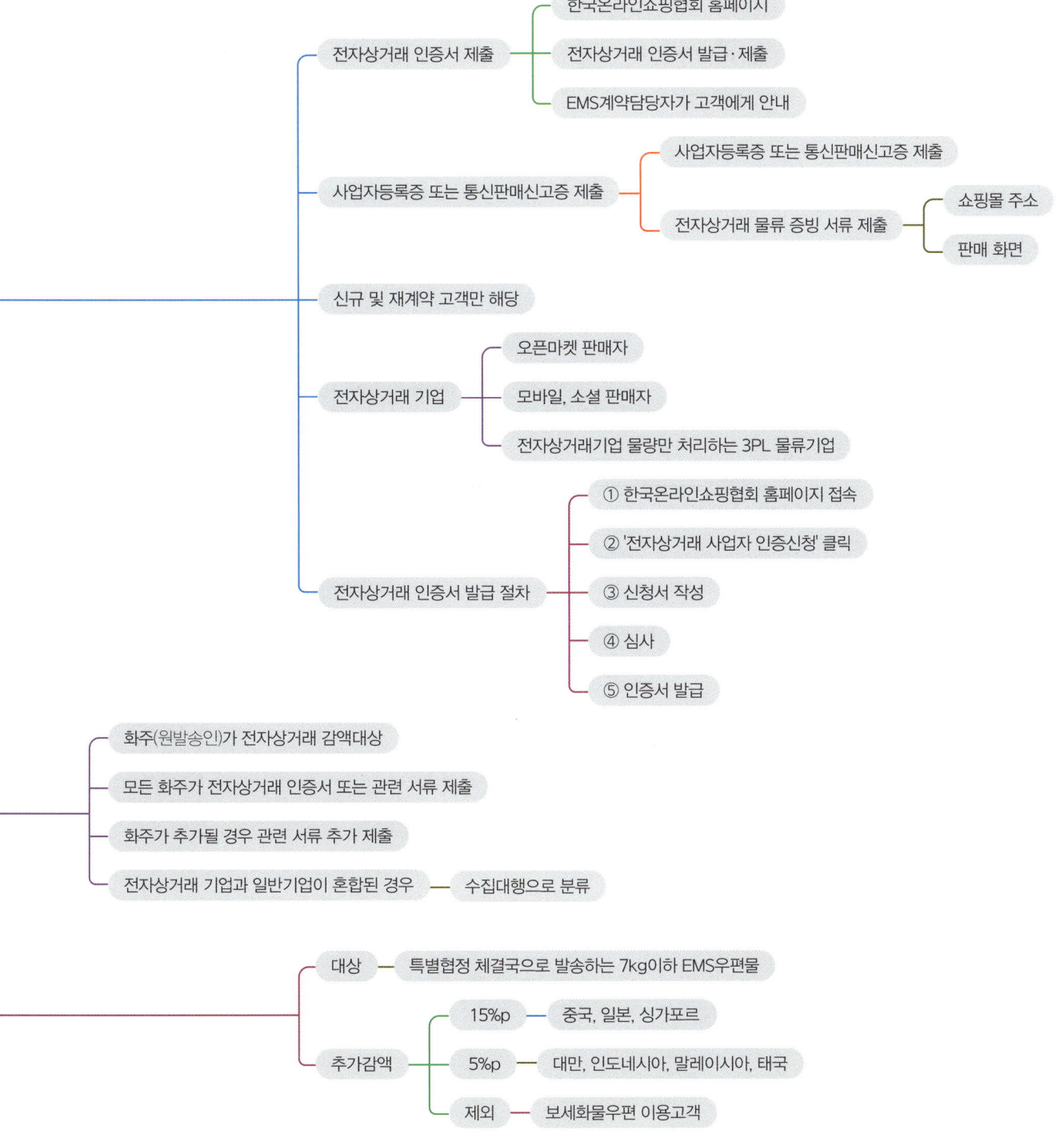

[물류시스템]
① **1PL**(1자물류): 개인기업이나 회사기업이 자사 제품을 내부에서 전적으로 운영, 처리하는 물류시스템이다. 가장 전통적인 물류의 형태이지만, 기업의 인건비와 운영비용이 증가하고 효율성이나 전문성을 확보하기가 어렵다는 단점이 있다.
② **2PL**(2자물류): 자회사나 계열사를 통해 물류를 처리하는 시스템이다. 삼성전자로지텍, 현대글로비스처럼 우리나라 대기업 일부가 이러한 방식을 채택하고 있지만, 해외에서는 거의 존재하지 않는 형태이다.
③ **3PL**(3자물류): 물류업무를 제3자인 외부업체에 아웃소싱의 방식으로 맡기는 물류시스템이다. 물류비용의 절감, 물류센터의 임대료 축소, 효율성과 전문성의 확보 등을 위해 대기업 등 많은 기업이 채택하고 있다.
④ **4PL**: 3자물류시스템에 더해 물류컨설팅 및 IT관련 솔루션을 제공하는 시스템이다.

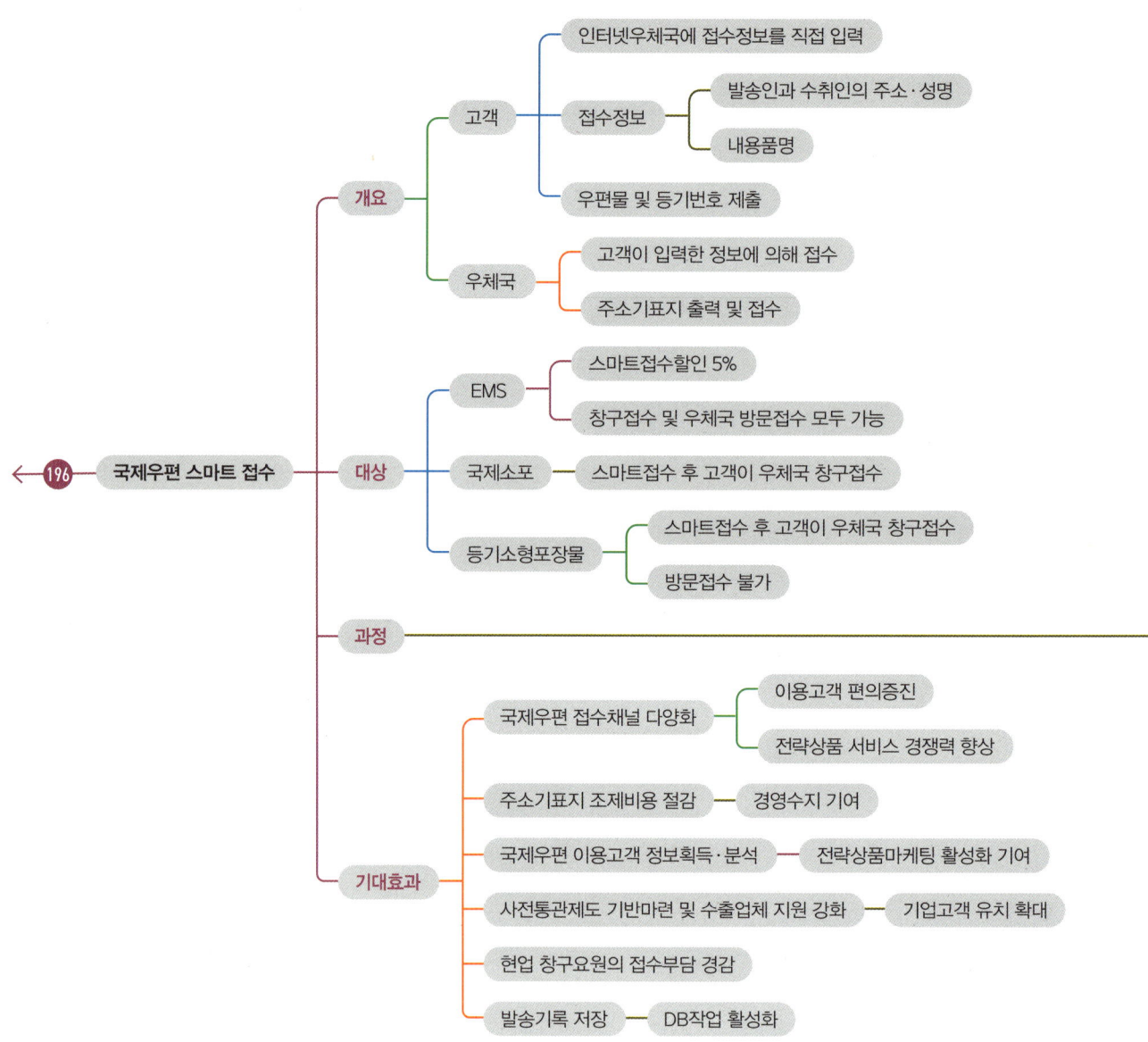

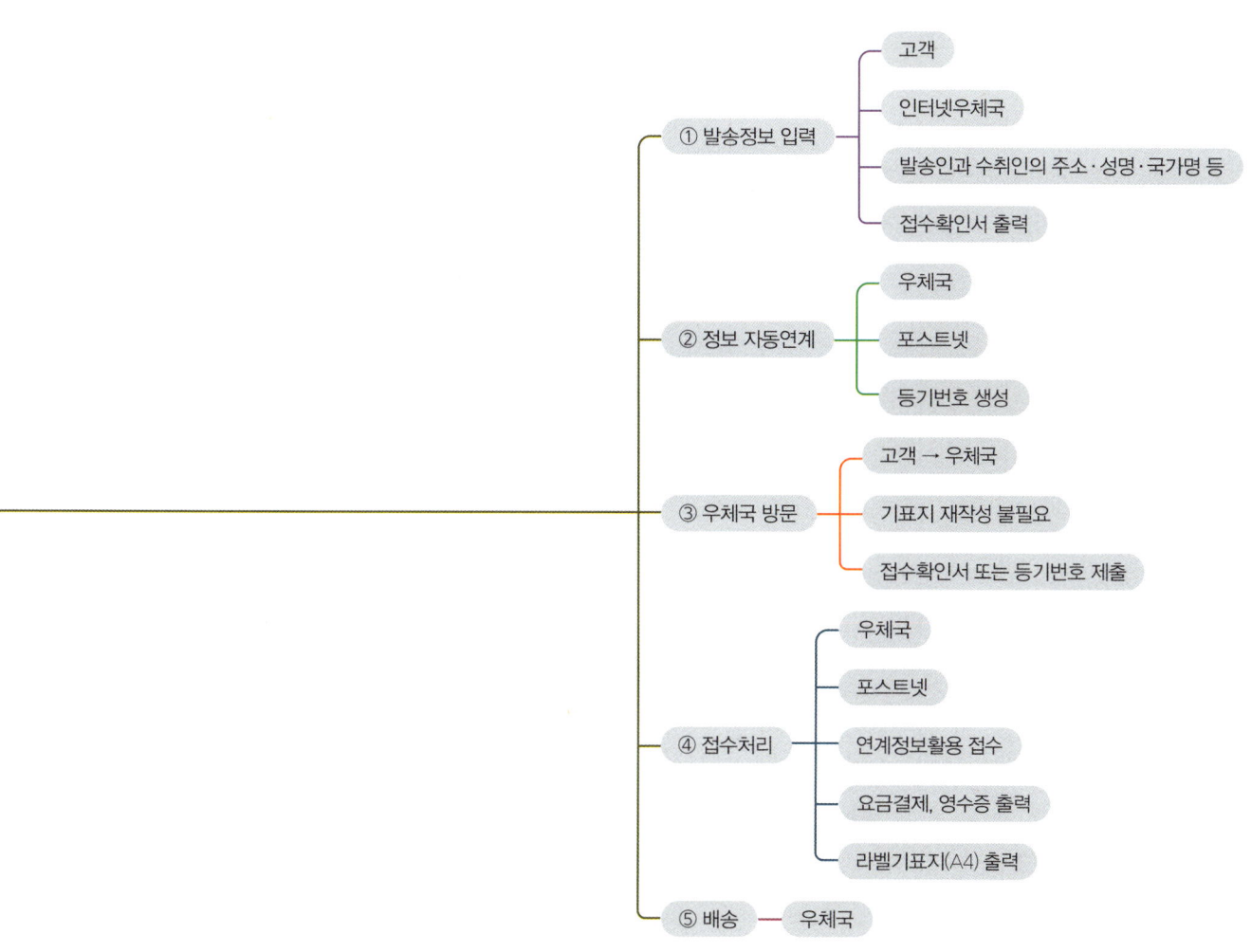

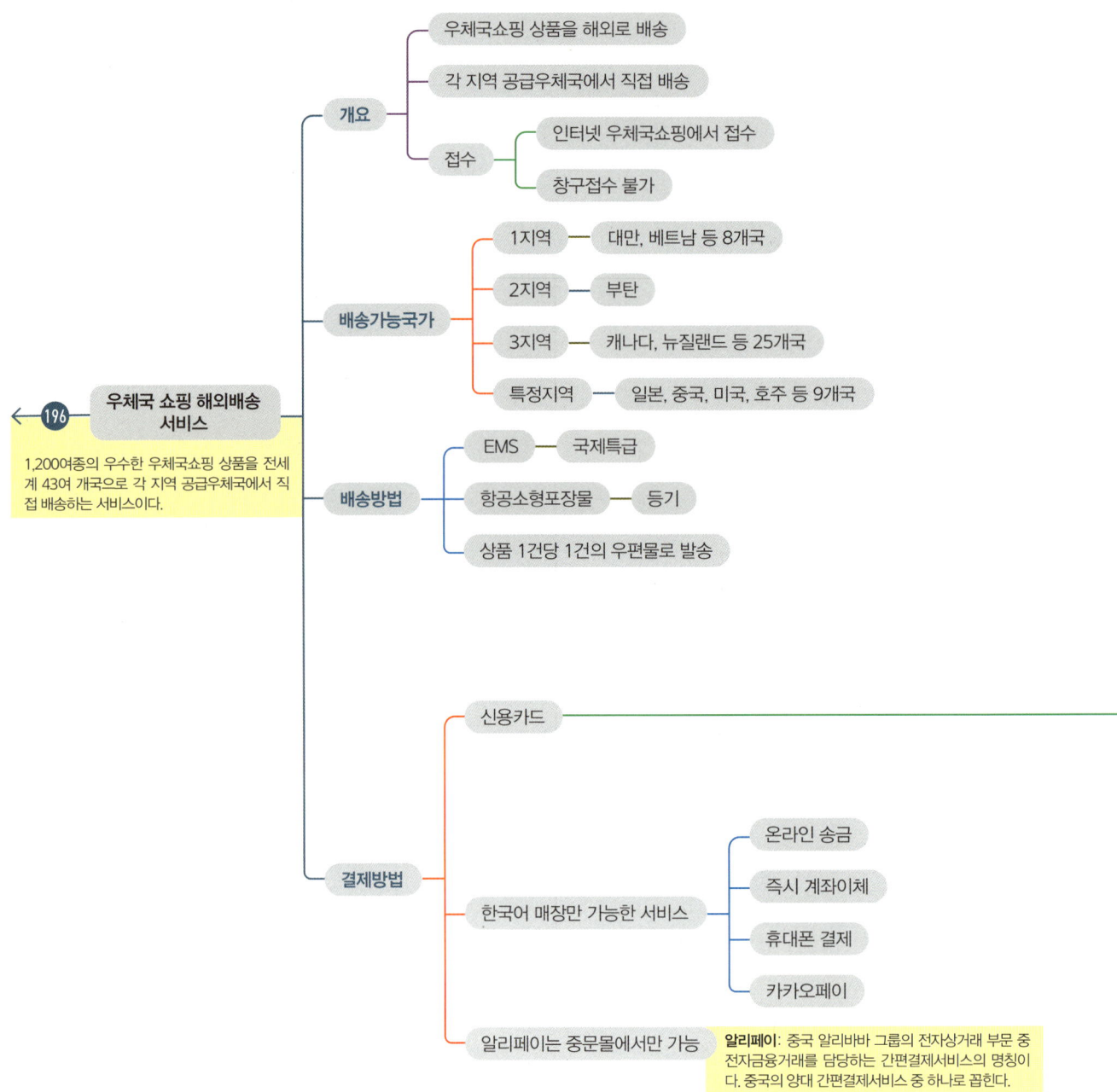

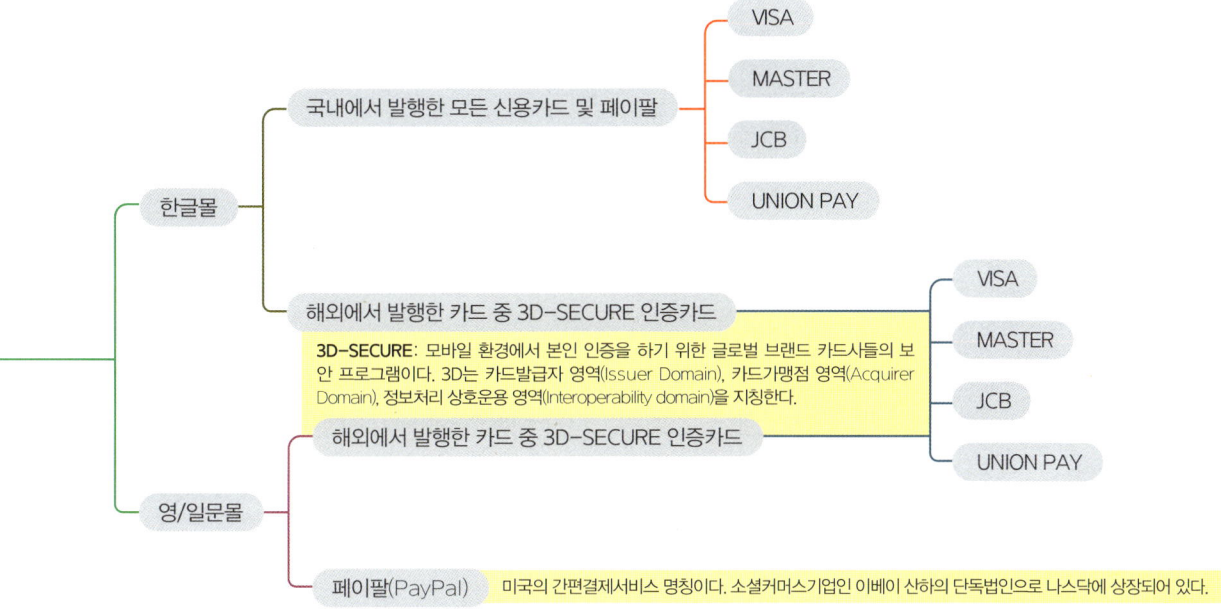

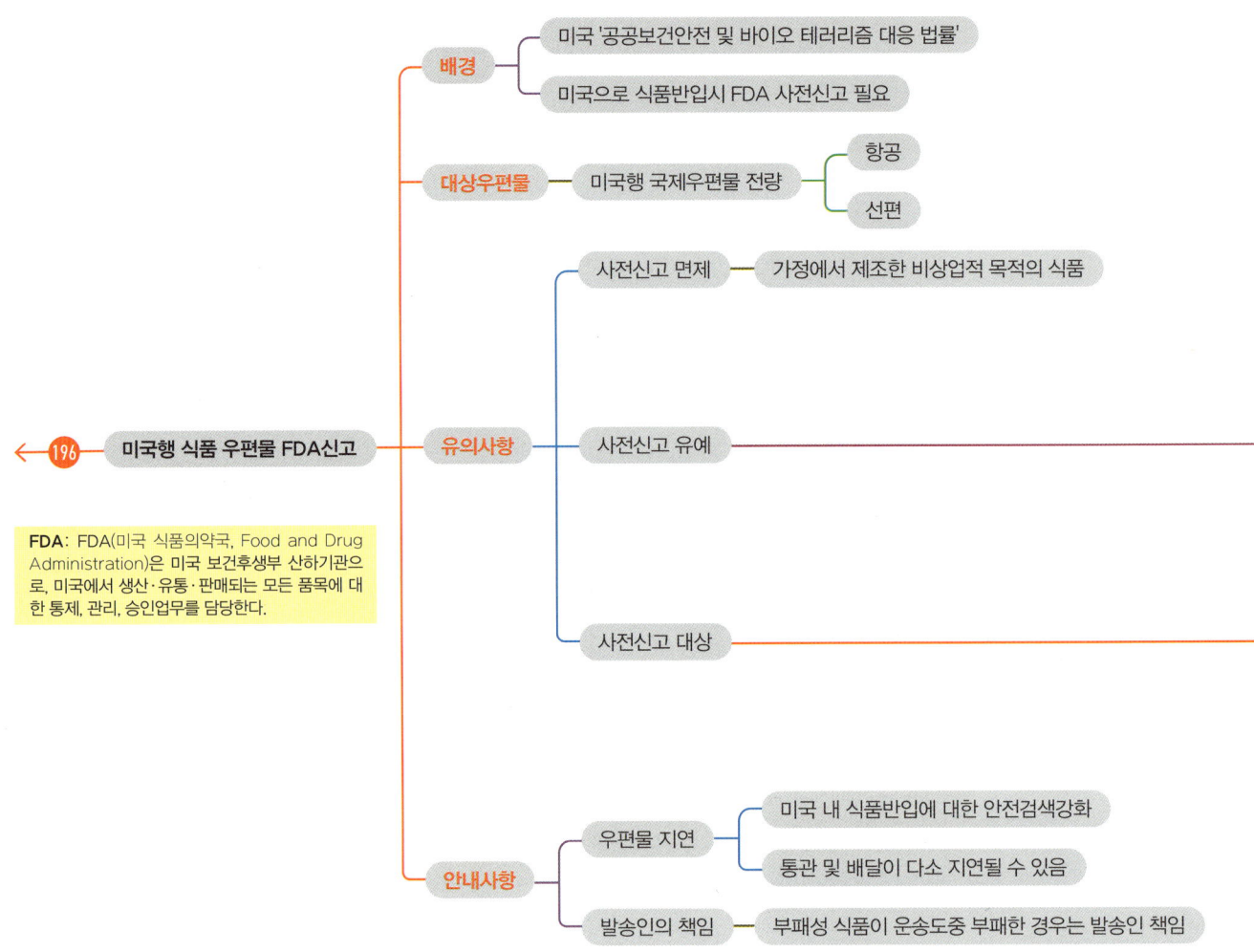

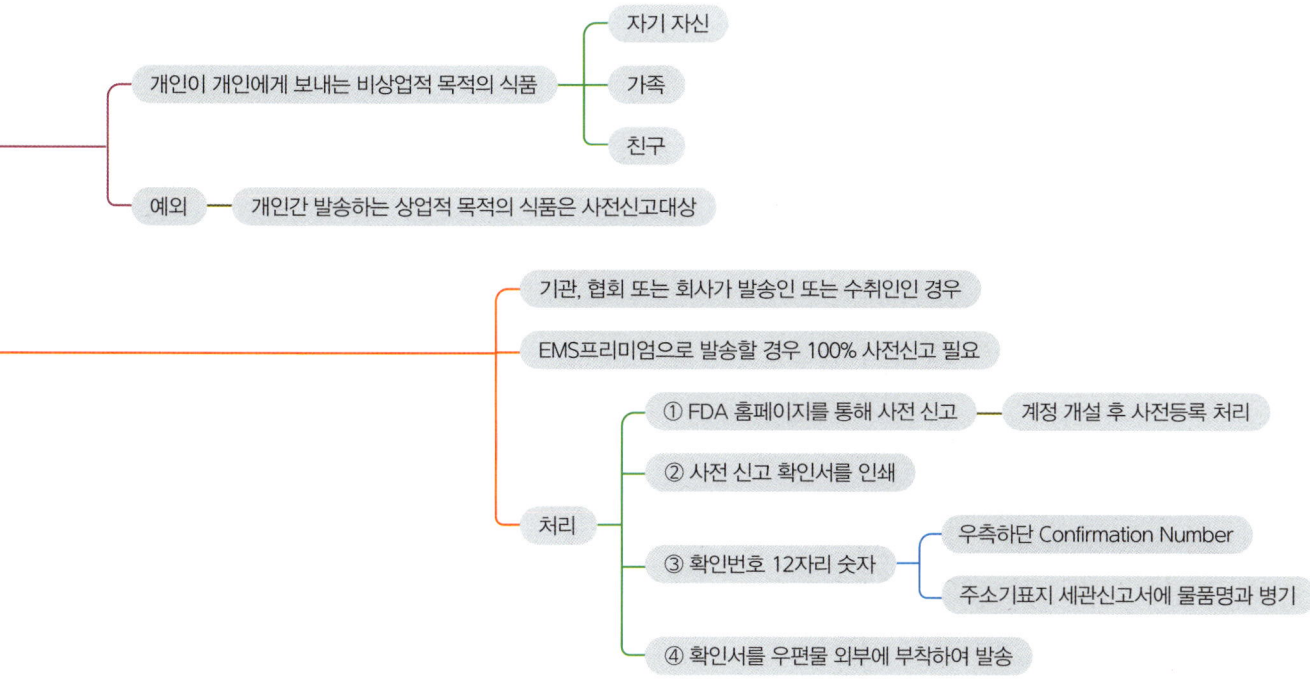

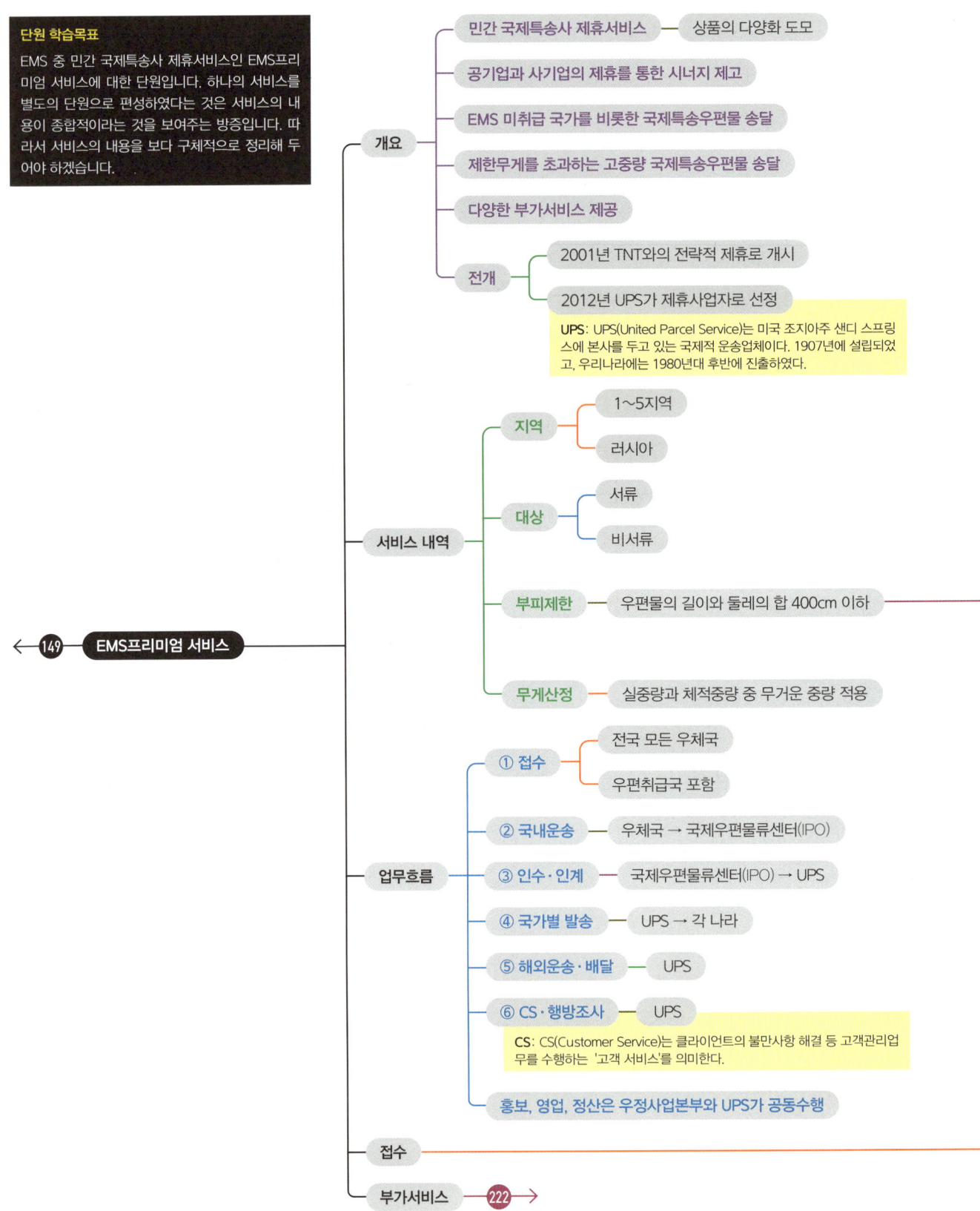

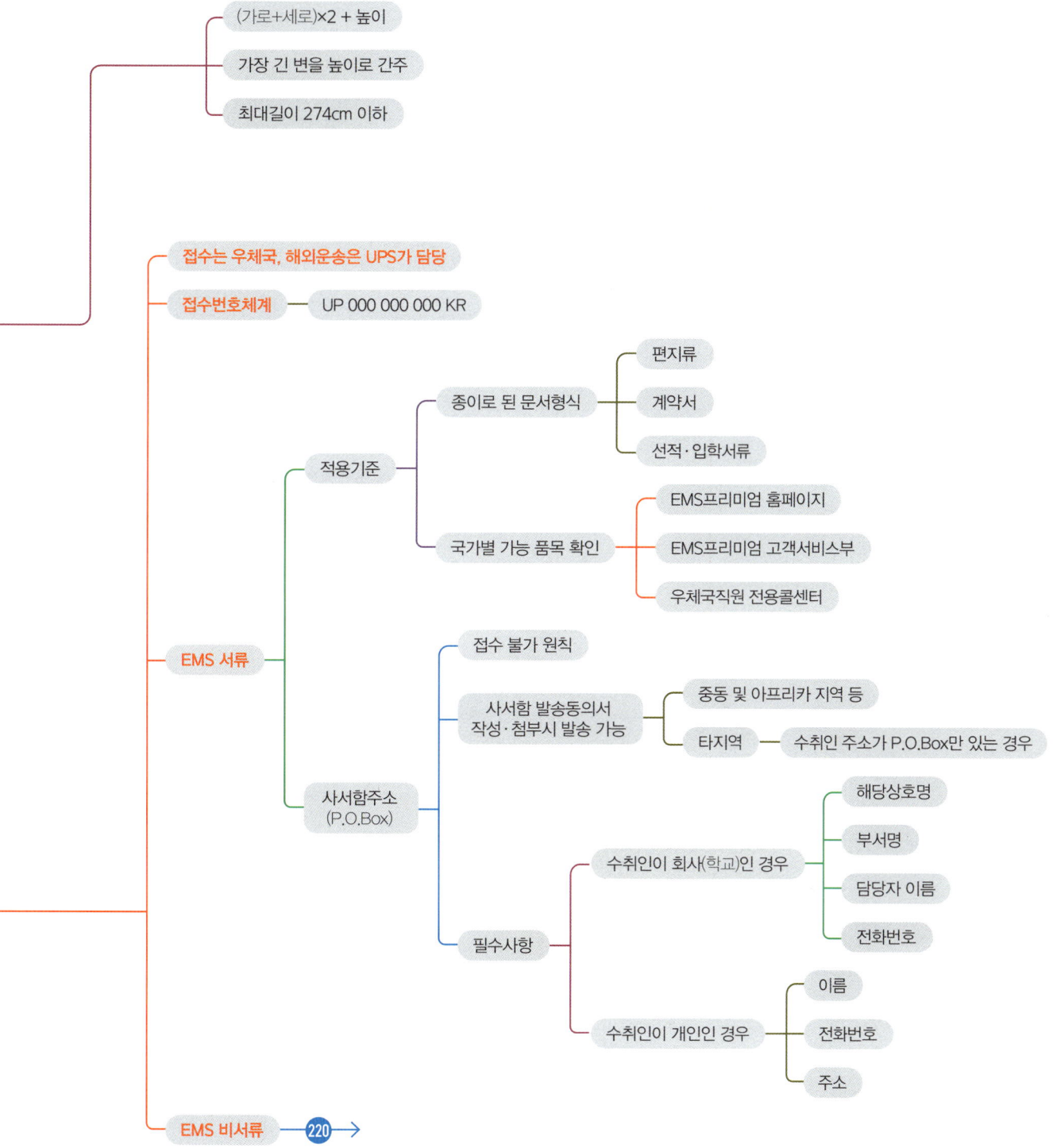

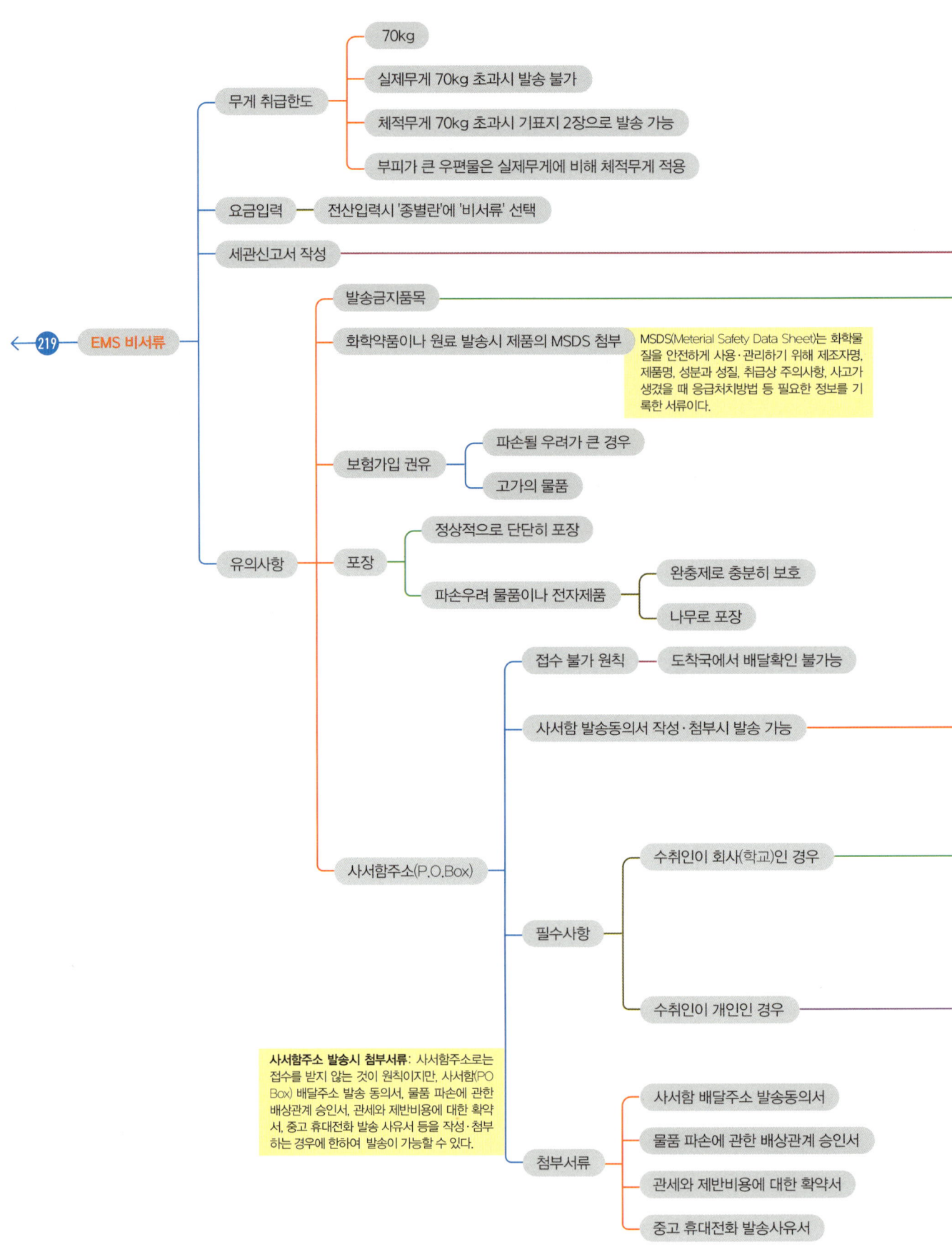

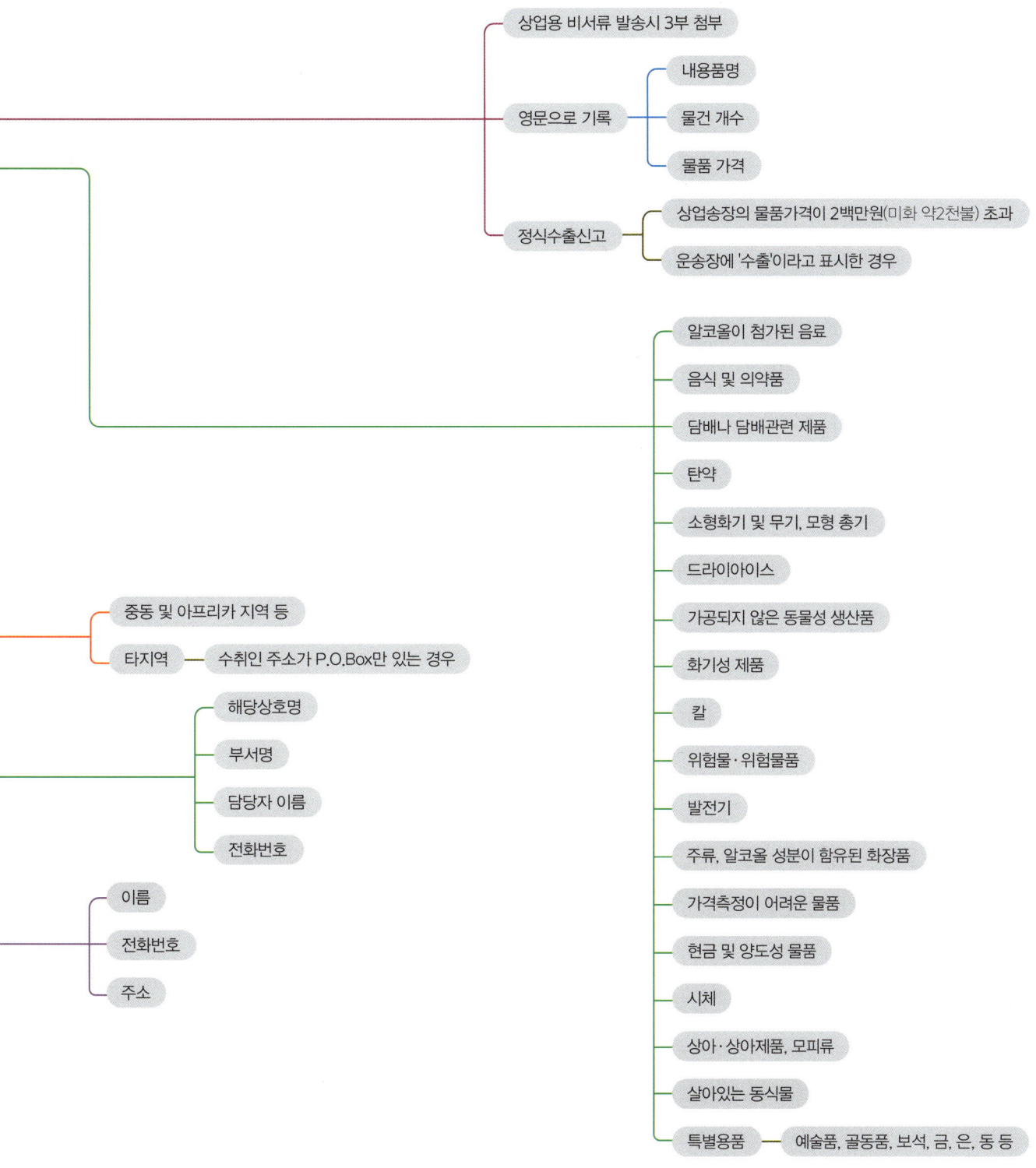

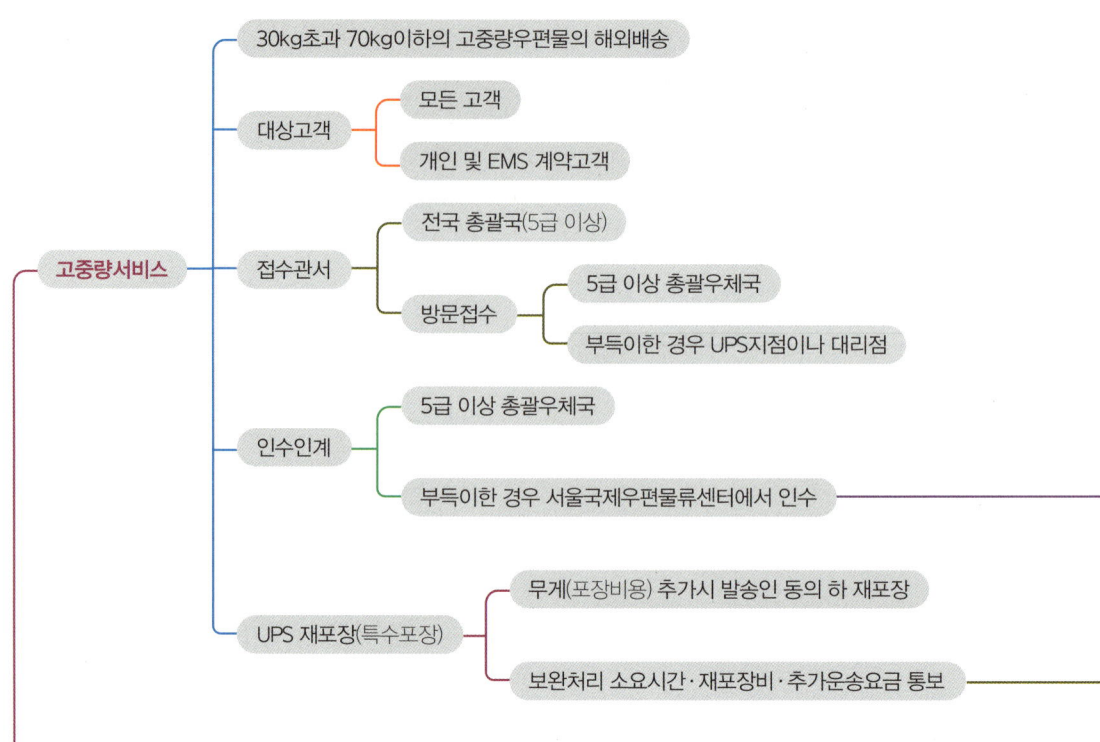
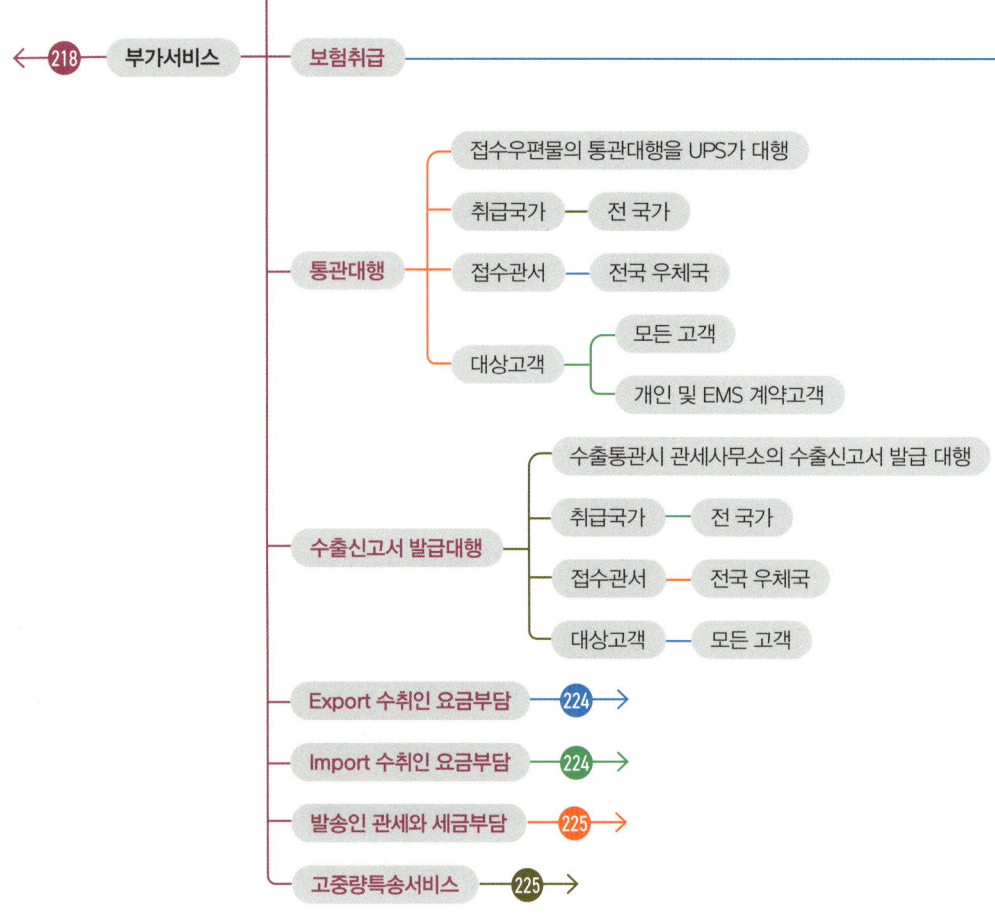

- 우체국 자체 운송망으로 연결
- UPS와 정산시 건당 1만원 차감 정산

- 발송인
- 총괄국

- 최고 5천만원까지 내용품 가액에 대한 보험서비스
  - 우편물 분실 또는 파손에 대비
  - 고가품인 경우 우편물 접수시 보험가입 안내
- 취급국가 — 전 국가
- 접수관서 — 전국 우체국
- 부가요금
  - 최초 114,300원까지 2,800원
  - 114,300원 초과마다 550원
  - 우편요금과 함께 부가요금을 수납하여 세입처리

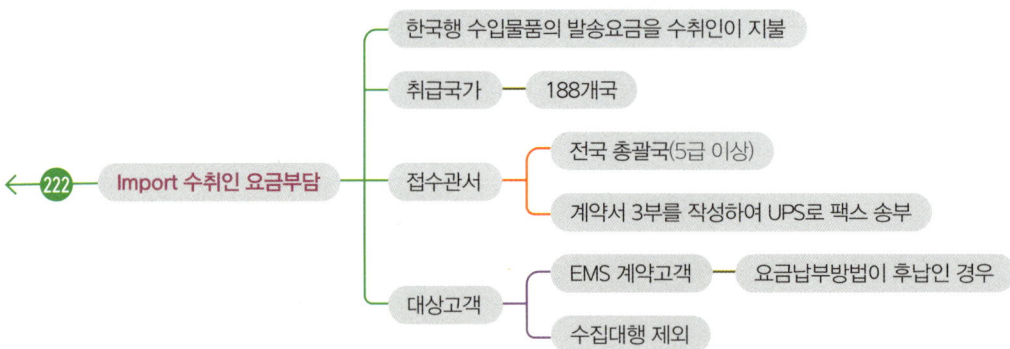

발송인 관세와 세금부담 (222)

- 도착국가에서 발생한 모든 비용을 발송인이 지불
- 취급국가 — 175개국
- 접수관서
  - 전국 총괄국(5급 이상)
  - 관세 및 제반비용 지불확약서
    - 3부 작성
    - UPS로 팩스 송부
- 대상고객
  - EMS 계약고객 — 요금납부방법이 후납인 경우
  - 수집대행 제외
- 부가요금 — 25,000원

고중량특송서비스 (222)

- 고중량화물을 팔레트 단위로 배송하는 전문 특송서비스
  - Door to Door 방식
  - 체적무게 71~2,000kg
- 취급국가
  - 63개국
  - 항공발송일 + 1~5일 이내 배송
- 접수관서 — 전국 우체국
- 대상고객
  - 모든 고객
  - 개인 및 EMS 계약고객
- 팔레트 포장대행
  - 고객요청시 UPS 지정업체에서 대행 후 실비 청구
  - 견적요청
    - ① 발송정보 파악
      - 국가명
      - 도시명
      - 우편번호
      - 팔레트 사이즈
      - 총무게
      - 품명
    - ② UPS 영업부에 발송가능 여부와 요금 문의
- 국내운송
  - UPS 지정 위탁운송업체 — 경동택배
  - 인천공항 UPS 발송센터까지 운송
- 국가별 취급규격은 EMS프리미엄 업무처리지침 참조

Teacher's Advice

EMS프리미엄서비스로 보낼 수 있는 비서류 우편물의 무게한도는 70kg입니다. 무게가 30kg초과 70kg이하인 경우에는 부가서비스 중 고중량서비스를 이용하여 발송할 수 있습니다. 하지만 70kg이 넘는 우편물은 고중량서비스가 아니라 고중량특송서비스를 이용해야 합니다. 용어가 비슷하지만 구분이 필요하지요. 고중량특송서비스는 71~2,000kg의 고중량화물을 팔레트 통째로 Door to Door 방식의 배송을 하는 부가서비스입니다.

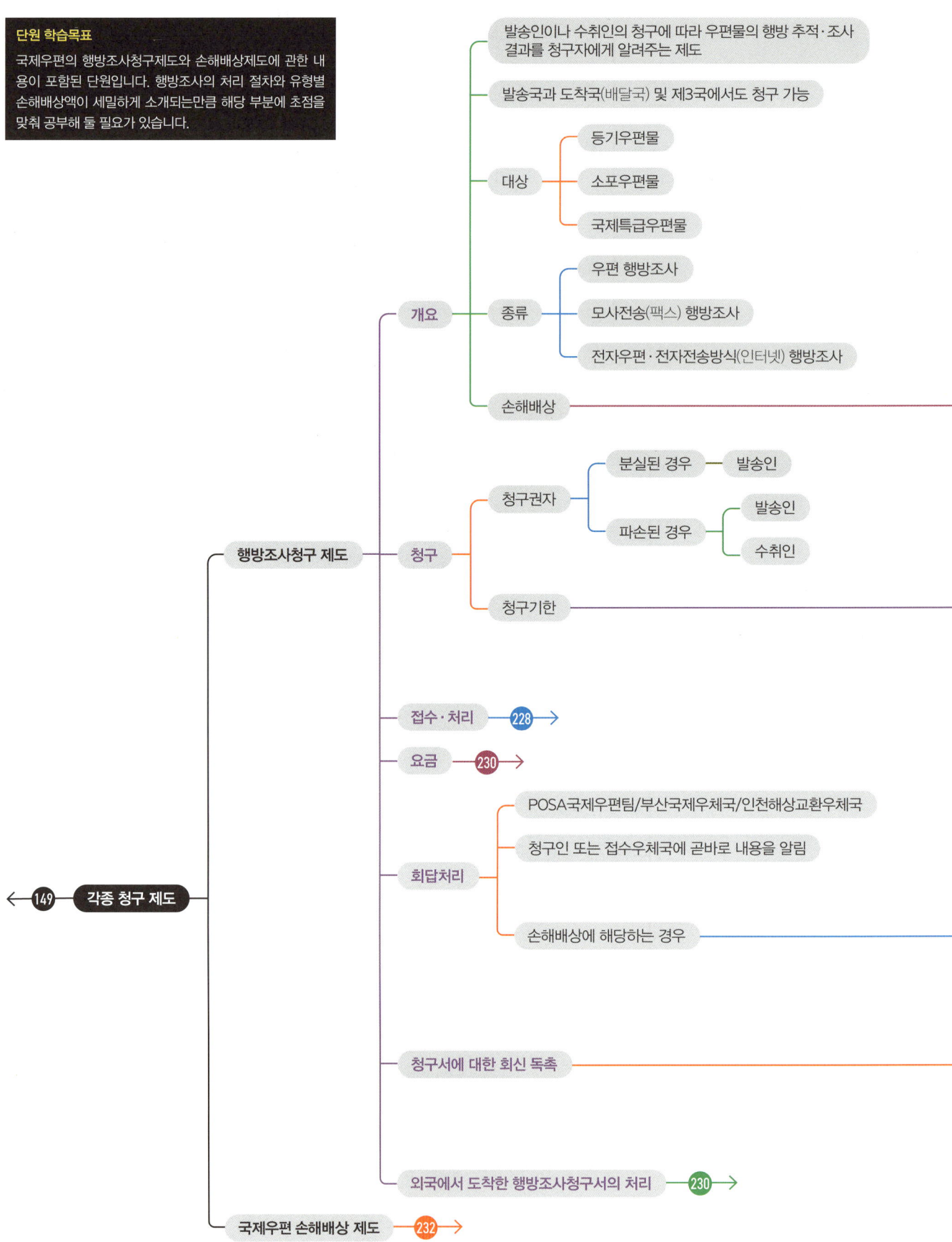

- 조사결과 우편관서 취급중 일어난 사고
- 해당 우편물이 손해배상 대상이 되는 경우
- 발송인이나 수취인의 청구에 따라 손해배상 실시

- 우편물을 발송한 다음날부터 계산하여 6개월
- 국제특급 우편물의 경우에는 4개월 이내
- EMS프리미엄은 발송한 날부터 3개월
- 배달보장서비스는 30일 이내

배달보장서비스와 행방조사청구: 카할라 우정연합 국가의 배달보장서비스로 인한 지연배상 대상 행방조사 청구는 30일 이내지만, 분실이나 기타 행방조사 청구는 배달보장서비스와는 별개로 4개월 이내에 청구하여야 한다.

- 분실·파손 등
- 서울지방우정청으로 보고 — 관련 문서(내용) 사본 첨부
- 서울지방우정청은 우정사업본부에 보고 — 분기별로 분석
- POSA국제우편팀/부산국제우체국/인천해상교환우체국
- 청구서 발송 후 2개월동안 회신이 없는 경우
  - EMS의 경우는 1개월동안 회신이 없는 경우
  - 임시종결사항 통지
    - 대상
      - 청구서 접수우체국 또는 청구인
      - 인터넷 청구분은 직접 통보
    - 독촉처리 명세와 근거서류 사본 첨부

임시종결처리 후 회신 도착: 임시 종결 처리 후 상대 우정당국에서 행방조사 회신이 도착할 경우 청구인 또는 청구서 접수우체국에 곧바로 그 내용을 알려야 한다.

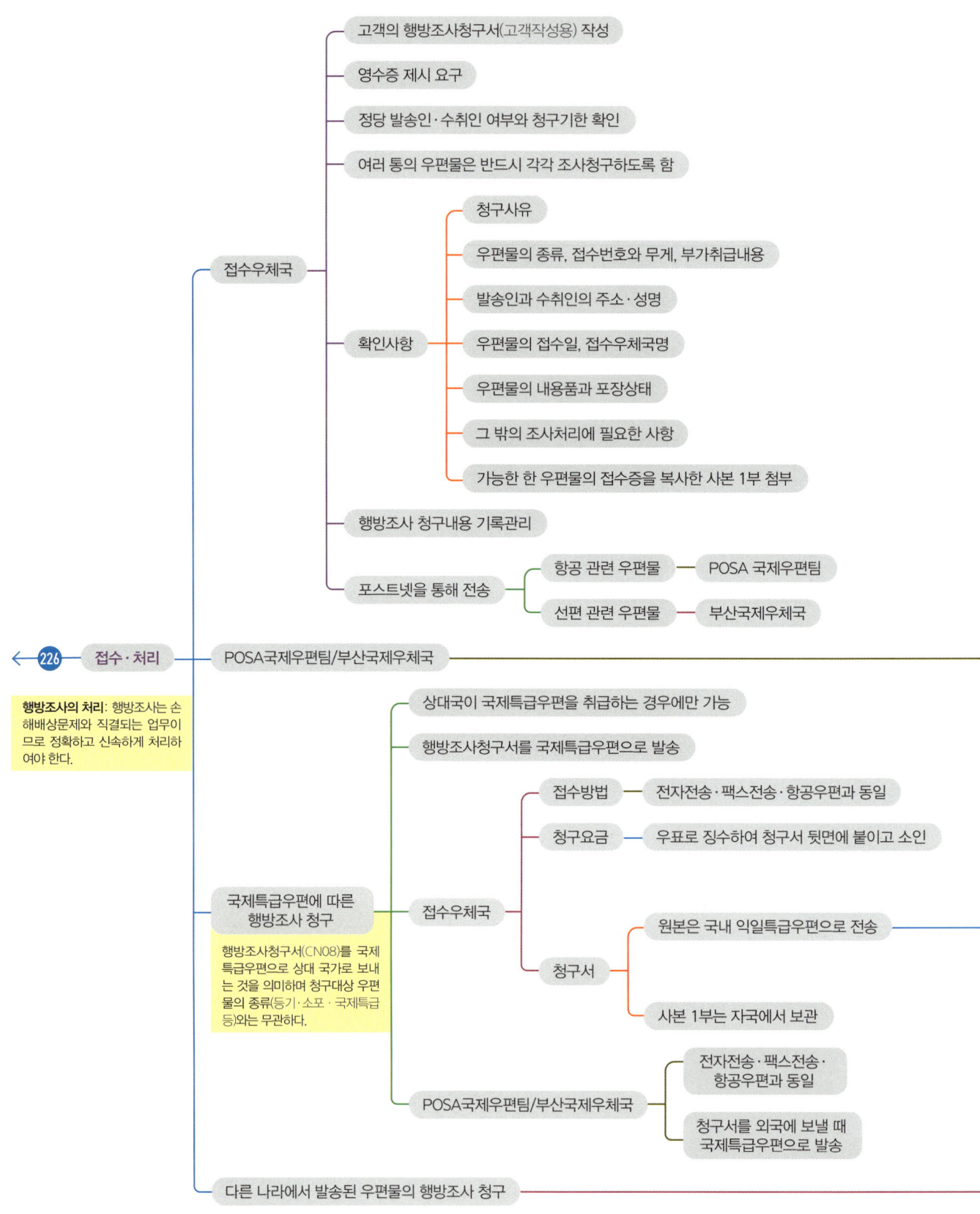

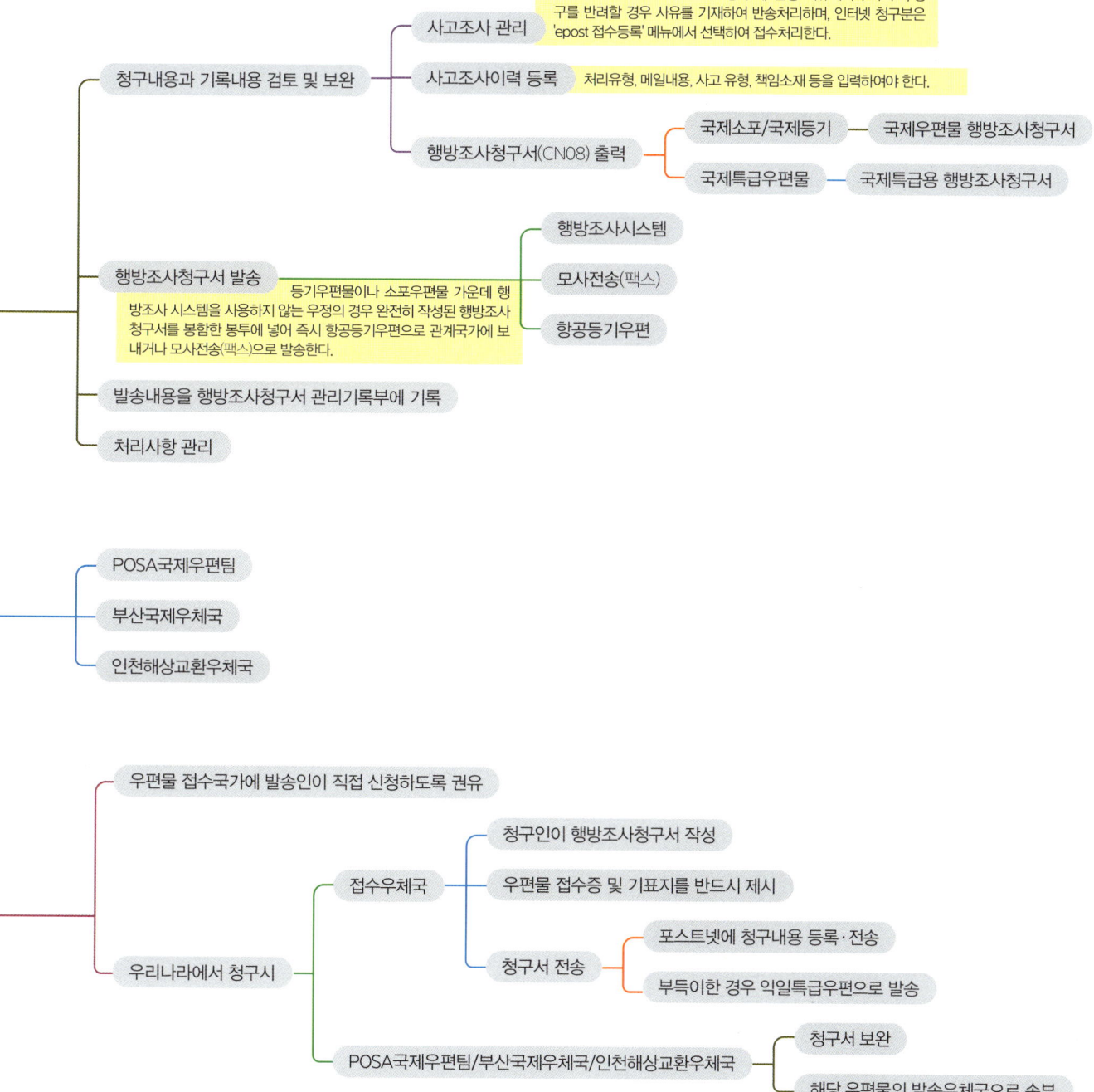

- 226 요금
  - 항공우편 무료
  - 팩스청구시 팩스요금
  - 국제특급우편청구시 국제특급우편요금 — 청구요금을 우표로 받아 청구서 뒷면에 붙이고 소인 처리
  - 무료행방조사청구 — 배달통지청구우편물로 발송한 우편물 중 배달통지서(CN07)가 통상기간 내에 회송되지 않은 경우 행방조사를 무료로 청구 가능

- 226 외국에서 도착한 행방조사청구서의 처리
  - POSA국제우편팀/부산국제우체국/인천해상교환우체국
  - 회답은 가능한 빠른 시일 내에 처리

행방조사청구의 회답: 가능한 한 빠른 시일 내(청구일로부터 늦어도 2개월 이내)에 상대국에서 청구한 방식과 동일하게 등기우편, 팩스, 전자적 수단 등 가장 빠른 방법으로 회신하여야 한다. 청구서가 반송되지 않거나 정당하게 작성 완료되지 않은 청구서를 보내는 등 인터넷의 행방조사 시스템을 이용하여 기간 내에 제대로 회신하지 않은 경우에는 손해배상 의무를 확정한다.

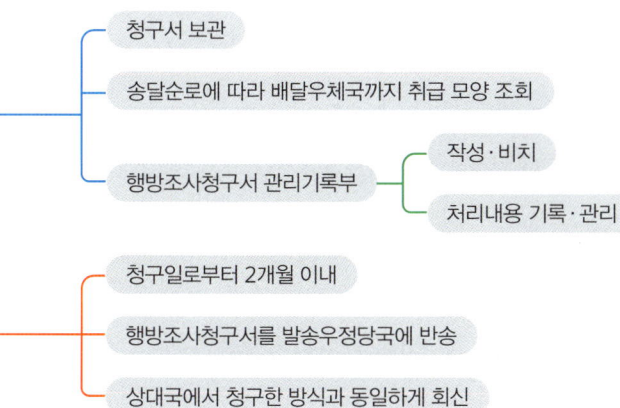

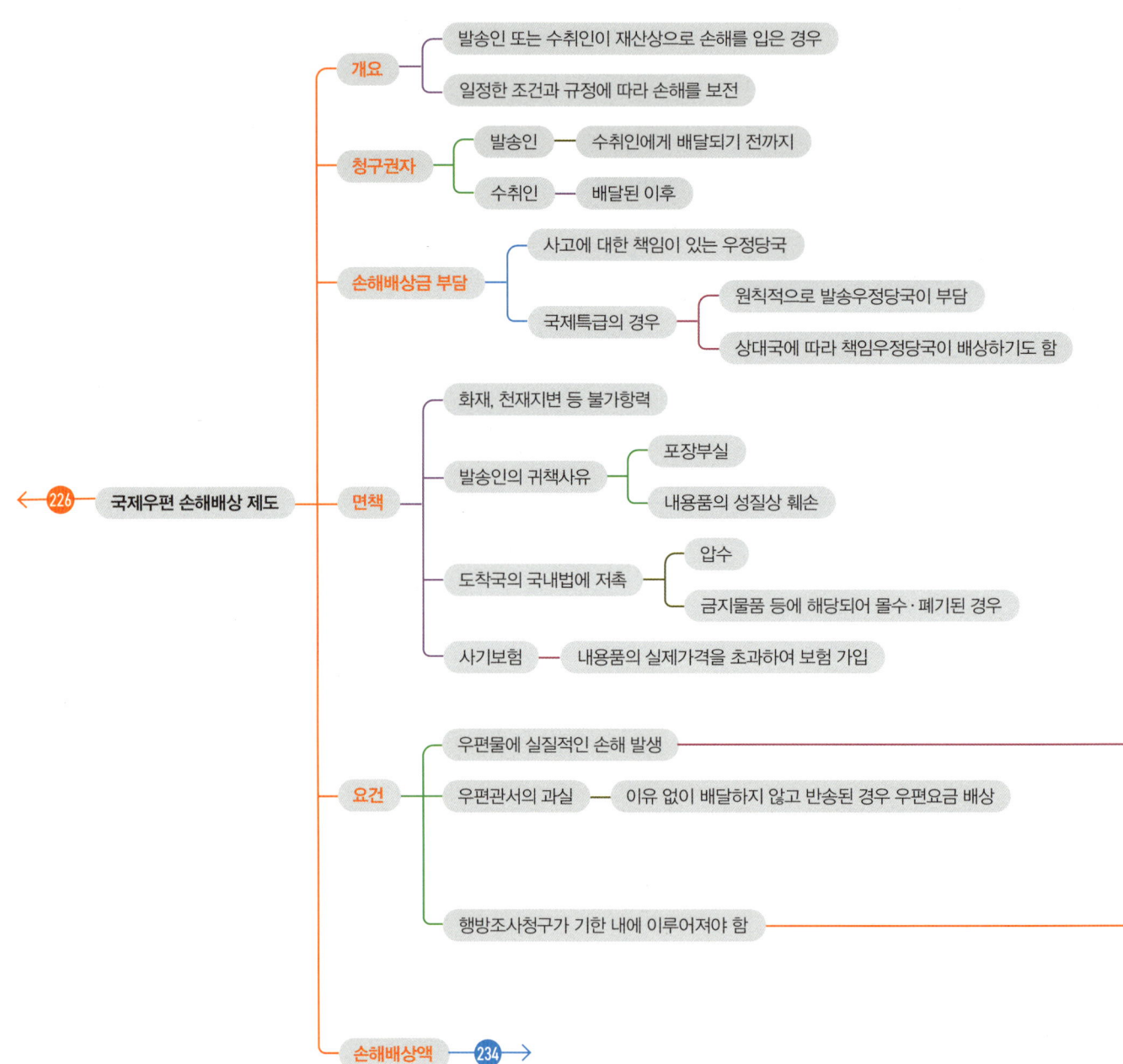

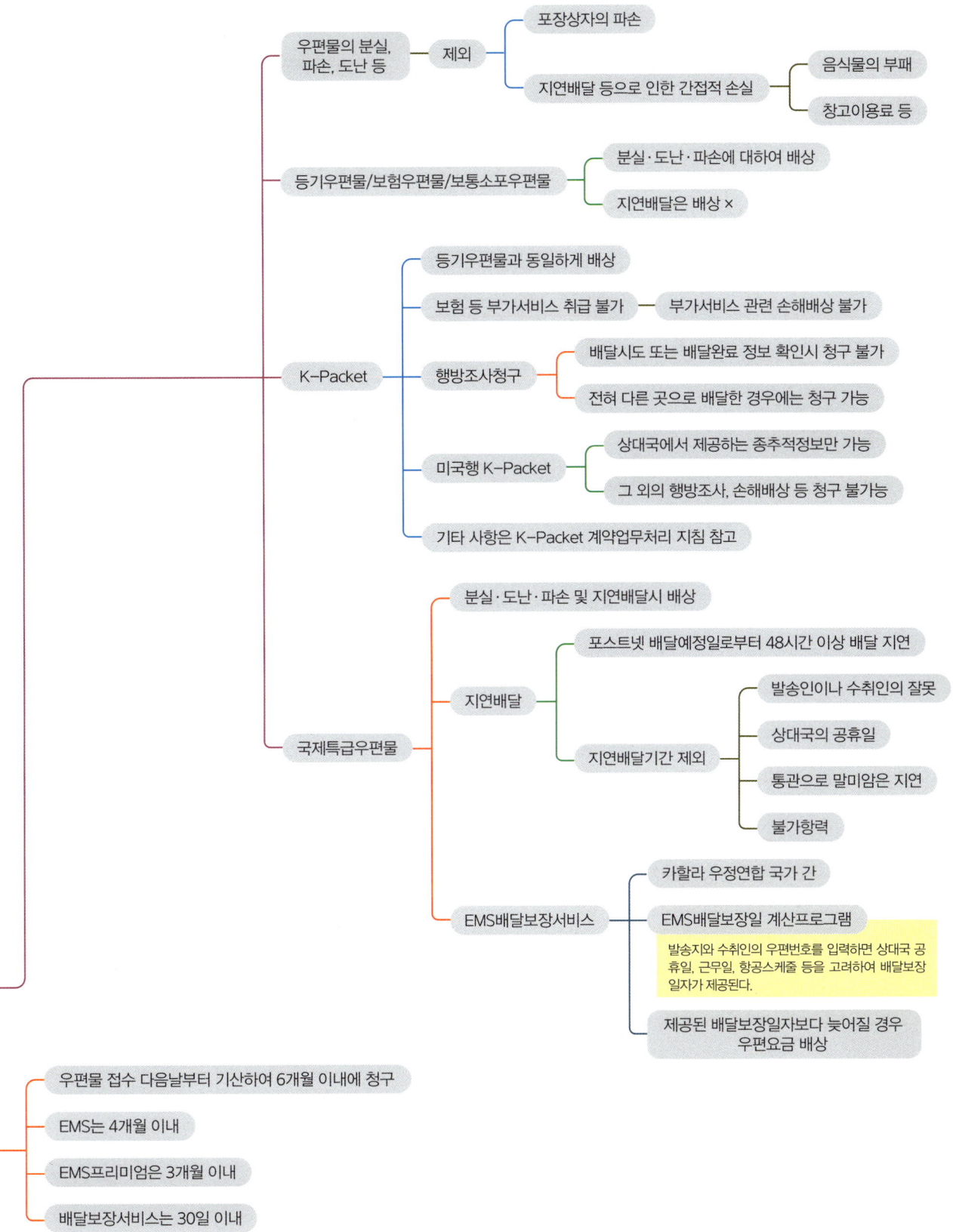

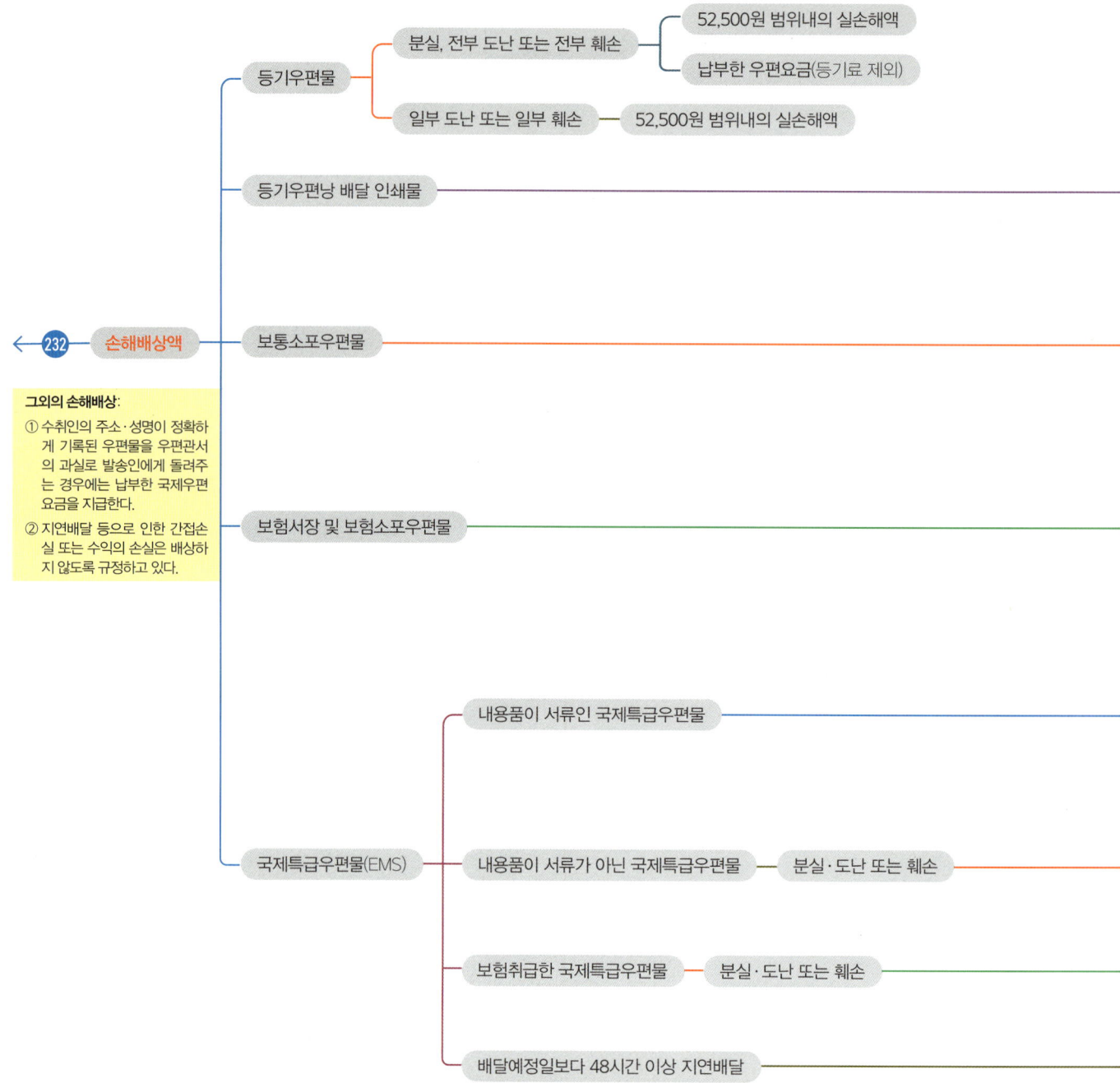

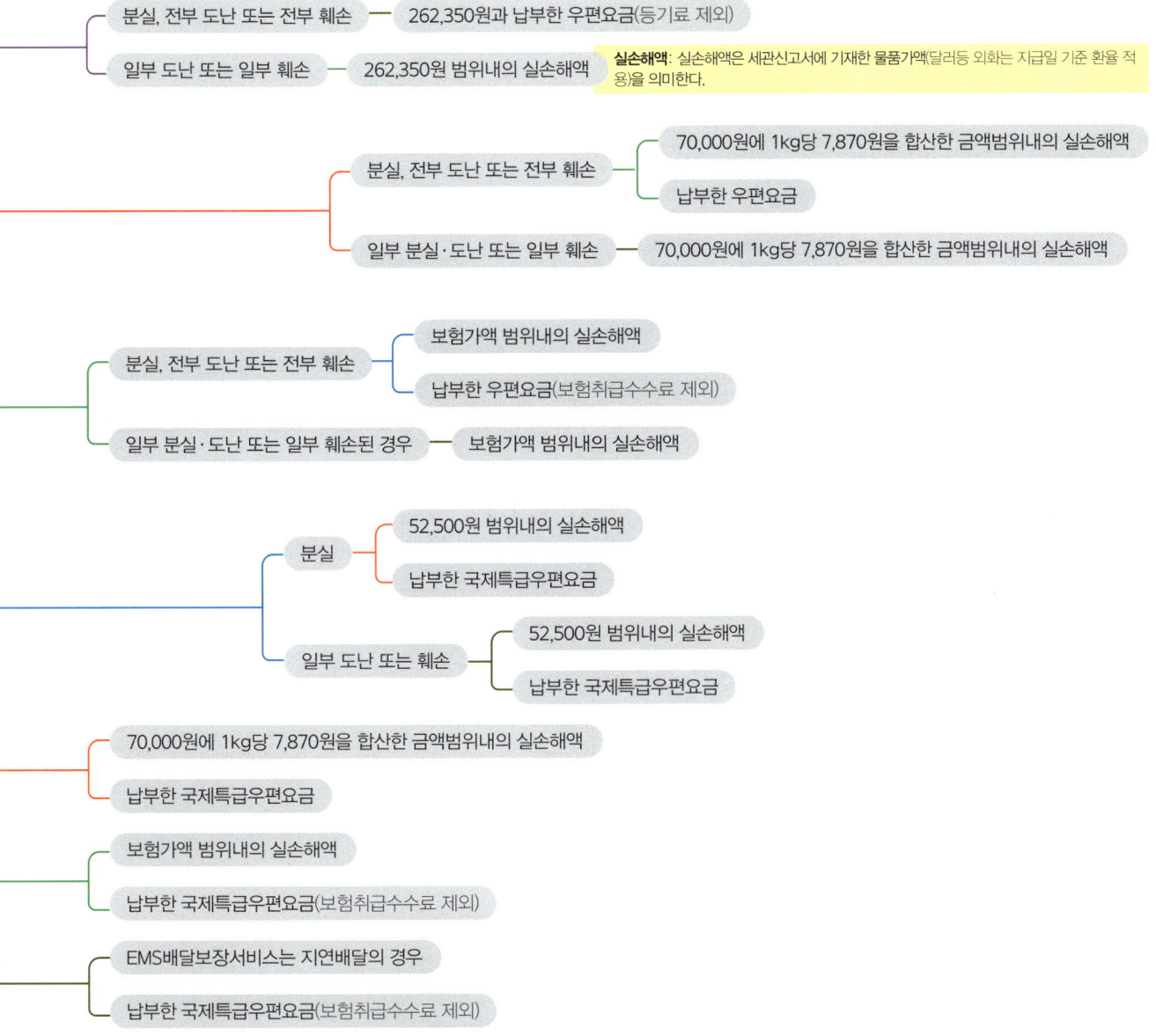

단원 학습목표

국내우편에서도 제공되는 서비스인 우편물 외부기록사항의 변경·정정 및 우편물 반환서비스를 국제우편 버전으로 공부합니다. 그리고 국제우편요금의 반환 요건과 반환 요금을 살펴봅니다.

- 국제우편물 및 국제우편요금의 반환 ← 149
  - 국제우편물의 외부기록사항 변경·정정 또는 반환
    - 개요
      - 청구요건
      - 청구시한 — 수취인 배달 전
      - 청구권자 — 발송인
      - 대상우편물
    - 접수·처리
  - 국제우편 요금의 반환청구
    - 개요
    - 반환 요건 및 반환 요금

- 외부 기재사항에 대한 변경 및 정정
  - 외부기재사항을 잘못 기재하여 발송한 경우
  - 발송 후 수취인의 주소가 변경된 것을 알게된 경우
- 우편물 반환
  - 수취인에게 보낼 필요가 없게 된 경우
  - 해당 우편물을 접수한 우체국에서만 청구 가능

- 모든 국제우편물
  - 등기, 소포, 특급우편
  - 보통통상
- 청구서 접수시 청구수리 가능여부 검토
- 기록취급하지 않은 우편물 — 접수국 발송 전으로 한함
- 외국으로 발송준비완료 전인 경우 → 238
- 외국으로 발송준비완료 또는 이미 발송한 경우 → 240

- 납부요금에 상응하는 역무가 제공되지 않은 경우 — 우편관서의 과실
- 제한된 범위 내에서 청구에 의해 요금 환불
- 청구기한 — 우편물 발송 다음날로부터 기산하여 1년 이내

- 요금의 과다징수 — 과다징수한 국제우편요금 등
- 부가취급우편물의 부가 미취급 — 부가취급수수료
- 항공서간의 선편 발송 — 항공서간요금-선편보통서신최저요금
- 등기우편물·소포우편물(보험취급 포함)
  - 분실·전부도난·완전파손 시
  - 납부한 국제우편요금 등 — 등기·보험취급수수료 제외
- 특급우편물(보험취급 포함)
  - 분실·전부도난·완전파손 시
  - 납부한 국제우편요금 등 — 보험취급수수료 제외
- 행방조사청구조사결과 우편관서 과실 확인 — 행방조사청구료
- 기재오류 없는 우편물의 발송인 반환 — 납부한 국제우편요금 등
- 통상우편물(부가취급×)의 파손 — 납부한 국제우편요금 등
- 수출금지 대상 등의 이유로 발송인 반환
  - 납부한 국제우편요금 등 — 반환에 따른 국내우편요금 및 수수료 공제
  - 발송인의 고의 또는 중과실의 경우는 미반환
- 압수 등의 사유로 반환되지 않는 우편물 — 국제우편요금 반환 불가

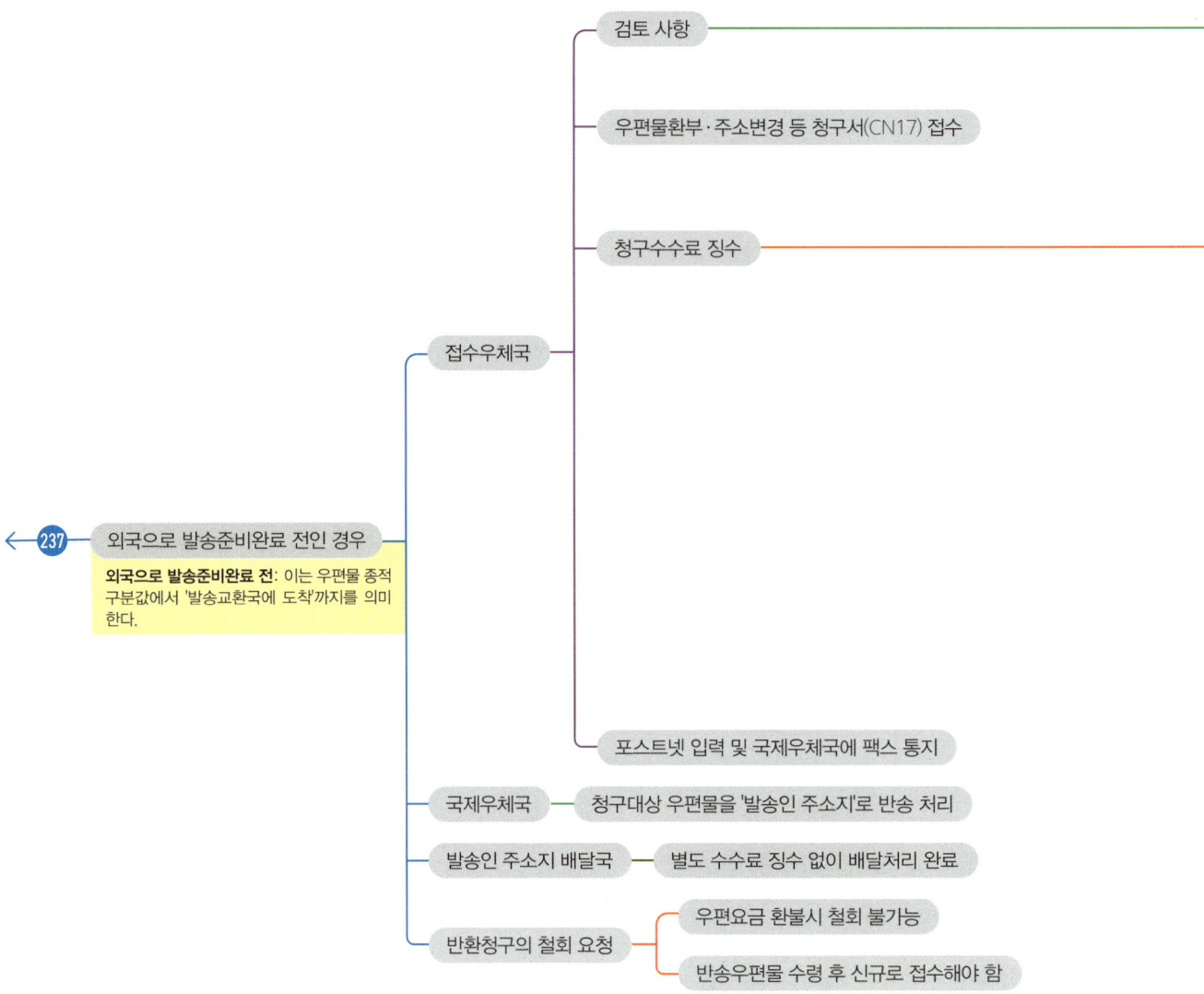

[반송취급료의 예시]
- 일본행 500g K-Packet의 반송취급료를 공제하고 환불해줘야 할 우편요금은?
  : 9,340원(K-Packet 요금) − 3,700원(국내등기우편요금) = 5,640원
- 미국행 5.0kg EMS(비서류)의 반송취급료를 공제하고 환불해줘야 할 우편요금은?
  : 88,000원(EMS 요금) − 4,500원(국내등기소포요금) = 83,500원

* 반환청구 수수료는 별도 공제

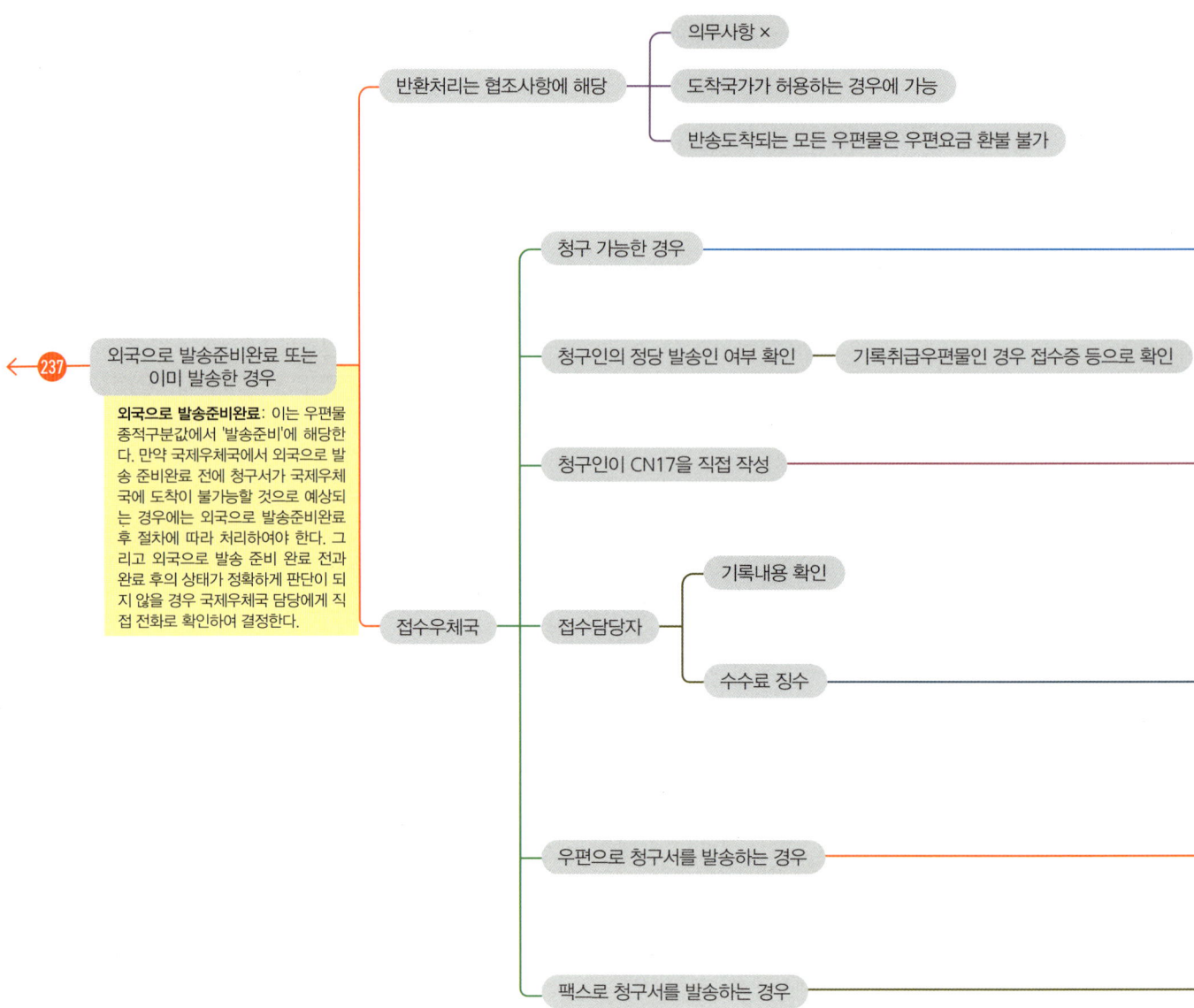

- 도착국가가 청구를 허용하는 경우
- 몰수 또는 폐기처분이 되지 않은 경우 — 금지물품이 들어있지 않은 경우
- 해당 우편물이 수취인에게 배달되지 않은 경우

- 배달국 현지문자 및 로마문자와 아라비아 숫자로 기재
- 동일 우체국에서 동일 수취인에게 보낸 다수 우편물 — 하나의 서식 사용 가능
- 포스트넷에서 양식 다운로드 및 접수양식 업로드

현지문자로 접수: 주소 등 기재내용 변경에 한하여 현지어로 기재된 경우 청구를 받고 있다.

- 청구서를 해외로 발송하는 방법에 따라 징수 — 현금, 신용카드, 우표첩부 등
- 우편으로 청구서를 발송하는 경우 — 1,800원
- 팩스로 청구서를 발송하는 경우 — 4,800원

- 익일특급으로 국제우체국에 발송
  - 청구서 원본
  - 우편물접수증 사본 — 일반통상우편물의 경우 우편물의 주소기록내용
- 청구서 사본 1부는 자국에 보관

- 청구서를 국제우체국으로 팩스 송신
- 국제우체국 수신결과 확인
  - 원본은 자국에 보관
  - 수신결과가 좋지 않으면 우편 발송

단원 학습목표
우정사업본부 또는 과학기술정보통신부에 의해 고시된 국제우편 수수료 및 우편요금을 살펴보는 단원으로, 국제우편의 마지막 단원입니다. 해당 내용으로 국제우편까지 마무리 잘 하시기 바랍니다.

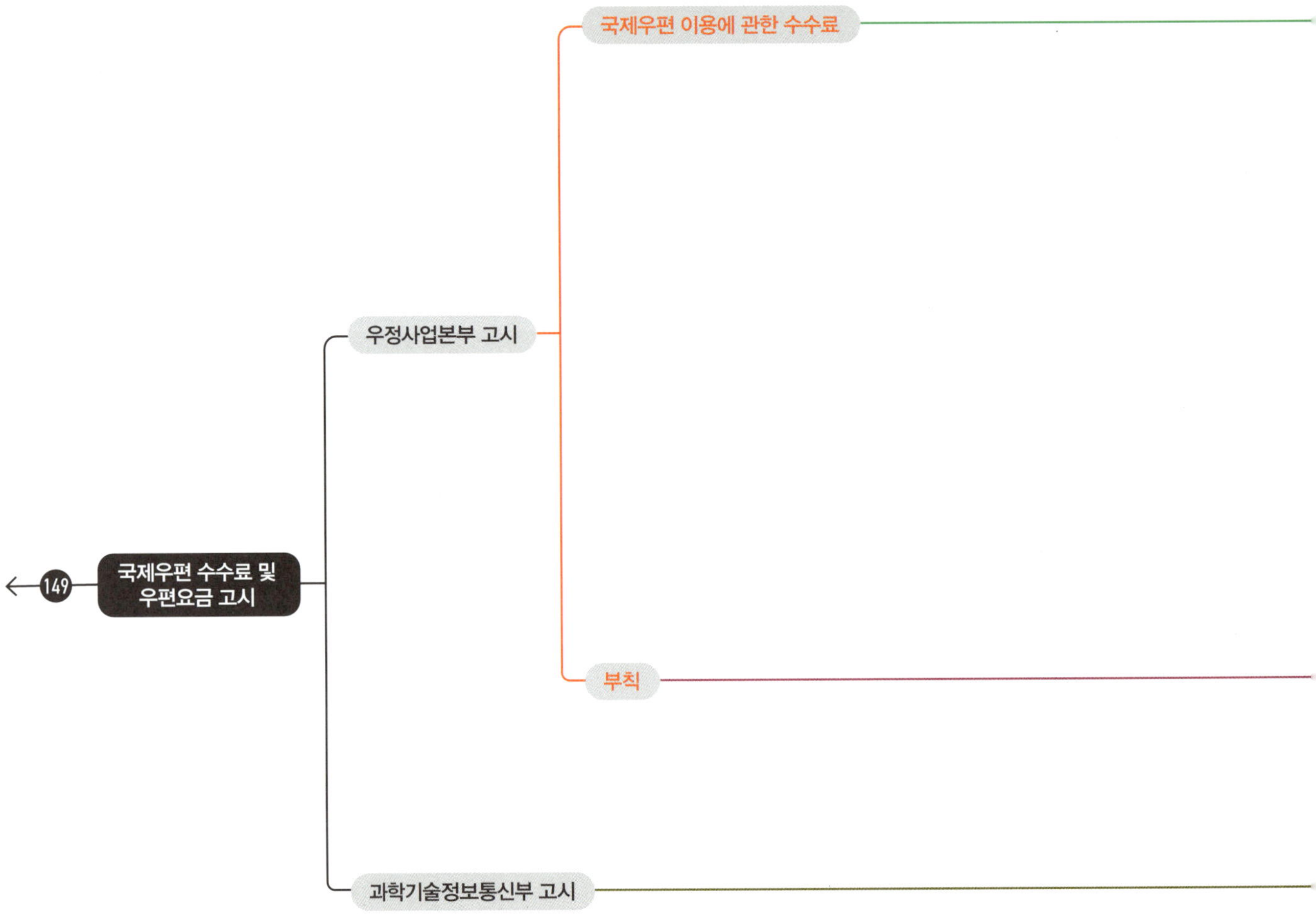

- 149 국제우편 수수료 및 우편요금 고시
  - 우정사업본부 고시
    - 국제우편 이용에 관한 수수료
    - 부칙
  - 과학기술정보통신부 고시

Teacher`s Advice

우정사업본부 발표 교안에서는 본 단원의 뒷부분에 항공통상우편요금, 선편통상우편요금, 소포우편요금, K-Packet우편요금, 특급우편(EMS)요금, 보세화물우편요금 등이 함께 수록되어 있습니다. 또한, 국제우편요금 적용지역별 국가명을 소개하고 있습니다. 상세한 요금과 적용국가명은 통째로 암기할 수 없는 내용입니다. 문제 출제시에는 해당 표를 제시할 가능성이 높으므로 암기에 대한 부담감은 조금 내려놓으셔도 좋을 것 같습니다.

다만, 본 단원에 뒤이어 게재되어 있는 〈부록〉의 우편관련 법령은 본문 내용학습이 완성된 다음 복습을 겸하여 꼼꼼하게 읽어보시는 것이 바람직합니다. 본문의 내용학습보다 조금 더 상세한 내용들이 포함되어 있을텐데요, 그런 부분에서도 시험문항 출제가 이뤄지고 있으므로 마지막 순간에는 꼭 우편관련 법령까지 정리하고 시험장에 가시는 것이 바람직하겠습니다.

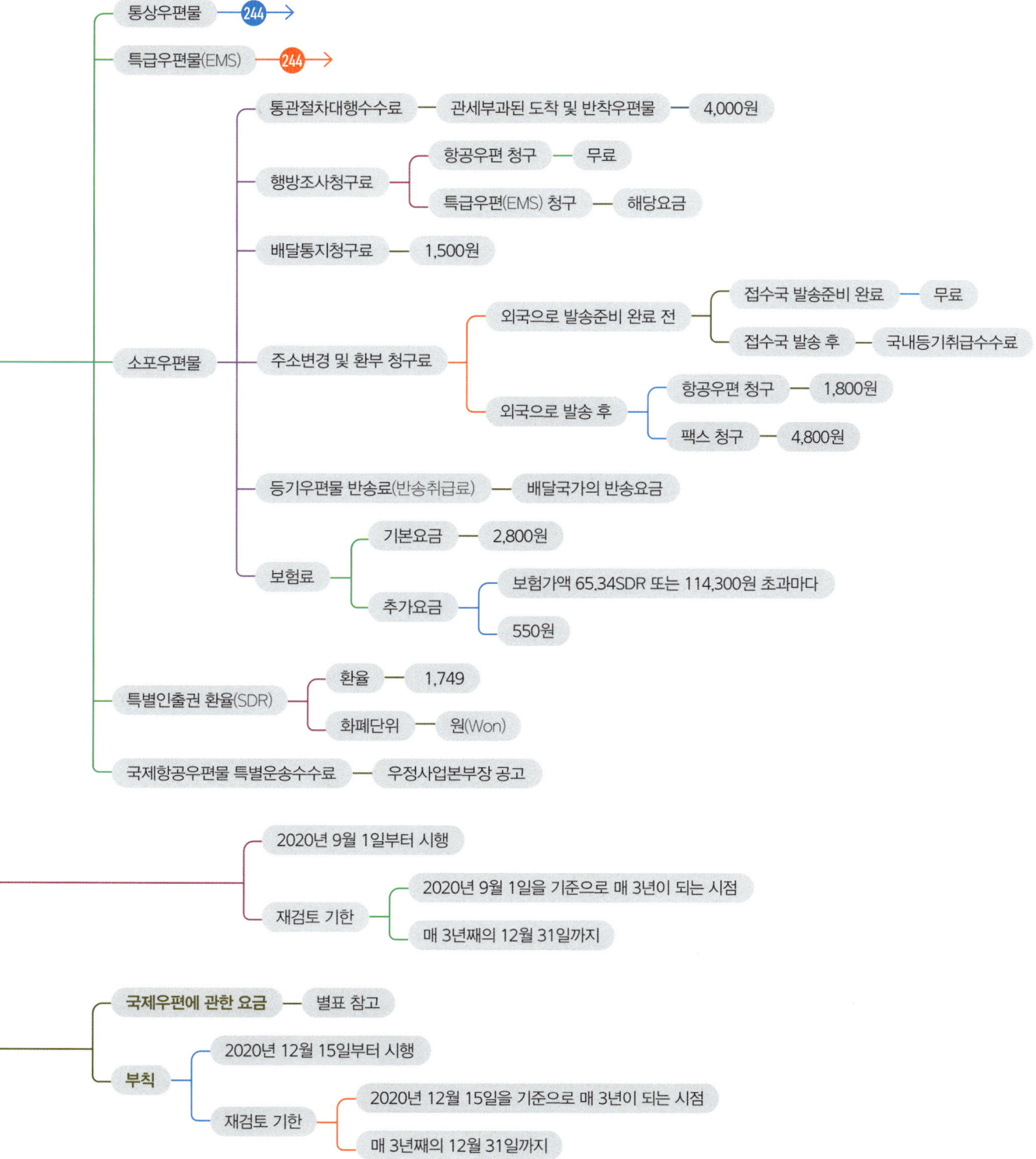

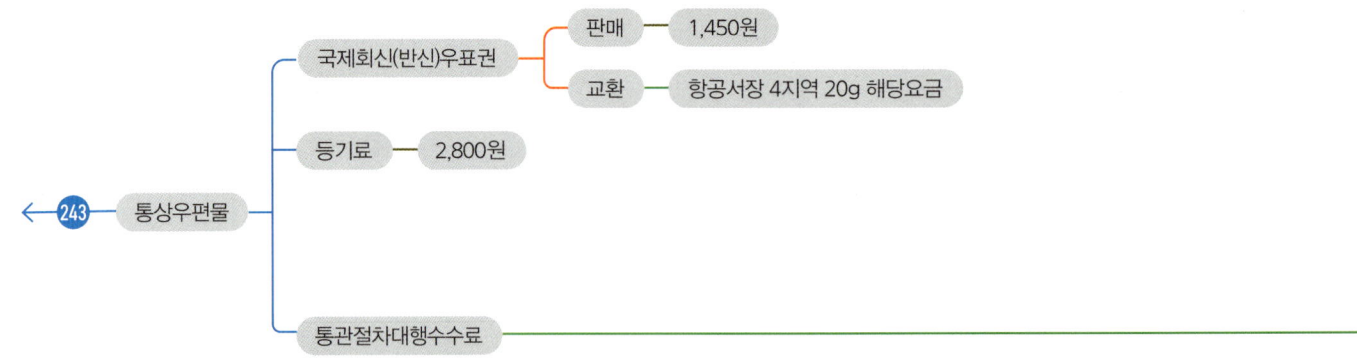

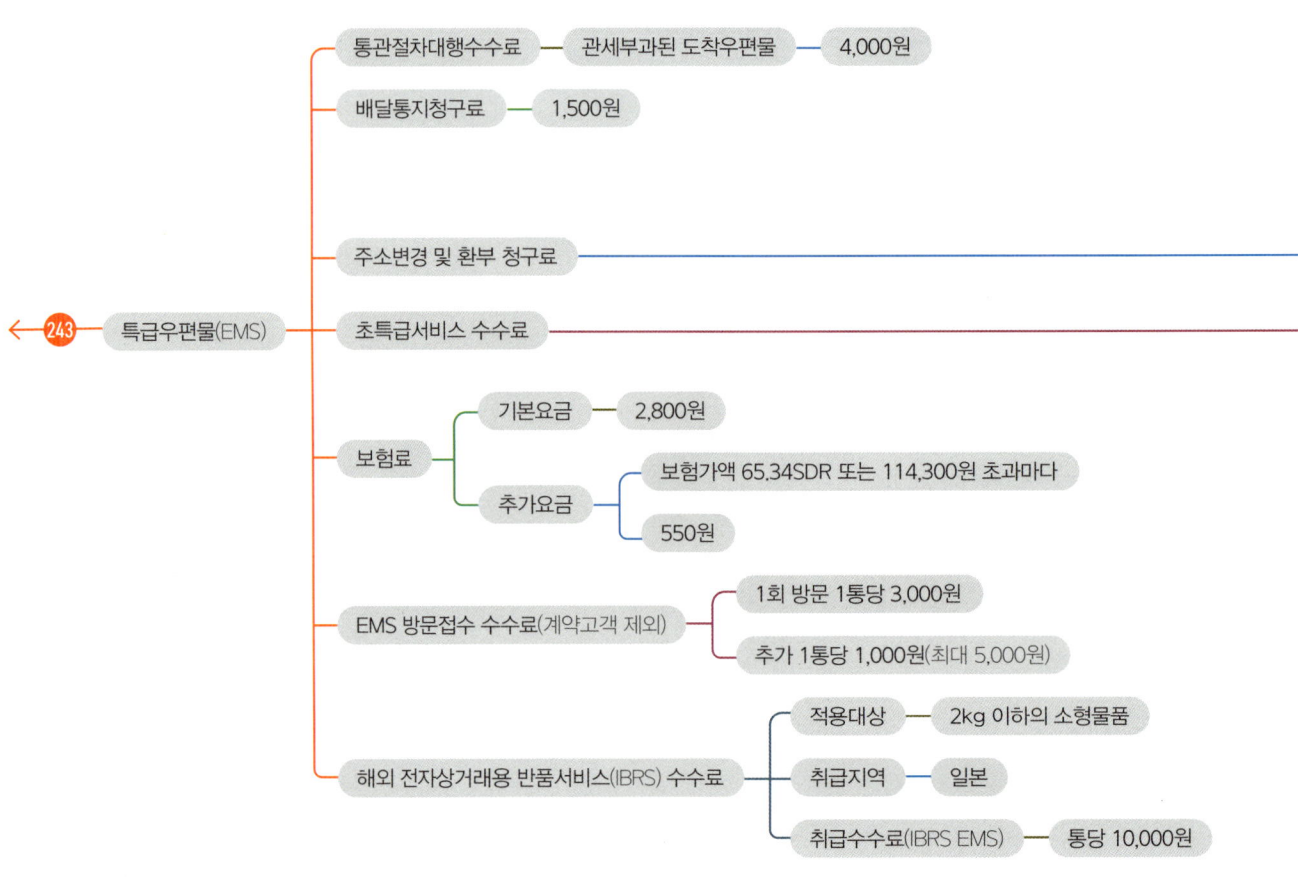

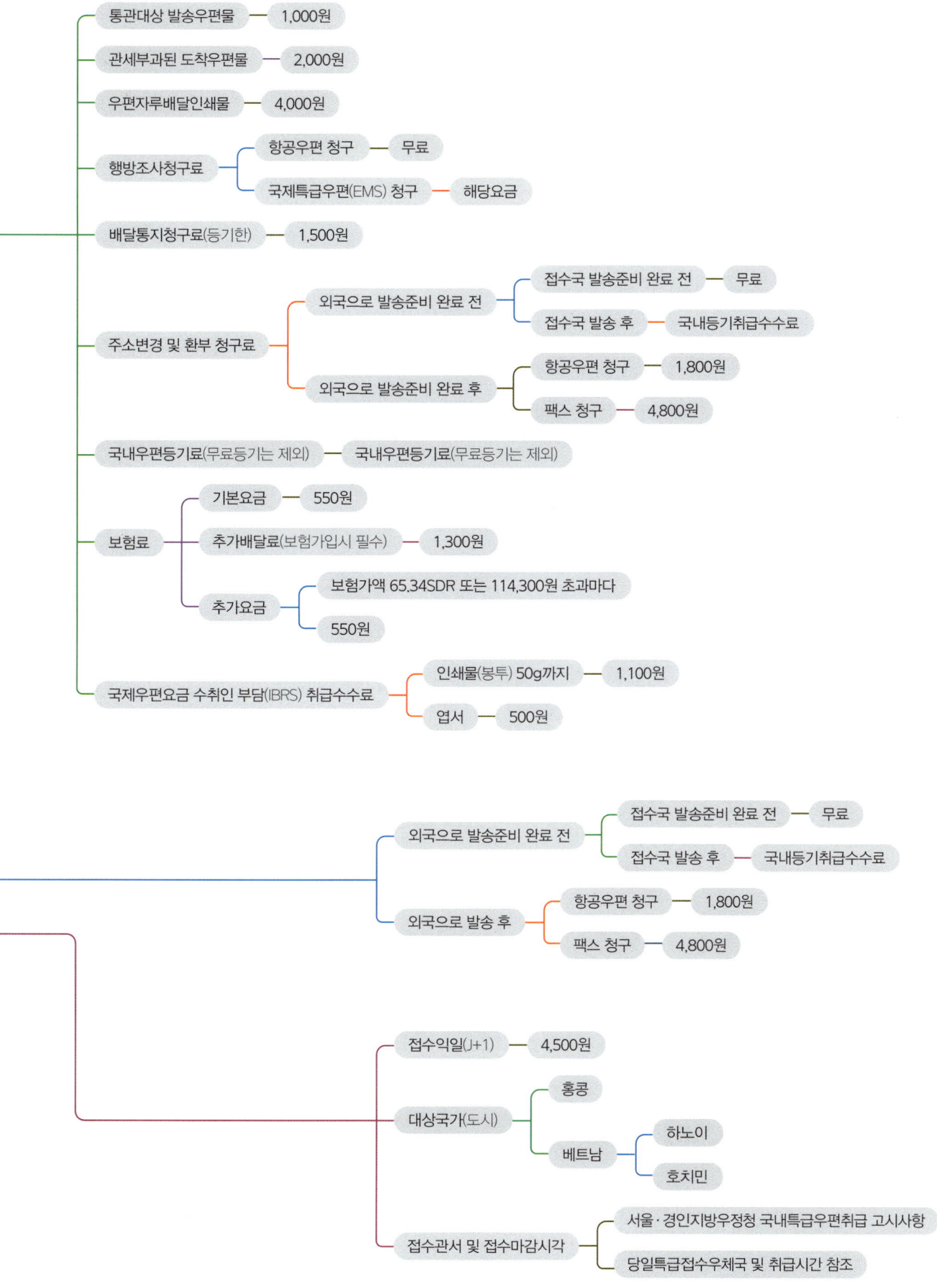

MEMO

MEMO

이종학의 우편&금융상식 뼈대노트

초판 1쇄 발행 • 2022년 11월 28일

저자 • 이종학

발행인 • 최성훈

발행처 • 작품미디어

신고번호 • 제2020-000047호

주소 • 서울시 동작구 상도로 62가길 15-5(상도동)

메일 • jakpoommedia@gmail.com

블로그 • https://blog.naver.com/cshbulldog

전화 • 010-8991-1060

ISBN • 979-11-975634-5-4 (13350)

ⓒ 이종학·작품미디어, 2022

- 이 책은 저작권법에 따라 보호를 받는 저작물이므로 무단 전재 및 무단 복제를 금합니다.
- 잘못된 책은 구입처에서 교환해 드립니다.

으로 기억하고

로 정리하는